本书为国家社会科学基金西部项目 "民国北京政府西南边疆治理研究" （批准号：17XZS009）结项成果。

民国北京政府

广西治理研究

基于中央与地方关系的视角

张　季 ◎ 著

九州出版社

JIUZHOUPRESS

**图书在版编目（CIP）数据**

民国北京政府广西治理研究：基于中央与地方关系
的视角／张季著．－－北京：九州出版社，2024.9.
ISBN 978-7-5225-3389-6

Ⅰ．D693

中国国家版本馆 CIP 数据核字第 20240PA014 号

**民国北京政府广西治理研究：基于中央与地方关系的视角**

| | |
|---|---|
| 作　　者 | 张　季　著 |
| 责任编辑 | 田　梦 |
| 出版发行 | 九州出版社 |
| 地　　址 | 北京市西城区阜外大街甲 35 号（100037） |
| 发行电话 | （010）68992190/3/5/6 |
| 网　　址 | www.jiuzhoupress.com |
| 印　　刷 | 唐山才智印刷有限公司 |
| 开　　本 | 710 毫米×1000 毫米　16 开 |
| 印　　张 | 17 |
| 字　　数 | 305 千字 |
| 版　　次 | 2025 年 1 月第 1 版 |
| 印　　次 | 2025 年 1 月第 1 次印刷 |
| 书　　号 | ISBN 978-7-5225-3389-6 |
| 定　　价 | 78.00 元 |

# 目 录
## CONTENTS

# 绪　论

## 一、研究旨趣

本书以近代复杂多变的国际及地区局势为背景，以民国北京政府对于广西治理为研究对象，探讨清季广西治理的影响，历时性地梳理民国北京政府对广西治理的理念与具体实践进程，剖析存在的问题与不足，探究问题症结所在，总结这一时期中央政府广西治理正反两方面的经验。具体而言，主要体现在三方面。

第一，通过认真梳理民国北京政府广西治理的基本脉络，深刻理解与把握广西治理与制度改革、经济政策变迁等相关层面的关系，透过历史丰富而繁杂的多重表象，把握广西治理与区域合作的关系，深化对晚清民国时期社会政治与文化变革的理解，以及对近代社会发展整体情况的认识。

第二，探究与考察民国北京政府广西治理变革的历史动因，从而加深对国体、政体嬗变之际，北京政府对于广西在政治、经济和社会治理等方面应对复杂国内外局势的了解。通过考察民国北京政府广西治理政策理念与具体实践，揭示其治理观念与制度转型的曲折历程。

第三，对于已经处于新的发展阶段且日益全面融入世界的中国而言，构建适应国家治理现代化和国家发展要求的边疆治理体系尤为重要。随着世界格局的深刻变化、"一带一路"的持续推进，建构一种适应世界多极化、经济全球化、文化多样化等新形势的边疆治理体系，科学合理地划分中央与边疆地区在政治、经济、文化、社会等方面的治理职责与权限，成为历史发展的必然趋势。要切实做到这一点，离不开中国传统政治智慧，更离不开对近代以来特别是民国北京政府广西治理问题的研究。历史性地考察北京政府广西治理历史进程，梳理治理的具体发展历程，汲取历史经验与教训，深刻理解广西治理的历史与现实，有利于现代边疆治理体系的构建和探寻历史经验与教训。

概而言之，本书不仅有助于更深入地把握历史上中央与广西的关系，而且便于认知民国初年政治与社会发展的种种复杂情况，为当今正确处理西南边疆治理问题、促进边疆民族地区长治久安和快速发展、推动区域合作与交流，保障国家安全等方面提供历史借鉴。

### 二、学术史回顾

长期以来，学界对于古代西南边疆治理的研究比较多，而对于民国初年西南边疆治理关注相对较少，民族学、人类学、边政学等相关研究虽然有所涉及，但很少将之作为专题进行研究。大体而言，既往学界研究可以分为三个时期。

（一）1920—1979 年

近代以来，中国西南边疆危机的日趋严重促使国内有识之士关注西南边疆，边疆研究机构与学术刊物不断涌现，出现了调查研究西南边疆少数民族的热潮。受西方民族学、人类学、社会学、政治学等治学取向的影响，国内有些学者开始关注西南少数民族族群的研究。中山大学语言历史学研究所非常注重西南民族研究，《语史所周刊》先后出版了"风俗研究专号""西南民族研究专号""猺山调查专号"等专号，多以西南民族研究为主题。此外，研究所还先后出版了一些民族调查类著作，如余永梁等《西南民族研究》①，颜复礼《广西凌云瑶人调查报告》②，庞新民、任国荣等《两广猺山调查》，唐兆民《瑶山散记》③ 等。

在研究大量调研报告的基础上，学界陆续出现了一批研究少数民族的著作。农锡瑞《广西龙州的土官》介绍了龙州土司的发展历程，从经济剥削角度论证了土官的衰落。徐松石《粤江流域人民史》④ 是较早研究两广民族史的著作，该书记载了古代广西壮、瑶、苗的族源及与中原汉族关系，对于理解两广地区民族的形成与演变有很大帮助。

与此同时，学界也出现了一批借鉴境外理论并承袭中国史学传统撰写而成的各种边疆史地著作及论文，如葛绥成《中国边疆沿革考》⑤ 和《中国近代边

① 余永梁，等. 西南民族研究 [M]. 台北：东方文化书局，1928.
② 颜复礼，商承祖. 广西凌云瑶人调查报告 [M]. 南京：国立中央研究院社会科学研究所，1929.
③ 唐兆民. 瑶山散记 [M]. 桂林：桂林文化供应社，1942.
④ 徐松石. 粤江流域人民史 [M]. 上海：中华书局，1939.
⑤ 葛绥成. 中国边疆沿革考 [M]. 北京：中华书局，1926.

疆沿革考》①、顾颉刚、史念海《中国疆域沿革史》②，夏威《中国疆域拓展史》③、蒋君章《中国边疆地理》④、童书业《中国疆域沿革史》⑤、陈正祥《广西地理志》⑥ 等。以上论述多为通史性论著，间或涉及民国初年西南地区疆域的情况，如顾颉刚、史念海《中国疆域沿革史》记述了自夏到民国成立初年各个朝代疆域的变迁，以及各个朝代地方制度改革情况，内有专章讨论民国成立后疆域区划及制度改革。

有学者从近代边疆危机的角度对广西的边务问题进行研究，出版了一些论著与论文，如孟森《广西边事旁记》⑦、李品仙《广西边务概要》⑧、吴憨《广西边务沿革史》⑨、王逊志《广西边防纪要》⑩ 等。其中，《广西边防纪要》系统阐述了广西边防体制的由来，对于中越关系、桂越界务等问题都有所涉及，有助于了解中越边务沿革历程。

不少学者开始超越华夏中心心理，注重边地少数民族族群的研究，并开始关注跨界民族，出现了一批论著及论文。其中，佘贻泽《中国土司制度》⑪ 是系统研究土司制度的首部专著，总结了明清两代土司政治的利弊得失，建议从交通与移民收入解决土司问题。

此外，一些研究地方政治制度的论著对于民国初年西南边疆治理也有所涉及，如黄诚沅《广西郡邑建置沿革表》⑫、陈柏新《中国的地方制度及其改革》⑬、朱子爽《中国县制史纲》⑭、张富康《中国地方政府》⑮、程幸超《中国地方行政制度史略》⑯ 等。黄诚沅《广西郡邑建置沿革表》较早以广西为研究范围，系统梳理了历代广西行政区划，记载了广西各府、州、县的历史沿革。

---

① 葛绥成. 中国近代边疆沿革考 [M]. 北京：中华书局，1931.
② 顾颉刚，史念海. 中国疆域沿革史 [M]. 上海：商务印书馆，1938.
③ 夏威. 中国疆域拓展史 [M]. 桂林：文化供应社，1941.
④ 蒋君章. 中国边疆地理 [M]. 重庆：文信书局，1944.
⑤ 童书业. 中国疆域沿革史 [M]. 上海：开明书店，1946.
⑥ 陈正祥. 广西地理志 [M]. 南京：正中书局，1946.
⑦ 孟森. 广西边事旁记 [M]. 上海：商务印书馆，1905.
⑧ 李品仙. 广西边务概要 [M]. 出版社不详，1935.
⑨ 吴憨. 广西边务沿革史 [M]. 南宁：广西省政府编译委员会，1938.
⑩ 王逊志. 广西边防纪要 [M]. 南宁：广西企业公司，1941.
⑪ 佘贻泽. 中国土司制度 [M]. 重庆：正中书局，1944.
⑫ 黄诚沅. 广西郡邑建置沿革表 [M]. 南宁：大诚印书馆，1935.
⑬ 陈柏新. 中国的地方制度及其改革 [M]. 长沙：商务印书馆，1939.
⑭ 朱子爽. 中国县制史纲 [M]. 重庆：独立出版社，1941.
⑮ 张富康. 中国地方政府 [M]. 汉口：新昌印书馆，1947.
⑯ 程幸超. 中国地方行政制度史略 [M]. 北京：中华书局，1948.

该书为研究广西行政区域的演变提供了重要参考价值，有利于理解民国初年广西行政治理概况。

自新中国成立至 20 世纪 70 年代末，关于西南边疆史的研究进展相对较为迟缓。20 世纪 50 年代开始，我国对包括西南边疆少数民族在内的民族进行识别工作并对民族地区社会历史和状况进行全面调查，国家民委等组织编写的《中国少数民族简史》《中国少数民族语言简志》《中国少数民族自治地方概况》等系列丛书是这一时期取得的重要成就。

国外学者较早开始关注中国西南边疆，与国内学者更多关注少数民族不同，他们更多地关注中原文化在中国西南区域的拓展。韦恩斯（Herold Wiens）先后写了一系列著述，研究自古以来中国人在南方边疆地区的定居、移民问题，如《中国向热带地区的长征》①《汉人在中国南方的扩张》②《中国人在南方的扩张》③等。韦恩斯将中原文化在西南地区的拓展归结为商业、农业移民和军事占据先行，将文化影响置于次要地位。与其不同，费子智（C. P. Fritz gerald）则将中国对于南方的开发视为一个自然的、逐渐的渗透（seepage）和溢出（overflow）过程，把文化上的改变看作是南部边疆地区发展的首要因素。其他相关论文还有李中清（James Lee）《中国历史上的移民与扩张》等。

（二）1980—1999 年

20 世纪 80 年代起至 20 世纪末，是西南边疆史研究的第二个时期。1983 年，中国社会科学院成立"中国边疆史地研究中心"，标志着边疆研究开始走向繁荣时期。在中国边疆史地研究中心组织推动下，我国先后出版了中国边疆史地文库、中国边疆史地研究丛书、边疆史地丛书、中国边疆史地研究资料丛书及中国边疆史地资料丛刊等丛书，极大地推动了边疆史研究。以西南边疆少数民族史为中心的西南少数民族起源、部分民族及历代地方政权问题成为研究者关注的对象，土官土司制度、改土归流逐渐成为学界讨论的热点问题。民国初年西南边疆治理的研究多附在相关研究之中，具体主要有以下几方面。

其一，民族问题五种丛书及相关地图资料集的编撰，为研究开展打下了基

---

① EBERAARD W. China's March Toward the Tropics：A Discussion of the Southward Penetration of China's Culture, people, and Political Control in Relation to the Non – Han – Chinese Peoples of South China and in the Perspective of Historical and Cultural Geography Herold J. Wiens［J］. *Pacific Historical Review*, 1955, 24（3）：324–325. Press, 1954.

② WIENS H J. *Han Chinese Expansion in south China*［M］. Ham den, CT：Shoe String Press, 1954.

③ FIZGERALD C P. *The Southern Expansion of the Chinese People*［M］. New York and Washington：Preggers Publishers, 1972.

础。国家民委组织编写的《民族问题五种丛书》包括《中国少数民族》《中国少数民族简史丛书》《中国少数民族语言简志丛书》《中国少数民族自治地方概况丛书》《中国少数民族社会历史调查资料丛刊》等，篇幅巨大、资料全面、内容丰富，被誉为中国民族问题研究的百科全书，为研究民国北京政府时期的西南边疆治理提供了宝贵资料。谭其骧主编的《中国历史地图集》① 理清了秦至清历代王朝可考的县级和县级以上行政单位的历史地名、古代通道、重要城镇和族群分布等重要信息，其中，西南边疆部分为研究近代西南边疆历史提供了珍贵史料和重要参考。中越方面的历史资料汇编陆续出版，如《近代中越关系史资料选编》②《中越边界历史资料选编》③ 等。

其二，关于西南疆域变迁与历代治理问题的通史性研究不断涌现，有一些研究或多或少涉及民国时期西南边疆治理。尤中《中国西南边疆变迁史》④ 梳理了西南疆界变迁的历史脉络；方国瑜《中国西南历史地理考释》⑤ 对我国西南地区从上古到明清时期的历史地名加以严密考释，是西南历史地理研究的基本工具书；黄体荣《广西历史地理》⑥ 简要梳理了从远古到民国时期的广西自然环境演变、古代民族及行政区划变迁；张声震主编的《壮族通史》⑦ 以中央王朝对边疆民族的政策为主线，系统梳理了从先秦至 20 世纪 50 年代的壮族历史，书中涉及近代广西治理情况；覃延欢、廖国一主编的《广西史稿》⑧ 记述了秦至清代封建王朝在广西地区的经营和治理情况，对国民政府、新桂系军阀对边疆地区的经营有所论及；钟文典主编的《广西通史》⑨ 专题讨论了广西疆域变化与历代设治问题。

其三，学界日益关注近代中国边疆的边务及对外交流问题。近代中国边疆危机与边界交涉、不平等条约与边界问题、边疆危机与近代边疆社会的变化等，都是学界研究的重要内容，其中不少涉及民国初期的西南边疆。通史性著作如

① 谭其骧. 中国历史地图集 [M]. 北京：中国地图出版社，1982.
② 黄国安，萧德浩，杨立冰. 近代中越关系史资料选编 [M]. 南宁：广西人民出版社，1988.
③ 萧德浩，黄铮. 中越边界历史资料选编 [M]. 北京：社会科学文献出版社，1993.
④ 尤中. 中国西南边疆变迁史 [M]. 昆明：云南教育出版社，1987.
⑤ 方国瑜. 中国西南历史地理考释 [M]. 北京：中华书局，1987.
⑥ 黄体荣. 广西历史地理 [M]. 南宁：广西民族出版社，1985.
⑦ 张声震. 壮族通史 [M]. 北京：民族出版社，1997.
⑧ 覃延欢，廖国一. 广西史稿 [M]. 桂林：广西师范大学出版社，1998.
⑨ 钟文典. 广西通史 [M]. 南宁：广西人民出版社，1999.

马大正《中国古代边疆政策研究》①、郑汕《中国边防史》② 等纵向论述了传统治边思想及边疆经营问题。郑汕、傅元祥主编的《中国近代边防史：1840 年—1919 年》研究了清季民初中国边疆危机及各方的应对情况，其中对于西南边疆危机有所论述。③

其四，近代西南边疆开发史。学者关注的主要问题是历代王朝对西南边疆的治理，历代经营边疆措施，农业、矿冶业、交通业、畜牧业等部门的发展，边疆各民族的贡献等。钟文典《广西近代圩镇研究》④ 对广西近代圩镇进行了综合考察，并就农业、手工业、工业、矿业、交通、广东商人等方面与广西近代圩镇的关系进行了详细论述。

其五，西南边疆民族关系及跨境民族的研究。钱宗范、梁颖的《广西各民族宗法制度研究》⑤ 全面研究了包括民国时期在内的历史上广西各民族的宗法制度，对壮族土官土司制度中的宗法形态也进行了探讨。吴永章主编的《中南民族关系史》⑥ 叙述了自先秦至清代，中南诸民族与中原历代王朝以及本地各民族之间的关系，对秦至清代的封建王朝，对包括今广西在内的中南地区施行的民族政策进行了阐述。金春子、王建民在《中国跨界民族》⑦ 中重点回顾了跨界民族形成的历史过程，描述了中国与周邻国家跨界民族相同及相异的民族风情。国外学者也将研究视野转移至西南边疆的少数民族，出现了不少以单一族群为研究对象的论著与论文，其中有不少研究跨境族群。

（三）21 世纪以来

21 世纪以来，西南边疆史研究进入了新的时期。这一时期在继续研究民族关系、民族渊源等内容的同时，研究内容不断深入，研究视野也开始转向新的领域，在研究广度、深度以及新方法及新视角应用等方面，都取得了明显进步。主要表现在六个方面。

第一，档案文献整理成果众多，大量民国时期西南边疆珍贵档案及文献的系统整理出版，为深化西南边疆研究奠定了坚实基础。

---

① 马大正. 中国古代边疆政策研究 [M]. 北京：中国社会科学出版社，1990.
② 郑汕. 中国边防史 [M]. 北京：社会科学文献出版社，1995.
③ 郑汕，傅元祥. 中国近代边防史：1840 年—1919 年 [M]. 重庆：西南师范大学出版社，1990.
④ 钟文典. 广西近代圩镇研究 [M]. 桂林：广西师范大学出版社，1998.
⑤ 钱宗范，梁颖. 广西各民族宗法制度研究 [M]. 桂林：广西师范大学出版社，1997.
⑥ 吴永章. 中南民族关系史 [M]. 北京：民族出版社，1992.
⑦ 金春子，王建民. 中国跨界民族 [M]. 北京：民族出版社，1994.

在国家社科基金特别委托项目"西南边疆历史现状综合研究项目"的推动下，中国第二历史档案馆、广西壮族自治区档案馆、云南省档案馆从珍藏的档案中进行精选、整理，于2013年后陆续出版200多册（卷）民国时期西南边疆档案资料，包括《民国时期西南边疆档案资料汇编·云南广西综合卷》①《民国时期西南边疆档案资料汇编·广西卷》②《民国时期西南边疆档案资料汇编·广西卷目录总集·图文精粹》③ 等。这些档案涉及民国时期广西政治、经济、海关、民政、文化教育、社会变迁、涉外关系等众多领域，均为第一手重要文献，绝大部分是首次公布，具有重大学术价值。

第二，西南边疆整体性研究进一步推进，地方性通史研究不断深化。

马大正主编的《中国边疆经略史》④ 及《中国边疆治理通论》⑤ 研究了自秦汉至清代历代治边的理论与实践，其中包含对于西南边疆的研究。方铁主编的《西南通史》⑥ 将西南边疆历史演变置于中国统一多民族国家形成与发展的历史大进程之中，系统阐述了西南边疆政治状况、社会经济、民族关系、文化交流与社会生活，以及历代治理西南边疆思想与治策等。程妮娜的《中国历代边疆治理研究》⑦、周平的《中国边疆治理研究》⑧ 多角度考察了边疆地区的行政建制、民族关系、经济开放及文教举措等治理问题。

在继续探究历代王朝西南边疆治理问题的同时，中华民国时期的西南边疆治理研究开始进入学者视野。罗敏在《走向统一：西南与中央关系研究（1931—1936）》⑨ 中从国家政权建设角度，兼顾地方的视角，审视在中央集权重建过程中失势政治人物与地方政治势力的生存困境。郑维宽的《历代王朝治

---

① 中国第二历史档案馆.民国时期西南边疆档案资料汇编：云南广西综合卷［M］.北京：社会科学文献出版社，2014.
② 中国第二历史档案馆.民国时期西南边疆档案资料汇编：广西卷［M］.北京：社会科学文献出版社，2014.
③ 中国第二历史档案馆.民国时期西南边疆档案资料汇编：广西卷目录总集·图文精粹［M］.北京：社会科学文献出版社，2014.
④ 马大正.中国边疆经略史［M］.郑州：中州古籍出版社，2000.
⑤ 马大正.中国边疆治理通论［M］.长沙：湖南人民出版社，2015.
⑥ 方铁.西南通史［M］.郑州：中州古籍出版社，2003.
⑦ 程妮娜.中国历代边疆治理研究［M］.北京：经济科学出版社，2017.
⑧ 周平.中国边疆治理研究［M］.北京：经济科学出版社，2011.
⑨ 罗敏.走向统一：西南与中央关系研究：1931—1936［M］.北京：社会科学文献出版社，2013.

理广西边疆的策略研究——基于地缘政治的考察》① 及《从制度化到内地化：历代王朝治理广西的时空过程研究》② 将历史地理学与地缘政治学相结合，系统梳理了历代治桂策略。

第三，相关政治制度史研究不断推进，近代西南边疆地区治理机构、行政建制、政区变迁等研究取得新进展。

赵云田在《中国治边机构史》③ 中研究了商周时期到中华民国时期边疆治理机构的历史、机构、职责等。张轲风的《民国时期西南大区区划演进研究》④ 以民国时期的地域格局、地理分区为基础，研究西南大区区划演进、范围演变及其与地域格局的关系，探讨了当时"西南"空间范围的存在状态、变化趋势及其影响因素。周振鹤主编《中国行政区划通史》，研究了自先秦至民国时期的中国行政区划变迁史，其中傅林祥、郑宝恒在《中国行政区划通史·中华民国卷》⑤ 中较为系统地梳理了西南边疆地方政区在清季民初的变迁。吕一燃主编了《中国近代边界史》⑥，重点阐述了近代中国边界变迁的历史进程，详细地考证了近代中国西南边疆地区与越南、老挝、缅甸等邻国的边界变迁。

学界开始对治理体系开展专题研究，对于"殖边"、对汛制度等问题先后有多篇论文发表。如叶羽脉《中越边界广西段对汛研究》⑦ 及《试论清末民国时期的广西对汛机构（1897—1949）》⑧ 等。

第四，与西南边界治理研究密切相关的土司制度、改土归流及其措施研究成为学界热点，并持续升温。

学界依然大多关注古代土司相关问题研究，但也有不少成果论及清末及民国时期的土司治理政策及措施。黄家信《壮族地区土司制度与改土归流研究》⑨ 历史性地研究了壮族地区土司制度和改土归流历程，专门探讨了民国时期壮族

---

① 郑维宽. 历代王朝治理广西边疆的策略研究：基于地缘政治的考察 ［M］. 北京：社会科学文献出版社，2014.

② 郑维宽. 从制度化到内地化：历代王朝治理广西的时空过程研究 ［M］. 桂林：广西师范大学出版社，2016.

③ 赵云田. 中国治边机构史 ［M］. 北京：中国藏学出版社，2002.

④ 张轲风. 民国时期西南大区区划演进研究 ［M］. 北京：人民出版社，2012.

⑤ 傅林祥，郑宝恒. 中国行政区划通史：中华民国卷 ［M］. 上海：复旦大学出版社，2007.

⑥ 吕一燃. 中国近代边界史 ［M］. 成都：四川人民出版社，2007.

⑦ 叶羽脉. 中越边界广西段对汛研究 ［D］. 桂林：广西师范大学，2008.

⑧ 叶羽脉. 试论清末民国时期的广西对汛机构：1897—1949 ［J］. 黑龙江史志，2009（7）：35-38.

⑨ 黄家信. 壮族地区土司制度与改土归流研究 ［M］. 合肥：合肥工业大学出版社，2007.

地区改土归流政策的实施与完成过程。成臻铭在《土司制度与西南边疆治理研究》①中以中央王朝借助土司制度对西南边疆进行治理为切入点，重点考察了元明时期西南边疆土司政治运作情况。

第五，近代西南边疆开发政策及经济社会发展成为学界关注的重要内容。在发表一批高质量论文的同时，出版了多部学术专著。

戴逸、张世明主编的《中国西部开发与近代化》②以西部的空间景象为叙述主线，致力于区域社会史的研究，探寻了边疆社会自身演进及其与中原腹地的互动。马大正、李大龙主编的《20世纪中国西部开发史》③对清代、民国时期和当代中国西南边疆的开发做了研究。陈征平的《近代西南边疆民族地区内地化进程研究》④中梳理了近代西南边疆民族地区在交通、工业、商品流通等物质层面与内地日趋一体、不断融合的历程。一些学者对广西及西南边疆某些特定区域的开发和特定产业的发展进行了较为深入的研究，相关著作有覃主元等《广西对外交通史》⑤、覃丽丹、覃彩銮《广西边疆开发史》⑥。其中《广西边疆开发史》系统地描述了广西边疆开发史，内有专章论及清至民国时期广西全面开发期。

第六，西南边疆民族及相关政策研究继续推进，有不少涉及近代西南边疆民族发展史。

在西南边疆民族发展史与民族关系方面，众多学者不仅发表了不少学术论文，而且出版了多部高水平学术著作，如刘祥学、刘玄启《走向和谐：广西民族关系发展的历史地理学研究》⑦、黄成授等《广西民族关系的历史与现状》⑧等。其中，刘祥学、刘玄启《走向和谐：广西民族关系发展的历史地理学研究》将民族地理学相关理论和方法与历史学和民族学知识结合起来，从民族地理分布格局、环境承载状况、经济地理及文化地理等几个层面，揭示了广西民族和谐发展关系形成的地理因素。

上述学术史的考察表明，对民国初期广西研究的取向已经超越了边疆史地

① 成臻铭. 土司制度与西南边疆治理研究 [M]. 北京：社会科学文献出版社，2016.
② 戴逸，张世明. 中国西部开发与近代化 [M]. 广州：广东教育出版社，2006.
③ 马大正，李大龙. 20世纪中国西部开发史 [M]. 哈尔滨：黑龙江教育出版社，2005.
④ 陈征平. 近代西南边疆民族地区内地化进程研究 [M]. 北京：人民出版社，2016.
⑤ 覃主元，等. 广西对外交通史 [M]. 北京：社会科学文献出版社，2015.
⑥ 覃丽丹，覃彩銮. 广西边疆开发史 [M]. 北京：社会科学文献出版社，2015.
⑦ 刘祥学，刘玄启. 走向和谐：广西民族关系发展的历史地理学研究 [M]. 北京：民族出版社，2011.
⑧ 黄成授. 广西民族关系的历史与现状 [M]. 北京：民族出版社，2002.

研究范围，从人类学、民族学、历史学、政治学等各学科广泛深入研究，取得了丰富研究成果，大致呈现出以下特点：

从研究发展脉络而言，大体上呈现出从传统边疆史地研究到现代边疆治理研究的转向。在研究内容上，从最初关注边界划分、历史地理、管理机构沿革等内容，迅速拓展到更加注重政区变迁、基层治理、社会建构、民族问题等诸多方面，研究范围更加广泛，研究深度也日益深入。

从研究时间范围而言，学界对清之前及民国南京国民政府的广西治理关注相对较多，对民国初年北京政府时期广西问题的研究相对较少，且大多语焉不详、较为简略。相关专著和论文大多以清季或南京国民政府为划分阶段，相对忽视了民国北京政府西南边疆治理的探索与实践，对于民国北京政府承上启下的地位和作用的认识存在一定不足。

此外，不少研究以单一视角考虑近代广西治理观念与制度的发展轨迹，常常在有意无意间忽视了广西治理制度嬗变背后复杂人事纠葛及其相互影响。在北洋军阀概念及其相应判断的制约之下，研究未免故步自封，可待拓展空间颇广。与此相类，在传统重北轻南观念的影响之下，对于广西治理的研究也有待进一步挖掘。

### 三、资料与研究取径

前人研究为本研究奠定了坚实基础，特别是近年来各项史料汇编的陆续出版及各项大型数据库的不断出台，为从宏观上把握民国北京政府广西治理的具体实践及历程提供了极大便利，同时也促进作者在微观上深入探究民国初年复杂多变政局下的广西治理诸问题，探究复杂史事背后的人事纠葛及其影响。

本书主要基于以下四方面材料进行研究：

第一，官方政书为研究民国初年广西治理概貌提供了大体脉络。民国北京政府官报保存了民国北京政府政策层面施行与变动的大体状况。本研究以此为基础，并参照各省发行的各种官报，西南边疆各省区通志、县志等，从民国北京政府广西治理的政策施行着手，通过对基本史料的长编考异，在比较异同中探究政策施行前后的变化，探究治理理念与广西治理实践的关系，从而厘清民国北京政府广西治理的基本历史脉络。

第二，原始档案有助于详细梳理民国北京政府广西治理细节，并借以考察有关各方在治理过程中的具体反馈。各种关于北京政府相关档案及西南边疆各省档案的不断公开刊行及数字化，为充分利用档案开展研究提供了便利。特别是《中华民国史档案资料汇编》《北洋政府档案》《南京临时政府遗存珍档》

《中华民国重要史料初编》《中华民国史料外编》《近代中国史料丛刊》《中华民国时期外交文献汇编：1911—1949》《护国运动》《护法运动》等诸多史料集及全国、西南边疆等省区文史资料集，汇集了大量重要原始档案，在研究过程中与具体史实结合起来进行全面解读，有助于前后左右地考订史实，准确把握历史真实面相。

第三，民国初年涌现的报纸杂志为研究提供了鲜活历史血肉。《大公报》《申报》《东方杂志》《新闻报》等各类报纸杂志有不少关于西南地区的消息报道、评论等，虽然充斥着不少似是而非的信息，并显得支离破碎、杂乱无章，但通过解读相关报道与评论可以清楚地看到时人意见，从而有助于揭示广西治理问题复杂面相，甚至可以补足个别重要史实缺失。

第四，包括中外官员、士绅、传教士等在内的当事人或亲历者的文集、年谱、日记、回忆录等，展示了时人内心思绪，有助于探寻事件背后曲隐，填充历史细微枝节，其研究价值不言而喻。

本书旨在以历史学研究方法，分析研究在民国初年西南边疆地区内外危机重重的复杂情势下，民国初年中央与广西因应对危机所做的努力，力求梳理这一时期广西治理观念和实践的历史轨迹，总结北京政府广西治理经验教训与当代启示。本书不是孤立地探讨西南边疆发展的历史，而是将其置于时代变迁历史广角下，充分考虑内外各种因素对于广西治理发展的影响，尽可能全面客观地梳理民国初年中央对于广西治理发展历程，探寻其中存在规律。具体而言，主要从以下三方面展开论述：

其一，勾勒历代广西治理轮廓，梳理清季西南边疆危机及清政府应对概况及影响。民国初年广西治理有其独特历史演变轨迹。清代对于广西的经营和治理在很大程度上是集前代之大成，针对不同情况，设置了相应的管理机构和配套管理措施，有不少值得借鉴和学习的地方。探究清季清廷在外患内忧的局势下对于广西治理改革的情况，分析其正反两方面历史经验。

其二，探讨中央与地方朝野各方关系的互动历程。民国初年，北京政府对广西的控制逐渐减弱。由于国内政局多变、军阀混战及列强介入等原因，中央权威在广西地区的重构举步维艰，中央与地方关系十分复杂。西南边疆各省区在具体省情、政情上存在诸多差异，民国北京政府时期，朝野之间中央与广西各派势力在政治、经济、文化和社会等治理进程中的沟通与合作、论争与离合，是本书关注的主要内容。

其三，研究西南边疆危机处理与国家安全及区域合作的互动关系。民国初期，中国西南边疆危机严重，中央政府对于广西的治理很大程度上是从国家安全角度出发。无论是在设官分职上，还是在地方政权的设置上，都表现出很大特殊性。本书将民国北京政府广西治理放在近代中国知识与制度转型的大背景下，考察中央政府力图维护边疆稳定和国家安全的实践及效果。

本书是国家社科项目"民国北京政府西南边疆治理研究"结项成果。历史上的西南边疆范围时有变迁，至民国初年，大体涵盖广西、云南等政区。本书主要关注民国北京政府时期中央政府对广西的治理历程，至于同一时期对于云南的治理，与广西关联密切，且同中有异、差别甚大，另附专书，予以讨论。

# 第一章

# 清季民初广西治理事势

总体而言，历代封建王朝对于广西地区的控制力度呈现出渐趋加强的态势。近代以来，随着西南边疆内外危机的日益加重，清廷逐步调整了广西治理方策，试图进一步加强对西南边疆地区的管控，以阻止西方列强侵略。不少治策及观念延续到民国，为民国之初广西治理提供了重要借鉴。民国初建，民族国家建构逐步由观念层面落实到实践层面，广西在历经短暂震荡之余，开启了新的治理探索之路。

## 第一节　广西治理历史概况

由于边疆环境的特殊性，历代王朝统治者在治理中往往采取"守中治边""守在四夷"的基本治理方略。这一治理理念大体延续至清朝前叶。

### 一、地理与人文环境

广西地处五岭之南，南临北部湾，东南连广东，东北接湖南，西北依贵州，西靠云南，西南与越南毗邻。如史书所载："东达湘水，南控交趾，西接滇黔，北逾五岭。"① 广西是中国西南重要的出海通道，是东南亚海陆连接的重要纽带。

广西地区复杂多样的自然地理环境，是生活在其中的各个民族发展各具特色文化的重要原因。广西自古以来是一个多民族聚居区，先秦时期，百越中西瓯和骆越人即生活于此，随后汉人、瑶族、苗族、回族、京族等先后迁入。以人数而言，少数民族在很长一段时间里占据优势地位。据《明史》所载："广西

---

① 顾祖禹. 广西方舆纪要·广西二 [M] //顾祖禹. 读史方舆纪要·卷一零七. 二林斋藏版，上海：图书集成局铅印版，1901：9.

瑶、壮居多，盘万岭之中，当三江之险，……其散布于桂林、柳州、庆远、平乐诸郡县者，所在蔓延。而田州、泗城之属，尤称强悍，种类滋繁，莫可枚举，蛮势之众，与滇为埒。"① 亦如顾祖禹所言："昔人言，广西之境大约狼人半之，瑶壮三之，民居二之。"② 随着汉人不断迁入，至清季民初，汉族人口已占多数，约占全省人口六成。说官话者主要分布于广西东北部一带；讲白话者主要分布在广西东部及东南部各县；讲客家话者主要散居在广西东南部陆川、博白，东北部贺县、富川，中部柳江、武宣以及西南部的龙州、百色等县。③ 侗人主要分布在左右两江流域、柳江、桂江、郁江流域的一部分以及广西西北部和西南部等县，"其人大都已受汉人同化，文化程度较高"；瑶人主要分布在广西东部、东北部和西北部，"全部人数计约十万，其文化之高低随地而异"；苗人多从贵州等地迁移而来，以广西北部和贵州接壤各县最多，"此等苗民文化均甚低落，生活极为贫困"；此外，广西境内还有保倮、仡佬等少数民族。④ 以上是民国时期学者对于广西民族情况的描述，大体可以反映出清季民初广西民族在居住区域、文化程度等方面的差异。

概而言之，广西地区民族众多，生产力水平比较低下，交通相对而言较为滞后。加上清季民初国内政局动荡难平，国外时局也不安宁，特别是西方列强对中国西南边疆虎视眈眈，社会政治生态纷繁复杂。

## 二、历代治理举要

地理上相对隔绝的西南民族支系众多，内部构成比较复杂，难以整合成为强有力的政权，在历史上对中原王朝的威胁一直相对较小，因此历代中原王朝一般采取较为温和的措施来进行治理。

至迟到汉武帝时期，中原王朝通过多次用兵，初步将西南地区纳入王朝版图。西南边疆地区历代所辖区域及治理机构屡有变更。广西为古越人活动地区，秦在平定岭南后，设置桂林郡、象郡和南海郡来进行治理，并移民实边和大力

---

① 张廷玉. 广西土司传 [M] //张廷玉. 明史·卷三一七. 北京：中华书局，1974：8201.
② 顾祖禹. 广西方舆纪要续 [M] //顾祖禹. 读史方舆纪要·卷一零六. 二林斋藏版，上海：图书集成局铅印版，1901：1.
③ 陈正祥. 广西地理志 [M]. 南京：正中书局，1946：117-118.
④ 陈正祥. 广西地理志 [M]. 南京：正中书局，1946：128.

推行郡县制，① 此举在很大程度上推动了西南边疆地区开发的历史进程。汉武帝平定南越，改置郁林、苍梧、合浦三郡。两汉在西南边疆地区建立起边郡及属国制，大体采用羁縻政策进行治理。随后，历代在西南边疆区域设治变更较为频繁，至宋代甚或将大理国视为外藩。宋朝将羁縻政策继续发展，特别是南宋王朝，加强了对于包括广西等南方地区的控制，以抵御安南侵扰。宋置广南西路，由此，广西开始作为边疆地区高层政区。由于宋朝积极经营，广西在宋代发展较为迅速。大体而言，羁縻制是秦汉到宋代中央王朝治理西南边疆地区的主要策略。

广西在元代初属湖广行省管辖，后于1363年置广西行中书省，简称广西省，实行流官与土官并行的制度。广西在元代发展较为迅猛，以驿站为例，元朝在云南至广西的道路设置驿站并驻军，每30里立1寨，60里置1驿。邕州至安南大罗城（今越南河内）的道路成为元朝往来安南的重要通道，促进了广西南部的发展。② 此外，元朝在广西置驿站的道路，还有后来被称为"桂林官路"的岳州（今湖南岳阳）至静江（今广西桂林）道等诸多交通要道，驿道、驿站的大量建设有力地巩固了中央王朝对于西南边疆的统治。

迄至明清，朝廷对于广西的治理分别实行内地府县建制、土流参治、土司统治为主等三种形式。对于广西的治理，明廷采取的基本原则是守境以安，在治理态度上以消极防御为主，而非积极进取。

明洪武九年（1376年），明廷将广西行中书省改称为广西承宣布政使司。经不断调整，至明末，广西辖桂林、平乐、梧州、浔州、柳州、庆远、南宁、思恩、太平、思明、镇安等11府，另设田州、归顺、泗城、向武、都康、龙州、江州、思陵、凭祥等9个直隶州及1个安隆长官司，③ 广西境域大体确定下来。针对广西地区少数民族众多的情况，朱元璋认为治理关键在于"以兵分守要害以镇服之，俾日渐教化，数年后可为良民"④。明朝派遣重兵镇守西南，在历代戍兵制度的基础上，在边塞、沿海及西南少数民族地区交通冲要之处设都司卫所，维护少数民族地区的稳定。明代在广西设置了桂林左卫、桂林右卫、

---

① 方铁先生指出，秦在此三郡的治策上有所变通，仅设掌管军事的郡尉，不设行政官吏郡守。（方铁．西南通史［M］．郑州：中州古籍出版社，2003：108）在三郡施行的郡县制与腹地的郡县制有区别，表现出秦在西南边疆治理因地制宜的策略。

② 张金莲．古代桂越边境要塞的变化与中越关系［J］．广西社会科学，2010（7）：99-101.

③ 郭红，靳润成．中国行政区划通史：明代卷［M］．周振鹤，主编．上海：复旦大学出版社，2007：179-193.

④ 张廷玉．广西土司传［M］//张廷玉．明史·卷三一七．北京：中华书局，1974：8205.

桂林中卫、南宁卫、柳州卫等10卫，又设了梧州、怀集、武缘等22个守御千户所。① 这些卫所的主要职责是"控制蛮夷，声息援接"②，同时还要保护广东、湖广一带与广西之间的交通，此外还进行军屯。除了任命大臣及设置大量卫所之外，明代主要沿袭元代土司制度，广设土司，特别是壮族土司制度日臻完善，土司职官、土司承袭、土司朝贡、土司地区儒学教育逐步制度化，还建立了流官佐贰制度，完善了土兵征调制度。③ 为规范土司行为及控制边疆区域，明代在西南部分地区将大的土司领地打破，分割为小的土司，并断断续续地进行改流，但效果难言彰显。明代推行以流官为主导的"以夷制夷"策略，广西土官制度发展到了鼎盛期。④ 这些措施在一定程度上推动了广西社会经济文化发展，加快了广西融入统一多民族国家的步伐。

清承明制，清廷根据广西具体情况，实施了与腹地不同的统治方式。清朝初建时，曾将南部沿边诸省划为降将防区，后在平定三藩之乱后，逐步加强了对广西地区的治理。清廷将广西布政使司改称广西行省，所辖区域基本沿袭明代。设府厅州县予以治理，至清朝末年，广西设府11个，直隶州2个，直隶厅2个，厅8个，州15个，县49个，土州24个，土县4个，土司13个。⑤ 在府之上，并设分守道和分巡道，广西设分守道1个即桂平梧道，分巡道3个即左江道、右江道及太平思顺道。

除了调整行政区划、修筑城镇之外，清廷在广西等边陲地区实行了汛塘制度，派遣了大量驻军。清朝军制中，绿营制度由明代镇戍制度演化而来，绿营兵分别隶属于总督、巡抚、提督及各镇总兵。清代在广西共设抚标左营、抚标右营、提标中营等44个营。⑥ 各营将驻守之地划分为若干汛地，汛地内各交通要道又分兵驻扎，名为塘。由于腹地官兵难以适应的边远烟瘴地区，特别派驻乡兵、土兵等地方军队来协守。这一做法不仅有效地巩固了对边疆地区的控制，保护了交通枢纽安全，也在一定程度上有利于边疆地区的开发。与明代不同，

---

① 张廷玉·兵志二·卫所 [M] //张廷玉. 明史·卷九零. 北京：中华书局，1974：2211.

② 王士性. 西南诸省 [M] //王士性. 五岳游草·广志绎卷五. 周振鹤，点校. 北京：中华书局，2006：309.

③ 黄家信. 壮族地区土司制度与改土归流研究 [M]. 合肥：合肥工业大学出版社，2007：108-114.

④ 钟文典. 广西通史：第一卷 [M]. 南宁：广西人民出版社，1999：327.

⑤ 赵尔巽，等. 地理二十·广西 [M] //赵尔巽，等. 清史稿·卷七三. 北京：中华书局，1977.

⑥ 谢启昆. 广西通志：卷一六八 [M]. 胡虔，纂. 广西师范大学历史系中国历史文献研究室，点校. 南宁：广西人民出版社，1988：4656-4672.

清代在西南边疆地区的驻军分布呈现出由腹地向边疆、由平坝向僻远山区转移扩散的趋势,在近边地区形成了一条布置较为严密的军事布防带。①

清代中叶以后,清廷在西南地区进行了大规模改土归流。与明代改土归流相比,清代改流是主动而为之,并且经过了详细筹划和周密安排,取得效果较为明显。土司数量与明代相比大为减少,清政府对广西地区的控制力随之进一步增强。

### 三、清代广西治理特点

清代统治者虽然仍以传统的"守中治边""守在四夷""恩威兼施"等为主要治边理念,强调柔远安边,但随着时代变迁,其治边思想及治理政策相应也发生了一些新改变。

#### (一)注重因时而治

在清廷统治者看来,"西南诸省,水复山重,草木蒙昧,云雾晦冥,……言语饮食,迥殊华风"②,因此对于广西地区实行了与腹地有所区别的政策,在治理方略上实施从俗、从宜。

在对腹地的统治稳固之后,清廷力图加强对西南诸省的控制,"三藩之乱"给了清廷以进一步控制西南边疆的机会。康熙帝进一步加强对西南边疆的直接控制,其决定撤藩理由是"藩镇久握重兵,势成尾大,非国家利"③。在平定西南的过程中,清廷对西南边疆地区的民族社会情形有了相当认识,逐步确立了"恩威并用""因俗而治"的基本方针。在平定"三藩之乱"之后,清廷绿营兵在兵力配置上显示出重视广西等西南边疆省份的特点。康熙帝在批阅云贵、四川及广西等督抚请征剿土司的奏折时提及:"朕思从来控制苗蛮,惟在绥以恩德,不宜生事骚扰。"④乾隆帝亦称:"各省苗民,均属化外,当因其俗,以不治治之。"⑤清廷最高统治者强调内外之辨,主张要对边疆少数民族地区因俗而治,而非一味地进行征剿。

随着经济发展和清廷中央集权的加强,相对封闭、割据的土司制度阻碍了西南边疆与腹地的政治经济文化交流。18世纪中叶前后,自雍正朝始,清廷在

---

① 请参见秦树才.绿营兵与清代的西南边疆 [J].中国边疆史地研究,2004(2):22—29.

② 赵尔巽,等.清史稿·土司传一 [M].北京:中华书局,1977:14203.

③ 魏源.圣武记 卷二康熙勘定三藩记上.

④ 清圣祖实录·卷一二四 [M].康熙二十五年二月庚子.

⑤ 清高祖实录·卷三三八 [M].乾隆十四年四月辛卯.

广西民族聚居地区集中实施"改土归流"计划,通过大兵压境及招抚等方式,将沿边土府、土州渐次改流和增设流官,逐渐将世袭土司所辖区域化为直接统治区域,从而促进了西南边疆与腹地在政治、军事、经济和文化等领域的一体化进程。与此同时,清廷将之前设治靠近腹地的职官前移,以加强对西南边疆地区的管控。雍正十二年(1734年),移钦州州判驻扎东兴街,移廉州府同知驻扎思勒峒,以便就近弹压,加强对该地防务的管理。①

值得指出的是,这一计划虽然并没有从根本上铲除土司制度,但在很大程度上撼动了长时期存在于西南地区的土司制度,使土司控制的区域大为减少,控制力度也不断削弱,打破了土司在政治上相对割据的局面。势力较大且可能会对王朝统治构成威胁的大土司日渐式微,小土司虽然在一定范围内还存在,但在政治上普遍接受流官管理、文化上日益接受教化,已经不足以对王朝统治构成有效威胁。据学者考证,经过改土归流,雍正年间广西土司仅存 40 余家,且大多势力较弱。② 由此,土司制度仅以一种残余形式保留下来,影响力大为削弱。土司的行为受到王朝的有效管控,有些土司在经济上濒临破产,有的土司甚至还受到流官的需索。如学者指出,清廷只要愿意,可以将广西任何一个土司改流,而大量小土司的仍然存在,更多地体现为王朝统治者对一种历史久远的民族治理方式的改造式保留。③ 清廷还在改流地区大力推行保甲制度,不断加强对广西的控制。

(二) 改变"重北轻南"趋向

在中国古代历史上,来自北方的或潜在或显露的威胁几乎延续到清朝建立,中原王朝不断遭遇到来自北方游牧民族的侵袭。相对而言,中国古代史上几乎没有来自西南边疆的威胁,一向保持着碾压式的绝对优势,故而历代统治者大多以重兵防守北方,重北而轻南。而在清朝整体治边策略中,"重北轻南"倾向已悄然发生改变。由于满清以北方少数民族身份入主中原,其在北方的统治基础相对稳固,故而其对于北方的防御重点已经不是历代传统游牧民族,而是正在向东南扩张的沙俄。《尼布楚条约》签订之后,北方边境保持了长时间的安定,来自北方的威胁一时间不在清廷考量范围之内,统治者得以把更多精力投向西南地区。

清代人口增长迅猛,内地部分地区人口压力增大,故而清廷允许甚至鼓励

---

① 清世宗实录卷·一五零 [M]. 雍正十二年十二月癸卯.

② 孙宏年. 中国西南边疆的治理 [M]. 长沙:湖南人民出版社,2015:142.

③ 郑维宽. 从制度化到内地化:历代王朝治理广西的时空过程研究 [M]. 桂林:广西师范大学出版社,2013:307.

腹地民众进入西南边疆地区垦荒种地。广西为腹地移民提供了不少优惠条件，清代迁入广西的移民不少，外来客民往往具有经济上的优势，常常典买土官田产。嘉庆之初，广西的46个土司由于生计艰难，有不少以田产为抵押，向外来客民借贷。广西巡抚谢启昆为此奏请禁止客民的重利盘剥，违者治罪。① 腹地移民的大量涌入瓦解了土司制度赖以存在的经济根基，推动了西南边疆地区开发，也加速了边疆与腹地一体化进程。

西南地方官吏大多注重开发矿业，促进了西南各地矿采业的快速发展。广西矿产开发在清代有一定发展，苍梧等地有金矿，临桂、永福、恭城等地有铜矿，平乐、思恩、上林等地有铅矿。

（三）态度趋向平等

清廷明确反对"内华夏而外夷狄"的传统说法，认为边疆与夷狄在概念上应该因时而理解。如雍正帝所称："且自古中国一统之世，幅员不能广远，其中有不向化者，则斥之为夷狄，如三代以上之有苗、荆楚、玁狁，即今湖南、湖北、山西之地也。在今日而目为夷狄可乎？……自我朝入主中土，君临天下，并蒙古极边诸部落俱归版图，是中国之疆土开拓广远，乃中国臣民之大幸，何得尚有华夷中外之分论哉！"② 雍正帝以天下共主自居，强调清朝疆域辽阔，以往的华夷中外之分并不适用。

这一观念大体为后代统治者延续，嘉庆四年（1799年），皇帝在对广西巡抚上谕中称："广西地接外夷，民瑶杂处，颇不易治。持以镇静，加以抚绥，无事必以德化，有事必使畏威。"③ 此封上谕将广西与外夷区别开来，指出广西治理困难之处在于"民瑶杂处"，应将"德化"作为治理广西重要方略。简言之，清廷突破了前代将西南少数民族视为"夷狄"的观念束缚，在一定程度上改变了对少数民族的偏见与歧视。

清朝统治者继承了前代重视儒学教育教化的传统，在西南地区积极兴办学校因此广西文教事业也有了一定发展。据学者统计，清代广西的府、州、县学已经有86所。④ 同时，清廷在广西大多数土司和改流地方设立了学校，此举进一步增强了边疆民族地区与腹地的文化认同，推动了儒学教育由腹地发达地区

① 赵尔巽，等．谢启昆传［M］//赵尔巽，等．清史稿·卷三五九．北京：中华书局，1977：11358.

② 沈云龙．大义觉迷录卷一［M］//沈云龙．近代中国史料丛刊：第36辑［M］．台北：文海出版社，1966：5.

③ 清仁宗实录卷·五二［M］．嘉庆四年九月乙酉.

④ 张声震．壮族通史［M］．北京：民族出版社，1997：788.

不断且深入地向边疆民族地区传播。

由于清廷对于西南边疆地区的认识较前代进一步深化,并采取了积极主动的治理与开发措施,广西的社会经济取得了较快发展,并与腹地社会经济联系不断增强,且在政治、文化等诸方面进一步密切了与腹地的联系。广西与腹地一体化趋势更趋明显,统一的多民族国家得到了进一步发展。

## 第二节 清季广西治理转向

近代以来,来自境外西方列强的殖民侵略与爆发于内部的社会动乱同频共振,给清廷西南边疆造成了严重治理危机。清廷上下在应对内外变局时,不同程度地表现出措置失当与拖沓无力,在很大程度上表明既往传统治理策略在面对时代大变局时的失效。

### 一、内外危机加重

从17世纪到19世纪的200年间,中国边疆危机日益加剧。法国侵占了安南(今越南中部)和东京(今越南北部),势力侵入印度支那,逼近中国广西。1885年中法战争后,尽管法国在军事上并未捞到好处,但却通过谈判取得了很大利益。法国侵略势力直接进抵中国西南国门,威胁广西。法国在印度支那地区逐渐确立了包括中国西南边疆地区在内的殖民统治影响圈。至19世纪末,在西方殖民扩张的强力冲击下,清朝与周边各国传统的宗藩关系陆续解除,东亚宗藩体系趋于解体。

清朝末年,广西遭到西方殖民势力不断地侵扰,英、法等国侵略势力逐渐深入广西等地。到20世纪之初,广西河道运输的几个重要城市——龙州、南宁、梧州全部被辟为商埠,对外国商人开放。

伴随着日趋严重的西南边疆危机,由阶级矛盾激化而引起的农民起义此起彼伏。从道光年间开始,广西爆发的太平天国运动更是加剧了广西内部危机。太平天国运动的爆发很大程度上是广西对来自西方冲击的反应。尽管清廷最终镇压了农民起义,并逐一剪除了各地会党武装,但广西内部治理环境并未得到根本改善。据民国时期所修《广南县志》记载:"自中法战争后,散兵入越南为匪,法人治匪严,无藏身地,渐窜入滇桂边境。初犹买卖如常,照市给直,久而无食渐劫夺商旅。有司患之,于富州、普厅分驻防营,护往来商民,匪无所掠，乃专攻劫村庄，飘忽靡定，其祸遂以蔓延。"① 中越边界一带的游匪问题一直延续到民初，游匪成分的复杂与边境多变的局势相结合，给广西地方治理造成了很大困扰。

广西内外危机逐渐加剧，特别是中法战争清廷不败而败，在很大意义上意味着清廷难以继续维持因俗而治、分而治之的传统西南边疆治理模式。如学者所称："十九世纪的初叶，清帝忽然遇到从未见过的西方侵略。……从前对付边夷的方法不能来抵御新式和不测的海上杀伐与技术专精的民族。"② 面对来自境外西方殖民势力及内部会党游匪的威胁，清廷逐渐意识到需要采取新的措施来应对。

### 二、边疆治理观念变化

从很大意义上而言，近代中国边疆的形成反映了近代中外冲突融合下中国政治与社会的转型。很大程度上改变了朝野的思维及行为，观念及制度等也随之改变。清季以来，各项官制改革不断推行，国家组织形式发生变革；新的阶层（新工商业者等）开始出现，社会关系发生改变；在西方观念冲击下，不同族群的自我认知以及在社会上被他人认识的情况发生了微妙变化，这些在边疆构建过程中有所体现。研究边疆治理问题，应该将之置于近代中国由王朝国家转向民族国家的大背景中。

西方近代国家与民族形成和资本主义发展密切相连。早在 18 世纪初，欧洲国家已经取得了一些重要进步，诸如区分国内与国外事务，用专门政府部门来掌管外交事务。在法国大革命前夕，英国和法国已经大体完成了近代民族国家的转型。这一时代，欧洲已经开始有精确划分的边界以及与之相连的主权概念，并以之为基础开始了国际间的竞争。与此同时，清王朝正处于所谓的"康乾盛世"，疆域辽阔给了统治者极大的虚荣与满足感。与同时期欧洲不同，清朝有完全不同的边疆观，大体可以归纳为天下主义及朝贡体系。天下主义与朝贡体系两者紧密相连，如学者指出："中国自诩为文明中心，遂建构了中国与四邻的朝贡制，以及与内部边区的赐封、羁縻、土司诸种制度。"③

中外不同的地理环境与物质基础使古代中国在处理域内外关系时与欧洲相

---

① 佚名. 民国广南县志·卷二 [M]. 1943：96.
② 别生. 近代中国边疆宰割史 [M]. 国际问题研究会，译. 上海：国际问题研究会，1934：3.
③ 许倬云. 我者与他者：中国历史上的内外分际 [M]. 北京：生活·读书·新知三联书店，2010：20.

比显有不同。正如沃马克（Brantly Womack）指出，地中海为前现代西方国家提供了一个重要中心，以使贸易和殖民的习惯得以发展，并使帝国能够与之竞争。而中国众多人口和丰富物产为亚洲提供了一个坚实中心，即便中原王朝不断改朝换代，势力也有强有弱，但中原王朝的核心地位一直保持。当西方政治文化致力于竞争、扩张和胜利之际，中国与周边王国的关系常常是不对称的，朝贡体系成为前现代中国外交关系的转喻。①

西方对亚洲诸国的入侵，使长时期盛行于亚洲的传统朝贡体系逐渐趋于崩溃。近代中国在经常伴随着武力的西潮冲击下发生了急剧而深刻的变化，变化中重要的一面即中国经历了从传统封建王朝到近代民族国家的转型。在此过程中，清朝朝野间的边疆治理观也经历着艰难转型。主要体现在以下三方面。

（一）边界由模糊转为实在

在现代观念里，边疆是确定无疑的、边界是固定的，标志着一个国家的主权和领域范围，并受国际法承认和保护。而在传统中国治疆观念里，边界并不是一个实实在在有边界线的存在，而是有着很大的模糊空间。历代封建王朝大多奉行大一统的"天下观"，内缘相对而言较为稳定，而外缘则经常处于变动之中，边疆范围并不十分清晰。同时，在事实上也根本不存在通行的所谓国际社会或国际法则。对于传统中国人而言，边疆更多的是一种文化边疆，而不是地理边疆。正如有学者指出，在国家主权确立前，并不存在真正意义的边界，在中国王朝国家发展的相当长的时期，王朝国家是没有边界的。② 基于此，精确地划分边界对于中国封建王朝而言并非当务之急。

相对而言，中国历代王朝对西南边疆的注意力较弱，或许这在很大程度上与历代中原王朝面临来自北方的威胁相对更重有关。以明代为例，明廷需时时提防北方的潜在军事威胁。虽然明廷不断拓展南方边疆，但要在其地建立类似于中原的正式统治机构显然不切实际，故而明廷并不寻求对于西南边疆的直接控制，而更多的是继承元朝政策，依靠当地土著来维持秩序，为土司提供官方头衔，让其享有很大自治权，统治所辖区域，防御南方边疆。明廷不仅依靠土

① WOMACK B. Traditional China and the Globalization of International Relations Thinking [M] //WOMACK B. *China Among Unequals*：*Asymmetric Foreign Relations in Asia*. Singapore：World Scientific Publishing Company，2010：153－182；ANDERSON J A，WHITMORE J K. *China's Encounters on the South and Southwest*：*Reforging the Fiery Frontier Over Two Millennia* [M]. Leiden：Brill Academic Publishers，2014：396.

② 周平. 中国的边疆观的挑战与创新 [M] //周平，李大龙. 中国的边疆治理：挑战与创新 [M]. 北京：中央编译出版社，2014：25.

司制度来统治地方、提供军队力量，同时也把土司统治区域视为与相邻国家的缓冲地带。

与明朝时相类，清朝时西南边界在很大程度上也是含混不清的。清代皇帝更关注的是版图辽阔，而非具体的边界划分，具体的边疆划分显然与大一统天下观相违背。云贵总督高其倬曾奏报安南侵占村寨，雍正帝在批示中提到不必与安南国争弹丸之地，"朕居心惟以大公至正为期，视中外皆赤子，况两地接壤连境，最宜生衅，尤须善处以绥怀之"①。雍正帝以"天下共主"自居，沉浸在家天下的观念中，奢谈柔远，强调不与小邦争利，只要藩属国"恭顺"，甘愿放弃固有领土。清廷依然延续内华外夷的传统观念，对于疆域的认知及处理周边边务都基于此观念，更看重的是文化上的区别，而非简单的地理划界。正如有学者指出，"中国以文化论族属，疆域很大程度上是文化属性的体现，重在人的归化程度，而非地的此疆彼界"②。

中越的边界线在中法战争之前较为模糊。有学者注意到了中国封建王朝边界长时期难以清晰划分的情况，指出近代以来产生的边界概念与清代中越两国的领土边界观念有显著差异。当时中越两国的君主都以"天下共主"自居，以宗藩体制处理与周边国家的关系。中法战争之前，清王朝与越南各王朝、政权处理领土归属、边界的原则大体是在宗藩关系前提下，依照历史上已经形成的陆路（包括陆地、水域）传统习惯线，即主要依托山脉、河流划分边界，进行管辖。③ 金姆（Jaymin Kim）通过分析乾隆王朝时期中越边界发生的犯罪及审理情况，认为清廷确实认知中越之间有边界存在，并对私自穿越边界的人进行惩罚，但具体边界常常是不清晰的、可渗透的。④ 山脉、河流所包含的区域较为宽泛，故而两国之间界限往往并不十分明晰。乾隆九年（1744 年），两广总督曾策令自东兴街西永乐街起，经罗浮河抵竹山沿河三十里，遍栽竹子以堵御私径。⑤ 但地方官员对于中越之间边民偷越边界事已见怪不怪，如乾隆十年（1745 年）两广总督奏称：查粤西太平、南宁、镇安三府关隘最为绵长，私路

---

① 清世宗实录·卷三一 [M]. 雍正三年四月己丑.

② 桑兵. 历史研究的碎与通 [M]. 广州：广东高等教育出版社，2020：105.

③ 孙宏年. 清代中越关系研究：1644—1885 [M]. 哈尔滨：黑龙江教育出版社，2013：195-196.

④ KIM J. The Rule of Ritual：Crimes and Justice in Qing-Vietnamese Relations During the Qian-long Period （1736-1796）[M] //ANDERSON J A，WHITMORE J K. *China's Encounters on the South and Southwest：Reforging the Fiery Frontier Over Two Millennia* [M]. Leiden：Brill Academic Publishers，2014：289-321.

⑤ 道光 钦州志·卷十 [M]. 1834 年.

皆可透越，实不能一概堵塞。① 中法战争以后，清廷在中越勘界过程中才逐渐接受一线为界的划界规则。②

大体而言，随着中国历代封建王朝与周边邻国交往深度和广度的扩大，边疆地带渐趋稳定和清晰，近代以来，边疆逐渐转化为基于民族概念下封闭的、民族的、政治的区域。中国大部分边界划界，或者说系统、清晰的边界划分是近代以来才逐步完成的。19 世纪中叶以来，西方殖民势力深入亚洲，一方面西方侵略势力鲸吞蚕食亚洲各国，另一方面清王朝逐步失去朝贡的附属国。在此过程中，清王朝统治者力图确立边界，以维系领土范围。从某种意义上而言，正是由于西方列强侵略加剧，封建王朝统治者才日益将眼光更多地投到之前相对而言或许并不十分介怀的"化外之地"。出于维护自身统治需要，朝廷越来越注重区分此疆彼界。在此过程中，边界逐渐在地理上由模糊转为实在。

### （二）区分内政与外交事务

传统观念中有内外边疆之分，中原王朝是中心，内边疆是门和窗，外边疆是藩篱，都统一在天下观念里。总体而言，中国传统观念中，边疆是开放的，统一在大一统的天下观。中国传统观念中有内外之别，亦有"内诸夏而外夷狄"③ 的古训，但并没有明确的国内事务与国际事务区分。对于封建王朝而言，中原地区是腹地，是王朝统治中心区域，而远离王朝核心区的边疆与之相比是内与外的关系，如《汉书·匈奴传》记载，"夷狄之人……辟居北垂寒露之野，逐草随畜，射猎为生，隔以山谷，雍以沙幕，天地所以绝外内也"④。

清朝在承继了前代朝贡体制及观念的同时，也有所变革，主要体现在处理对外事务主要由礼部和理藩院负责。礼部主客清吏司主要负责四裔朝贡之国，是藩属体制的具体管理机构，重要内容表现为宾礼。随着对外事务的日益繁重，清代历朝礼部主客清吏司职事有所变化，至嘉庆时还单列出通互市之国，贸易在朝贡体系中的地位越来越重要。⑤ 理藩院前身为蒙古衙门，主要负责管理蒙古、回疆及西藏等地事务，后来还负责处理与俄国的一些外交事务。

---

① 清高宗实录卷·二三七［M］. 乾隆十年三月壬寅.
② 中山大学吴智刚 2013 年在博士学位论文《晚清桂越边务筹办及其嬗变》中专门讨论了中法战争前后清廷在观念转移下的勘界过程，指出"从分界到画线，清人在定界观念和方式上的巨大变化，反映的是清政府对中越边务的措置，渐由固执抵牾到接受调适的转变过程"。
③ 孙风华. 章太炎、连横民族文化思想之比较［M］. 北京：九州出版社，2013：15.
④ 汉书卷九四下匈奴传.
⑤ 请参见"清代历朝会典所载礼部主客清吏司职司表"，李文杰. 中国近代外交官群体的形成：1861—1911［M］. 北京：生活·读书·新知三联书店，2017：30-31.

近代以来，随着西方殖民势力日益侵入亚洲，清廷感受到的威胁越来越大。在反抗西方殖民侵略的过程中，中国由传统多民族帝国（multi-ethnic）向现代民族国家（nation-state）过渡。随着主权观念的深化，边疆概念被赋予越来越大的政治意义和军事意义。在这一过渡过程中，国内与国际事务逐渐区分开。有学者指出，中国领土主权的现代转型不仅仅在于为衡量国家主权、领土完整和管理主权建立新的标准，同时还在于改变中央政府控制内务和利用土地及其他自然资源的方式。[①]

鸦片战争以后，清廷原本由礼部、理藩院兼理藩属事务的机制越来越不能适应日益变化的新形势。五口通商大臣、南洋大臣、北洋大臣及各通商口岸的海关道台等开始拥有处理涉外事务的权力，但统一处理对外事务的中央机构至1861年总理衙门设立才出现，此举可以看作是清廷区分国内与国际事务的开端。从"夷务"到"外务"的逐步转变，一方面意味着传统华夏中心观的消解，一方面也意味着内政与外交事务的划分。清廷开始试图用一种新的视野来思考疆域事务，并试图将之与涉外事务进行区分。

对于清廷而言，处理涉外事务的一大方式即扩张国内权力，进一步管控边疆省份。清季由于西方列强势力不断侵入，清廷对于部分边疆地区控制力减弱。在外界压力逼迫之下，清廷不得不采取种种措施来巩固对领域特别是边疆地区的控制。清廷在19世纪80年代中期设立新疆省、台湾省，20世纪之初又将东北奉天、吉林、黑龙江改建行省，同时在内蒙古逐步设立州府与县，其目的在于加强对于上述地区控制，以抵制来自西方及沙俄、日本等国的侵略势力。以上举措反映了清廷加强对边疆地区管控的努力，同时也是清廷力图将内政与外交事务进行区分的表现。

（三）重新确立国家间关系

朝贡体系（Tribute System）的说法遭到了学界越来越多质疑，[②] 虽然这种带有理想性质的描述不足以概括长时期中原王朝与周边王国或土著部落的关系，也难以揭示中原王朝与周边国家关系的复杂性和多面性，但对于理解近代之前

---

① LIU X Y. Recast all under heaven: Revolution, War, Diplomacy, and Frontier China in the 20th Century [J]. *Continuum*, 2010: 7.

② 学界对于历史上东亚地区政治秩序的解读颇多，除朝贡体系之外，又有宗藩体系、藩属体系、册封—朝贡体系等称呼。李大龙认为，单纯地从朝贡视角或册封和朝贡政策的角度等来命名这种秩序不是十分准确，主张以藩属体制来称呼。详见李大龙. "藩属体系"还是"朝贡体系"：对唐朝前期"天下"制度的几点认识 [M] //周平，李大龙. 中国的边疆治理：挑战与创新. 北京：中央编译出版社，2014：220-222.

亚洲地缘政治仍然具有不可取代的意义。比如，中原王朝对朝鲜与越南的影响力和控制力相比，显然对于前者影响更大。金姆（Jaymin Kim）曾从司法角度比较了乾隆时期中越与中朝的关系，发现中朝司法联系更加紧密。金姆认为原因在于，朝鲜早在1637年就被清廷以武力胁迫成为第一个藩属国，而越南是在1666年清廷统治日益巩固后自愿成为藩属国。两个属国与清廷中央的地理距离也是造成不同的很大原因。相比而言，清廷更加关注离东北很近的朝鲜，而对远在西南、交通不便、对于清廷威胁甚少的越南关注不多。不得不指出，交通条件在两国关系中起到很大的作用。朝鲜常常是一年内三四次到清廷朝觐，而越南则是三年一次。①

古代中国长时间是朝贡体系的中心，是亚洲诸国的核心，在亚洲各国历史交往过程中一直居于无可替代的重心地位。与近代西方列强咄咄逼人的进攻态势不同，在具有内敛特性的朝贡体系下，中国往往以强化中原王朝的政治地位为重心，以"礼"来维系等级秩序，以维系现状为重任，以归化为职守。以中国为主导的朝贡体系与西方逐渐形成的民族国家体系显然完全不兼容。从理论上而言，在西方民族国家体系下，各国家是平等的，而在朝贡体系之下，毫无疑问中国是超然在上的。

18世纪末，恰值清朝国力鼎盛之际，西方已经开始通过帝国主义及殖民主义等方式向全世界推销他们的近代国际秩序，很快便将触角伸入亚洲。近代以来，西方殖民势力相继东渐而来、步步紧逼侵犯亚洲及中国，在将许多亚洲国家变为殖民地、半殖民地和附庸国的同时，也将西方的民族国家体系引入到亚洲。

随着西方列强对东亚各小国控制的加强，清廷与周边藩属国之间的传统联系相继断裂，新的关系开始逐步确立。至清季，随着近代西方民族国家思想在中国传播的深度与广度不断扩大，"主权""公法""国家"等新概念日益被国人所了解，时人逐渐认识到中国仅仅是世界中一个国家。伴随着中国努力摆脱西方强加的不平等条约体系，进入民族国家行列，中国与周边国家的关系也由传统非对称关系（Asymmetric）逐渐转变为对等国家关系（State to State）。由此，中国与周边小国之间的关系不再是不平等的藩属关系，近代条约体系取代了藩属体系。有识之士意识到中国处于一个亘古未有的国际大变局中，如郑观

---

① KIM J. *The Rule of Ritual: Crimes and Justice in Qing - Vietnamese Relations During the Qianlong Period* (1736—1796) [M] //ANDERSON J A, WHITMORE J K. China' sencounterson the south and southwest: reforging the fiery frontier over two millennia. Leiden: Brill, 2015: 289-321.

应曾指出应抛弃传统夷夏观，主张中国与周边国家应保持平等的关系："夫地球圆体，既无东西，何有中边。同居覆载之中，奚必强分夷夏。如中国能自视为万国之一，则彼公法中必不能独缺中国，而我中国之法，亦可行于万国。"①

对清廷来说，接受并习惯以上观念并非一蹴而就，而是需要很长时间去调适。与此同时，传统华夷疆域观仍持续产生着顽强影响。正如有学者指出，"此时仍处于一个更新发展阶段前的酝酿时期，新的学术理论和思想以及与此密切相关的新的社会、国家、民族理论和思想已在酝酿，但尚未改变一时之社会面貌和学术风气"②。

### 三、治策初步改变

随着西方列强的侵略逐渐深入及内部治理环境不断恶化，中国西南边疆面临前所未有且日趋加重的危机。在中法战争前夕，清廷已认识到："越南向隶藩服，为滇、粤两省屏蔽。……该国积弱已久，若滇、粤藩篱尽为他族逼处，后患不可胜言。"③清廷不得不采取一系列措施，以适应不断变化的形势要求。

（一）加强军事控制

面对内外治理危机，军事上妥善应对是当务之急。光绪十一年（1885年）七月，清廷下令滇、桂、粤三省督抚会商中越边防事宜。在广西等地方督抚大员的悉心筹划下，主要采取了三方面的举措。

其一，调整优化军事部署，将军事指挥重心前移。此举要义在于对旧有边防体制进行优化调适，并未对既有体制造成太大改动，移改之处多为中下级武职官员，故而易于推行而见成效。经与广西巡抚李秉衡往返电商，两广总督张之洞等人于光绪十二年（1886年）四月奏请将边防军分为三路，"以十二营专防镇南关中路，以四营分防东路，六营分防西路"。同时建议将广西提督由柳州移驻边关重镇龙州，"以后全桂大势，注重边防，必宜有大将亲临，控制调度，拟请广西提督由柳州移驻龙州"。④由于中法战争的影响，广西全省军队大多集

---

① 郑观应．论公法［M］//夏冬元．郑观应集：上册［M］．上海：上海人民出版社，1982：67．

② 马大正，刘逖．二十世纪的中国边疆研究：一门发展中边疆学科的演进历程［M］．哈尔滨：黑龙江教育出版社，1997：62．

③ 总署奏越南积弱已甚中国为藩篱计不能置之度外片附上谕［M］//王彦威．清季外交史料：第2册卷26．北京：国家图书馆出版社，2015：507．

④ 朱寿朋．光绪朝东华录：第4册［M］．张静庐，等校．北京：中华书局，1960：2076-2077．

中于桂边，广西提督驻柳州显然不合时宜。广西提督苏元春随之迁驻离中越边境近在咫尺的龙州，并兼任广西边防督办，统管边务。后在清朝覆亡前夕、广西议迁省会之际，又将广西提督迁至南宁。两广总督张之洞并拟大举裁撤桂省腹地绿营，增设边防勇营，试图以牺牲广西腹地防守以加强桂越边防，但此举因各方掣肘而进展缓慢。

其二，大举修建军事设施，构筑边防炮台，加强军事部署。由于清廷此时财政罗掘已穷，对于耗费巨大的炮台建设支持乏力，边防各类军事建设进展并不顺利。尽管如此，边防军事设施建设也取得了一定成绩。从光绪十一年（1885 年）到光绪二十二年（1896 年），"共建成大炮台 34 座，二、三号中炮台 48 座，碉台 83 座，安装着各式洋土火炮 119 门，修筑军工路 1000 多里，形成镇南关、平而关、大连城、小连城 4 个边防要塞。与法军在越南沿边所筑的明碉暗堡、兵营据点相对垒"①。通过调整军事部署，广西当道加强了对边境的管控力度，西南边疆特别是中越边境局势得以在一定时期内保持相对稳定。

其三，编练新军，改革边防军制。中法战争后不久，两广总督张之洞于光绪十二年（1886 年）奏请将防勇二十营作为广西常驻边防军，以提督、边防督办苏元春为总统。② 苏部边防军占据广西边防近二十年，至光绪二十九年（1903 年），两广总督岑春煊奏请简派郑孝胥为广西边防督办，调湖北武健军赴广西，对苏部边军除陆荣廷统领的荣军外大加裁汰。同时，广西还将边地团练编练武健新军，试图建立新的边防军制。

此外，从靖边御侮军事目的出发，清廷还于 19 世纪末在广西、四川、贵州等省之间架设了有线电报，大体形成了有线电报网络。各路电线纵横数千里，所经线路有广州至龙州、廉州至钦州、钦州至东兴、梧州至桂林、南宁至剥隘、剥隘至蒙自等。③ 同时积极修筑道路，改善交通状况。被称为"各省筑路之始"的广西龙南军路是当时修建的重要军路，全长 55 千米，成为联通龙州与镇南关的重要交通要道。④

（二）设置边道

清廷还针对西南边疆被迫开埠通商后在政务、商务及外交等方面出现的新

---

① 沈奕巨. 清末广西的边防炮台建设 [J]. 广西地方志，2006（1）：46-52.
② 郭廷以，等. 中法越南交涉档：第 6 册 [M]. 台北："中央研究院"近代史研究所，1983：3697-3701.
③ 曾繁花. 中法战争前后西南边疆地区电报业兴办述评 [J]. 重庆邮电大学学报（社会科学版），2014（3）：65-70.
④ 广西壮族自治区交通厅史志编审委员会. 广西公路史：第 1 册 [M]. 北京：人民交通出版社，1991：50-51.

问题，积极采取应对措施。

在中法战争之前，广西与越南毗邻地区大体归左江道管辖，左江道下辖南宁、太平、镇安、泗城4府，地域辽阔且多为非汉族聚居区。为应对危局，光绪十二年（1886年）二月，两广总督张之洞、广西巡抚李秉衡奏陈广西边防事宜，提出设置太平归顺道，"总辖全边，驻扎龙州厅"，辖太平府、归顺直隶州，"所有汉土厅州县土司管理、整饬边防、监督关税，以及经理一切中外交涉事宜"，皆责成其统摄。① 该议旋即为清廷允准。两广总督张之洞还奏请将太平归顺道缺定为冲难边要兼烟瘴题调缺，由外酌量奏请升调拣补，此举更加凸显该缺职责的重要。

随之，广西调整相关行政区划，将原为沿边土州的归顺州改升直隶州，领镇边县及下雷土州；又将上思州划归太平府，将太平府改隶太平归顺道。② 光绪十三年（1887年），清廷正式设立太平归顺道。兼管通商事务及对外交涉事务是太平思顺道的重要职能，如光绪十三年（1887年）五月十日上谕所称："新设之太平归顺道，办理中外交涉事件，关系紧要，应作为何项缺分，并著查照该部所议，体察情形，即行具奏。"③ 后因上思州隶属问题产生争议，清廷经过讨论，最终决定于光绪十八年（1892年）设立上思直隶厅，直接受太平归顺道管辖。太平思顺道的设置，对协调广西沿边各县政区关系，构建桂越边务体制，统一边疆地区行政管理体制，提高应对边疆地区事务效率等方面无疑具有积极推动作用。

相关边道的设置，优化了毗连边境地区行政区划，提升了沿边政区行政层级，增强了广西地方应对边疆事务的能力。对于西南边疆的治理，除加强边疆地区控制之外，还意味着同西方殖民势力直接打交道。随着时势变迁，边道职能呈现出扩大之势。与腹地道有所不同，边道兼有巡边勘界职能，西方殖民者不断侵略使清廷更加关注西南边疆危机，由此也使边疆划界迫在眉睫。边道道员往往直接担任立界委员，督率所辖沿边府、州、县官进行勘界立碑工作，如在桂越边境勘界过程中，太平归顺道道员全程参与其中。光绪十七年（1891年）三月十三日，中国立界委员、太平归顺道向万鏮与法国立界委员、法驻华公使馆参赞法兰亭签订广西东路立界图约。光绪十八年（1892年）五月十三日、中国立界委员、太平归顺道蔡希邠与法国立界委员西威仪在龙州签订广西

---

① 沈云龙. 近代中国史料丛刊［M］. 台北：文海出版社，1973：215-216.
② 清德宗实录·卷三一九［M］. 光绪十八年十二月壬申.
③ 清德宗实录·卷二四三［M］. 光绪十三年五月丙寅.

西路勘界图。①

清廷还逐步在西南边疆地区设置对汛督办，建立起边防对汛制度。对汛督办主要由边道兼任，归其统一管理。广西全边对汛督办于光绪二十二年（1896年）八月设立于龙州，由广西提督、边防督办苏元春兼任。至光绪三十一年（1905年），署两广总督岑春煊等人奏准仿照云南办法，裁撤边防督办，将包括广西边防对汛事务在内的边务改归边道管理，其奏称："广西边防请裁去督办名目，照云南边防办法，一切责成边道，辖于巡抚，庶可专一事权。"② 由此，桂省边务基本上由"辖于巡抚"的边道直接管理。

边道还负有统率辖区内防营、保卫边疆的责任，呈现出军政合一的趋势。中法战争后的很长一段时间，广西边防以提督统率的边防军为主、以边道所辖防营为辅。如广西巡抚马丕瑶于光绪十五年（1889年）十月奏称，"太归道所辖为太平府、归顺州及沿边一带，均有防营，且经理商务，防缉游勇，尤关紧要。又有边防二十营，本归提臣苏元春督办"③。

随着边防军体制废弛及时局所需，清廷决定调整中越边境地区军事指挥体制，统一事权于边道；将广西提督驻地后撤至南宁，主要负责清剿腹地，而防卫边境职能则交由边道全权负责。两广总督岑春煊、广西巡抚林绍年于光绪三十二年（1906年）八月在《边营改归提督窒碍甚多请照旧办理折》中称："现在提臣因连年防剿左江一带之匪，业已移驻南宁，所部各营分防南宁、思恩、太平等属。边道所部分防沿边，一切布置大致已定。拟请毋庸更动，以后边防事宜悉照现办章程，责成边道兼管，遇事禀承臣等办理。"④

以边道兼管边防固然有其有利的一面，但也有边防事务与交涉权责难分等弊端。由于边道职位不崇，又无权直接调度边防军，其处境不免尴尬。宣统元年（1909年），广西太平思顺道李开侁、边防军统领陆荣廷禀称广西巡抚张鸣岐，请将广西边界对汛事务归并防营办理，并制定了《对汛归并边军办理章程》。将边务分为会巡与交涉，由边军统领和边道兼任督办，大体以驻防各营官兵会巡边界，而以对汛员掌交涉。⑤ 此举在一定程度上反映出现有体制下边道对于防军呼应不灵、不得不索性两分的无奈现实。

---

① 唐志敬. 清代广西历史纪事［M］. 南宁：广西人民出版社，1999：602.

② 清德宗实录·卷五四七［M］. 光绪三十一年七月丙子.

③ 沈云龙. 近代中国史料丛刊［M］. 台北：文海出版社，1966：100-101.

④ 沈云龙. 近代中国史料丛刊［M］. 台北：文海出版社，1973：654-655.

⑤ 抚部院批李开侁、陆荣廷曾禀请将对汛归并边军办理拟章呈核缘由文［J］. 广西官报，宣统元年十一月初七日第46期.

（三）调整区域行政中心

除设置边道来积极应对日益加重的内外危局之外，广西省一级行政机构也亟待进一步改革。随着军政重心偏向西南，广西日益形成了军政与行政分离的局面。广西当道采取迁移省治等措施，试图解决以上问题，但在实际运作过程中，却不顺利。

广西迁省之议虽在之前时有议及，但真正进入实施层面是在光绪末年。据称，最初由广西布政使张鸣岐条陈，"岑云帅深韪其议"，而"广西巡抚李仲帅暨余廉访均不以为然，商酌迄无定议"。① 广西布政使张鸣岐关于迁省的提议，有可能是署两广总督岑春煊授意的结果，而广西巡抚李经羲及按察使余诚恪的反对成为迁省的最大阻碍。1905 年，岑春煊奏劾广西巡抚李经羲，保荐林绍年任桂抚，去掉人事上的一大障碍。受岑春煊保荐而调任广西巡抚的林绍年自然与其步调一致，林绍年于 1906 年 2 月莅任之后，重申前议，"岑、张持之甚坚"②，迁省一事遂正式提上议事日程。

按照粤督岑春煊授意，桂抚林绍年于 1906 年 3 月特委丁乃扬署理左江道，前往南宁查勘一切，绘图贴说，详细禀复，以便具奏。③ 丁道南下勘察的任务名义上是为筹办南宁府城自开商埠一事，将改左江道为关道，即奏以丁乃扬补授。同时，岑春煊电派布政使张鸣岐、按察使余寿平先行筹议迁省事宜。计划等待丁道查勘禀复后实行。随之，委署左江道丁禀请将龙州通商镇南税关移设南宁，以便实行开埠，将来左江道即兼南宁关监督事，督抚均韪其议。④

南宁自开商埠是实施迁省大计第一步。自开商埠，拥有极大权力的两广总督兼南洋通商大臣的岑春煊当然可以便宜从事。两广总督岑帅定在南宁府亭子墟添设洋关，并将南宁府城外槟榔关作为通商口岸。计划将广西巡抚迁往南宁，将城内旧镇台署修为西抚衙门。由梧州统税局提去修署银十万，"闻三司亦同迁往"⑤。至于必迁抚署原因，"固为居中控驭起见，又以越南边塞久为法国领土，且有法兵驻扎，若不速迁府署，则相隔太远，未免鞭长莫及也"⑥。

在督抚积极推动之下，迁省之事不断推进。如报道所载，"粤督岑云帅拟将广西省会移至南宁一事近已筹议定局。当由云帅以所拟折稿抄寄桂抚林中丞，

① 时事要闻：广西迁省开埠事宜［J］. 中华报，1906（501）.
② 本馆专电：桂抚请改迁省会［N］. 新闻报，1906-04-12.
③ 本馆专电：桂抚请改迁省会［N］. 新闻报，1906-04-12.
④ 时事要闻：广西迁省开埠事宜［J］. 中华报，1906（501）.
⑤ 上编政事门：纪闻：中国部：广西：西省开埠兼迁抚署［N］. 广益丛报，1906（105）.
⑥ 记广西抚署改迁南宁事［N］. 申报，1916-05-13.

请为斟酌主稿，以便具奏。林中丞复函，谓广西公桑梓之乡，情形熟悉。改南宁为省会，盖筹已定，无俟赞词，即请主稿具奏。"① 光绪三十二年（1906 年）六月，岑春煊、林绍年联名上奏《移置省会折》，桂林省城僻在东北一隅，控制不便、呼应不灵，南宁向来为军府所驻之地，现在又注重西南，"自应移巡抚驻扎南宁，即建为省会，上接云南，下连广东，前俯越防，后蔽全省，屹然重镇，控制最宜。比之桂林，地既居中，又称繁庶，于吏事、民情亦极便适"②。

但此奏并未即获清廷允准，而是遭到了桂籍京官反对。御史石长信反对尤力，奏称广西边省，迁省之举劳民伤财，非徒无益，而且有害。③ 署工部左侍郎唐景崇认为迁省需费浩繁，若执意为之，则"摇人心而贻后患"④。不久，政务处议复，调和各方意见，肯定移设广西省会"自系为慎重边防起见"，但以全局而言有顾此失彼之虞。拟如唐景崇等人所奏，将广西提督移驻南宁，左江道改为关道；并如石长信等人所奏，于南宁添设督抚行署，以备该省疆臣随时巡阅，相机布置。⑤ 清廷此议并未完全否定广西迁省的必要性，而是认可了将左江道改为关道，并且将广西提督移驻南宁且修督抚行署。南宁虽然没有马上成为省会，但商埠允开、提督迁驻、督抚行署修筑，其在经济、军事和政治上的地位已逐渐提升。清廷政务处看似否决决议，其实不过是缓迁罢了。

除了清廷反对立迁之外，广西迁省之举还遭到了经费不足的实际困难。因迁省开埠，无款可筹，"广西当道颇深焦灼"。署太平思顺道庄蕴宽禀称与龙州法领事税务司等交谊契洽，以筹款设省经费棘手面商。该法员等慨允代借洋款八百万两，电灯、自来水、电话等事均可同时举办。林帅以托法员代借巨款，"关系甚大，须妥商办理，毋贻后患。已商诸岑云帅，尚未定议"⑥。由于法国对于广西觊觎已久，借款于法国之议自然遭到了广西全省上下的极力反对。时人指出，此举对广西前途安危有绝大影响，认为广西欲迁省开埠，无款经营，"他国之款虽或可借，犹必防意外之失权，至借法人之款，以为广西迁省开埠之用，记者敢一言断之，可以不必"，因为法人一直将广西视为"禁脔之地，不容他人分肥之地"。广西迁省开埠一事本为阻截外人势力内侵而起，虽然不可缓，

① 要闻：请移广西省会即将出奏 [J]. 通问报：耶稣教家庭新闻，1906（204）.
② 沈云龙. 近代中国史料丛刊 [M]. 台北：文海出版社，1973：593-594.
③ 政界纪闻：石侍御疏争广西迁省 [N]. 时报，1906-08-01.
④ 广西壮族自治区通志馆，广西壮族自治区图书馆. 《清实录》广西资料辑录：六 [M]. 南宁：广西人民出版社，1988：235.
⑤ 清德宗·实录卷五六二 [M]. 光绪三十二年七月丁未.
⑥ 上编政事门：纪闻：中国部：广西：议借洋款八百万 [N]. 广益丛报，1906（116）.

"而与广西有关系最切国之款则断断不可借，不能借"①，借款于法人之计遂搁置。

1906年，广西迁省之举遂因清廷不允许及迁省所需款项支绌等原因而暂时中止，此事引起了广西主张迁省士绅的普遍失望，如时人所称，"闻前督抚曾会衔入奏，阖省闻之欢欣鼓舞，以为广西从此可望发达。嗣以部议中辍，各府人民大失所望"。论者批评部议以改省南宁非数十万金而否决，"惜费为省，不徒不能省，将来或过于所费，与其吝费而贻事后之悔，何如不惜费而谋磐石之安。苟不未雨绸缪，待他日时势危急，始谋补救，其损失岂止数十万今哉！"主张"若为广西谋幸福计安全，其提纲挈领之处，莫若改省南宁矣"。②

以地理而言，桂林地处广西东北，于所属西南边界鞭长莫及。在清季边患日重情况下，不适合作为省城的观念已逐渐为各方认同。至于广西省会迁至何处，清廷尚犹豫不决。1907年冬，清廷又有将桂抚移驻梧州之议。经广西巡抚电请粤督商议，粤督认为移省关系重大，须通盘筹算，方能决定办法。"故彼此往返电商，迄未筹妥，尚须桂抚将各处情形考察完毕，始克议决云"③。两广总督及广西巡抚消极对待，其实是对清廷此议的无言反对。

随着边患日益严重及革命党人在中越边境活动的日渐加强，特别是1908年4月间的河口之役，清廷倍感压力，认识遂逐渐统一。清廷认为南宁为广西适中之地，最易控制各属。日前迭次筹议，将抚署改驻南宁，迄未决定。"现闻政府因边匪迭起为患，仍照前办法，将抚缺改驻南宁，已电致两粤督抚矣。"④ 清廷的决定在很大程度上影响了广西迁省南宁进程。

广西谘议局在1909年11月开会期间，有议员提议迁省南宁。桂林绅商闻讯后大为反对，于11月24日在城隍庙集议，"到者甚众，众喙沸腾"。有主张约集省内外各府同志，不公认各议员为代表者；有主张纠众毁拆谘议局，将浔、梧议员黄宏宪等驱逐殴辱者。"势既汹汹，詈声不绝。"后经议决办法，电京外同乡官，仍申从前力阻之议，"一约合全省之不赞成者，公诉诸都察院；一即日具禀各大宪暨粤督，勿徇议员之请，率行入奏"。次日谘议局开会，续议迁省南宁办法，除桂林、平乐两府议员反对外，浔、梧、邕等十三府议员均赞成，"誓必达其目的"⑤。

①　论说：论广西迁省开埠 [N]. 新闻报，1906-07-24.
②　内编：广西省改治南宁议（节录）[J]. 地学杂志，1910，1（4）.
③　中外要闻：广西又议移省 [J]. 吉林官报，1908（96-110）.
④　上编政事门：纪闻：中国部：广西：桂抚仍议移驻南宁 [J]. 广益丛报，1908（186）.
⑤　中外要事：桂人反对迁省议案 [N]. 新闻报，1909-12-12.

广西谘议局议员关于迁省问题的赞同与否颇值得玩味。具有一定民意代表的各地议员在迁省问题上更多考虑本地利益，这本不足为怪，而只有桂林、平乐两府议员的反对则反映出迁省已在很大程度上有了广西多数民意支持。如报道所称，"迁省南宁早有此议，全省士绅均极赞成，且有请移路款为迁省之需者，旋以少数人之反对，以致许久不决"。传闻朝廷与桂抚张中丞及桂省谘议局往复电商，业经决议，定于1910年实行，唯迁移经费尚未指定何项。① 而迁省经费尚未寻定，清朝已亡。

清季广西迁省之议发自督抚，主要考量巩固边防。清廷由最初部议以迁省经费浩繁而反对立迁，到后来决心迁省南宁，着眼点也主要在于边患日益严重。此时广西迁省障碍主要不在于官方，而是囿于财政困窘，难以筹措迁省所需经费。至于桂林、平乐等府士绅的反对，则难言是迁省主要障碍。换言之，广西迁省于南宁之议在清季已经在很大程度上获得了官方及民意支持，只是限于财力，难以马上实施。如岑春煊后来所称，"查南宁为边防要塞，控制全省，亦有居中策应之势，春煊往岁督师剿匪，曾有迁省南宁之议"。后经巡抚张鸣岐核计，"建筑一切需费甚巨，议定省会暂不迁移，巡抚半年驻邕，半年驻桂，以期兼筹并顾"②。清季南宁自开商埠，提督迁驻，巡抚半年驻节，其在政治、军事、经济上的地位逐渐上升。

广西省治迁移南宁，无论是从巩固边防，还是从广西自身发展来看，都具有积极意义。清季广西迁省的提出，反映了边疆重臣试图通过改变行政中心来强化边防，大体上是一次有益探索，为民国初年广西行政中心进一步调整奠定了基础。

除此之外，在新政期间，清廷在广西实行了与其他腹地省份同样的官制改革。改学政为提学使，统辖新式学堂事务；改按察使为提法使，负责全省司法行政等相关事宜，增设地方各级审判厅及检察厅；新设劝业道，管理全省农、工、商业及交通事务；新设巡警道，掌管全省巡警、消防、户籍、营缮、卫生等事务；增设交涉使，主持外交事务；等等。广西还先后建立谘议局，开办自治总局，大力推行地方自治。

与此同时，改土归流依然在一些地区稳步持续推进。广西土司逐步被改流，广西巡抚张鸣岐于1907年上奏，请将病故未请承袭者20缺停止请袭，因案撤任

---

① 上编政事门：纪闻：中国部：广西：决计迁省 [J]. 广益丛报，1910（230）.
② 新闻二：岑春煊主张广西暂不迁省电 [N]. 新闻报，1912-06-18.

土司 13 员"均不准回任，一律暂由汉员弹压，统俟将来各土生毕业后择贤请袭"①。广西土司势力进一步瓦解，如民政部于 1911 年年初奏称："广西土州县、贵州长官司等，名虽土官，实已渐同郡县，经画改置，当不甚难。"②

随着西方殖民势力入侵，清廷面对着一个未知世界，由"天下"中心变为世界一国，这个转变本身就极具颠覆意味，从观念和实践上影响清廷对边疆的治理。近代以来，受外力压迫，传统西南治理策略已渐失效力，清朝统治者治边思想及策略被迫发生重大变化。一方面，闭关自守被打破，边疆危机全面告急；另一方面，由于边疆危机，清政府逐渐放弃"因俗而治""分而治之"的传统，进一步实施边疆、腹地政治一体化政策。

## 第三节　民国肇始广西治理的艰难开端

在时势逼迫下，溥仪于 1912 年 2 月 12 日宣告退位，清朝覆亡。民国成立之初，来自北方的压力不断增大，甚或大大超过来自南方的威胁。日本在华势力迅速扩张，与俄国携手，互相承认两国在中国华北和蒙古的特权，并共同参与对华借款事宜，以此划分了其在华北和蒙古的势力范围。英国与日本结盟，将两国在华势力范围从帕米尔高原延展到东西伯利亚乌苏里江边。法国沿缅甸边界入侵中国，并与俄国结盟，共同分享从帕米尔高原至朝鲜半岛的广大领域，作为交换，法国同意与俄共享广东至缅甸地区。英、法、俄、日四大国占据了中国几乎所有邻国的首都，并不约而同地将势力范围向中国腹地推进。

19 世纪末 20 世纪初，在救亡图存重要关头，民族主义与民族国家等思想开始在中国得到传播，并不断发酵。新思想逐渐深入传播，在很大程度上改变了传统夷夏观念，种族论逐步得到越来越多人认可。革命党人"五族共和"理论日渐成型，并在南京临时政府时期初步进入实践层面。中华民国建立意味着中国王朝国家历史的终结。在政权鼎革之际，广西在开始建设民主共和之时，面临诸多现实困境。

### 一、由夷夏之辨转向民族主义

伴随着西潮的不断冲击，拥有坚船利炮的西方列强让近代中国人饱受屈辱，

---

① 广西巡抚张奏酌拟造就土官办法并请变通承袭旧例折 [J]. 东方杂志, 1908 (3).
② 文献通考·卷一百三十六职官·直省土官 [M]. 浙江古籍出版社, 1988 年.

在中国传统王朝国家与西方民族国家两相比较下，以儒家礼教为核心的天下秩序崩解，中国知识分子的民族意识开始萌芽，抵抗性民族意识逐渐产生。在近代以来边疆治理活动的历程中，中华民族概念和内涵得以丰富和发展，民族、主权、国家、领土等概念开始逐渐深入人心。传统以中原文化为主要衡量标准的夷夏之辨逐步转化为近代以社会达尔文主义为基础的族群民族主义。

由于西方民族主义并非内容单一，而是源起多头、演变曲折、内容复杂、取向不同，故而对于中国产生的影响也非常耐人寻味。① 清季资产阶级的民主革命无疑起源于汉民族意识的觉醒，也在一定程度上传承了反清复明、兴汉复仇的洪门教义。革命党人在活动之初，是为了推翻满族的统治，这在同盟会的政纲中明确地体现为"驱除鞑虏，恢复中华"。"驱除鞑虏"特指驱除满洲，针对的更多是满汉矛盾，基本并未涉及其他民族，目标是建立单一的汉民族国家。尽管后来革命党否认要进行民族对立，部分修正了既有主张，但他们的目的毫无疑义是建立一个以汉族为主体的国家。

在革命酝酿过程中，特别是在革命派与立宪派论战中，革命家对于汉族与其他民族的关系进一步进行了讨论。汪精卫认为，一旦推翻满清，建立汉民族为主体的国家，其他少数民族将会乐意同化于汉民族的文化。② 但并不是所有革命党人都持有相同观点，刘揆一把中国各族人民都看成推翻清政府的革命力量，主张同盟会应当从满族、蒙古族、回族、藏族等民族中招募党员。尽管革命党人对于革命后建立以汉族为主体的国家毫无异议，但也有很多人意识到只有边疆地区稳定国家才能稳定，故刘揆一建议革命党人应致力于招募少数民族党员，并将他们看作是推翻满清的重要潜在同盟者。③

大体而言，关于边疆少数民族地区是否在将来成立的民国版图中，革命党人最初并没有一个清晰观念。康有为曾指出，对于民初中国民族边疆领土，革命党人有双重的目的，一方面，革命党人乐于继承前清的全国领土；另一方面，如果境外势力愿意帮忙，革命党人也愿意放弃。最初的十八星旗表明了革命党

---

① 里亚·格林菲尔德. 民族主义：走向现代的五条道路 [M]. 王春华，等译. 北京：生活·读书·新知三联书店，2010. 将民族主义看作是世界的根基，考察了在民族主义的推动下，近代民族国家发展的不同路径，并对民族主义分类进行了分析。

② 汪精卫. 民族的国民 [M] //张枬，王忍之. 辛亥革命前十年间时论选集. 北京：生活·读书·新知三联书店，1963：82-113.

③ 杨天石. 从"排满革命"到"联满革命" [M] //杨天石. 民国掌故. 北京：中国青年出版社，1993：19-21.

人的态度，① 这毫无疑问是个暗示，即革命党人倾向于优先保持腹地十八行省，② 而对于边疆地区关注相对较少。

相较而言，立宪派的主张则更立足于清代以来多民族并存的现实，试图通过立宪，融合各族为一中华民族。较早提出"五族共和"思想的杨度，在其思想认知中，五族并非真正平等，而是有进化程度的差别。因此，要形成中华民族统一的国族，首先是满汉平等，其次是同化蒙、藏、回，合五族于一族。③ 概而言之，无论是革命派排满性汉族共和国的主张，还是立宪派合五族于一族的多民族君主立宪国的意见，都是以汉族为中心。

由于两者都含有以汉族为中心的基本预设，而革命党人强调种族之别的单一民族国家认同显然不利于民族团结和国家的整体利益，特别是国家领土的完整，故而到了辛亥革命前后，杨度"五族君宪"方案迅速为革命党人所吸纳和改造，逐渐形成了"五族共和"的全国性共识。1911 年 11 月中旬，杨度、汪精卫等人在天津发起并成立了国事共进会，宣传双方都应致力于推动维护人权，并将五大族统一在中央政府之下，以保全全国领土完整。在南北议和的过程中，各方对于边疆地区特别是蒙藏事务做了进一步讨论，认为蒙、藏、新疆等地应保持，避免国家被帝国主义所分割。④ 革命党人超越原有狭隘民族主义，接受了基于文化认同的民族主义。

虽然"五族共和"的理念并未提及西南地区的少数民族族群，且这一时期对于边疆地区的关注也主要集中在北方，但这一理念无疑在很大程度上具有共通性，对此后北京政府对于西南边疆地区的治理实践具有一定指导意义。值得指出的是，"五族共和"的理念作为应对建立新生的多民族国家理论，在维系国家统一和各民族团结方面发挥了积极作用。随着中华民国建立，这一理念也在不断进行调整，如孙中山从民国建立之初的倡导者，迅速转向了否定"五族共和"思想，开始提倡"大中华民族"和"大中华民族国家"思想。⑤ 孙中山曾言："现在说五族共和，实在这五族的名词很不切当。我们国内何止五族呢？我

① 康有为. 蒙藏哀思［M］//沈云龙. 近代中国史料丛刊. 台北：文海出版社，1971：2235.
② 一般认为十八省或中国本部的提法较早见于西方人的著述，也曾确为西方列强及分裂势力所利用。但在近代以来，这一观念在国内的广泛传播及其为革命党人所认可，亦可反映出时人对于中国腹地与边疆关系的一种认知.
③ 参见杨度. 金铁主义说［M］//刘晴波. 杨度集. 长沙：湖南人民出版社，1986：301.
④ 郭廷以. 近代中国史纲［M］. 香港：香港大学出版社，1986：399-402.
⑤ 王柯. 从"天下"国家到民族国家：历史中国的认知与实践［M］. 上海：上海人民出版社，2020：288.

的意思，应该把我们中国所有各民族融成一个中华民族；并且要把中华民族造成很文明的民族，然后民族主义乃为完了。"①

## 二、民族国家的初步建构

面对西方国家主权等概念，中国人加强了边疆整合、维护边疆地区稳定。中华民国建立在很大程度上标志着由传统王朝国家转向民族国家。以汉族为中心，同化与融合其他未开化民族的"五族共和"的理念在一定程度上加以实践。虽然不到三个月，孙中山就卸任临时大总统，参议院于1912年4月5日决议迁都北京，中华民国南京临时政府宣告结束，但南京临时政府时期的种种举措对此后民族国家的构建影响深远。

1911年12月16日，由包括广西在内的17省共45名代表组成的各省都督府代表联合会在南京召开。12月29日召开临时大总统选举大会，孙中山当选为中华民国第一任临时大总统。1912年元旦，中华民国宣告成立，孙中山宣誓就任临时大总统。孙中山在其就职宣言中称，将建立强有力的中央政府，重塑完整的现代化行政体系，民选产生议员；各省在省内事务中实行自治，省长由选举产生；陆海军实行军政统一，接受国会领导；调整财政体系，由国会负责审计监督全国财政事务。②

南京临时政府按照西方共和制原则将立法与行政分立，由各省参议员组成的临时参议院于1912年1月28日在南京成立，初步组织了行政机关。临时参议院通过并颁布了《中华民国临时约法》等一系列法令，确立了三权分立原则及政府组织原则，规定了国家体制为责任内阁制。《中华民国临时约法》第三条明确划定了国家领土范围，"中华民国领土为二十二行省，内外蒙古、西藏、青海"③，表现了鲜明的民族国家特色。

中华民国建立之初，临时大总统孙中山即宣布人民是国家的主体，要联合五大民族来共建民国。"国家之本，在于人民。合汉、满、蒙、回、藏诸地为一

---

① 孙中山. 在上海中国国民党本部会议的演说［M］//中国社会科学院近代史研究所中华民国史研究室，中山大学历史系孙中山研究室，广东省社会科学院历史研究室. 孙中山全集：第5卷. 北京：中华书局，1985：394.

② 斯蒂芬·邦斯尔. 中国危机牵动远东政治格局［M］//郑曦. 共和十年：《纽约时报》民初观察记：1911—1921. 北京：当代中国出版社，2018：39-42.

③ 徐辰. 宪制道路与中国命运：中国近代宪法文献选编（1840—1949）上［M］北京：中央编译出版社，2017：355.

国，即合汉、满、蒙、回、藏诸族为一人。是曰民族之统一"①，随后这一理念不断被强化。1912 年 2 月 18 日，临时大总统孙中山在《布告国民消融意见蠲除畛域文》中称，"中华民国之建设，专为拥护亿兆国民之自由权利，合汉、满、蒙、回、藏为一家"②。国民党于 1912 年 8 月成立以后，此种观念被进一步表述为严格的种族同化政策。③

"五族共和"提出，其前提在于其他少数民族享有与汉民族对等的权利。此主张背后隐含着革命党人想要重建边疆的民族政治秩序。民国建立之初就面临严重的边疆危机，诸如外蒙古、西藏分离倾向等。故而革命党人在不同场合谈到"五族共和"时，在态度上有微妙而细微的差别。据学者指出，孙中山对汉人演讲时常常强调汉族在种族、竞争和文化上的优越感，需要同化和融合其他民族；而在会见蒙古王公和回教领袖时，则更强调民族自治与民族平等，以及参加民国对本民族的好处。按照孙中山设想，民族自治并不是目的，而是最终要融合和同化各个民族，实现统一的、同一的中华民族。④ 正如有学者指出，民初五族共和，政府并不强调族裔之分，而主张民族同化，各民族的分别，只是大而化之，恰如五族只是象征意义，地的权重明显大于人。⑤

南京临时政府草创之际百端待理，对于少数民族聚居地区的广西等西南边疆省份，并未有特别考量。武昌起义之际所打出的"十八星旗"反映出这一时期革命党人对广西等西南边疆省份的态度，即在革命党人看来，广西与腹地省份在政治上并没有显著差别。但临时大总统孙中山也认识到，"国家幅员辽阔，各省自有其风气所宜。前此清廷强以中央集权之法行之，遂其伪立宪之术。今者各省联合，互谋自治，此后行政期于中央政府与各省之关系，调剂得宜，大纲既挈，条目自举。是曰内治之统一。"⑥ 换言之，革命党人眼中的广西等西南

① 孙中山 . 临时大总统宣言书［M］//中国社会科学院近代史研究所中华民国史研究室，中山大学历史系孙中山研究室，广东省社会科学院历史研究室 . 孙中山全集：第 2 卷 . 北京：中华书局，1982：2.

② 孙中山 . 布告国民消融意见蠲除畛域文［M］//中国社会科学院近代史研究所中华民国史研究室，中山大学历史系孙中山研究室，广东省社会科学院历史研究室 . 孙中山全集：第 2 卷 . 北京：中华书局，1982：110.

③ 邹鲁 . 中国国民党史稿［M］. 上海：商务印书馆，1938：128.

④ 松本真澄 . 中华民族政策之研究：以清末至 1945 年的"民族论"为中心［M］. 鲁忠惠，译 . 北京：民族出版社，2004：74-84.

⑤ 桑兵 . 旭日残阳：清帝退位与接收清朝［M］. 桂林：广西师范大学出版社，2018：386.

⑥ 孙中山 . 临时大总统宣言书［M］//中国社会科学院近代史研究所中华民国史研究室，中山大学历史系孙中山研究室，广东省社会科学院历史研究室 . 孙中山全集：第 2 卷 . 北京：中华书局，1982：2.

边疆省份以汉人为主体，在治理层面上而言，与腹地省份并没有太多不同，只需注重其各自风气即可。

南京临时政府着力于应对来自北方的威胁和编定中央官制等要政，对于地方治理一时难以顾及。以外交为例，革命之后，"各省往往自行办理外交，每有过与不及之弊"。外交部曾试图统一外交权，特照会各省都督，由外交部担任全国重大交涉，但同时亦承认各省自办外交的现实，嘱各省不宜多起交涉，对于重大事件断不可退让，其余暂仍旧贯，留待后图，并通谕中华民国对于租界应守规则。①

由于法制局所拟订中央行政各部官制草案中中央行政各部既称为部，南京临时政府于 1912 年 2 月 9 日下令，内务部分电各省都督，将都督府所属行政各部先改为司，"一俟司法官制草案决议后即作为确定可也"②。南京临时政府急于制订及颁布各项法令，在制度草创之际，不断申令各省恪守法律。临时大总统孙中山于 3 月 28 日致电各省都督，在地方官制尚未颁行时，各省都督具有治兵察吏之权，"务须严饬所属，勿许越法律行"③。由于中央需款孔亟，南京临时政府一再下令各省都督从速解部款项，但应者寥寥。④

广西在独立后的一段时期里，省内政局不稳、匪患频仍。对于广西都督之争，南京临时政府采取默认现实态度，对最终攫取广西都督之职的陆荣廷表示支持。陆荣廷曾电告南京临时政府，称广西境内民军有不法情事，请示机宜。临时大总统孙中山于 1912 年 2 月 9 日复电，称"执事有维持公安之责，秉公执法，无所容其迁避。果真有抢掠劫杀之举动，自要严惩；即系民军，亦以守法与否为断，惟执事审查情形办理可也"⑤，明确支持陆荣廷维持公安，秉公执法。

---

① 云南军都督府关于中华民国对于租界应守之规则札［M］//王建朗. 中华民国时期外交文献汇编：1911—1949：第一卷. 北京：中华书局，2015：100-101.

② 令内务部电各省将属部改称为司文［M］//中国社会科学院近代史研究所中华民国史研究室，中山大学历史系孙中山研究室，广东省社会科学院历史研究室. 孙中山全集：第2卷. 北京：中华书局，1982：72.

③ 致各省都督电［M］//中国社会科学院近代史研究所中华民国史研究室，中山大学历史系孙中山研究室，广东省社会科学院历史研究室. 孙中山全集：第2卷. 北京：中华书局，1982：292.

④ 令各省都督将解部各款从速完缴文［M］//中国社会科学院近代史研究所中华民国史研究室，中山大学历史系孙中山研究室，广东省社会科学院历史研究室. 孙中山全集：第2卷. 北京：中华书局，1982：301-303.

⑤ 复陆荣廷电［M］//中国社会科学院近代史研究所中华民国史研究室，中山大学历史系孙中山研究室，广东省社会科学院历史研究室. 孙中山全集：第2卷. 北京：中华书局，1982：76.

政权鼎革之际，西南地区土官制度受到一定冲击，如广西百色等处商家一律悬挂白旗，将土官悉行逐去。① 有些土司对反清表现出一定的积极态度，如报纸所载，广西土人向不臣服满清，每年只纳土司礼费，自为部落，自举酋长，其土人皆强壮，每部落动辄数万人。此次反正，桂省总司令宋尚杰以民国合满、蒙、回、藏组织而成，该土人岂可自外。特令各土长抽选壮丁，赴桂编练。以故桂省北伐军数达一万五千以上，土人实居多数，其饷项皆由土人自备。② 广西各地土人积极应募，反映出土司对于新政权的支持态度，也在一定程度上反映出广西当道对于土司地区的控制依然有效。

总体而言，民国南京临时政府在其存在的短暂时期里关注更多的是中央政体建构及对于北方战和问题等急务，对于地方官制及如何治理广西等西南边疆方面关注不多，大体采取暂维旧制、以待将来进一步改革的策略。

### 三、政权鼎革之际广西治理

武昌起义爆发后，各地纷纷响应。在武昌起义的感召之下，广西爆发起义，宣布脱离清王朝统治。广西独立由新军发起，在宣布独立之后，面临棘手的境况，采取了断然的治理举措。

新军对于广西独立起到了重要推动作用。③ 在革命大潮推动下，广西新军屡欲起事，"以驻在城外，又无子弹，不果"。1911 年 11 月 6 日广西谘议局议决独立，巡抚沈秉堃、藩司王芝祥等最初竭力反对。至晚间连接民军占领各省之耗，始知广西一隅不能久持。王芝祥乃连夜电告新军，于翌早入城，并缮独立旗数百面，大书"大汉广西全省国民军恭请沈都督宣布独立广西前途万岁"二十四字，分插城乡内外。11 月 7 日晨，新军入城，广西遂宣布独立，举沈秉堃为国民军都督，抚署改为广西军政府，旧时谘议局改设省议院。梧州、南宁等处，先后归附。④ 在内外压力之下，广西巡抚沈秉堃等人见民心已变，"遂乃允从"，广西宣布独立，并定于 11 月 11 日行告坛礼，庆祝广西独立。⑤ 广西地方高层宣布独立一方面是迫于内外压力，另一方面是"官场深恐民间主动，不能保存旧

---

① 专电［N］. 时报，1911-11-22.

② 新闻二：广西土司向化［N］. 新闻报，1912-01-27.

③ 请参见耿毅. 辛亥革命时期的广西［M］//中国科学院历史研究所第三所. 近代史资料总第 21 号. 北京：科学出版社，1958：89-106.

④ 中国大事记：辛亥年九月十七日：广西省城桂林府独立归附民军［J］. 东方杂志，1912，8（10）.

⑤ 时闻：广西独立之情形［J］. 左海公道报，1911，1（18）.

时权利"，且藩司王芝祥有自为都督的想法，故由其发起。①

广西宣布独立后政局并不安定，省城巡防兵在 11 月 10 日晚忽生变乱，恣意枪击路人，劫夺财物。"商民罢市，全城鼎沸，枉死者不计其数"。始欲攻劫藩库，继欲攻取军政府，皆为卫兵所阻。后经副统宋某率队设法骗其出城，枪毙二十余名，全城始安。尚余二百余人窜去乡间，肆意抢劫，以致鸡犬不宁，民间家有数金者多因而毙命。以巡抚沈秉堃为军政府都督，广西绅界本不甚愿意。变乱时沈督逃避，陆荣廷的亲信太平思顺道李开侁、龙州新军标统陈炳焜以此为由致电省议会，推举陆荣廷为广西都督。为稳定局势，广西省议会于 11 月 12 日推举陆荣廷为都督。11 月 13 日，陆荣廷在南宁致电各省都督，就任广西都督职，称"务望联络匡助，兴我汉族，以光历史"②。陆荣廷立即派心腹部将陈炳焜率兵开往桂林，并派部队下郁江，以兵力为后盾，绥靖时局，意在夺取广西军政大权。

在"桂人治桂"观念的影响下，外省官员在广西政界一时难以立足。身为湖南人的沈秉堃见事无可为，于 11 月 21 日辞去广西都督职，以北伐为名离开广西，广西军政大权遂落入陆荣廷之手，广西省议院于 11 月 23 日正式选举陆荣廷为广西都督，陆荣廷于次日宣告就职，下令在梧州、南宁、柳州、龙州等地设立军政分府，颁布《应行照办者十条》《应行禁止者六条》，旨在严保治安、维持税收。③ 不久，将全省各府附郭县省入各府，直隶厅和直隶州改为府，散厅、散厅改为县。随之，陆荣廷于 12 月 8 日由水路赴梧州安抚浔梧之乱，随后于 1912 年 1 月转赴桂林，以继都督之任。④ 广西高层权力博弈暂告一段落，但广西此时依然危机四伏，主要表现在两方面。

其一，财政吃紧，政局动荡不安。

广西财力本来就比较贫乏，在清季为受协省份，此外以粮赋关税为大宗。自广西独立后，协饷早无，钱粮统税征收短绌，库帑已成弩末。王芝祥先后派出北伐队七千人，用饷颇巨。北行时以北伐为借口，尽带藩库库款而去，导致广西财政拮据万分。⑤ 独立之初的北伐耗费了巨款，又加上原有各地协饷断绝、藩库空虚，广西军政府很快就面临财政吃紧的状况。1911 年 12 月，陆荣廷曾要求南宁、龙州、梧州三海关将所收税款交给广西军政府，但遭到了拒绝。广西

---

① 大事纪：广西独立后之变局 [J]. 民国报，1911 (3).
② 广西改举都督之情形 [N]. 申报，1911-11-22.
③ 廖晓云，陈莹. 陆荣廷年谱 [M]. 南宁：广西人民出版社，2012：25-27.
④ 陆都督赴省接任 [N]. 大公报（天津版），1912-01-09.
⑤ 新闻二：桂省之悲观 [N]. 新闻报，1912-04-12.

军政府为此曾致电湖北、上海军政府，请其与总税务司交涉，但交涉未果。①

广西宣布独立以后，各地官员出现了一些新面孔。因经都督府派人至衙署调查财政，"凡曾有侵吞公款或不洽舆情各腐败官员莫不惴惴不安，或逃或辞。是以一班之新学子或地方绅士现多被选委任"，如原南宁中学堂监督黄维周署横州知州，原中学堂庶务黄健署理桂平县等。② 在革故鼎新之下，旧官员或潜逃或辞职，代之以具有一定新学识的人员，为广西政界注入了一股清流，但各地官员代谢频繁，基层官员不安于位，在一定程度上加剧了广西政坛动荡。

虽然广西都督人选已经大体落定，但广西高层各方权力博弈并未停止。在省城桂林，由谘议局改设的临时省议会与军政府矛盾频发。1912年年初，桂林军政府下札委陈国华、彭清范、沈秉炎、胡翔林及陈礼中等充财政、民政、教育、提法、交涉各司司长，旋照会临时省议会。临时省议会对此极为反对，先后开会议三次。"第一次开议，谓军政府委用各司长经先经议院协议公推，始得宣布。今部擅下札，万难承认。第二次开议，议长饬秘书员拟缮撰文稿，请再研究。众谓我辈对于此事须力持到底，倘言之无效，则电知通省议事会，以研究最强硬对待之方法。若抗争无效，俟陆都督抵省，再行抗议。第三次会议，议长报告接到军政府复文一件，请公阅并研究应如何移复。众传阅毕，金谓委任各司长阅钞已有到差者，复文称各员均未到差视事，殊不可解。又谓兹事重大，改日再议。自此议宣布后，委充提法司长陈礼中首先辞职，其余胡、彭、沈三员亦即缴回委札。"③

广西临时省议会与军政府关于司长任用的争执，表面上看是由于任用官员程序不合规导致，实质上反映的却是双方对于官员任免权的争夺。民国初立，用人行政尚未有具体法律规定，南京临时政府正在草创之际，一切制度皆未定。广西军政府按照旧制札委官员，以期早日建立起政府，难言僭越。而临时省议会以民国既立、民权伸张，而不惜与军政府为难，虽貌似理直气壮，但却并未有法规可循，难逃有过分扩张权力之嫌。

在广西军政府组建期间，各地军队庞杂。广西当道整编全省军队，将全省巡防营、新军和民军统编为国民军，共编有7军，官兵37260名及新军步兵团

① 沈奕巨. 晚清广西大事记［M］//中国人民政治协商会议广西壮族自治区委员会文史资料研究委员会. 广西文史资料选辑：第三十八辑. 南宁：广西区政协文史资料编辑部，1993：105.

② 桂省独立后之新人物［N］. 大公报（天津版），1912-01-28.

③ 议会不认各司长之抗议［N］. 大公报（天津版），1912-01-23.

1000 余人。① 梧州、南宁、柳州、龙州等地设立军分府，往往各自为政，权力颇大。有些军分府举措失当，难得民心，如龙州军政分府以前任新军标统、绿林出身的陈炳焜为总长，管带林某升为帮统。该处商人皆私心弃正业专务赌博，计十店之中有八店聚赌营生者。1911 年 12 月中旬，林帮统忽发奇想，私与陈之幕友万某密谋，出示严禁赌博，赌风稍戢。不料突然于 12 月 23 日声言林帮统与佑隆号某商人承揽赌饷，每月缴二千元。此项归何支销，亦未声叙明白。于是龙州商家如蝇逐臭，皆趋赌钱一事，每日收规至少三百余元。② 为开辟财源，龙州军分府竟然大开赌饷，与民国建立初衷显相违背，从侧面反映出广西各地军分府自为风气、政出多门的无奈现实。

其二，匪患严重，治安不靖。

清朝末年，广西以匪患著称。政权鼎革之际，各地土匪活动频繁，更显猖獗。广西通电宣布独立后，云南都督蔡锷于 1911 年 11 月 11 日复电，祝贺广西独立，同时建议广西要力保治安。"惟贵省土匪遍地，恐乘机蹂躏，自宜急力弹压，以保治安。"③ 蔡锷此番建言从侧面反映出广西此时匪患严重的实情。

此时广西"各处土匪乘机而起，或三五百，或一二千，攻城踞卡，劫掠之案时有所闻"。桂平下湾一带尤为甚，约有土匪三千余，所有往来梧州、南宁之轮船皆不敢开行，以致消息异常阻滞。由南宁上龙州、百色的水路亦异常危险，商船皆须大帮而行，并须请勇护送。1911 年 12 月 11 日英商仁和洋行之全安电轮由百色开赴南宁，在隆安地方被匪劫掠，抢去现银一万余两。思恩府属安定及白山等土司地亦有大帮土匪作乱。贵县属横岭墟、三平圩，玉林属沙塘圩陆续被匪攻破，由贵县下梧州之福海轮拖亦被匪劫，枪毙客商二名。④ 1912 年初，广西各处土匪异常骚扰，"各属强迫官吏交印，夺税缴枪纳款之案，时有所闻"⑤。梧州至贵县沿河一带尤甚，以致轮船不敢往来约一月之久。经陆都督赴桂沿途招抚后，虽略形平靖，轮船可以如常上下，但陆路上仍多劫掠发生，"虽所值不过一二元亦被搜括净尽，几于路无行人矣"⑥。武宣"绿林中人尤以为时

① 陆荣廷报告桂省军队数目统领官姓名及兵器种类电 [M] //中国第二历史档案馆. 中华民国史档案资料汇编：第二辑. 南京：江苏古籍出版社，1991：263-264.
② 龙州独立后之现象 [N]. 大公报（天津版），1912-02-06.
③ 复广西都督府电 [M] //曾业英. 蔡锷集 [M]. 长沙：湖南人民出版社，2008：328.
④ 桂省土匪之猖獗 [N]. 大公报（天津版），1912-01-09.
⑤ 梁廷栋. 梧城风鹤记 [M] //广西少数民族社会历史调查组. 广西辛亥革命资料. 广西少数民族社会历史调查组，1960：230.
⑥ 桂省独立后之匪乱 [N]. 大公报（天津版），1912-01-30.

机可乘，……水陆截抢，渐逼县城"①。2 月 22 日，陆荣廷致电梧州、柳州、南宁、龙州军政分府及各府州县，痛斥匪徒滋扰不休，拟"躬率师徒以讨伐"，并宣布剿抚方略。② 2 月 25 日，都督陆荣廷以赴昭平、梧州、浔州各属办匪为由离开桂林，由军政司长陈炳焜主持政务。陆荣廷离开省会桂林固然有其他政治考量，但此时广西匪患日炽、亟待迅速扫除无疑是一个重要原因。

面对诸多困难，广西积极采取措施，力图稳定秩序。1912 年 2 月 8 日，陆荣廷由南宁来到桂林，就军政府都督任。2 月 25 日，广西都督府颁布由省议会制定的《广西临时约法》《广西官制大纲》《广西地方官章程》等法令，为治理提供了法理依据。陆荣廷宣言广西任官"但问其才能否适于主治，不必问其籍是否属于本省"，申明任官唯贤原则。③ 为统一广西军政民政权力，都督府下令自 3 月 1 日起裁撤南宁军政副府和柳州、梧州、龙州军政分府；改军政府为都督府，分设军政司、内务司、教育司、财政司、实业司及司法筹备处；在广西各府设府长，县置县知事，分别委任人员，并宣布废除全省各兵备道；④ 对于涉外事务，一切以维持为要。3 月 27 日，陆荣廷复电南京外务部，告知广西驻边交涉专员为李开佻，办理中越对汛事务，其余梧州、南宁由关监督兼办。⑤

在与清廷对峙期间，广西坚定地站在南方一边。在南京临时政府组建期间，桂林军政府赞同鄂督由各省公举各部长的建议，经内部磋商，提出了临时政府各部部长人选名单，⑥ 并先后派出部队北伐。1912 年年初，南宁各界得悉民军与北军今尚在湖北相战，需饷浩繁，特发起捐助军饷，以尽国民一分子之义务。广东旅邕商界集议，不一日已捐得万元，本地商界亦集捐得数千元，男女学界亦发起捐助，甚至邕江妓女亦解囊捐助数元。⑦ 普通民众踊跃捐助反映出广西民众对于民主共和的普遍认同。

① 武宣县志第五编"前事"，1934.
② 督师出省剿抚剀切宣告各属遵照电［J］. 广西公报，1912（1）.
③ 陆都督抵省宣言书［N］. 申报，1912-02-26.
④ 滕志峰，等. 桂系大事记［M］//中国人民政治协商会议广西壮族自治区委员会文史资料研究委员会. 广西文史资料选辑：第三十七辑. 南宁：广西区政协文史资料编辑部 1993：7.
⑤ 广西都督陆荣廷为查报广西驻边交涉专员系李长佻梧州南宁两处由关督兼办事复外交总次长电［M］//中国第二历史档案馆. 南京临时政府遗存珍档：第五册. 南京：凤凰出版社，2011：1730.
⑥ 都督府电书一束：桂军都督来电［N］. 申报，1911-11-29.
⑦ 捐助湖北军费之踊跃［N］. 大公报（天津版），1912-01-25.

广西大力支持北伐，因清军于停战期内进军陕西，陆荣廷于 1 月 25 日致电大总统孙中山等人，请联军北上，覆其巢穴，早完大计。① 另外，陆荣廷称要亲自带队北伐。孙中山于 1 月 28 日复电，称"北伐之军，要选精锐。执事勇敢无前，贵部亦早有名誉，若得为国前驱，满虏当不足平。惟西粤倚执事如长城，或不必亲行，只遣精队北伐，亦足以张我军旅"②。南京临时政府亦了解广西内部不稳的现实，委婉拒绝了陆荣廷亲自带兵北伐的请求。

广西都督陆荣廷支持和谈，于 2 月 6 日致电南方政府，称南京共和政府业已成立，南军早服从命令，"北军果表同情，和平解决，自是吾民幸福"③，对孙中山表现出坚决支持的态度。南北合议达成以后，孙中山于 2 月 13 日向参议院请辞临时大总统，并推荐袁世凯为临时大总统。2 月 15 日，参议院选定袁世凯为临时大总统。广西都督陆荣廷于 2 月 16 日通电质疑此举与临时大纲不合，④并反对迁都北京，通电称如果迁都北京，当亲率精兵百队，与诸都督会师中原。⑤ 临时大总统孙中山为此专门致电陆荣廷加以解释："若将来之大总统及国都，则须俟民选议院成立及举行全国大选举，乃可决定。今仍号以临时名义，于临时大纲未尝不合也。"⑥ 3 月初，见大局已定，陆荣廷态度随之大变，通电称"袁公调和南北，其热诚为天下共见"⑦，以组织中央政府刻不容缓为由，通电请袁世凯在北京就职。⑧ 短时间内陆荣廷态度的前后变化反映其具有复杂的政治性格，这在其后的南北争执中屡屡有所表现。

广西省内局势显得十分复杂，都督之争虽然暂告一段落，但权力博弈尚未最终尘埃落定，各地事权并未真正统一，随之不久就爆发了迁省之争。内部政

① 广西都督陆荣廷为清军侵略秦晋请联军北上事致大总统等电［M］//中国第二历史档案馆 . 南京临时政府遗存珍档：第一册 . 南京：凤凰出版社，2011：282.
② 复陆荣廷电［M］//中国社会科学院近代史研究所中华民国史研究室，中山大学历史系孙中山研究室，广东省社会科学院历史研究室 . 孙中山全集：第 2 卷 . 北京：中华书局，1982：51.
③ 桂林都督电［N］. 申报，1912-02-09.
④ 廖晓云，陈莹 . 陆荣廷年谱［M］. 南宁：广西人民出版社，2012：39-40.
⑤ 广西都督陆荣廷为表示如果迁都北京其当率精兵会师中原事致孙中山等电［M］//中国第二历史档案馆 . 南京临时政府遗存珍档：第二册 . 南京：凤凰出版社，2011：700.
⑥ 复陆荣廷电［M］//中国社会科学院近代史研究所中华民国史研究室，中山大学历史系孙中山研究室，广东省社会科学院历史研究室 . 孙中山全集：第 2 卷 . 北京：中华书局，1982：76.
⑦ 要电［N］. 广西公报，1912-03-03（2）.
⑧ 广西都督陆荣廷为提请袁世凯在北京就职临时大总统事致孙中山等电［M］//中国第二历史档案馆 . 南京临时政府遗存珍档：第四册 . 南京：凤凰出版社，2011：1304.

局不稳及匪患严重，使广西当道不得不首先专注于解决内部事务，以稳定秩序为急务。突如其来的革命，彻底打乱了广西治理的既定规划和步骤。民国肇始，广西在独立之初，面临政局不稳、财政困难、匪患严重等诸多难题。广西在这一时期更多地陷入内争与平定匪患的消耗之中，难言建设。

第二章

# 北京临时政府对广西的初步瞩目

中华民国南京临时参议院于 1912 年 2 月 15 日一致选举袁世凯为中华民国临时大总统。3 月 10 日，袁世凯在北京就任中华民国第二届临时大总统。4 月初，北京临时政府成立，至 1913 年 10 月正式政府成立，临时政府方告结束。

北京临时政府建立之初，政潮频起，中央政府号令难行。在各派势力相互倾轧的背景下，北京临时政府虽试图集权中央，但效果难言彰显。突如其来的"二次革命"为北京政府广西治理提供了契机，广西与中央的联系逐步强化。

## 第一节　中央与广西关系重新梳理

北京临时政府时期，忙于厘定地方官制、初步集权中央，对广西的具体治理并不在中央政府首要关注的范围内。在承袭清季相关治理政策的基础上，北京临时政府逐步对广西进行施治。

### 一、集权与分权之论争

北京临时政府成立之初，围绕着中央与地方关系——是集权中央还是分权于地方，各方政治力量众说纷纭、莫衷一是。广西当道积极地表达自己意见，不同程度地参与了中央政府相关制度的讨论与构建过程。广西都督陆荣廷倾向于采用法国制政体，"审查吾国现势，亦以采法国制为宜"，并主张由孙中山担任内阁总理。① 按照陆荣廷设想，临时政府应是半总统制，总统与内阁总理分享权力，这其实是他对于南北不同政见的一种调和之论。

北京临时政府自成立之初便努力拓展权力，力图加强控制地方。甘肃黄钺建立甘肃临时政府，北京临时政府对此极力反对。临时大总统袁世凯于 5 月 3

---

① 桂林陆都督电 [N]. 申报，1912-03-16.

日严词申饬，"现在共和确定，全国一家，岂容擅拥甲兵，自称独立"，并引申而言，"而近来各处，好乱乐祸之徒，藉词煽动，扰乱公安，以图自私自利者，实不一而足。若长此不已，止有破坏，安望建设，安望统一"。点名指出，广西以议迁省会南宁，且欲生事；贵州之争都督，两党几至用兵。严令"继自今，各省如敢有拥兵倡乱为害生灵者，当与天下共弃之"①，表达出坚决维护中央权威、反对地方潜在割据势力的态度。

民国之初，军政合一的地方政权建置具有较强独立性，对中央政权有潜在威胁。北京临时政府试图推行军民分治，以削减各省都督手中的军政大权，集权于中央，但关于是否推行军民分治，广西内部意见分歧。

军民分治遭到革命党人的极力反对，包括广西都督陆荣廷在内的一些地方实力派也持相同意见。1912 年 8 月初，北京临时政府通过国务院通过《修正省官制》，仍以军民分治为宗旨，试图将各省军政与民政分开。8 月，由广东都督胡汉民主稿，广西都督陆荣廷与江苏、江西、奉天、吉林、湖南、山西、福建等省都督联名急电中央，称军民分治在治平时代洵属至善之规，无可非议，但按之各省目下情形，则骤难奉行。盖欲行军民分治，有先须筹办者三事：（1）非划定国税、地税，其国税收人足供军饷全额之支出，不能行军民分治；（2）非地方警察普及全国，且办有成效，不能行军民分治；（3）非国基大定，宗社党无从煽发，不宜行军民分治。电文中对于以上三点详细阐述，称"方今国内秩序未复，外患骎骎见逼，非内外互相维系，诚不易挽此危机。而其维系之方，在中央宜审慎事势，勿轻立窒碍难行之制度，各省宜以扶植中央信用为主旨"，断不可轻易纷更，致启祸乱。主张撤销军民分治之案，改定善制。②

与陆荣廷反对军民分治不同，在迁省之争中处于下风的桂林临时省议会对此却极为赞同。8 月初，桂林临时省议会向各省议会发电，称军民分治目前应否实行系属立法权限，应由参议院议决。"如都督以军人而兼行政长官，对于中央应服从命令，对于立法事件应陈述政见，不宜过事干涉，致蹈越分之嫌。况军民一日不分，则政权一日不能统一，外迟列邦之承认，内阻民治之进行，关系民国前途至巨。且今罢兵已逾半载，而秩序未能回复，则各都督之事繁责重不遑兼顾，已有明证"。桂林临时省议会主张军民分治刻不容缓，认为民政总监由总统简任，"极妨碍地方发达，吾国现势尤适用民选，并请各省议会合力电争"。③

---

① 批黄钺建立甘肃临时政府及办理情形呈［M］//骆宝善，刘路生. 袁世凯全集：第20卷. 开封：河南大学出版社，2013：6. 关于广西迁省之争，详见下节讨论。

② 公电［N］. 大公报（天津版），1912-08-26.

③ 桂林省会来电［N］. 大公报（天津版），1912-08-15.

桂林临时省议会主张军民分治，各省民政总监由民选。

中央政争愈演愈烈，至1912年6月中旬，内阁总理唐绍仪在袁氏势力的逼迫下突然辞职出走，引发阁潮。广西都督陆荣廷支持中央政府，通电称"民国初造，内阁何可动摇？"请大总统极力维持，各省都督合词劝进，"各政党破除党见，以定人心而维大局"。①

地方官制讨论期间，广西积极参与其中，给中央政府造成了一定压力。广西内部意见存在分歧，都督陆荣廷明确表示反对，而广西桂林临时省议会则基本表示赞同。1912年7月，北京临时政府向参议院提出《省制草案》和《省官制草案》。各省都督、省长应是选举还是简任，以及军民分治、本省人服官等问题引起了各方争执，参议院久议难决。中央政府虽几经撤回讨论，但是由于各派意见分歧、难以弥合，未能最终通过。

## 二、力图掌控广西用人权

北京临时政府成立后，中央政府统一各省行政机构，任命地方高层官员，各省军政大权有逐渐统一于中央政府之势。在中央政府命令下，1912年7月12日，临时大总统袁世凯正式任命陆荣廷为广西都督，② 此项任命反映了北京临时政府对于广西政治现状的基本认可。

在认可政治现状基础上，北京临时政府力图掌握地方高级官员任免权，以加强对于广西等省的实际控制。对于广西军政府各司长，中央政府也逐一加以任命。11月30日，任命陈炳焜为广西军政司长。③ 12月1日，任命陈树勋为广西民政司长，严端为广西财政司长，张仁普为司法司长，唐钟元为教育司长。④ "时民国大权，统一于中央，自都督以至各司长，皆加给委任状。"⑤

为进一步了解边疆各省区，便于加强治理，北京临时政府于1912年7月5日致电云南、广西、四川、新疆、青海、西藏等各都督、各军统，饬将军政、实业、民政及维持治安各事，详报中央政府，⑥ 但各地反应迟缓，中央政府并不

---

① 桂林陆都督电 [N]. 申报，1912-06-29.

② 任命黎元洪等职务令 [M] //骆宝善，刘路生. 袁世凯全集：第20卷. 开封：河南大学出版社，2013：184.

③ 任命陈炳焜职务令 [M] //骆宝善，刘路生. 袁世凯全集：第21卷. 开封：河南大学出版社，2013：136.

④ 临时大总统令（中华民国元年十二月初一日）[J]. 政府公报，1912（215）.

⑤ 周钟岳. 云南光复纪要 [M]. 蔡锷，审订. 昆明：云南人民出版社，2011：29.

⑥ 致云南广西四川新疆青海西藏各都督各军统电 [M] //骆宝善，刘路生. 袁世凯全集：第20卷. 开封：河南大学出版社，2013：162.

能真正借此了解地方实情。以至于到 11 月 8 日，临时大总统袁世凯在与国务总理赵秉钧商议要政时，感叹统一政府成立将近一载，各省于数月内所办事宜，中央多未得其详细。① 次日，袁世凯在对各国务员讲话中提及要政急需实行者有四条，其中有关各省用人有三方面：催各省都督速将新用人员若干名，调取其经筹证据及办事成绩，分别册报来京，以备查核；通电各省都督保荐人才，以备延充顾问；各省于举行新政若须聘用外人顾问，自可酌量任用，惟于未聘用前，须订期充任某项顾问，职任权限内应办事宜，不得干涉外事，以专责任。② 袁世凯此言反映出中央政府试图进一步控制各省用人行政。

由于省制、省官制案久议不决，北京临时政府索性抛开议会，以命令形式公布暂行章程。1913 年 1 月，北京临时政府公布《暂行划一地方官制令》，强力推行军民分治。临时大总统袁世凯下令，各省厅设民政长，除江苏、江西、福建、湖北、山西、四川等省业经任命外，其余各省应由各该都督暂行兼署。③ 同时公布《划一现行各道地方行政官厅组织令》《划一现行各县地方行政官厅组织令》等法令，将府、直隶厅、直隶州等地方一律改称为县，行政长官一律改称为县知事，行政机关一律改称为县知事公署。④ 此举表明，中央政府对于各省的管理并非简单一刀切，而是力图兼顾各省实际情况，酌情渐次推行。

按照中央政府指令，广西遵令改组，于 1913 年 3 月废府设道，共设立 6 道，邕南道驻武鸣，辖宣化、武鸣、上思等 11 县；郁江道驻梧州，辖苍梧、怀集、桂平等 15 县；漓江道驻桂林，辖临桂、全县、平乐等 19 县；柳江道驻柳州，辖马平、来宾等 14 县及附近各土司；田南道驻百色，辖百色、东兰等 9 县及附近各土司；镇南道驻龙州，辖龙州、靖西等 10 县及附近各土司。⑤ 道设观察使，择员呈请中央简放。4 月 5 日，任命范云梯为广西邕南观察使，冉文人为郁江观察使，金开祥为漓江观察使，王狮灵为柳江观察使，刘古香为田南观察使，朱

① 与国务总理赵秉钧筹议近时要政［M］//骆宝善，刘路生. 袁世凯全集：第 21 卷. 开封：河南大学出版社，2013：49.

② 对各国务员之讲话［M］//骆宝善，刘路生. 袁世凯全集：第 21 卷. 开封：河南大学出版社，2013：53-54.

③ 命令［N］. 大公报（天津版），1913-01-12.

④ 中国第二历史档案馆. 中华民国史档案资料汇编：第三辑政治一［M］. 南京：江苏古籍出版社，1991：120.

⑤ 周长山，刘祥学，宾长初. 广西通史：第八卷［M］. 桂林：广西师范大学出版社，2018：3705-3706.

为潮为镇南观察使。① 同日任命陈树勋为广西内务司长，李春晖为广西实业司长。②

对于广西高级军官，中央政府也逐一加以任命。1913 年 5 月 17 日，据陆荣廷呈请，临时大总统发布命令，任命陈炳焜为广西第一师师长，谭浩明为第二师师长。③ 5 月 26 日，陆军总长段祺瑞呈请任命孙当时为广西都督府副官长。④ 5 月 27 日，领参谋总长事黎元洪呈拟任命区家俊为广西都督府参谋，予以照准。⑤ 5 月 30 日临时大总统发布命令，分别任命广西第一、第二师各旅长。⑥

广西民政长一职自设立以来，一直由都督陆荣廷兼署。张鸣岐曾积极运动，试图担任广西民政长。传闻借岑春煊秘荐之力，业已成熟，后因该省人士反对而中止。⑦ 一度还传言将委任赵炳麟为桂省民政长。⑧ 陆荣廷不愿让在两广政界有一定影响力的张鸣岐、赵炳麟为民政长，于是密请亲信李开侁为广西民政长。李开侁是前清广西太平思顺道，在龙州与陆督共事日久。当独立之始，李开侁在陆幕中主持大计，嗣荐为代表军事大员，赴京接洽。袁前授李开侁为陆军少将，仍留京咨询。陆督迭次密请简李开侁为广西民政长，事为旅京广西同乡得知，曾开大会全体反对，中央故而延不发表。⑨ 对于张鸣岐、李开侁运动为广西民政长，广西省议会曾致电参议院、众议院并转在京广西同乡，称张鸣岐、李开侁前次官桂，恶劣昭著，舆情愤怨，广西省议会誓不承认。"况广西现状仍以陆都督暂行兼任，较易维持。除电请政府万勿委任张、李外，希贵院将本省人民公意转咨大总统为盼。"⑩ 由于各方反对，中央迟迟未任命广西民政长。一直到 1913 年 9 月 19 日才任命韦绍阜署广西民政长。⑪ 广西民政长人选的难产，一方面反映出广西各方政治力量的矛盾纠葛，另一方面也从侧面反映出这一时期

---

① 任命范云梯等职务令 [M] //骆宝善，刘路生．袁世凯全集：第 22 卷．开封：河南大学出版社，2013：320．

② 中国大事记：民国二年四月初五日 [J]．东方杂志，1913，9 (11)．

③ 陆荣廷关于广西第一第二师师长陈炳焜谭浩明领状就职公函 [M] //中国第二历史档案馆．中华民国史档案资料汇编：第三辑军事．南京：江苏古籍出版社，1991：639．

④ 通告：五月二十六日临时大总统命令 [J]．协和报，1913，3 (33)．

⑤ 通告：五月二十七日临时大总统命令 [J]．协和报，1913，3 (34)．

⑥ 临时大总统任命秦步衢莫荣新等为广西第一第二师各旅长令 [M] //中国第二历史档案馆．中华民国史档案资料汇编：第三辑军事．南京：江苏古籍出版社，1991：639．

⑦ 张鸣岐之都督热 [N]．民主报，1913-04-30．

⑧ 桂林电 [N]．申报，1913-05-17．

⑨ 拟简省长之风潮 [N]．大公报（天津版），1913-07-30．

⑩ 南宁来电：广西省议会电陈张鸣岐官桂劣迹 [J]．参议院公报，1913 (1)．

⑪ 中国大事记：民国二年九月十九日 [J]．东方杂志，1913，10 (5)．

中央政府对于广西的控制力依然较为有限。

北京临时政府还试图收回广西的外交权。1913年年初，中央政府电商桂、滇两省都督，拟于龙州添设边务督办，专理附近交涉。桂、滇两督均深表同情，并荐林绍斐担任。① 4月初，临时大总统袁世凯任命唐铠为外交部特派广西交涉员；照准外交总长陆徵祥呈请，任命崔肇琳为广西南宁交涉员。② 这些人员受本省行政长官监督，承外交部之命，办理本埠外交行政事务。

对于地方大员推荐官员，北京临时政府一般也予以认可。1913年4月29日，国务总理内务总长赵秉钧呈称，广西都督兼署民政长陆荣廷呈请任命唐锐为桂林警察厅长，大总统批令，应照准。③ 随之任命叶镜湜署广西高等审判厅长，张仁普署广西高等检察厅检察长。④ 对于各观察使下设科长等职，也逐一加以任命。5月间，广西都督兼署民政长陆荣廷呈称：实业司科长韩某呈请辞职。大总统批令，准免本官。⑤ 照准陆荣廷呈请，任命何永福为实业司科长。⑥ 通过一系列人事任免，中央政府很快完成了对于广西重要职官的任命程序。

在加强控制人事权的同时，北京临时政府逐渐统一广西省税务事权。1913年1月初，财政部将《国税厅筹备处条例》拟出二十一条呈请大总统核定，其官制系京师设总厅，各省设分厅。该部已将任命各省国税分厅筹备处长，开单呈请临时大总统任命。⑦ 按照制度设计，各省设国税厅，应先设筹备处。1913年1月10日，沈式荀为广西国税厅筹备处处长。⑧ 5月，临时大总统令，照准财政总长兼税务处督办周学熙等呈请，以广西镇南观察使兼管龙州关税务。⑨

在中央政府强力推行下，广西省军政、民政逐渐分离，各项用人行政渐趋步入正轨，中央对于广西的控制有逐渐加强之势。

---

① 新闻（中国之部）：添广西龙州督办［J］. 星期汇报：新闻舆论商务丛刊，1913，1（4）.

② 临时大总统令［N］. 大公报（天津版），1913-04-09.

③ 临时大总统令［N］. 大公报（天津版），1913-05-01.

④ 临时大总统令［N］. 大公报（天津版），1913-05-31.

⑤ 准免韩绍皋本官令［M］//骆宝善，刘路生. 袁世凯全集：第22卷. 开封：河南大学出版社，2013：537.

⑥ 准任命何永福职务令［M］//骆宝善，刘路生. 袁世凯全集：第22卷. 开封：河南大学出版社，2013：538.

⑦ 拟派各省国税分厅之处长［N］. 大公报（天津版），1913-01-10.

⑧ 任命曹葆珣等职务令［M］//骆宝善，刘路生. 袁世凯全集：第21卷. 开封：河南大学出版社，2013：374.

⑨ 中国大事记：民国二年六月七日［J］. 东方杂志，1913，10（1）.

### 三、办理议会选举

民国成立，作为民意代表机关、行使立法职权的国会及各省省议会的建设成为社会关注的焦点问题之一。为确保正式政府如期成立，北京临时政府加紧推进各级议会选举。广西按照中央政府指令，基本完成了省议员及国会议员的选举工作。

从1912年下半年到1913年年初，北京临时政府根据民国元年约法，在全国进行了国会（参议院、众议院）的议员选举。1912年8月10日，北京临时政府颁布《中华民国国会组织法》，规定了民国议会以参议院、众议院构成。北京临时政府下令办理各省参议院及众议院议员选举。北京临时政府关于议员选举，将广西归为一般省份，参议院议员由各省省议会及蒙古、西藏、青海、中央学会、华侨选举会等选出，众议院议员以各地方人民选举，其中广西19名。[1] 同日公布《参议院议员选举法令（附选举法）》和《众议院议员选举法》。8月13日公布《众议院议员各省复选区表》，将广西分为6区。[2]

对于众议院议员选举，北京临时政府非常重视。8月21日，临时大总统袁世凯通令各省，要求各地方行政长官，按照法定程序，遵守应有职权，慎重执行，认真监督。[3] 9月5日，公布众议院议员选举日期，初选举于12月10日举行，复选举于1913年1月10日举行。[4] 由于省官制尚未颁布，选举法所称行政长官未能确定，经参议院议决，凡各自有于都督外特设民政长者，其民政长即为选举法上所称之行政长官；其未经特设民政长但于都督之下分设民政司长者，应以都督为选举法上所称之行政长官。9月10日，按照北京临时政府的命令，任命广西等省都督充各该省参议院议员选举监督暨众议院议员选举总监督。9月20日，北京临时政府公布了《众议院议员选举法施行细则》。

几乎在办理参议院议员选举的同时，各省办理省议会议员选举。1912年9月22日中央政府发布临时大总统令，依省议会选举法第十三条，任命广西等省

① 公布中华民国国会组织法令（附国会组织法）［M］//骆宝善、刘路生. 袁世凯全集：第20卷. 开封：河南大学出版社，2013：269-270.

② 公布众议院议员各省复选区表令［M］//骆宝善，刘路生. 袁世凯全集：第20卷. 开封：河南大学出版社，2013：297-298.

③ 各地方行政长官慎重办理选举事宜令［M］//骆宝善，刘路生. 袁世凯全集：第20卷. 开封：河南大学出版社，2013：323.

④ 公布众议院议员选举日期令（附选举日期令）［M］//骆宝善，刘路生. 袁世凯全集：第20卷. 开封：河南大学出版社，2013：368-369.

各民政长充各该省省议会选举总监督。① 9 月 25 日公布第一届省议会名额，其中广西 76 名。② 10 月 2 日，公布省议会议员各省复选区表及第一届选举日期。广西分为 15 区。③

广西迁省争执问题大体解决后，临时省议会于 1912 年 10 月间在南宁召开会议，选出曾彦、邓家彦、黄宏宪、陈太龙、蒙启勋等五名为参议院参议员，④但此举并未为中央政府所认可。1912 年 12 月 8 日，北京临时政府公布参议院议员第一届选举日期，规定各省省议会参议员选举于次年 2 月 10 日举行。⑤ 1913 年 1 月 10 日，北京临时政府通令各省行政长官，自令到之日起，即先行发布省议会议员召集令。凡复选未经据报延期各省份，限于 2 月 10 日以前召集；已报延期省份，由该省行政长官酌定日期召集。各该省议会议员，均一律依令齐集省城，俟到议员三分之二以上时即行开会，开会翌日即举行参议院议员选举，以重要政。⑥ 同时，临时大总统袁世凯按照《中华民国临时约法》发布国会召集令，要求所有当选之参议院、众议院议员，均限于三月以内齐集北京。随之北京临时政府不断催促各省，定于 4 月 8 日行议会开会礼。⑦ 另外，北京临时政府不断申饬各省政府与地方行政官均不得干涉参众两院选举事宜。⑧

遵照北京临时政府命令，广西办理参议院议员选举，广西都督兼民政长陆荣廷于 3 月 14 日呈报中央，称广西参议院议员选出马君武等 10 名。⑨ 后因程序失当及各方利益纠葛而延宕不决。据内务部称，广西办理参议院议员选举与法令不符者共有两端，一为选举人名册仅列 75 人，不足法定人数；一为监督并未

① 临时大总统令 [N]. 大公报（天津版），1912-09-23.

② 公布第一届省议会名额表令（附表）[M] //骆宝善，刘路生. 袁世凯全集：第 20 卷. 开封：河南大学出版社，2013：439.

③ 临时大总统袁世凯关于公布参议院议决省议会议员各省复选区表令 [M] //中国第二历史档案馆. 北洋政府档案：第一册. 北京：中国档案出版社，2010：454-463.

④ 广西都督陆荣廷呈大总统报明广西临时省议会已在南宁成立选出参议院议员五人给咨送院文 [J]. 政府公报，1912（168）.

⑤ 公布参议院议员第一届选举日期令 [M] //骆宝善，刘路生. 袁世凯全集：第 21 卷. 开封：河南大学出版社，2013：184.

⑥ 通令各省按期召开省议会令 [M] //骆宝善，刘路生. 袁世凯全集：第 21 卷. 开封：河南大学出版社，2013：373.

⑦ 公布举行民国议会开会礼日期令 [M] //骆宝善，刘路生. 袁世凯全集：第 22 卷. 开封：河南大学出版社，2013：224.

⑧ 复各省都督电不得干预参众两院选举事宜 [M] //骆宝善，刘路生. 袁世凯全集：第 22 卷. 开封：河南大学出版社，2013：408.

⑨ 广西都督陆荣廷为报告选出议员姓名致筹备国会事务局电 [M] //中国第二历史档案馆. 北洋政府档案：第三册. 北京：中国档案出版社，2010：75.

亲临。主张自应一并取消，另行依法改选，以期适法。① 5 月初，临时大总统袁世凯发布命令，饬令广西选举监督迅遵部令办理。② 广西参议院议员改选应于 5 月 10 日举行，③ 但广西省议会对此命令并不执行，致函参议院进行辩解，称此届总监督办理参议员选举并未违法，"今中央政府徒借口于行政职权应行纠正，强令全体改选，诚不可解其是何居心也"。省议会讨论结果多数公决，对于中央违法之命令极端否认，即一人誓不改选，何况全体。④ 广西省议会的抵制还夹杂有党派意见，如报道所称，大总统命令催改选参议员，省议会中"国民党议员极力抵抗，誓不改选，至今争抗未已"⑤。围绕着议员改选，各派政治势力参与其中，争执不休。

国会及省议会作为中央及地方的民意代表机关，其地位和重要性不言而喻。北京临时政府令广西在谘议局基础上创设临时省议会，继而制定各项法规，选举国会议员，选举程序或有不尽规范之处，但大体上按照既定法规选举出了国会议员，为随后北京政府正式成立奠定了法理基础。

## 四、权力博弈

北京临时政府成立初期，中央与地方的关系还在不断磨合。广西等地方实力派权势颇大，有时甚至对本应属于中央政府管辖的事务表达出过分关切。以下以对大借款及边务问题的争议为例，管窥这一时期中央与广西的关系。

### （一）关于善后大借款

北京临时政府财力困窘，屡有举借外债之议。临时大总统袁世凯于 1912 年 6 月 4 日在《续筹借款致参议院文》文中称："现在中央政府库藏支绌，业已竭蹶万分，而各省义赈之款，遣散军队之款，与陆旗各军饷需，中央行政经费，一切无从支付。长此宕延，百废不举。正恐源无自开，即流亦愈难节。揆时度势，非继续筹借，更无良策足以急救。"⑥ 北京临时政府以办理善后改革为名，拟以盐税、关税为抵押，向国际银行团借长期巨额借款。至 1912 年年底，袁世

---

① 内务总长致广西都督电 [J]. 政府公报，1913（336）.
② 妥速办理广西省议会参议院议员选举监督并该省全体改选事务令 [M] //骆宝善，刘路生. 袁世凯全集：第 22 卷 [M]. 开封：河南大学出版社，2013：430.
③ 临时大总统令：限期改选广西议员 [J]. 政府公报分类汇编. 1915（2）.
④ 广西省议会公函：广西省议会因该省选举事来函 [J]. 参议院公报，1913（1）.
⑤ 桂省政党之现状 [N]. 大公报（天津版），1913-06-26.
⑥ 续筹借款致参议院文 [M] //骆宝善，刘路生. 袁世凯全集：第 20 卷. 开封：河南大学出版社，2013：83.

凯认为各省对于借款态度已渐趋一致，虽对于外国银行担保一事有疑义，却基本赞同借款。① 1913 年 4 月 26 日，北京临时政府与英、法、德、俄、日五国银行团签订了条件苛刻的善后借款合同，借款 2500 万英镑。

对于是否以国家权益为抵押来大举外债，各地态度不一。广西省议会极力反对政府借款，而广西都督陆荣廷的态度却与各省省议会有所不同。

大借款消息传来，国民党势力占有一定优势的广西省议会对此大为反对。广西省议会与财政部函电交驰，相互辩驳。财政部曾复电广西省议会，称借款由于欠款，欠款由于各省无力解款。议会代表人民，一方面监督政府，一方面赞助政府。借款一事动议经年，忧时之彦方惧不能成立，导致政府或蹈破产之祸。财政部称大借款关系中央政府命运，严词指责广西省议会此举另有深意，"广西议会果能不恃借款别有救亡之策，岂特本部拜赐良多，全国人民胥受其福。否则事前莫展一筹，事后任意吹求，非于事实致生误会，即别有用意，借端鼓煽"②。

与各自省议会主张不同，广西都督对大借款表示理解与支持。1913 年 5 月底，副总统黎元洪领衔，包括云南都督蔡锷、广西都督陆荣廷等 18 省都督、都统、民政长联名通电，称民国肇建，危机频发，有六大危局，朝不保夕。回顾了借款谈判历程，驳斥了议员反对的种种理由，请诸公"念时局之艰危，允借款以承认"③。蔡锷不断建言，请中央政府统筹全局，统一各省财政。广西都督陆荣廷通电赞成大借款，称大借款问题实无反对理由，"纵令此案手续微有未全，为大局计，亦应曲谅"。他认为反对者一味推波助澜，"意存破坏，甚至肆口诬蔑，自丧威信，腾笑外人，玷辱国家，莫此为甚"，主张正式合同业经签字，断无取消之理。希望反对者屏除党见，毋再争执，"使国有转圜之机，不蹈覆亡之辙，从容建设，可期图存"④。

广西都督陆荣廷对于中央政府大借款的支持态度引起了广西省议会中国民党议员的不满，他们计划在省议会中提出弹劾案。但因旁听席中第二师上中级军官咸怒目而视，众大惧，弹劾案遂不能成立。于是改开秘密会议，宣布陆督罪款，通告全国。自通电陆督罪状后，第二师师长谭浩明大怒，约全省统将联

① 与财务总长熊希龄之谈话［M］//骆宝善，刘路生. 袁世凯全集：第 21 卷. 开封：河南大学出版社，2013：209.

② 公电：财政部复广西省会质问借款签约电［J］. 直隶公报，1913（3501）.

③ 致参议院众议院电［M］//曾业英. 蔡锷集［M］. 长沙：湖南人民出版社，2008：855-857.

④ 南宁来电：广西陆督荣廷赞成大借款电［J］. 参议院公报，1913（1）.

名代陆督辩护，并指斥省议会之谬妄。诸将中除第五巡防军统领刘古香、第二师第三旅旅长黄榜标、水师第二军统领李立廷、水师第四军统领刘月卿不赞成外，余皆署名。① 陆荣廷嫡系势力还试图以武力压迫国民党议员屈服。广西省议会反对大借款情形复杂，杂糅有党派之争与权力争斗，内部派系情形十分复杂。虽国民党势力在广西省议会中占有一定优势，但陆荣廷在广西军界也并非能够一手遮天。

桂督陆荣廷、滇督蔡锷、蜀督胡景伊、黔督唐继尧等人于5月底联名通电，称借款系政府目前万不得已之举，且条件已经前参议院通过，并非政府违法，没有反对理由。② 尽管大借款遭到了包括广西等省议会在内诸多势力的反对，但西南地方非国民党实力派的声援显然更为有力，又加上北京临时政府此时财力难济，不得不借重于借款，大借款最终得以通过。

（二）关于外交权

随着沙俄不断加紧侵华，中国北方边疆出现危机。沙俄政府不顾中国政府不承认外蒙独立的严正声明，强迫外蒙傀儡政府签订《俄蒙协约》。该协约被披露后，全国舆论哗然，各省都督一致主战。广西都督陆荣廷、福建都督孙道仁等均有来电，略称蒙事不靖，关系全国存亡。凡属国民，自应同仇敌忾。恳请辞退都督之职，来京自愿征蒙。③ 外交为国家大事，应由中央政府统一着手进行。地方实力派态度的一味激进，固然反映了部分民意，但不免对中央政府外交的正常进行产生种种窒碍。

面对各省都督的强硬态度，中央政府力持稳健。1912年11月22日，袁世凯致函国务院，称"蒙俄协约发现以来，人心异常愤激。然体察近数日情形，已渐失之浮动。务由该院妥速会议镇定之方"，并即通电各省，告以中央对于此事并无主持退让之意。将来虽至必不得已而构成战端之时，亦须审慎筹维，俾资稳健。断不得徒恃意气，而置国家于不顾。④ 此时全国对于征库问题均皆一致激愤，以浙江朱督、广西陆督、广东胡督为最甚，与中俄交涉上已生有阻碍。大总统曾特致该三都督密电各一道，力嘱不可操切从事，影响国际，并详告以

---

① 桂省政党之现状［N］.大公报（天津版），1912-06-26.
② 要电：云南来电［N］.山东公报，1913-05-25（134）.
③ 孙陆两都督请告奋勇［N］.大公报（天津版），1912-11-19.
④ 致国务院函［M］//骆宝善，刘路生.袁世凯全集：第21卷.开封：河南大学出版社，2013：109.

目下交涉之最近情状。① 强调外交由中央主持，而军事应由各督分任。② 12 月 4 日，临时大总统袁世凯致电各省都督，称库俄交涉由陆总长与俄使开议三次，所持办法甚为稳健。"此项交涉纠葛甚多，断难迎刃而解。俄使迭次辩论，实系故意延宕。然我亦正有利用其延宕之处，愿各都督深长思之，当知中央措置之苦心。"③ 随之，袁世凯不断密电各省都督，通告谈判进展，并做战事规划。④

广西当道在征库问题上态度积极。12 月间，广西都督陆荣廷通电各方，力主备战，称"桂虽瘠苦，全国存亡争此一息，何敢苟安"。计划俟征调檄来，先其所急，将全省新政停办，腾出各款，以备一师之饷项、军械、旅费，会合各省大兵进军。同时，陆荣廷借机谈及对于内政的看法，抨击不良政党政治，指陈民国成立迄将一年，"立法机关及各政党对于行政方面往往以推倒为能，攻击为事，纷持党见，淆乱是非，以致政府一事不能办，一人不能用，心思才力皆销耗于调停应付之中，口舌辩论不遑，于国家大计反无余力筹及"，主张各政党应以国家为前提救亡为急务，拥护政府，"俾得经武整军，或可背城借一"。并恳参议院迅将大总统所交关于国计民生重要议案早日议决公布，"实内政既修，外侮自弭，取消党派纷争，遇事持公。否则即无俄患，亦足云亡"⑤。由此通电可知，陆荣廷醉翁之意不在酒，借《俄蒙协约》引起的外患来大谈内政，对于民国之初政党政治的实行情况表示不满，并借机表达了对于中央政府的忠诚。

这一边患危机开启了民国地方实力派干预中央政府对外事务的先河，此后地方实力派不时对中央外事决策指手画脚。1913 年 2 月初，北京临时政府大总统接到广东都督胡汉民、广西都督陆荣廷、云南都督蔡锷、四川都督胡景伊、浙江都督朱瑞、湖南都督谭延闿、江苏都督程德全、福建都督孙道仁等联衔密电一道，质问五事。一为报载俄人于黑、吉两省任意增兵是否确实，及中央政府如何对待；二为大借款交涉现状；三为中英西藏交涉现状；四为中俄蒙古交涉现状；五为政府对待赣事意见。均请迅即电复。⑥ 地方大员联名密电，质问中央政府，并要求中央政府迅即电复，此举显然超越了地方大员权限，有越俎代庖之嫌。

---

① 大总统密电三督之内容［N］. 大公报（天津版），1912-11-28.

② 通电各省慎重军事［M］//骆宝善，刘路生. 袁世凯全集：第 21 卷. 开封：河南大学出版社，2013：133.

③ 致各省都督电［M］//骆宝善，刘路生. 袁世凯全集：第 21 卷. 开封：河南大学出版社，2013：160.

④ 致各省都督密商战事计划电［M］//骆宝善，刘路生. 袁世凯全集：第 21 卷. 开封：河南大学出版社，2013：178.

⑤ 顺直省会接桂省之通电［N］. 大公报（天津版），1912-12-19.

⑥ 各都督电询五大要政［N］. 大公报（天津版），1913-02-16.

在北方边境不靖的同时，西藏方面于 4 月前后也出现乱事。广西、云南、贵州、四川等省都督均有电致政府，以达赖外附将成事实，"内向一说本系缓兵诡计，非大张挞伐，不能保我边陲。务请确定方针，以免贻误大局"①。5 月 11 日，大总统有同样电报四道拍寄川、滇、黔、桂四省都督，谓藏乱本由陆军激变而成，且达赖始终尊重中央，维持和平，与库伦宣告独立情节不同。"现正磋商遣使，会议善后办法，不能遽以兵力从事。"② 与地方大员动辄贸然激进态度不同，中央政府往往从大局而不是局部利益进行考量，采取的外交策略是积极磋商、和平解决，而非动辄兵戎相见、一味激进。

地方外事工作是国家对外中国的重要组成部分，也应在中央政府的统一领导之下进行。民国之初，广西等省地方大员对中央政府的外交工作频频通电各方、指手画脚，动辄即力主备战、大张挞伐，甚或质问中央政府，不仅有误导舆论之嫌，更是超越职权之渐。

北京临时政府时期，广西都督陆荣廷表示出对于中央政府的拥护及对于国民党的反对态度，与各自省议会形成了鲜明对比。北京临时政府通过抓紧控制地方高层文武官员任命权，初步掌控了广西省用人行政大权，对于此时由国民党控制的南方诸省而言是个不小威胁。

## 第二节　陆荣廷主政之初广西治理

北京临时政府时期，广西都督之争尘埃落定，但广西政局仍未稳定。围绕迁省问题，各派政治势力纵横捭阖、互不相让。此一时期广西匪患严重，为清剿匪患，广西地方当局下了很大力气。与政局不稳及匪患的严重程度相比，财政枯竭与发展经济的困难似乎并不是广西当道首要关注的问题。内部频现不稳之势的广西在这一时期治理主要体现在以下几方面。

### 一、解决迁省风波

广西大局粗定之后，迁省之议很快又旧事重提。只是其提出却出现在貌似偶然发生的政治事件，即省防统领秦步衢带兵殴辱并拘留议员、蹂躏议场，同

---

①　大总统不愿用兵西藏［N］. 大公报（天津版），1913-05-11.

②　复川滇黔桂四省都督电慎重用兵西藏［M］//骆宝善，刘路生. 袁世凯全集：第 22 卷. 开封：河南大学出版社，2013：463.

时还有曹秬威议逐外绅事件，导致广西临时省议会多数议员于 1912 年 3 月 1 日宣告辞职。各府人士刊布传单，指陈曹驱逐外绅、秦滥捕议员，"干犯众怒，相戒不到桂林"①。

桂林绅商学界于 1912 年 3 月 3 日召开大会，议筹救济方法。会后陈请议院，称秦统领违法，即由军政府加以相当处分足矣，议院为人民代表宪法上机关，不能轻易解散。议院置之不理，而持调停之议的议员人数太少，在法律上已无效力。② 桂林绅商学界随之将事件大体经过电告孙中山、参议院等，"统祈详查"③。桂林绅商学界的陈请不无道理，秦统领违法，自当由军政府严惩，而省议会却因此而宣告解散未免显得有些意气用事，显有借题发挥之嫌。

主张立迁省会议员借此找到了可资利用的口实，将迁省之议提出，寻求各方支持。南宁、太平、泗城、百色、镇安、玉林、浔州、思恩等 8 属去电梧州，称拟在邕组织议院。梧州议案研究会通电表示赞同，并称桂林为省会实阻碍进化，民国成立，诸待建设，以迁省南宁为第一要着。既得多数同意，极应实行。拟先就组织议院一件为迁省开始，凡各属举出临时议员，赶紧赴邕筹议一切，勿再赴桂，致稽时日而失机会。④

民国初元广西迁省之议提出与政潮相联，一开始就夹杂了几分意气之争，少了些平和的讨论。以地域和人数而论，主张立迁省会的占有绝对优势，几乎达到了"众论佥同"地步，而"仅桂林一府人士出死力抗争"。风潮乍起，地位尚不稳固的都督陆荣廷以调和为尚，"亦以不迁省为然，曾通电规劝"，而人数占有优势、主张迁省南宁的各府属议员"置都督命令于不理"，在南宁设立迁省集议所，于 1912 年 4 月 9 日在南宁成立广西临时省议会，⑤ 定于 4 月 25 日开会酌议迁省事宜。⑥ 在桂林的议员人数虽然较少，但也于 4 月初打出广西临时省议会名号。由此，广西一时出现了南宁与桂林两个临时省议会并存的局面。

针对迁省问题，桂林广西临时省议会发出通电，亦承认迁省的必要，"迁省事，议员岂不谓然"。但以当时财政状况，"始知非今日所能骤办"。通电中详细梳理了广西财政收支情况，"收支比较，相悬甚巨，惟恃银行收回放出各债，以

①　新闻二：桂议会之迁省风潮 [N]. 新闻报，1912-05-04.

②　桂林绅商学界电 [N]. 申报，1912-03-17.

③　桂绅商学界为省防统领秦步衢带兵蹂躏议逮捕议员以致全体辞职所有交涉函件俟后再呈事致孙中山等电 [M] //中国第二历史档案馆. 南京临时政府遗存珍档：第四册 [M]. 南京：凤凰出版社，2011：1340-1342.

④　广西迁省南宁之先声 [N]. 申报，1912-03-19.

⑤　新闻二：袁总统电阻广西迁省 [N]. 新闻报，1912-04-12.

⑥　迁省事宜行将开议 [N]. 大公报（天津版），1912-05-11.

为撑持"，指出迁省影响经济及税收，"近以迁省风潮，各商停办货物，异常恐慌，商务损失已属不少，如竟迁邕，必至相率倒闭，公家借权必归泡影。……况商场变动，税收必至锐渐，暗中消耗，更属不少"。对于南宁成立的广西临时省议会，桂林方面不予承认，指陈南宁迁省集议所成立议会于法理不合。《广西临时约法》第四十七条载，议会于每年法定日期自行集合系指议会既成立之后，每年届法定日期，由议会自行集合，非随时随地可以自行集合之谓。"今机关在省，而集合在邕，且迁省要政不议决于议会，而议决于非法定机关之集议所，尤属不合"。桂林广西临时议会呼吁南宁方面考虑桂省颠危，主持公论，并请大总统、陆都督仍始终维持。① 在迁省已成大势所趋的形势下，桂林方面只能顺势而为，以财力难济、破坏稳定等为主要理由主张缓迁。

广西军政府与桂林广西临时省议会立场一致，于1912年4月12日电告南宁各议员，称"迁省非今日所能办到，迭经都督明白宣布，袁大总统电来亦谓可暂从缓"。所持反对理由也主要从财力上而言，"窃以吾桂近日财政现象已陷危险，如再迁省，则更无可收拾"，并言及对商务影响甚大，如果迁省，"则商务必一落千丈，而商家受累更深"。同时军政府也指出，"诸公如有善后之策，俾公私俱不困敝，则迁省之议，炳焜等无不乐为赞成。若尚无把握，则此举不如从缓"。言下之意，只要解决财力及善后问题，则迁省之事亦可以商量。

广西军政府复于4月16日再电南宁各议员，再次指出南宁开省议会于法理上不合，同时指出迁省除了财政问题外，其他如对于桂林善后预备，对于南宁建设预备，以及迁省手续、时期等迁省各问题尚待讨论。祈速来桂林成立议会，以维大局。② 军政府的意见可谓持平之论，迁省牵涉甚广，需要在法理框架下静下心来认真讨论，不能简单逞一时之快。

北京临时政府甫经成立，百端待举，对于僻处西南一隅的广西迁省问题鞭长莫及，唯有以法理相绳。1912年4月13日，袁总统以都督原驻桂林，该会忽迁南宁，违背定章，恐出少数人自由集合，当电陆都督查复。陆电复称"亦反对迁省，主张另行组织省议会"③。北京临时政府国务院于4月26日通电，称迁省问题固应从本省人民多数同意，但未经援照法定手续公布施行以前，断无自由移治之理。④ 从法理上而言，南宁省议会的成立难言合法，故而国务院此电是斥临时新议员在邕自由集合，成立议会，要挟迁省南宁之非，饬仍到桂林组设

① 新闻二：广西临时议会详陈不能迁省要电［N］. 新闻报，1912-04-19.
② 公电：广西军政府反对迁省南宁电［N］. 时报，1912-04-23.
③ 专电［N］. 申报，1912-04-22.
④ 要电：南宁电［N］. 新闻报，1912-05-03.

临时省议会。至于迁省与否，则完全听从广西民意。

　　面对法理上巨大压力，南宁广西临时省议会则以多数民意做挡箭牌。南宁广西临时省议会于4月29日通电各方，称南宁广西临时省议会正提出迁省议案，决议后自当依据法定手续，将议决案咨请本省军政府公布施行。电文回避法理的质问，而祭起多数民意的大旗。"惟本会议员系从地方人民之意思集合，南宁万不能背地方人民之意思而赴桂。大总统、国务院可以破坏共和，我广西民选临时省议会议员不能违反代议之名实也。"①

　　接到南宁议会电文后，国务院随即飞电桂林，称前电系京局司报人误发，请即取消。桂人大骇异，由军政府暨各界专电诘问，分别驳论，并责以国务院对于广西命令如此反复儿戏。适值旅桂江西商人全体以迁省有损商业，电求大总统及江西都督维持。4月30日，国务院遂又续电，谓宥电既已公布，即请毋庸取消。② 北京临时政府国务院这一前后矛盾的做法是一次政治失误，也为南宁方面提供了口实。随之南宁议会多次去电抗辩，国务院坚持前议，于5月4日通电，称"迁省会不仅关系一省之利害，如果该省多数人民均欲迁省，必须先在该省省城在正式议会提议，随后呈请中央议会政府核准实行"。广西省议会议员并未先在该省省会桂林聚齐开会，又未提出迁省议案，更未商诸中央议会，而遽纷纷往南宁，欲实行迁移，实属不合。国务院宥电所论办法实为根据法理之论，乃该议员林祥等复电抗辩，"决无理由，只可置诸不理"③。

　　北京临时政府、广西军政府、桂林广西临时省议会等一方以法理相绳，南宁临时省议会等一方挟多数民意以自重，双方互不相让、难以调和。双方争论焦点是迁省程序问题，而非迁省与否。主张迁省议员人员数量占有优势（广西省议员共96名，南宁方面已有70多人），迁省已成定局，只是施行早晚罢了。双方争执实质是立迁与缓迁之争，如都督陆荣廷在致北京临时政府电文中称，南宁临时省议会"以迁省南宁大有裨益于现在、将来之内政，急欲进行；而桂林议员等则以财政困乏，损失甚巨，且大局初定，人心摇动，请暂缓迁。彼此争执，各执一说"④。

　　挟民意以自雄的南宁广西临时省议会不愿再拖延。5月2日，南宁广西临时省议会经十四府到会列席议员78人议决，决定迁省南宁。随即将迁省集议所取消，改设迁省筹办处。同时以广西全省绅商学界代表名义通电袁大总统、参议

---

①　要电：南宁电［N］. 新闻报，1912-05-03.
②　新闻二：广西迁省风潮之剧烈［N］. 新闻报，1912-05-18.
③　公电：南宁迁省问题电［N］. 时报，1912-06-04.
④　广西迁省问题之纷扰［N］. 申报，1912-05-11.

院、陆都督等，称广西迁省南宁"原为政治、军事、外交、实业、交通计便利，早经谘议局议决"。独立后又经十四府代表员集邕协议及临时省议会出席议员78人议决，"众民同意，即成法律，断非一小部分人所得抗阻"。电文并称，"如必抑众就寡，终无解决"，则十四府人民只有自谋政治进行，以维持大局，断无迁就。① 表达出不惜为此而决绝的决心。

面对难以调和的矛盾双方，都督陆荣廷"终冀和平了结，仍事规劝，奈集邕议员恃众不听"。陆荣廷曾于5月2日电致桂林军政府，称召令在邕临时议员于6月5号到桂林集合，但此举并未得到南宁方面的响应。陆大都督"因劝阻不听，且愤而成疾"②。以事实而论，在南宁深耕多年的陆荣廷自然不愿去桂林，而在此之前发生的袁世凯以兵变为由不去南京就任大总统的事件恐怕也给了他不小启示。陆荣廷遂以病为由作壁上观，静待时局发展。

迁省风潮愈演愈烈，很快出现了不同声音。有人在桂林组立迁省持平会，以调和两党。同时又有主张迁浔党出现，谓改南宁为省会，不如以浔州为省会，详陈迁浔十利，亦颇持之有故，言之成理。乃迁浔之说甫萌，而迁柳之议又起。时人对此评论道："呜呼，百务废弛，匪猖财匮，省议会未能正式组成，桂省祸患不知伊于何底也。"③

至5月底，双方仍未达成和解，但天平已向南宁方面倾斜。到南宁的省会议员增加愈多，5月25日，南宁广西临时省议会84人联名通电，回顾迁省之议的由来，批评桂绅"藉词鼓惑，种种抵抗，置国家地方大事于不顾，惟便私图"。桂林方面反对的理由主要有三条，其一为人心浮动，恐致变乱；其二怕牵动市场，商业凋敝；其三是财政困难、筹款非易。电文中对于桂绅的主张一一驳斥。第一，迁省系全省人民之决心，何致变乱浮动之有。"近日各地函电纷纷，誓不达到迁省目的不止，恐不迁省适滋变乱。"第二，桂林商场既非转运，屯积又无出产发行，况除去消耗品外，既可以出售，即可以收回成本，何至于商业凋敝。至于银行放款，例有担保着落，倒逃尽可追究。况省会虽迁，但并非立刻尽行搬去，中间所经过之时间，即为商人与银行收回成本之余地。第三，广西税收全靠西江一带，迁省南宁以后，税项收入必有增加。否则终困桂林，后患何堪设想。电文还指出，广西自改革以来，庶政时幻、变乱四起，"查其原因，皆由行政机关僻处桂林，交通不便，措置不敏，听闻不灵，布置不周所

---

① 新闻二：关于广西迁省要电 [N]. 新闻报，1912-05-24.
② 新闻二：桂议会之迁省风潮 [N]. 新闻报，1912-05-04.
③ 新闻二：广西迁省风潮之剧烈 [N]. 新闻报，1912-05-18.

致"，故而立迁省会正所以"救目前之危亡，弭将来之险祸"。电文还指出，陆都督已决意赞同，各司长亦意思一致，若再任桂林少数人争执不下，致陆都督引退，"则兵士失驭，内乱内见，外患必乘，实足以引起瓜分"①。果如电文中所称，此时都督陆荣廷已经放弃了中立立场，与南宁方面达成了某种程度的一致。

手握军政大权都督的态度趋向不容小觑，多数民意与军头相结合使南宁方面声势大振。桂林方面徒拥法理，但大势已去、无计可施。桂林临时省议会于5月30日致电南宁分送各临时议员，仍以履行法定手续为由，请各议员克日启程北来桂林，"免贻口实，以维大局"②。

与此同时，主张立迁省会者派出代表四处活动，寻求支持。广西代表邬绳准、赵元杰等来鄂晋谒黎副总统，请其主持将广西省城迁往南宁。副总统认为此事关系重要，应由中央派员赴桂考查。允即电致大总统国务院参议院，请由中央派员前往统筹桂省全局，"如确系多数赞成，费款不巨，一劳永逸，便可从速解决"③。政坛新贵的政治背书显然为南宁方面加分不少。

迁省主张的不同也使在京广西同乡及参议员出现分裂，但与清季显有不同的是，主张立迁者逐渐掌握话语权。北京临时政府曾转询同乡意见，关冕钧等均赞成，胡家勤反对无效。参议院广西议员刘崛来电，力主迁省南宁，并劝各界勿再争执。④ 种种迹象表明，主张立迁者逐渐居于上风，如何尽快达成这一目标就成为当务之急。

都督陆荣廷态度由最初中立，转而倾向于南宁一方。其变化原因有多种，其中最重要的考量是保全权力。如后来他派去桂林劝驾的代表所言，陆荣廷实有为难隐衷，因为南宁迁省党之激烈派秘商如目的不达，即推倒陆荣廷，另举王和顺为都督（王系南宁府宣化县人）。王和顺旧日匪党布满左江各郡，王不得逞于广州，觊觎广西已久，匿居澳门、香港，悍党甚多，军火亦足。"陆都督深虑祸机一发不可收拾，是以曲徇迁省党之意"⑤。以会党为患而妥协显然不免夸大其词，但南宁方面为迁省而不惜决绝的态度显然是促成陆荣廷态度转向的重要原因。

南宁方面"昌言如不达目的，必为第二次革命"，于6月1日通电各府县，

①　南宁议会坚持迁省电 ［N］. 新闻报, 1912-05-31.
②　新闻二：关于广西迁省要电 ［N］. 新闻报, 1912-06-12.
③　新闻二：黎公电商广西迁省议 ［N］. 新闻报, 1912-06-05.
④　新闻二：关于广西迁省要电 ［N］. 新闻报, 1912-06-12.
⑤　新闻二：陆都督赞成迁省苦衷 ［N］. 新闻报, 1912-07-17.

要求都督将军政府各机关设在南宁，桂林军政府所有作为消灭，各府县钱粮、赋课、各厘卡关税应解桂林省者一概停解，并电请财政司司长停发桂林临时省议会经费。"陆都督竟所恫喝，一味迁就"①。

在南宁方面政治重压之下，都督陆荣廷于6月1日致电国务院，提出所谓调停顾全两方面之法。拟暂代求许予邕为行省，都督居之，议院及铨叙、法制两局先行建设；桂林为旧地，六司处之。都督陆荣廷此议表面看来是清季提督移驻、巡抚半年驻节的延续，但已有实质不同。都督是一省军政长官，其移驻南宁的意义非同一般。议院及铨叙、法制两局在邕，六司在桂，如果照此实行，其实是在事实上造成了广西政治中心的分割，一定程度上不利于政务推行。

国务院遂借坡下驴，以"该省人情之趋向如彼，该都督委曲调停之意如此"同意桂督陆荣廷的调停计划，拟请暂以南宁为都督驻扎之地，议会随同建设，"以免久久相持，致碍政务之进行"，俟将来规定行政区域时，通盘筹划，再行确定省会设治之所。将此议提请参议院议决后，参议院于6月10日经常会讨论，佥以广西迁省问题久延未决，实于该省政务进行有碍。既据该省都督委曲调停，政务院又以为然，参议院对于此种办法亦以为尚属可行，应予同意。但其认为，惟都督既驻南宁，六司又远在桂林，行政机关分立，究非长策。"拟俟该省临时议会成立后，关于迁省事宜赶速提出议案，详加讨论，再行确定。"②北京临时政府国务院及参议院此举不过是认可既成事实，关于迁省与否，仍交由广西临时省议会决定。

消息传来，桂林各界惊传迁省南宁万难挽回，"人心惶惧，商界尤甚，典押各店几欲歇业，米价飞涨，险象环生"③。桂林商界三千二百五十店，合词电恳大总统、国务院，声明如果迁省南宁，则桂林商界必大亏折，将来损失悉向迁省党及南宁省议会会长林绎等索赔。此电发后，商界复议集议，结合团体，力持到底，誓与迁省党大交涉。④

与桂林方面人心惶惶形成对比，主张立迁的各地纷纷通电，大造舆论。龙州参议事会通电，称南宁为省会于军事、商务、内政、外交上均占优胜，为广西计，即便进行，何得烦言。讵桂人以少数意见，多方阻挠。查邕省议会系受十四府人民所委，国务院否认邕省议会议案，即违反十四府人民公意。如桂军

①　广西又有独立举动 [N]. 大公报（天津版），1912-06-29.

②　参议院咨大总统广西迁省事宜应俟该省临时议会成立后讨论确定文（中华民国元年六月十三日）[J]. 政府公报，1912（54）.

③　新闻二：广西迁省议之近讯 [N]. 新闻报，1912-06-06.

④　新闻二：广西迁省议之近讯 [N]. 新闻报，1912-06-19.

政府非十四府人民所公认，如不迁邕，邕省议会即可在邕另新组织军政府。①

与声势浩大的主张立迁声音相比，主张缓迁者虽然亦有，但已不为各方所重视。岑春煊以广西旅沪同乡的名义通电各方，称情形大非昔比，库储万分奇绌，行政、军需各款万分竭蹶，何能有此财力与此巨工，况广西银行为全省命脉，总机关向设桂林，放出借款将及百万，若闻迁省之举，则放款必归无着，市面愈形惊慌，且恐不逞之徒乘机煽乱，桂林既遭糜烂，必至牵动全局，后患何堪设想。恳请大总统副总统贵院都督鼎力维持，仍以桂林为省会，以期融洽而保秩序。一俟国会成立，时局大定，外省官制亦经议有规则，再行从长计议，妥筹正当办法，庶免徒矜意气，贻害地方。②岑春煊以财力不济及金融可能出现危机为由，主张仍以桂林为省会，反对立迁。但此议一出，并没有得到太多的响应。

北京临时政府国务院根据参议员决议，于6月18日电致广西，既云以都督驻南宁，省议会随同建设；又云俟临时省议会成立后，再议迁省。该电令根据参议院决议，本无疑义，但双方却各自断章取义，以求合乎法理。南宁省议会据电文前数语，为中央已承认议会应设南宁之证；桂林省议会据电文后数语，为中央不认南宁省议会之明证。"两方面皆遵照中央来电争执，皆有可据之理由。"

陆都督不愿再打口水战，于6月24日由龙州行营飞电桂林军政府，谓奉到国务院巧电，省议会应设南宁，7月5日到8月15日为集合之期，所有桂林各议员，各属在籍议员均请迅速前到南宁。"至将来桂林善后，自当妥筹，毋庸顾虑。"③随之，又于6月29日电致桂林、南宁双方，称南宁成立正式议会，"当组设之始，议案繁多"，请各司长暂时亲临南宁，与议会接洽，宣布政见，"俟闭会后再照前议，分别驻邕驻桂"。陆都督要求六司司长赴邕，与北京临时政府决议显有不同，理由虽然貌似合理，但难掩其暗度陈仓之意。

陆荣廷的要求却一时难以顺利实现。7月4日，军政司司长陈炳焜等回复，查迁省问题自宣布都督议会驻邕后，桂林人心惶恐，然以六司司长在桂，犹资维系。如司长等俱到南宁，虽系暂住，"此理难于共喻，群情必更浮动"。请求准许六司司长在桂林办理代行代拆事件，以保持现状。④次日陆荣廷电复，准留

①　公电：龙州参议事会争持迁省南宁电［N］. 时报，1912-06-14.
②　新闻二：岑春萱主张广西暂不迁省电［N］. 新闻报，1912-06-18.
③　新闻二：关于广西迁省议近讯［N］. 新闻报，1912-07-10.
④　新闻二：广西迁省问题之要电［N］. 新闻报，1912-07-19.

各司司长驻桂林，维持现状，仅饬财政司司长到邕一行。①

陆都督命议员及六司司长赴邕的电文引起桂林方面极大不安。旅桂各省商人7月11日在桂林商帮总会开特别大会，广东、江西、湖南、湖北、福建等七省商帮代表到者六百余人。各帮代表"次第演讲，皆力持反抗迁省之议"，有主张用旅桂总商帮名义电求中央者，有主张不用延期纸币、均向官银行兑现者，有主张要罢免都督者，有主张罢市者，纷呶良久。某商号龙某演说，谓迁省议起，人人恐慌，商界受祸尤巨。都督以两方面争执，居中调停，初以都督六司分驻桂、邕，向中央请示。迨中央照准，又变宗旨，又令六司赴邕，"殊属哄骗人民，自违前令"。"如今六司实行去桂，则先询财政司司长延期纸币如何兑付，一面公推代表坚留各司长，以维持现状等语。众皆赞成，即推定代表往见财政司等司长，并电中央政府。"②

除了商帮集会外，桂林各界连日集军绅学警等各界大开会议。与会者大体分为四派，和平者创为分省之议，另组织桂林、柳州、平乐、庆远等府为一省；激烈者则欲倚省防一军兵力，宣布桂林独立，另举都督；愤懑者竟思呈明中央，将桂林一府划归湖南省管辖；其不赞成以上三策者，惟连电北京广西中央联合会会长周绍昌、旅沪广西同乡岑春煊诸公，再行争阻，以免不测。旅居桂林各府人士，见省防全军将领兵士反对迁省，担心其暴动，纷纷买舟遁返南宁、浔州、梧州等处。③ 迁省争执在广西掀动政治波澜，甚至有被撕裂的危险。

桂林方面民意汹汹，议员难以启程。陆都督派代表四人至桂林，欢迎桂林省议会议员赴南宁合并。该代表到桂即至省议会拜谒，各议员均拒而不见。该代表无计可施，不得不商求军政、财政等六司司长协同再诣劝驾。④ 延至8月初，桂林议员仍未来邕。8月9日，桂督陆荣廷电致桂林方面，究竟桂议员来否，请一语决断，以免久候。"廷之劝桂议员可谓仁至义尽，如果抗不南下，即布告天下，执行开会，舆论谅亦直我也。"在陆荣廷请求下，北京临时政府于8月11日电令广西，民、财两长暂行莅邕，宣布政见。"以后各司司长之应驻桂驻邕，统由议会取决"，"如有蜚言，煽成风潮，即由该都督依法办理"。⑤ 在近乎最后通牒的局势下，桂林议员除王肇祁等四人已首途外，其余经军政司司

① 新闻二：桂商界反抗迁省大会 [N]. 新闻报，1912-07-26.
② 新闻二：桂商界反抗迁省大会 [N]. 新闻报，1912-07-26.
③ 新闻二：广西迁省风潮近状 [N]. 新闻报，1912-07-15.
④ 新闻二：陆都督赞成迁省苦衷 [N]. 新闻报，1912-07-17.
⑤ 新闻二：广西迁省案要电汇录 [N]. 新闻报，1912-08-29.

长陈炳焜再三婉劝,均有允意。① 桂林省议会遂无形消散。9月,桂林军政府各司代表、桂林议员等先后启程,去往南宁。

广西省议会于10月17日开会,议员张鸿治等72人提出六司迁邕案,议员王永锡等14人提出迁邕条件。经出席者83人表决,赞成者70人,达成如下决议:民政司应在一月内迁邕;司法司直隶中央,其区划与行政区划不同,驻邕或驻桂,听中央命令;教育司因桂林直接管辖之学校颇多,应从缓迁;财政司因筹划维持桂林公款颇需时日,应定一年内迁邕;军政司暂驻桂林,维持现状;关于迁移建筑修改等费,由南宁自治会筹备银十万元,不得另支公款。②

值得注意的是,南宁方面并非直接提出迁省案,而是六司迁邕案。按照决议,六司中仅有教育司、军政司、司法司③等缓迁,而关系较为重要的民政司、财政司、实业司等需要先后迁邕,以一种较为体面的方式完成了广西政治中心转移。如时人所称,"广西主张迁省党虽未达到完全目的,然着着占胜,不日由南宁省议会讨论确定,即完全迁省矣"④。由于种种原因,特别是南宁方面内部也不一致。"闻南宁议员中近有半数主张迁省浔州"⑤,故迁省案虽屡经提出,却一直未能通过,至1915年前后尚有迁回桂林之议。纷纷扰扰,迁延数年未决。

民国初元广西迁省南宁虽并未彻底成功,却在事实上基本达成。从表面来看,此举反映了多数民意呼声,但实质上却难掩军头的胜利,即都督陆荣廷成功利用了南宁方面多数议员,达到了巩固其权力的目的。透过广西迁省过程中各派力量的相互角逐,可以看出由传统向现代政治转移过程中涌现的问题至少三点。

其一,多数民意下弱干强支的态势。清季以来中央权力式微,地方督抚权力不断膨胀,这一趋势在民国之初依然延续。与清季有所不同的是,民国之初各省都督权力在不断扩张的同时,还往往披着民意的华裳。广西都督陆荣廷最初静观其变,后注意到南宁一方拥有多数民意,遂强力偏袒南宁一方,其出发点无外乎是借助多数民意来巩固自己权力。对于北京临时政府的电令,合乎利益的则遵守,反之则借议员之口反复力争,作为民意代表的议员们在不知不觉

① 新闻二:广西迁省案要电汇录 [N]. 新闻报,1912-08-29.
② 广西都督陆通告迁省问题电 [J]. 浙江公报,1912(254).
③ 后经司法部议复,于10月25日电致陆都督,以司法与普通行政机关不同,自可毋庸迁移。公牍:公电:复广西都督法司毋庸迁移电 [J]. 司法公报,1912(3).
④ 新闻二:广西迁省案之胜败观 [N]. 新闻报,1912-08-28.
⑤ 新闻二:关于广西迁省议近讯 [N]. 新闻报,1912-07-08.

中成为军头利用的工具。

其二，地域至上趋向。中国传统政治中具有强烈地域意识，回避制度恰是制约这一意识的制度设计。民初各地过分强调本地人治理本地，不免有矫枉过正之嫌。政权鼎革之际，广西迁省之争在很大程度上反映了地域至上意识的不断抬头。民国元年广西迁省之议的提出及争论过程常充斥着地域偏见，如岑春煊所称："广西议会原设桂林省城，前因桂林绅士与外属议员政见稍有参差，致起冲突，乃彼此各怀畛域，相持不下。"① 时人总结反对立迁者失败的一大原因即在于地域偏见，"一因广西在京参议院议员曾彦、刘崛系归顺、梧州二属人，固亟愿迁省于邕者，况又受主张迁省党之托，故在参议院极力祖助，于是参议院乃议决一不伦不类之调停案"②。

其三，政党斗争的苗头。广西迁省之争不可避免地夹杂党派之见，时人总结反对立迁者失败的另一大原因即在于党争。反对迁省之绅界初颇同心协力，不料中途共和党、同盟会两支部同时组设桂林，于是绅界中人分入两党，意见忽歧。共和党主张抗争到底，同盟会主张以要求条件为让步，自相冲突，团体涣散。卒之，同盟会支部所要求条件须俟议会开会后方能交议表决也，共和党支部所抱力争到底宗旨已成孤掌难鸣矣。③ 这从一个侧面也反映出迁省之争并非简单的革命与保守之争，而将迁省南宁完全归结为同盟会的主张不过是皮相之谈。南宁临时省议会中议员入同盟会、共和党者"各居半数"。④ 在省议会中，国民党议员一度占有一定优势，双方因政见不同，争端屡现，如财政司司长严端未经议会通过，拟借外债五百万，以富贺官矿为抵押品。省议会共和党议员屡次提出弹劾，终因国民党议员人多势大，多方阻抗，以致弹劾案不能成立，两党之恶感日深。据报载，国民党省议员日在邕江妓船花天酒地，夜以继日。共和党省议员人少势弱，如到妓船与国民党相值，必遭冷语嘲笑，故共和党议员相约绝迹不到河面妓船，惟在本党分部事务所商榷要务而已。邕、梧、桂各报十余家多与国民党机关一致，以反对政府为宗旨，多煽动军人之语。识者谓广西兵勇之骄悍，何堪报纸鼓动。公民联合会新出《广西星期报》专事攻评陆都督、严司长二人，并反对六道观察使官制。⑤ 由此可见，省议会中的国民党议员并不是积极支持陆荣廷，而是不时给广西当道制造事端，间或有支持之举，

① 新闻二：岑春萱主张广西暂不迁省电 [N]. 新闻报，1912-06-18.
② 广西迁省案之未决 [N]. 大公报（天津版），1912-09-05.
③ 广西迁省案之未决 [N]. 大公报（天津版），1912-09-05.
④ 桂林两政党醒酻原因 [N]. 大公报（天津版），1912-08-16.
⑤ 桂省政党之现状 [N]. 大公报（天津版），1912-06-26.

也多是出于党争。积极主张迁省南宁的议员中固然有加入同盟会者，但党派之分并非迁省主张不同的分水岭。

移植自域外的民主共和制度，在民国之初的政治实践中常给人以南橘北枳之感。议会政治也好，政党政治也罢，如果没有完备的制度保障和参与者良好的政治素养，没有考虑到如何与传统政治相衔接，则不免成为地域及团体的一己之私。等而下之，则成为地方军头用来与中央政府谈判的筹码。

主张迁省南宁者本以为迁省南宁目标即将达成，没想到又横生出不少波澜。南宁方面内部对于省城不设在桂林意见基本一致，但关于究竟迁省何处意见则不甚统一。在与桂林方面进行唇枪舌剑之时，南宁方面内部即有不同声音。早在1912年7月初，就有报道称在南宁议员中有半数主张迁省浔州，以为调和桂、邕两党之计。反对迁省南宁者所持理由是"南宁地势低洼，常为水淹。城中屋宇湫隘，居户丛杂，无一处宏敞者。南门新关一带，尚可建筑公廨。然地基陷落，必重加填筑，非巨款莫办。且该府木料之昂，贵三倍于桂林，故反对迁省南宁者颇多"。主张迁省浔州者以南宁地势低洼及建筑需款甚巨为由反对迁省南宁。而在与桂林方面争执尚是主要矛盾的情势之下，南宁方面议员的内部不和暂时被掩盖，反对迁省南宁者"虽默具此意见，尚未发表"①。

广西临时省议会自迁往南宁以后，主张以桂林为省城者寥寥无几。议员九十余人大体主要分为两派，一派主张迁省浔州，另一派主张迁省南宁，"皆誓争到底"。1912年10月中旬，有议员提出《迁省讨论案》，"一时众喙沸腾"。桂林府议员宣言省治以不迁为上，如果决计迁设，南宁之缺点甚多，不如浔州为优。于是浔州、梧州、柳州、平乐、庆远等府议员群起赞同，而南宁、太平、百色、泗城、镇安等府议员抗驳甚力，"人多语杂，闹成一片，终以相持不下而散"②。桂林府议员明知此时再言以桂林为省城根本不可能获得多数支持，故而不惜把水搞混浑，与迁浔主张者合作，退而主张迁省浔州，以抗拒迁邕派。

见迁省南宁一时难以获得多数议员支持，迁邕派遂避实就虚，于1912年10月17日提出《六司迁邕案》及《迁邕进行条件》，③ 目的在于取其实而去其名，以避免激化各方矛盾，导致议案难以通过。此议最终以多数获得通过。④ 随之，民政司、财政司、实业司等先后迁邕，由此桂林方面所拥有的行政权大为削弱，

①　新闻二：关于广西迁省议近讯［N］. 新闻报，1912-07-08.
②　新闻二：南宁议场又闹迁省［N］. 新闻报，1912-10-19.
③　电准议会咨开六司应迁南宁及应留桂林者 现经议决请国务院参议院等公布施行由［A］. 广西壮族自治区档案馆藏，档案号：L002-001-0010-0007-001.
④　广西陆都督来电［J］. 奉天公报，1912（214）.

几乎成为一个县治。① 自清季以来就争论不休的广西迁省问题大体告一段落，广西政治中心日渐转移至南宁，南宁已在事实上成为广西省会。编撰于1937年的《邕宁县志》记载："邕宁本宣化县，为南宁府治。民国元年，县废入府。十月，自桂林迁省于此，为广西省治。"②

但与此同时，桂林依然有教育司、军政司、司法司等驻节，俨然为广西另一政治中心，这无疑成为迁邕派的一块心病。自都督陆荣廷驻南宁以后，迁邕党遂以为南宁定省会万无更变，却见军政司司长陈炳焜于1912年12月26日所出的告示中有"桂林省会，五方杂处"等语；由秦统领所带驻桂林的一旅部队仍旧称为"省防国民军""伊等颇夸气"。而主张迁省浔州党目下则大为运动，计划等国会召集、正式省议会开会时，提出迁浔案，"誓为极端之辩争，必达目的"③。此时广西政潮暗涌，迁浔派积极活动，桂林方面还依然以省会自居，迁省南宁能否顺利达成尚为未知之数。

至1913年年初，北京临时政府国会召集在迩，广西正式省议会也即将成立。广西有些士绅公撰请愿书，反对迁省南宁。所持理由主要有三条，其一，从地理上而言，南宁地不适中，导致"文书往返延滞不灵也，官吏交替、接卸迁延岁月也，伏莽四起，东驰西突，因应难周也"。其二，于商业不便。南宁商业向恃鸦片为大宗，现在烟禁已严，商业已衰，交通虽便，秋冬水涸，滩多仍难行轮舟。其三，无裨于边防。南宁与越南为邻，"龙州有警，南宁震摇，事至危险"。士绅等认为，省会为根本重地，"何可临此至险至危之境"，主张不如迁省浔州，有十利而无一害。"如仍主张仍以桂林为省会则已，否则迁邕固不如迁浔也。"此请愿书计划一俟国会召集，广西正式省议会成立，即予以陈请。④ 该请愿书从内治及边防两方面指出了迁省南宁的不便之处，极言迁浔的便利，无疑反映了迁浔派主张，在很大程度上表明了迁省南宁阻力重重。

破除了重重阻力，广西省议会于1913年3月4日正式开会。在推选参议员完竣后，即提议省会地点。平乐、柳州、庆远、浔州、梧州等府议员群谓迁省南宁不如迁省浔州，而太平、镇安、泗城、上思、百色、南宁等府各议员则竭力抗争，非以南宁为省会不可，双方"辩驳良久"。见双方各持己见，桂林议员

---

① 刘信敬. 辛亥革命时的桂林 [M] //桂林市政协文史资料委员会. 桂林文史资料：第16辑. 桂林：漓江出版社，1991：114.

② 莫炳奎. 邕宁县志·地理一 [M]. 民国二十六年铅印本. 台北：成文出版社有限公司，1975：83.

③ 新闻二：广西迁省党之态度 [N]. 新闻报，1913-01-15.

④ 新闻二：广西迁省争议又起 [N]. 新闻报，1913-01-29.

起而排解，云迁省事繁费巨，邕、浔二处争执不下，不如仍以桂林为省。"胡闹数时而散。"① 以地域及人数而看，迁邕与迁浔主张者几乎势均力敌，各方都不占有议会多数，故而也难以在省议会中通过有利于各自利益的迁省案。随之突然爆发的"二次革命"又打断了广西迁省进程，迁省案遂暂时搁置不决。

### 二、大举剿匪清乡

北京临时政府时期，广西最突出的问题是匪患滋扰。1912 年 2 月底，都督陆荣廷由桂林出巡，率水陆劲旅节节扫荡。在军事进剿强大压力之下，"阳朔、平乐、昭平、苍、藤之匪风为之一靖"。只是当军队一走，匪情又起，"迨都督驻军南宁，而平、梧、浔各府之匪复炽"。广西独立后，高层权力争斗进一步加剧了匪患。"广西本盗贼渊薮，频年用兵，均未净绝。独立后，伏莽纷起，绿林之辈，悉号民军，设馆拜台，明目张胆，而刁绅劣衿之不得揽（权）窃位者，日以勾煽绿林为第二革命举（动）。"② 至 7 月间，广西政坛动荡难平，匪患因无人过问而愈演愈烈。"嗣因迁省风潮日剧，都督专力调停，无暇出巡，匪类更无显忌。都督复出巡边疆，麾去内即益远，人心更惶，匪胆愈壮。"贺县、怀集、容县、藤县、贵县、平乐、苍梧之野匪患猖獗，距城三里即有匪劫。恭城、平乐各村墟人民多逃到山中，筑寨自保。田亩荒芜，农失其时。桂林出城不及十里即有抢匪出没，所辖各县匪案尤多。③

在匪患滋扰同时，广西还面临会党势力侵入问题。在 1911 年年底，广西会党王和顺潜入广东东江，组织民军万人，声势浩大，克复惠州，进驻广州，为广东民军之首。1912 年年初正准备北伐，被广东代都督陈炯明缴械，王和顺逃往香港后，密谋入桂。9 月间，梧州府城巡逻队查获由广东上驶桂境之匪梁明甫，由澳门奉委，饬到柳州、庆远、南宁等地煽动军队。当道以梧州一路既有王党潜入，而怀集、上思、横州、贵县及郁林四县均界连广东，难保王和顺不遣党羽入境运动，饬速加意侦查。④ 随即在南宁附近破获机关一所，起出炸弹一百个。据供称，王和顺根据港澳越南，不得逞于粤，决意图桂。既系旧扰之地，昔日部下绿林尚属不少。惟军火缺乏，以输运军火为第一入手办法，分起暗运，计已输入快枪两千支，炸弹两千个。讯其分布何处，则坚不供出，已从重惩办。

---

① 广西议会之迁省争议［N］. 新闻报，1913-03-26.

② 新闻二：桂省之悲观［N］. 新闻报，1912-04-12.

③ 广西匪乱之蔓延［N］. 大公报（天津版），1912-07-13.

④ 王和顺党窜桂之可虑［N］. 大公报（天津版），1912-09-25.

同时，右江第五军统领刘古香查获"扶正同盟会"会员李梅初受王和顺委派，携带多金，为运动军队及招集各处匪徒之用。讯明电呈都督，奉复电即行正法。南宁、浔州、梧州、太平、武鸣等数府向震于王和顺之名，且昔年饱受其祸害，谈虎色变。日内闻其大举图谋不轨，人心殊为惶恐。①

在传言王和顺将大举袭桂的背景下，都督陆荣廷密电通饬，获王和顺党羽供出，王注意龙州、南宁、平乐、柳州四府，计划待军火输入布置妥当，即由四府同时起事。饬即紧查搜械，认真戒备，尤以防其运动军队为要。各属所捕会匪其中如有"扶正同盟会"会党，亦须详细讯究。梧州为港澳入桂水陆冲要，查缉至完密，而龙、邕、平、柳亦异常戒严。② 面对会党可能的侵扰，广西当道严加戒备。

自9月25日始，南宁城内外共拿获二百余人，内有党魁六人。据供系王和顺所主使潜入广西各府县运动第二次革命，借办自来水、电灯为名，藏军火于机器内，并约同伙来邕制造炸弹举事。幸侦探得力，早为拿获，于28日将该六犯枪毙。③ 10月6日，卸署融县县长邓宝书在任内暗中以军火接济匪徒，密通王和顺。奉陆都督密电，将邓某拘解。④

除了严加侦缉外，广西地方当局采取了一系列措施，一是对于南宁、武鸣、太平、镇安、上思、百色、柳州、浔州等府昔年曾经王和顺足迹所到，从速缉捕伏匪附和者，防其联络影响；二是严查输入军火必经之路，如龙州、上思、博白、横州、贵县、陆川、北流、怀集、梧州、贺县等，饬官绅营团合力截查，广悬赏格；三是由都督通饬各府县，遇有"扶正同盟会""求是同盟会"两种名目会员，即行拿究，以军法从事，并晓谕人民，勿为所惑。⑤

到1912年年底，广西匪患严重情况并未有所好转。贵州都督唐继尧于10月底致电中央政府，称与广西接壤古州镇有桂边游匪滋扰，久为边患，扰乱治安，请饬广西都督陆荣廷派得力兵队防范。⑥ 苗山、瑶山、四十八峒各匪近皆出巢，有各帮悍匪谋攻桂林传闻，又有王和顺党羽图谋在桂林起事消息。于是11月初异常戒备，新练军亦发给子弹，幸尚无事。惟自桂林起，迄平乐、梧州止，航

---

① 王和顺将大举袭桂 [N]. 大公报（天津版），1912-10-13.

② 王和顺再志 [N]. 大公报（天津版），1912-10-14.

③ 大索王和顺之党人 [N]. 大公报（天津版），1912-10-19.

④ 桂林获王和顺党羽 [N]. 大公报（天津版），1912-11-01.

⑤ 桂省防范王杨之严密 [N]. 大公报（天津版），1912-11-02.

⑥ 贵州都督唐继尧为请饬广西都督陆荣廷严加防范民变作乱致大总统袁世凯参谋部陆军部电 [M]//中国第二历史档案馆. 北洋政府档案：第一百零八册. 北京：中国档案出版社，2010：482.

路六百余里，"两岸匪徒如林，昼夜截劫上下船只，商民受害，行旅畏缩"。昭平、临桂县境河面匪徒拦抢邮政局信艇，水师巡船虽驶行缉捕，但因势力单弱，"恒为匪所乘，伤亡弁勇，毁失船械之事已屡见矣"①。

为彻底消除匪患，广西地方当局于1912年12月成立清乡总局，由陆荣廷兼任督办，计划在全省开展剿匪和查捕民军、会党。即将厉行清乡引起了地方极大惶恐，因鉴于迭次清乡骚扰，各府县士绅商民得此消息，无不惊恐失措，纷纷设法求免。梧州参议会致电都督陆荣廷，称今春梧属举办清乡，异常骚扰，波累株连人民流亡，田亩荒废，目击心悼，地方元气未复。又闻有大举清乡之令，真匪未必就获，良懦又必遭殃。故人民一得此信，惶惧无措，亟谋迁避。恐匪类尚未肃清，而父老迁徙一空。查苍梧境内之匪，皆来自容县、藤县、昭平各邻邑。如果地方文武防范得力，可以绥靖一方，不烦清乡委员率队查缉。请将梧州、苍梧清乡豁免，以安人心而顺舆情。都督陆荣廷接电后，以清乡一事已颁命令，势在必行。另下严厉训令，告诫清乡员弁兵队恪守纪律，扰民必惩。② 广西都督陆荣廷不惜冒着扰民骂名，也要厉行清乡，在很大程度上反映出此时广西地方不靖、匪患日炽的严峻现实。

为进一步整理全省军队，广西当道于1913年4月将军队编为陆军第一、第二两师，步兵一旅③和巡防军。其中，第一师驻桂林，师长为陈炳焜；第二师驻龙州，师长谭浩明。混成旅驻梧州，旅长黄榜标。巡防军有8军，第一军统领驻上思、太平，统领韦荣昌；第二军驻南丹，统领林俊廷；第三军驻百色，统领龙觐光；第四军驻郁林，军长宋安枢；第五军驻柳州，统领刘古香；第六军驻庆远，统领陈朝政；省防军驻桂林，统领秦步衢；边防军驻平乐，统领黄培桂。④ 以上各军除少数外，基本为陆荣廷心腹亲信所控制。在进一步掌控全省军队后，陆督电请中央宣布戒严。旋经中央复准，称该省伏莽未清，边防紧要，宣告戒严，事属可行。并转属各级审检厅知照，以后军法办匪，不准越权干预，各营队各府县获匪，仍照办理电复核饬。⑤ 在得到中央政府支持后，广西随即开始大举清乡，大规模清剿各地股匪。

① 广西几成匪世界 [N]. 大公报（天津版），1912-12-07.

② 扰民之清乡政策 [N]. 大公报（天津版），1913-02-13.

③ 陆荣廷关于桂省陆军两师一旅情形密电 [M] //张侠，孙宝铭，陈长河. 北洋陆军史料：1912-1916. 天津：天津人民出版社，1987：54-55.

④ 周长山，刘祥学，宾长初. 广西通史：第八卷 [M]. 桂林：广西师范大学出版社，2018：3700-3701.

⑤ 广西全省下戒严令 [N]. 大公报（天津版），1913-05-10.

大举清乡、戒严虽有一定效果，但难言根治。至1913年11月，匪患及会党问题依然困扰广西。广西王和顺前经粤东严捕，逃赴北京，匿迹销声，未闻有何等暴举，其党羽遍布桂省南疆各府实繁有徒。同时刘古香"勾结"民党，招集亡命，将图桂南，一些不得意军官、劣绅、无识青年学生纷纷投附。南宁、百色、龙州、上思、泗镇等属秘密机关随地皆有，而其重要根据巢穴则在广州湾、越南、澳门三处，专司筹款购械，设法运入桂境，以便接济其旧部游匪，俾助乱势。上思、南宁、郁林、龙州、百色、镇安、靖西、太平等属时有匪徒窜扰，地居边隅，颇难备御。查桂省赋税所入近极短绌，中央仅济以数十万，军饷边防待用浩繁，实已不支。乃刘古香部下叛军现尚抢劫桂北柳江、漓江两道属，而王和顺党羽又扰桂南。又闻南京第八师中桂军及林虎部下桂军多有改装遁回桂南一带，潜煽军队。[1] 会党、游匪、叛军等势力交织在一起，广西地方社会治安问题难以安靖，成为困扰民国初年广西治理的一大痼疾。

### 三、大力整理内政

在省内政局不稳、匪患频仍的复杂环境下，广西地方当局试图整理内政。摆在广西当道面前的一大难题即为财政困窘，如都督陆荣廷所称，"广西素称贫瘠，入不敷出，自昔已然。前清宣统三年预算不敷已一百三十余万两，其时土税赌饷诸弊政未尽剔除，协拨截留之补充犹资挹注，其出入均衡，相距已甚。光复而后，土税赌饷一律禁清，协拨截留概归无着，并以伏莽潜滋，河道梗塞，军费既难骤减，而税收已不如前"。[2] 在清末土税赌饷及协饷等还在的情况下，广西财政已然入不敷出，到了民国之初，由于禁止土税赌饷，又无协拨截留，再加上税收短收、军费难减，广西财政日益陷入财政恐慌、军民交困的困窘境地。

伴随着财力吃紧，广西市面上出现了现银匮乏的棘手情况。1912年年初，广西周边湘、粤两省禁止现银出境，广西适当其阨，现银缺乏情况日渐凸显。陆都督提取省库总银行现银三十万两分邕、梧之急，使桂林方面现银更显奇绌。5月，广西银行将库存兑换券全部发行，但不能马上兑换现洋。6月7日都督示谕：即日起广西银行元两银票一概停止兑现，俟四个月后兑给现洋。通饬各界照旧行使，信用如常，如不遵照，强欲兑取现银，或滋生事端，罚究不贷。此

---

① 桂省匪党之滋蔓［N］. 大公报（天津版），1913-11-13.

② 财政：广西都督陆荣廷呈明广西财政枯竭拟恳借广东商款专办实业并设立银行规定用途开单请鉴核示遵文并批（附清单）［J］. 政府公报分类汇编，1915（21）.

举导致民众议论纷纷，有民众持票至总银行吵闹。省防各军秦统领、桂林府长刘琫、巡警区官均带兵勇到场弹压，省外各埠亦然。粤帮各商店公议，凡持此延期纸币来购货物，每一元纸币须购五角以上，始找补现洋。民间尤以为不便。[1] 现银缺乏，使广西市场出现骚动，金融一片混乱，对于经济发展产生不利影响。

在财力不济的巨大压力下，广西地方当局积极整顿税源，力图增加税收。都督陆荣廷等人意识到"就广西目前财政现状论，除整理旧税，以确定精核支款，以清除浮滥外，亟须救济金融为治标，培养税源为根本。二者相须，不可偏废"。由于广西岁入除田赋外，以统税为大宗，"统税之盈亏，系乎市面之衰旺"，所以广西当道计划首先从整理统税开始。[2] 1912 年 2 月 19 日，财政司发出《通令招商包办统税电》，将全省统税关卡改为分河招商承包，承包人先缴纳两个月饷银为承包抵押金，按月缴饷。招商承包制虽然在很大程度上使税金收入得到基本保证，但同时也不可避免地加重了工商业者和消费者的负担。广西当道对税源的整理虽然有效，但地方政府财政收入的增长却远远追不上支出增加的速度。1912 年广西财政总收入为二百五十万元，而总支出却高达五百万元，其中军费几乎占总支出的 70%。[3]

除了整顿税源外，广西积极筹划兴办实业。1912 年 9 月，广西实业协会在桂林成立，统筹全省实业建设，鼓励兴办农工交通各业。1913 年年初，广西当轴与广东农工商业公司借款五十万金磅，专办实业，并计划以三百万建立实业银行，为本省实业金融机关，发行债票，借资周转。除偿还方法外，借款条约详细规定了发展实业的范围，主要以种植松桂八角、樟脑为主，辅之以杉、桐等林业，发展富贺煤锡矿，同时计划创办制革厂、制麻厂、纺纱厂等。广西都督陆荣廷于 1913 年 1 月 19 日呈文北京临时政府，陈明广西财源枯竭情况，拟借广东商款专办实业，并设立银行。奉大总统批示：据呈已悉，交财政部迅速核复。[4] 很快财政部议准，广西遂规划用途、核减数目及借贷偿还等方法，由司编为议案，呈由都督兼民政长转咨议会议决。[5] 1913 年 3 月，广西在桂林成立了

① 桂省纸币停止兑换 [N]. 大公报（天津版），1912-06-29.

② 财政：广西都督陆荣廷呈明广西财政枯竭拟恳借广东商款专办实业并设立银行规定用途开单请鉴核示遵文并批（附清单）[J]. 政府公报分类汇编，1915（21）.

③ 郑家度. 广西金融史稿：上 [M]. 南宁：广西人民出版社，1984：149.

④ 批陆军上将衔陆军中将广西都督陆荣廷呈陈明广西财源枯竭拟借广东商款专办实业并设立银行规定用途开单请鉴核文 [M] // 骆宝善，刘路生. 袁世凯全集：第 21 卷. 开封：河南大学出版社，2013：419.

⑤ 中外大事记：外省之部：广西借款办理实业之计划 [J]. 云南实业杂志，1913，1（1）.

广西省农学会，各地相继成立县农会。随之，广西当道颁布了《新订开垦章程》《奖励实业章程》等规章，鼓励开垦荒地，发展农林事业。在地方政府的大力提倡下，各地绅商纷纷集资设立农林公司，种植八角、玉桂、杉、松等。①

在法国殖民者侵略的外在压力下，广西地方政府还积极谋划兴办铁路。清季以来，法人屡请由北海筑铁路至南宁，或至西江流域一带。经境外驳争，一面由桂人警告父老子弟，速行筹款，自筑桂邕、邕博二线，以抵制法人觊觎。由于法国殖民势力、清廷中央、广西当道、广西各府及周边省份士绅等多方力量参与其中、相互角力，铁路筹备过程变得一波三折、异常艰难。清季广西铁路修筑一直停留在筹议阶段，最终随着清廷瓦解而不了了之。② 民国之初，法人复申前议，欲由龙州分建贯达两粤之铁道，盖料定桂人无力自筑。桂人闻此消息，大为恐慌。一面仍照从前办法，赶筹的款，先由南宁筑一路至博白县，请粤人速筑廉州铁路，至博白衔接，则法人欲由北海经廉、博而至南宁之路线可以抵制消灭。再由南宁筑一路至龙州，则法人由龙州筑路入腹地之谋又可阻。然非迅速从事，则法人有所借口，非先下手不可，现止商议。③

在谋划建设铁路的同时，广西当道还积极发展交通。龙州铁桥在陆荣廷、谭浩明、林俊廷等人的积极推动下，于1913年开工，1915年建成，成为连接丽江两岸的重要桥梁。④ 民国初年广西有线电报事业快速发展，已经覆盖广西大部分地区。1913年，广西一等电报局乙级有南宁、梧州；二等电报局甲级有龙州、桂林，乙级有柳州；三等电报局甲级有浔州、平乐、横州、镇边、靖西、百色、凭祥、全州，乙级有郁林等34处。⑤

广西当道试图推行改土归流，陆荣廷以土民"望治情切"为由，将忠州等10土司改置忠县、镇结、龙茗、思陵等4县，先后委员到各县署理知事。⑥ 但改流在一些地区遭遇到了一定阻力，凤山土属代表曾电致广西当道，称改流固蒙一视同仁，"惟凤属土官，历无苛虐，非他属可比"。经绅民各界权衡利弊，

---

① 周长山，刘祥学，宾长初. 广西通史：第八卷 [M]. 桂林：广西师范大学出版社，2018：3745-3746.
② 详见拙作多方角力：内外困境下清季广西铁路修筑筹议 [J]. 广西社会科学，2018（2）：51-56.
③ 新闻二：桂人自谋筑路 [N]. 新闻报，1913-01-15.
④ 广西壮族自治区交通厅史志编审委员会. 广西公路史：第1册 [M]. 北京：人民交通出版社，1991：54-55.
⑤ 命令：交通部部令第三十九号 [J]. 政府公报，1912（327）.
⑥ 黄家信. 壮族地区土司制度与改土归流研究 [M]. 合肥：合肥工业大学出版社，2007：205.

主张不如仍土。① 广西当道并未强力相迫，而是暂缓了其改土进程。

北京临时政府时期，广西总体而言省内政局不稳，匪患较为严重，财政状况异常困窘，内部大环境的动荡不安使广西内耗较为严重。地方当局虽然力图整顿税务、发展实业、规划交通，但由于地方社会治安环境不佳、财力不济等种种原因，各项建设进展相对而言较为迟缓。

## 第三节　"二次革命"期间中央与广西

"二次革命"爆发打乱了北京临时政府的施政步调，中央政府不得不集中精力来解决南方革命党人带来的动乱。在"二次革命"期间，广西省大体上都采取了支持北京临时政府的态度。在中央政府大力支持下，陆荣廷借机排挤和铲除广西内部异己势力，进一步掌控了广西军政大权。广西对北京临时政府的支持，为北京临时政府迅速镇压南方革命党势力提供了便利条件。

### 一、中央举措

国民党重要领袖宋教仁于1913年3月20日被刺杀，成为"二次革命"爆发的导火索。迫于社会舆论的强大压力，袁世凯批准国务总理、内务总长赵秉钧请病假，由陆军总长段祺瑞代理，北京临时政府政潮诡谲。4月26日，北京临时政府向英、法、德、日、俄五国银行团签订借款合约，意图扩充中央军队。5月初，江西都督李烈钧、广东都督胡汉民、安徽都督柏文蔚等通电反对贷款。北京临时政府发布通电，解释大借款签订过程详情，驳斥胡、李言论。②

由于传言，南北意见日深，中央政府特地于5月初发表声明，称南方各省维持中央者甚多，"不能以一二省之举动，概目为南方违抗中央"③。北京临时政府意识到革命党人所能控制的区域有限，南方局势早已非革命党人能一手掌控，于是试图将两者区分开来进行对待。同时，北京临时政府通令各省，遇有

---

① 电复都督悉电据凤山代表龙显文等请免攻流各由文 [J]. 广西公报，1912 (15).

② 命国务院致副总统黎元洪暨各省都督民政长电 [M] //骆宝善，刘路生. 袁世凯全集：第22卷. 开封：河南大学出版社，2013：428-429.

③ 对于传言南北不和之声明 [M] //骆宝善，刘路生. 袁世凯全集：第22卷. 开封：河南大学出版社，2013：430.

不逞之徒潜谋内乱、敛财聚众，确有实据者，立予逮捕严究。① 严禁各省散布五国借款未经议院通过及关于宋教仁被刺等谣言，称"须知刑事案件，应候司法机关判决。外债事件，确经前参议院赞同，岂容散布浮言，坐贻实祸"②。北京临时政府主张以司法程序来解决刑事案件，宣称大借款已经参议院赞同，在法理上占据上风，舆论上也占据一定主动地位。

与此同时，为应对南方国民党势力，北京临时政府在军事上准备充分、动作频频。在调兵遣将、大举进逼的背景下，临时大总统袁世凯于 6 月 9 日下令免除江西都督李烈钧职务，随即免去广东都督胡汉民、安徽都督柏文蔚都督职务，派北洋军第六师李纯部进入江西。袁世凯于总统府中组织国防联合会，电催各省派员来京与议，讨论全国防务联络办法。③ 北京临时政府特别注重沿边各省，通饬沿边各省，劝谕军队务守服从之义，以重军人资格；劝谕交涉员务须注重主权，以免外交失败；劝谕议员对于边事务须特别留意，以免沿边官吏措置失宜。④ 军事动作频仍背后是以武力解决国民党势力的企图。

随着北京临时政府的步步紧逼，被免职的李烈钧在孙中山指示下，于 1913 年 7 月从上海回到江西，在湖口召集旧部成立讨袁军总司令部，正式宣布江西独立，并发表电告讨袁。随之，江苏、安徽、湖南、福建、四川、广东等省亦宣布独立，"二次革命"正式爆发。

对于革命党人发动武装动乱，北京临时政府迅即做出回应。7 月 15 日，命令褫去李烈钧陆军中将并上将衔，著设法拏办。⑤ 同时借机进一步统一军政，袁总统于 7 月上旬将军事处所拟《统一军政案说帖》提交国务会议，大致内容是：各省军事问题非经中央核准，不得照办；各军中级军官以上人员须经部准，方得委任、改任；各省军饷、军俸皆须遵照中央所定办法发给，不得由该省自行增减；招募军队及解散军队并退伍、召集等事概由中央核定，方可实行；军械用品应行添置之时，须先行详报中央政府，俟奉有核准明文，方可办理。⑥ 可谓

---

① 命各省严惩地方不逞之徒令［M］//骆宝善，刘路生．袁世凯全集：第 22 卷．开封：河南大学出版社，2013：425.
② 命各省严禁散步谣言令［M］骆宝善，刘路生．袁世凯全集：第 22 卷．开封：河南大学出版社，2013：426.
③ 总统府将开国防联合会［N］.大公报（天津版），1913-06-05.
④ 谕总统府通饬沿边各省三事电［M］//骆宝善，刘路生．袁世凯全集：第 23 卷．开封：河南大学出版社，2013：22.
⑤ 褫革李烈钧军衔并拏办电［M］//骆宝善，刘路生．袁世凯全集：第 23 卷．开封：河南大学出版社，2013：146.
⑥ 军事处拟定统一军政案［N］.大公报（天津版），1913-07-14.

事无巨细，将权力一概收归中央。

除统一军政大权外，中央政府还在政治上继续加强攻势，力图团结其他省份。7月21日，北京临时政府致电各省都督，称蒙古问题尚未解决，危象颇见切迫，而又有南北相争，是恐民国之不沦胥亡。各省人民须阐明大义，断勿祖护逆党，糜烂大局，以误国家。① 号召举国团结一致，祛除地方畛域之见。②

北京临时政府不断加强军事攻势，冯国璋率领北洋军第二军、联合张勋武卫军进攻江苏，倪嗣冲率部进攻安徽，龙济光部进攻广州。在中央政府大举讨伐下，由于革命党人指挥不当、力量涣散，很快便陷入溃败。

## 二、广西反应

在北京临时政府与国民党摊牌的紧要关头，广西内部分歧日益凸显，各地国民党势力摩拳擦掌。广西各属国民党分部及各界激烈之士虽愤恨中央，然因陆荣廷、龙济光二人以兵力威制，不敢昌言排斥，惟于机关报端讥评而已。驻柳第五巡防军统领刘古香、柳江道观察使王狮灵皆为同盟会中坚人物，故柳州国民党员及各界激烈派恃以无恐，逐日演说政府万恶，预备最后之对付。柳州柳城、罗城、雒容、来宾、象州、融县、怀远等均皆附同，渐及庆远各县。刘古香、王狮灵虽无实在主使证据，然道路喧传，谓刘古香抗不到田南道观察使任者，为此兵柄耳。所部十八队多绿林就抚之健儿，一旦伺机抗袁，则号召九县悍匪，旦夕之间可成一军，实足为广西巨患。省议会议员张鸿治及国民党中的激烈分子主张排去陆荣廷，举刘古香为桂都督。③ 广西局势复杂，国民党势力颇大，不仅在省议会中有一定力量，而且掌握一些军队，占据柳州地区。虽然在广西的国民党势力还未马上发动，但已经在紧锣密鼓地酝酿之中，伺机而动。

国民党人曾派时任广东都督府参议的潘乃德于7月初前去南宁劝说陆荣廷响应革命，但遭到了拒绝。④ 尽管省内国民党势力跃跃欲试，但广西都督陆荣廷支持中央政府的态度坚决。陆荣廷于7月14日电致大总统、国务院等，称革命

① 致各省都督电 [M] //骆宝善，刘路生. 袁世凯全集：第23卷. 开封：河南大学出版社，2013：201.

② 举国团结于内竞存于外令 [M] //骆宝善，刘路生. 袁世凯全集：第23卷. 开封：河南大学出版社，2013：219-220.

③ 柳州人挑袁之原因 [N]. 大公报（天津版），1913-07-13.

④ 潘乃德. 二次革命时与陆荣廷一席谈 [M] //中国人民政治协商会议广西僮族自治区委员会文史资料研究委员会. 辛亥革命在广西：下集. 南宁：广西僮族自治区人民出版社，1962：30-33.

党为乱党，痛骂其为公敌，请中央电饬各省严缉"乱党"，尽法惩办。并饬外部迅与各国公使交涉，不得纵匪党，如有住居租界、逃亡各国匪徒，按约引渡，以全邦交。① 随之，陆荣廷于7月17日通电拥护中央，大骂李烈钧"揭旗借号独立自娱，破坏共和，荼毒民命，其罪滔天，神人所愤"，恳请大总统、副总统迅饬前敌，切实痛剿。②

对于陆荣廷的一再输诚，北京临时政府优抚有加，称赞陆荣廷公忠义愤，敌忾同仇，足以伸士气而慑匪胆，无任佩慰。并向其通报军事进展情况，"现在赣省及淮上两路，迭获胜仗，军威大振。皖北倪军已抵正阳关，三路互为犄角，乘胜进攻，宁苏计可一鼓而下"。因粤省不稳，要求陆荣廷严密戒备。"闻粤省陈炯明迫胁议会宣告独立，军界多未同意，商民尤极端反对。现在中央正筹议用兵，桂省与粤接壤，诸望严密戒备，并转告龙副使筹备一切为要。"③

广西对于北京临时政府的支持，让其对付不稳的广东多了个重要筹码。1913年7月18日，陈炯明宣布广东独立。随即派人运动驻兵梧州的龙济光，但被其所拒。陈炯明致电桂省，要求赞同，"讵桂督陆荣廷当电复否"④。广西部分地区虽然有不稳之象，但大局依然在陆荣廷掌控之中。广西坚决支持中央政府，对于中央稳定西南局势大有裨益。7月20日，陆荣廷致电北京政府，严厉谴责北军调赴九江被攻击事，要求迅予严惩，⑤ 为袁军进军摇旗呐喊。

战事进行之中，袁军节节胜利，国民党部队丢城失地，广西国民党势力不敢轻举妄动。桂林自知赣军林虎一旅已败退据湖口，而徐州冷军亦为张勋所攻，人心稍定。"邕、梧、浔、郁及柳州等处野心家均不敢妄动。"广西本系宣告戒严之区，因匪事未清，迄未解严。自赣变，重申命令，加紧戒严，禁止商电，并有派员检查邮局信件之说。陆都督电饬将不急之务克日停办，撙节款项，以备供饷。各司司长就主管范围核议，拟请停办各项学堂，缓设邕龙法院，停止省议会工程、商埠各建筑诸端及编练陆军、采办军需器物、修造营房各事。北京参议院广西议员某某等已回潜行运动，恐右江某军统邕南某旅长因同党之故，不免为所动。南宁、梧州、桂林国民党、共和党日来冲突甚烈，一排袁、黎，

---

① 广西都督陆荣廷呈大总统暨国务院等电 [J]. 政府公报，1913（444）.

② 陆荣廷拥护中央之通电 [N]. 大公报（天津版），1913-07-26.

③ 国务院致广西陆都督电 [J]. 政府公报，1913（440）.

④ 追记陆龙合力 [N]. 大公报（天津版），1913-08-14.

⑤ 袁世凯政府电存：陆都督来电 [M]//中国科学院近代研究所近代史资料编辑组. 近代史资料总第31号. 北京：中华书局，1963：54.

一为辩护故。① 广西各派势力加紧活动，暗潮涌动，内部情形复杂。

面对国民党势力的游说，陆都督不为所动，于 7 月 28 日颁行特别军令八条，第八条云有以独立之说要挟者枪毙。"闻此条系对于某党重要人物某某议员等、某省议员等及右江现拥重兵之某军统领而发。因若辈百瑞劝说，继以迫挟，陆督怒甚，乃明下此军令云。"对于驻右江一带第五军统领、老同盟会员刘古香，陆荣廷试图解除其兵权。早在数月之前，陆督就请中央授其以田南道观察使，欲解其兵柄。"迄今已数月，延不莅任。日来颇为各方面所疑，谣诼纷起，咸虑柳庆旦夕有事。"② 传闻刘古香自粤事起，即跃跃欲动，特顾虑第六军之犄其后（第六军分驻庆远、武鸣），是以迟迟未发。道路喧传，近正派人运动第六军各营。而南宁、桂林、浔州、梧州之野心家纷纷投刘麾下。③

为应对可能发生的变乱，陆荣廷借机排挤广西政界中的国民党势力。在陆荣廷的请求下，国民党广西支部部长、广西财政局长严端于 7 月 31 日到京，另候任用。随即任命陆荣廷推荐的周平珍为广西财政司长。④ 同时加强战备，防患于未然，将桂林军械局各种重要军火运入第一师司令部内即旧抚署存贮，实行戒严法。⑤ 为防范湖南境内的革命党人入桂，陆荣廷电催第一师长陈炳焜速进驻全州，以防湘省。陈以桂林重要，未可轻离，派第一旅旅长秦步衢率模范营及巡防队第四队于 8 月 2 日往驻全州黄沙河。⑥

为说服龙济光、陆荣廷加入国民党阵营，陈炯明特意派人去上海请了曾与袁世凯有矛盾的前清官僚岑春煊来到广东，并电致陆荣廷、龙济光、龙觐光等，称"三公与煊共事历年，心肝相照"，请宣布讨袁，"所需兵饷，煊任代筹"，⑦ 试图利用他之前与龙济光、陆荣廷等的部属关系缓和局势，但此举并未奏效。8 月 2 日，陆荣廷等电复岑春煊，称其拥护中央，即所以维持民国。南北界限太严，必至战端不已，立肇瓜分。"疾风劲草，实在我辈，泰山可改，此志难移。廷与我公共事有年，与袁氏未谋一面。论私情公自为厚，若为人道、为国家，

① 补纪桂省影响之种种 ［N］. 大公报（天津版），1913-08-20.
② 陆都督严杜乱机 ［N］. 大公报（天津版），1913-08-22.
③ 广西乱事声中之桂林 ［N］. 大公报（天津版），1913-08-26.
④ 任命周平珍职务令 ［M］//骆宝善，刘路生. 袁世凯全集：第 23 卷. 开封：河南大学出版社，2013：238.
⑤ 陆都督严杜乱机 ［N］. 大公报（天津版），1913-08-22.
⑥ 广西乱事声中之桂林 ［N］. 大公报（天津版），1913-08-26.
⑦ 请宣布讨袁致陆荣廷都督龙济光镇抚使电 ［M］//谭群玉，曹天忠. 岑春煊集：伍. 广州：广东人民出版社，2019：502.

断不能徇私情而悖公理。"① 为消除中央疑虑，陆荣廷一再通电，宣言抱定唯一宗旨，即"与中央共安危"②。

经反复权衡后，袁世凯于 8 月 3 日任命龙济光为广东都督兼民政长，广东局势随之大变。广西都督陆荣廷派兵 6 营入粤，并协助大批饷械支持龙济光。龙济光率部于 11 日进抵广州，向据守观音山的讨袁军进攻。讨袁军不支，撤离广州。陈炯明等难以掌控军队，见大势已去，遂潜逃离去。8 月 13 日，广东宣布取消独立。与此同时，湖南也渐有不稳之势，陆荣廷与湘南镇守使赵春霖积极联络，密电中央，声称湖南虚实难测，"如仍须进兵，请迅示机宜，当偕赵军刻定湘局也"③。

对于陆荣廷等人的支持，中央政府自然投桃报李。8 月 8 日，谭浩明、陈炳焜均授为陆军中将。④ 8 月 23 日，陆荣廷特授以勋二位。⑤ 同日又颁布嘉奖陆荣廷及桂省随同入粤将士令，陆荣廷协助龙济光平靖粤乱，力顾大局，保全实多，厥功甚伟，已特授以勋二位，用彰殊绩。所有桂省随同龙济光入粤将士，著有劳绩者，即著该督等查明呈报，以凭奖叙。⑥ 陆荣廷还积极为北京政府出谋划策，于 8 月 26 日电致中央，称尹都督威信素符西陲，排难解纷，当能胜任愉快，请大总统俯如所请。⑦

在大势已去的情形下，国民党在广西的势力试图起事。南宁国民党成员在马王巷组设秘密机关，图谋一逞。经侦查破坏，其司令李应元已于 8 月 12 日正法，供词牵涉财政司司长严端、省议会正议长姚芳荣及议员某某、都督府秘书某某等数十人。陆都督以严司长早已另案开缺，姚议长避而不见，不欲兴大狱，拟从宽了结。国民党成员乃纷纷逃遁，潜往柳州府城，煽惑第五巡防军各营，有下级军官率同数千骄悍士卒向统领刘古香要求宣布独立。柳江道观察使王狮

---

① 政商两界之拥护中央 [N]. 大公报（天津版），1913-08-24.
② 公电 [J]. 广西公报，1913-08-31（65）.
③ 陆荣廷关于湘南镇守使赵春霖附和北方反对独立等情密电 [M] //中国第二历史档案馆. 中华民国史档案资料汇编：第三辑军事. 南京：江苏古籍出版社，1991：253.
④ 授谭浩明陈炳焜军衔令 [M] //骆宝善，刘路生. 袁世凯全集：第 23 卷. 开封：河南大学出版社，2013：272.
⑤ 授陆荣廷勋位令 [M] //骆宝善，刘路生. 袁世凯全集：第 23 卷. 开封：河南大学出版社，2013：363.
⑥ 嘉奖陆荣廷及桂省随同入粤将士令 [M] //骆宝善，刘路生. 袁世凯全集：第 23 卷. 开封：河南大学出版社，2013：364.
⑦ 广西都督陆荣廷为请任四川经略使尹昌衡专职靖乱致大总统袁世凯等电，临时大总统袁世凯关于公布参议院议决省议会议员各省复选区表令 [M] //中国第二历史档案馆. 北洋政府档案：第一百一十册. 北京：中国档案出版社，2010：450-451.

灵知事不妙，右江各巡防军队为国民党煽动已众，恐刘统领古香不能制止，变在旦夕，又日为柳郡国民党分部所迫，于8月21日逃到桂林。驻桂林第一师师长陈炳焜密为布置，电商陆督妥筹对付，桂林人心惶惶。①

柳州巡防营统领刘古香、帮统刘震寰响应孙中山号召，于9月11日设立讨袁军总司令部，由刘震寰任广西讨袁军前敌总指挥，宣布独立，誓师讨袁。起义军随即出发，准备进击南宁。② 陆荣廷急调部队进攻。在各路大军的进剿下，刘震寰逃走，柳州之乱迅即被平息。9月15日，督带沈鸿英等电致中央，汇报事变经过，称已收复城池，分兵追剿。③ 10月，广西都督兼民政长陆荣廷电致中央，称该省9月中旬柳州之变系原充巡防营统领刘古香通逆勾匪，屡谋变叛，复被其帮统刘震寰要挟独立。奉批令：刘古香著褫革军职军官，并撤去田南观察使，交陆荣廷严拏惩办，务获究治，以申军纪。④ 有功人员分授上校、中校。⑤

借助镇压国民党势力之机，陆荣廷进一步加强了对于广西的控制，广西政界高层官员大多按照陆荣廷的意见予以撤换。9月7日，据广西都督兼民政长陆荣廷呈称，实业司科长李鼎元呈请辞职，李鼎元准免本官，任命李贤翔为实业司科长。⑥ 9月13日，据广西都督兼民政长陆荣廷呈称，内务司科长欧某呈请辞职，准免本官，任命宋公寿为内务司科长。⑦ 10月，据兼署广西民政长陆荣廷电称，广西国税厅筹备处处长沈式荀首鼠两端，操守难信，应请先行休职，听候查办等语。应照准。⑧ 任命周平珍暂行兼署广西国税厅筹备处处长。⑨

随着广西高层官员的大洗牌，国民党在广西的势力基本被铲除殆尽，陆荣廷进一步巩固了其在广西的统治，并有向广东、湖南拓展势力的打算。中央政

---

① 广西乱党之蠢动［N］. 大公报（天津版），1913-09-13.

② 李墨馨. 辛亥革命在柳州［M］//中国科学院历史研究所第三所. 近代史资料总第19号. 北京：科学出版社，1958：49-50.

③ 沈鸿英等关于刘震寰宣布独立反袁被击退等情电［M］//中国第二历史档案馆. 中华民国史档案资料汇编：第三辑军事. 南京：江苏古籍出版社，1991：273.

④ 准褫刘古香职惩办令［M］//骆宝善，刘路生. 袁世凯全集：第23卷. 开封：河南大学出版社，2013：518.

⑤ 奖励克服柳州之役出力人员令［M］//骆宝善，刘路生. 袁世凯全集：第24卷. 开封：河南大学出版社，2013：111.

⑥ 准任命李贤翔职务令［M］//骆宝善，刘路生. 袁世凯全集：第23卷. 开封：河南大学出版社，2013：442.

⑦ 准任命宋公寿职务令［M］//骆宝善，刘路生. 袁世凯全集：第23卷. 开封：河南大学出版社，2013：477.

⑧ 准沈式荀休职令［M］//骆宝善，刘路生. 袁世凯全集：第24卷. 开封：河南大学出版社，2013：92.

⑨ 大总统令［N］. 大公报（天津版），1913-10-23.

府对广西的控制力在一定程度上得以增强。广西民政长终于得以任命，北京临时政府于9月19日任命韦绍皋署广西民政长，① 陆荣廷不再兼任民政长，此举无疑表明中央政府对于广西影响力的加强。

北京临时政府时期，中央政府力图加强对包括广西在内的西南边疆省份的控制。作为非革命党人控制省份，控制广西对于中央政府的西南布局而言显得非常重要。借助于镇压"二次革命"，广西陆荣廷迅速扫除了异己势力，加强了自身实力，并有向外拓展势力的迹象。与此同时，中央政府消灭了革命党人在江西、江苏、广东等南方数省的势力。袁世凯逐步确立起威权统治，中央威权延伸到长江流域，加强了对广西等西南边疆省份的控制。在这一时期，广西面临财政吃紧的状况，虽然采取了积极措施，试图发展实业，振兴地方经济，但囿于财力不济的状况，进展较为迟缓。广西内部秩序不稳，地方权力争斗并未停止，极大地限制了广西治理实施效果。

---

① 任命韦绍皋职务令［M］//骆宝善，刘路生. 袁世凯全集：第23卷. 开封：河南大学出版社，2013：501.

# 第三章

# 复辟帝制前北京政府对广西控制的渐趋加强

北京政府正式成立后，到 1915 年 8 月袁世凯公然策划称帝为止。袁世凯悍然废弃约法、破坏国会，不断加强集权。在中央权力不断扩张的大背景下，中央政府对于广西的控制力也在不断增强。广西地方政府在相对稳定的国内环境下加强省内治理，在剿匪、发展实业及应对边务等方面取得了一些成绩。

## 第一节　威权统治下中央与广西

挟平定"二次革命"之威，中央军源源不断进入南方各省，除了广西、贵州、四川、云南四省外，其他各省均已成为北洋军队及其附属军的控制范围，中央威权进一步提升。北京政府不断加强中央集权，对广西在行政用人、财政、外交等方面继续加强控制。

### 一、政治上保持高压态势

在强势的中央政府面前，广西一味附和，支持袁世凯倒行逆施。在北京政府正式成立后，大总统袁世凯急于抛开束缚他权力的民国元年约法，扩充总统权力。1913 年 10 月下旬，在与国会关于宪法制定的博弈过程中，大总统袁世凯通电各省军民长官，反对宪法草案。在袁世凯授意下，各省附和之声频现。在宪法制定过程中，关于行政权与立法权的纷争问题，广西都督陆荣廷明确支持袁世凯。陆荣廷电致各方，表示宪法草案"不审世界大势，昧于本国情状，务扩张立法部之势力，而并吞行政部以为快。悖宪法之真理，逞偏激之私情。循此不改，足以取亡"。陆荣廷认为"各该议员谬执成见，朋兴作慝，甘心亡国，以快已私。惟有申诉国民，将该会解散"①。陆荣廷指责立法部扩张势力"悖宪

---

① 公电补录：南宁陆都督电［N］. 大公报（天津版），1913-11-11.

法之真理",但其主张解散立法部又何尝不是违背宪法真理。

正是由于包括广西等在内诸多地方实力派的大力支持,大总统袁世凯才敢更加明目张胆地解散国会。11 月 4 日,袁世凯下令解散国民党,国会无法正常召集,达到了在无形中消灭国会的目的。次日,袁世凯发布政治会议召集令,政治会议遂成为代行国会职权的机关。按照袁世凯的授意,政治会议于 1914 年 1 月 10 日议决停止两院现有议员职务,国会宣告正式解散。

在北京政府与日本磋商"二十一条"期间,1915 年年初,广西宁武将军陆荣廷表示"我辈职在守土,惟有恪遵中央迭电,严防内乱,一切以镇静处之。交涉如何,静听中央解决"①。对于可能出现的反对活动,广西当道严阵以待。

面对强势的中央政府,包括广西在内的地方实力派表现出很大程度的顺从之意,为袁氏在政治上进一步消除国民党残余势力影响、按照自己意愿肆意修改约法等方面提供了很大便利。

## 二、严格用人行政

北京政府正式成立后,逐步加强了对广西用人行政的控制力度。中央政府主要采取了三方面措施。

（一）推行军民分治

北京政府将地方高层人事任命权牢牢掌握在手中。正式政府甫经成立,大总统袁世凯即于 1913 年 10 月 24 日下令,给予广西都督陆荣廷一等文虎章。② 同时因署广西民政长韦绍皋现丁忧请假,免署本官,任命张鸣岐为广西民政长。③ 张鸣岐在清季曾历任广西布政使、广西巡抚、两广总督等职,在广西政界深耕多年,有一定的影响力。任张鸣岐为广西民政长官,显然有掣肘陆荣廷的用意。

中央政府按照陆荣廷意愿,对广西高层官员做了进一步调整。10 月 30 日,据广西兼署民政长陆荣廷呈称:内务司长陈树勋呈请辞职。陈树勋准免本官,④

① 陆荣廷等就唐继尧有电表明对中日交涉问题态度密电 [M] //中国第二历史档案馆,云南省档案馆. 编护国运动. 南京:江苏古籍出版社,1988:39-40.

② 予陆荣廷勋章令 [M] //骆宝善,刘路生. 袁世凯全集:第 24 卷. 开封:河南大学出版社,2013:109.

③ 任命张鸣岐职务令 [M] //骆宝善,刘路生. 袁世凯全集:第 24 卷. 开封:河南大学出版社,2013:111.

④ 准免陈树勋本官令 [M] //骆宝善,刘路生. 袁世凯全集:第 24 卷. 开封:河南大学出版社,2013:140.

任命林炳华署广西内务司长。① 11 月 14 日，任命宋安枢为广西田南观察使。②
1914 年 1 月 19 日，广西民政长呈称，梧州警察厅厅长何宗羲请免去本官，另候
任用。何宗羲准免本官，照准呈请任命唐锐为梧州警察厅厅长。③

在解散国会后，北京政府陆续解散了各地议会、自治会等民意机构。1914
年 2 月 3 日，大总统袁世凯下令各省自治会立予停办。2 月 28 日，利用各省都
督、民政长请停止省议会职务的电文，政治会议经过讨论，以"省议会不宜于
统一国家，统一国家不应有此等庞大地方会议"为由，将各省议会及自治会一
律解散。④ 广西省议会及各县自治会等纷纷遵令解散，地方民意机关荡然无存。

北京政府进一步加强对广西的控制。1914 年 3 月中旬，张鸣岐来到广西，
于 18 日宣告接印任事。在其接印任事之前，大总统袁世凯于 3 月 17 日下令，任
命张鸣岐会办广西军务，⑤ 给予其更大权力。张鸣岐任职后，广西政界又有一番
变动。张鸣岐裁撤教育、实业两司，将教育事务归并内务司办理，实业事项归
并财政各设专科。4 月 16 日，广西民政长张鸣岐呈称：广西教育司现归并内务
司设科办理，请将现任教育司长唐钟元免去本官，另候任用。大总统袁世凯批
示：唐钟元准免本官，交国务院内务部存记。⑥ 4 月 25 日，张鸣岐请免去广西
桂林警察厅科长阳煦本官，一面饬令遴员先行试署，俟办有成绩，再荐请任命。
大总统袁世凯批示：阳煦已有令免官，余如所拟办理。⑦ 5 月 21 日，据广西民
政长张鸣岐呈称：桂林、梧州、龙州地方警察厅业已裁撤，请将梧州警察厅长
唐锐、龙州警察厅长蒋乃勤、桂林警察厅秘书等一并免去本官，另候任用。应
照准。⑧ 6 月 20 日，准广西巡按使张鸣岐咨请，任命吕春瑄为南宁警察厅

---

① 任命林炳华职务令 [M] //骆宝善，刘路生. 袁世凯全集：第 24 卷. 开封：河南大学出
版社，2013：140.
② 任命宋安枢职务令 [M] //骆宝善，刘路生. 袁世凯全集：第 24 卷. 开封：河南大学出
版社，2013：235.
③ 大总统令 [N]. 大公报（天津版），1914-01-21.
④ 命令 [J]. 政府公报，1914（628）.
⑤ 中国大事记：民国三年三月十七日 [J]. 东方杂志，1914，10（11）.
⑥ 准免唐钟元本官令 [M] //骆宝善，刘路生. 袁世凯全集：第 26 卷. 开封：河南大学出
版社，2013：109.
⑦ 批内务总长朱启呈请免去广西桂林警察厅科长阳煦本官一面饬令遴员先行试署俟办有成
绩再荐请任命文 [M] //骆宝善，刘路生. 袁世凯全集：第 26 卷. 开封：河南大学出版
社，2013：162.
⑧ 准唐锐等免去本官另候任用令 [M] //骆宝善，刘路生. 袁世凯全集：第 26 卷. 开封：
河南大学出版社，2013：413.

厅长。①

袁氏不断集权，1914年5月1日，由其一手操纵的"约法会议"所制定的《中华民国约法》公布实施。随之中央对地方政府进行了改组，进一步强化中央权力。1914年5月23日，北京政府公布《省道县官制》，所有各省民政长应就各现在实缺署理、护理之职，均改为巡按使，各省已设观察使应均改为道尹，县称县知事。6月2日，公布各省所属道区表。广西遵章改设，广西省下辖南宁道（原邕南）、苍梧道（原郁林道）、桂林道（原漓江道）、柳江道、田南道、镇南道等6道，共77县。

北京政府强力推行各省军民分治，广西按照要求实行军民分治，民政长官有所变动。张鸣岐担任广西巡按使后，与陆荣廷的矛盾日深，"近则张之与陆闻亦有不和之处"②。为争取陆荣廷实力派对其称帝的支持，袁世凯于1915年3月23日特任陆荣廷为耀武上将军，③ 并于1915年7月3日下令张鸣岐著调任广东巡按使，李国筠著调任广西巡按使。④ 同日命令李国筠未到任以前，广西巡按使著陆荣廷暂行兼署。⑤ 见军民分治已成大势所趋，陆荣廷不愿兼署，于7月10日电称因病恳辞兼职，广西巡按使著田承斌暂行护理。广西巡按使李国筠因病请开缺调养，7月13日特任王祖同为广西巡按使。⑥ 7月21日，命广西巡按使王祖同特别委任监督该省财政事务。⑦ 7月25日，又命王祖同特别委任监督该省司法行政事务。⑧ 在插入眼线的同时，又试图安抚陆荣廷。增设桂林、龙州两镇守使，陆荣廷的亲信陈炳焜、谭浩明兼任镇守使，另委派林绍斐兼边防对汛督办，以示笼络之意。

在此期间，对于地方高级官员的任命，基本由中央政府主持。对于司长、厅长等简任官员，一概由巡按使呈请中央任免，如1915年5月9日，照准广西

① 准任命吕春职务令［M］//骆宝善，刘路生. 袁世凯全集：第27卷. 开封：河南大学出版社，2013：186.

② 两粤巡按使对调之因果［N］. 申报，1915-07-08.

③ 策令［J］. 兵事杂志，1915（14）.

④ 调任张鸣岐李国筠职务令［M］//骆宝善，刘路生. 袁世凯全集：第32卷. 开封：河南大学出版社，2013：18.

⑤ 命陆荣廷暂兼职务令［M］//骆宝善，刘路生. 袁世凯全集：第32卷. 开封：河南大学出版社，2013：18.

⑥ 中国大事记［J］. 东方杂志，1915，12（8）.

⑦ 任命王祖同职务令［M］//骆宝善，刘路生. 袁世凯全集：第32卷. 开封：河南大学出版社，2013：148.

⑧ 任命王祖同职务令［M］//骆宝善，刘路生. 袁世凯全集：第32卷. 开封：河南大学出版社，2013：175.

巡按使张鸣岐咨请任命商聚金为广西南宁警察厅厅长。①

（二）控制地方武官任命

在加强控制文官的同时，北京政府还加强控制各省武官任命权。北京政府强力推行各省军民分治，6月30日，特任陆军中将陆荣廷为宁武将军，督理广西军务。② 对于地方军队高级长官，一概由中央任免。

北京政府积极着手整编各省军队，早在1912年9月，北京临时政府即制定颁布了《陆军暂行编制》，将镇、协、标、营、队、排、棚名称改作师、旅、团、营、连、排、班，并确定一师官兵编制为12356人，基本形成了现代中国军队的编制结构。随后公布《陆军平时编制条例》，对各级作战单位具体编成进行了调整细化。随之，各省军队照此陆续加以改编。在军队划一编制之际，各军军官的补官事宜也提上了议事日程。参议院于9月11日通过了陆军部制订旨在为现役军职人员进行补官的《陆军官佐补官暂行章程》，并公布实施。随之，陆军部分别电咨各省都督队团长以上并与旅长相当位置人员履历咨送，以便核补实官。参谋本部咨文各省都督，催取测量人员履历，以便汇转，核补实官。这是民国成立后军队第一次补官，至1914年秋间将次补竣。

为矫正以军功奖励实官的弊病，规范军官选用，北京政府于1914年9月24日颁布了《陆军官佐补官令》，宗旨是"力趋简单，仅求切实易行"③。为使《陆军官佐补官令》得到切实贯彻执行，北京政府于1915年8月颁布《陆军官佐补官令施行细则》，具体规定了陆军官佐补官的详细细则。④

（三）严格县知事任免及考核机制

除控制省级官员任免权外，北京政府还加强控制县知事的任免。北京临时政府时期，各省对于县知事的任用可谓自为风气，中央难以干涉。"民国成立以来，地方官吏除都督及各司司长由中央任命外，其余府厅州县官吏之任免，中央概未闻问。"⑤北京政府进一步确定法度，规范县知事的选拔与任免。

为规范县知事任用，大总统袁世凯于1913年11月14日发布命令：嗣后行

---

① 准任命商聚金职务令［M］//骆宝善，刘路生．袁世凯全集：第31卷．开封：河南大学出版社，2013：297．
② 任命陆荣廷为将军府将军令［M］//骆宝善，刘路生．袁世凯全集：第27卷．开封：河南大学出版社，2013：271．
③ 陆军官佐及军用文职任免情况［M］//张侠，陈宝铭，陈长河．北洋陆军史料：1912—1916．天津：天津人民出版社，1987：219．
④ 陆军官佐补官令施行细则［M］//张侠，孙宝铭，陈长河．北洋陆军史料：1912—1916．天津：天津人民出版社，1987：227．
⑤ 大总统整顿吏治手续［N］．申报，1912-12-02．

政司法各官吏均应剔除省界，慎选贤能，通饬各省民政长限期甄别，毋得以本县之人充本县知事。① 同时面谕内务部总长朱启钤，令其速定考选知事任用办法，以澄清吏治。随之，北京政府颁布了《知事任用暂行条例》《知事试验暂行条例》《知事试验暂行条例施行细则》《知事任用暂行条例施行细则》等，又不断对条例进行修正，明确了县知事试验、分发与任用等具体工作程序。

随着地方官制的出台，县知事任用制度进一步完善。1914 年 5 月 23 日，北京政府公布《省道县官制》。省官制第六条为，各县知事由巡按使呈请大总统任免，并咨陈内务部。② 内务部定《知事任用暂行条例施行细则》第十条，内载各地方长官查验知事凭照、分发凭照后，应依该知事报到日期注册，作为候补知事。各地方遇有缺出，应就前项候补知事荐请任命。6 月 30 日，内务部核议江西巡按使请将分发知事分别试署实授办法一案，内开嗣后荐任知事，凡有曾经历任地方、政绩素著者，准其呈荐实授；其有学识优长而经验或有未逮者，一律先行呈请试署，一年期满后，如果称职，再当列举成绩，出具考语，呈荐实授。

北京政府于 1914 年先后举办了三届县知事试验，并于 1915 年 3 月举办第四届县知事试验。对于分发到省的县知事人员，广西分别呈请任用。1914 年 7 月初，北京政府照准广西巡按使张鸣岐呈请，将考试知事及格的陈赞舜任命为奉议县知事。③ 9 月 9 日，照准广西巡按使呈请，将试验及格、分发广西知事的傅作霖任命为桂平县知事。④ 照准广西巡按使呈请，将试验及格、分发广西知事的许勋元试署龙胜县知事。⑤ 9 月 20 日，照准广西巡按使呈请，任命试验及格、分发广西县知事的熊骕试署博白县知事。⑥ 11 月，照准广西巡按使呈请，将试验及格、分发广西知事的朱杰试署同正县知事。⑦ 照准广西巡按使呈请，将免保知事试验、审查合格的梁石荪任命为来宾县知事。⑧ 1915 年初，照准广西巡按使呈请，将试验及格、分发广西知事的潘赞铨试署宜北县知事。⑨

---

① 命令 [J]. 政府公报，1913（551）.

② 省官制 道官制 县官制 [N]. 申报，1914-05-28.

③ 大总统令 [N]. 大公报（天津版），1914-07-04.

④ 准任命傅作霖黄占梅职务令 [M] //骆宝善，刘路生. 袁世凯全集：第28卷. 开封：河南大学出版社，2013：325.

⑤ 大总统批令 [J]. 政府公报，1914（846）.

⑥ 中央：大总统令 [J]. 福建公报，1914（813）.

⑦ 命令太总统令 [N]. 大公报（天津版），1914-11-19.

⑧ 大总统策令 [J]. 浙江公报，1914（865）.

⑨ 大总统令 [N]. 大公报（天津版），1915-01-15.

对于县知事考核及惩戒，往往由广西民政长官报告中央政府，厉行考核，如1914年7月，广西巡按使张鸣岐呈称：宾阳县知事李炳垣，串同赌棍廖昭华等，开放花会，私收赌规，由马子清送交典狱何守珩接收朋分。其于该县属境李乃村等十余处抢劫伤人之案，均置不理，捕务废弛，请付惩戒。大总统于8月20日发布申令：该知事李炳垣收规纵赌，讳盗殃民，殊属罪无可逭。既经该巡按使查明属实，应即先行褫职，交该省法庭严行讯办，按律重惩。① 1914年11月1日广西巡按使张鸣岐呈称，已撤署左县知事吕端燕，其贪婪不法、逞暴殃民，请交付惩戒。奉大总统批：已撤左县知事吕端燕著交文官高等惩戒委员会从严议处，余如所请办理，并交内务部查照。② 1915年2月15日，大总统批广西巡按使张鸣岐呈，田南道属匪风日炽，该道尹宋安枢未能尽职，应即调省察看。遗缺遴派知兵人员吕春琯署理，以资整顿。交内务部查照，并由政事堂饬铨叙局查照。③ 种种考核事例表明中央政府对于广西的县知事考核规章得到了切实施行。

通过诸多法规，北京政府掌握了广西高层文官、武官的任免权，而且对于县知事这一亲民之官的任免也拥有一定权力，在用人行政方面享有较大话语权，大体掌控了广西的人事权。但此时各省地方长官对于县知事的任命话语权依然颇大，中央政府难以从根本制约。如时人所言，"全国多数大员心目中只各认一巡按使，不知有大总统。中央拥集权之名，各省享分权之实"④。

### 三、推进改土归流

北京政府时期的土司政策基本沿袭清季，即支持广西根据各自实际情形，稳步持续推进改土归流。经过历代的改土归流，广西土司还有40多个。相比而言，广西对于土司的管理更为有力。对于不法土司，广西当局呈明中央政府，予以惩治，如罗白土县官梁起祥办理验契异常不力，又勒押索赃、恃恶肆威。于是广西巡按使张鸣岐将该土官撤任查办，遗缺饬委江州土州弹压员苏承福就近兼理。而梁起祥霸持印信、粮薄卷等项，抗不交出，甚闻其有以粮谷改变私产、盖印当卖民人之行径。张鸣岐复查该已撤土官梁起祥隐匿印信、枪支、地

① 大总统申令 [J]. 政府公报，1914（824）．
② 命令：大总统申令 [J]. 内务公报，1914（15）．
③ 批广西巡按使张鸣岐呈田南道属匪风日炽该道尹宋安枢未能尽职应即调省察看遗缺遴派知兵人员吕春琯署理以资整顿文 [M]//骆宝善，刘路生．袁世凯全集：第30卷．开封：河南大学出版社，2013：436.
④ 切中时弊之条陈 [N]. 申报，1915-06-12.

租、官谷、印薄，但其抗不交出，并敢挟枪潜逃至广东钦现属大字墟地方。①
1915 年 1 月 15 日奉大总统袁世凯批令：该土官隐匿印信等项，挟枪潜逃，实属
藐玩已极，应即先行褫革，并由广东巡按使饬属严缉，务获解案究办，以示
惩儆。②

广西土司改流进展得更为顺利。1915 年 8 月，广西巡按使张鸣岐呈称，已
先后将"治理未谙，甚或贪其淫威，恣为贪暴"的土官予以撤任，改派弹压员
代行其职务。各土司之派员弹压者已居十之七八，而土官世袭之例早经破除。
"惟是弹压职权轻微，土司壤地错杂，因沿不变，终不足以言治。论政治之统
一，谋地方之幸福，本应一律划定疆域，改县设官，特以费重事繁，势难同时
并举。惟有先其所急，次第推行之一法。"禀请以南宁道属武鸣县承审的安定、
白山、古零、兴隆、定罗、旧城、都阳 7 个土巡检司，隆安县承审的归德、果
化 2 个土州为始。广西当道结合水流区域、自然形势等因素，分置都安、隆山、
果德 3 县，将原有土司区域分别划归 3 县治理，分设县治。都安县政务较繁，
拟定为二等缺；隆山、果德两县政务较简，拟定为三等缺。"至各该土司官裔，
其现派汉官弹压者，早已编同齐民，各安生计，应请毋庸置议。"唯果化土州知
州赵世泰前清末年承袭此职，在任尚无过失，但因改县停其职权，拟另文咨部，
准以县佐注册，听候录用，以示体恤。③ 8 月 3 日奉大总统批令：所拟办法甚
妥，如呈照准，交内务、财政两部查照，并由政事堂饬法制局查照。④

大体而言，广西此时的土司大多"早已编同齐民"，基本已经不成为大的治
理难题。广西当道的改土改流更多是顺势而为，没有遭遇到太大阻力。

## 四、控制财政与外交

北京政府在财政、外交等诸方面对广西等省不断加强控制。在财政方面，
编制全国财政预算，依照分税制的思路，在各省设国税厅，力图将地方财权收

---

① 广西巡按使张鸣岐呈已撤罗白土县官梁起祥隐匿印信等项抗不变出并敢挟枪潜逃亟应咨
　　行严缉解案究办请训示文并批令（中华民国四年一月十五日）[J]. 政府公报，1915
　　（968）.

② 大总统批令（中华民国四年一月十五日）：广西巡按使张鸣岐呈已撤罗白土县官梁起祥
　　隐匿印信等项抗不交出并敢挟枪潜逃亟应咨行严缉解案究办请训示由 [J]. 政府公报，
　　1915（966）.

③ 广西巡按使张鸣岐呈南宁道属安定等九土司拟请改流置县以顺舆情请示文并批令（中
　　华民国四年八月三日）[J]. 政府公报，1915（1166）.

④ 大总统批令（中华民国四年八月三日）：广西巡按使张鸣岐呈南宁道属安定等九土司拟
　　请改流置县以顺舆情请示由 [J]. 政府公报，1915（1164）.

归中央，同时通过裁撤交涉员缺、主持勘界事务等举措，力图将地方外事权收归中央。

（一）控制财政

为进一步控制地方财政权力，北京政府设国税厅、地税厅，并不断扩充国税厅权限，加强对于各省财政的控制。广西按照中央要求，先后设立国税厅筹备处。北京政府主要通过以下途径控制包括广西在内的各省财政。

其一，加紧整理旧税。在各省设立盐务稽核分所，将盐税一律收归中央。北京政府对于各省欠解费用，不断催交。在国税厅的组织下，广西等省税款不断输向中央。为督促各省办理盐务，北京政府于1914年将各省办理盐务情况经盐务署调查列表，分甲、乙、丙、丁四等。其中，广西等省列丁等。甲、乙两等有优奖、次优奖之望，丙等者不给奖，丁等则受申斥，并告以整理之法。①

田赋是重要税源，北京政府切实督促各省征收。1914年3月底，大总统饬各省切实清查田赋，"以革除其自为风气之习惯，庶财政程序可渐就范围"②。4月6日，财政部通令各省民政长、国税厅，规复田赋旧额，迅将该省应征田赋查照前清旧额及尚未完足成数，切实考核。③ 1915年年初，北京政府新财政部总长到任后，即通电致各省财政厅厅长，称国家财政困急不数甚巨，各厅长如有补救之法，可分本条陈，以备采择。广西财政厅厅长孔昭焱上具条陈，建议先进行田赋整理。"广西从前田赋不过七十余万元，三年度竟增至一百五十余万，则中多隐匿可知。去年验契有二三，赋额不过四五百，而验契乃收至万余二万元者，则非匿赋而何？然从前未经清理，无从勾稽。现既验契，惟有按册计亩照数征赋，官不费力，民亦乐输，收效更速。准此而行，不特扰民，当可增入巨款。广西如此，各省想亦同此情杉，并请通饬仿行。"④ 北京政府认为广西清理田赋成效显著，建议各省仿照施行。

其二，力图开拓新的税源。北京政府曾试图筹办印花税、所得税、烟酒特许牌照税，欲恢复宣统三年预算，但困难重重。至1915年年初，印花税销行畅旺，财政部对于漏贴印花税之件认真稽查，不遗余力，一月印花税收入与上年一月比较，增出十七倍之多。⑤ 1915年4月，北京政府财政部致各省巡按使财

① 各省盐务成绩之列表［N］. 大公报（天津版），1915-03-03.
② 要闻：大总统饬查全国田赋状况［N］. 大公报（天津版），1914-04-01.
③ 财政部规复田赋旧额令［M］//中国第二历史档案馆. 中华民国史档案资料汇编：第三辑财政. 南京：江苏古籍出版社，1991：1244.
④ 桂省近事志闻［N］. 大公报（天津版），1915-04-11.
⑤ 印花税收入之畅旺［N］. 大公报（天津版），1915-03-03.

政厅，令各省财政厅厅长认真推行新税，整理旧税，验契、税契、烟酒、印花、公债五项大宗为最要，宜聚精会神，一致进行。①

其三，清查官产。北京政府国务会议于 1913 年 11 月议决公布管理官产规则，对于管理及处分办法，均各按其性质，析其种类，分隶于各部，权限分明。随即饬令财政部令各省分类清查官产公产，但各省办理迟缓，成效未昭，且为分类管理之旨时多误会，非相互争持，即彼此推诿。北京政府于 1914 年 4 月再次饬令各省，责成各主管部督饬所属，按照清理官产规则认真办理。② 8 月，财政部拟定《官产处分条例》，并颁布施行。③

其四，归并停办各省机关，核减各省行政费用。由于广西属财力不支省份，北京政府计划削减行政机构，但为减少支出，广西往往早已自行裁减机构。同时，中央政府还削减军费，力图通过压缩军费开支，减少广西地方军队数量。

此外，北京政府还通过设立中央银行，加强对各省的金融控制。1914 年 7 月，北京政府公布国币条例。为统一铸造，政府计划裁撤各省银铜元局，限制铜元铸数。④ 划一国币、控制各省金融，对于国内统一市场的形成、集权中央自然是好事，但对于具有分离主义倾向的地方当道而言，显然并不是其乐于看到的。北京政府对于地方财力的集中，在一定程度上加剧了广西的财政困难，也加深了中央政府与广西等省份当轴的矛盾。

（二）控制外交

北京政府将地方外交权收归中央，裁撤地方交涉员缺。1913 年 11 月 16 日，照准外交总长孙宝琦呈请，裁撤广西南宁交涉员缺，并免去交涉员崔肇琳本官。⑤ 广西等地的涉外事务基本由中央主持，如广西梧州河口水岸经华洋各商购用者有五十五处，赎回渣甸洋行河岸两段在前清时虽已以三万余两议赎，指有的款备赎，但后因内有洋商购用者，经外交部磋商无效，亦遂置而未办。1914 年年初，复由梧关监督查明，华商购用者四十二段，洋商购用或租用者十一段，

---

① 财政部请饬属催征烟酒印花验契等税致各省巡按使财政厅电 [M] //中国第二历史档案馆.中华民国史档案资料汇编：第三辑财政.南京：江苏古籍出版社，1991：1237-1238.

② 大总统令 [N]. 大公报（天津版），1914-04-06.

③ 财政部拟定官产处分条例暨大总统批令 [M] //中国第二历史档案馆.中华民国史档案资料汇编：第三辑财政.南京：江苏古籍出版社，1991：1611-1614.

④ 财政部币制局呈会拟裁彻省银铜元帛及限制铜元琦杖奸法裙训示丈并批令 [N]. 大公报（天津版），1914-08-04.

⑤ 准裁撤广西南宁交涉员缺并免崔肇琳职务令 [M] //骆宝善，刘路生.袁世凯全集：第24卷.开封：河南大学出版社，2013：248.

呈由财政部转请外交部，与驻京英、法两使提议赎回，以挽主权。① 河口水岸使用权因有外国资本介入，广西呈由中央交涉，此举反映出中央对于广西涉外事务掌控力度的进一步加强。

1914 年 7 月，一战爆发。以英、法、俄为核心的协约国和以德、奥为核心的同盟国陷入战争的漩涡中无法自拔，对中国的侵略暂时放缓。对于中越边界问题，北京政府特派统率处人员会同法总领事前往边地踏勘界址，并议定桂越界境，互设警察、防军，分防桂、越匪党越界滋事。外交部认为此项交涉事关边界，虽无特别条约，但应当有公文以作信证。7 月 28 日外交部总长正式照会驻京法公使，将此次议定上项交涉案互换公文，用备存案，并请迅速照复。② 1914 年 9 月，法国驻华公使照会北京政府，要求投资修建广西境内的铁路。外交总长函复，称此后广西省内如有修造铁路，"需用外资时，极愿首先借用法国资本"③。法国由此取得了广西全省铁路投资的优先权益。

一战爆发之初，北京政府宣告中立，对于边务异常重视。政事堂于 9 月初密电滇、黔、粤、桂、川、新、奉、吉、黑等省，饬令各省对于中立期内发生之交涉要案务妥筹办法，并将该案要略详陈来京，以资考核。④ 同时统率处发出密电二道，一致云南开武将军唐继尧，一致广西宁武将军陆荣廷。略称欧战益烈，法国安南军队多已调回，深虑各处边防或有扰动之处，应即预行设法严防，以免发生意外。⑤ 统率处特地密电广西，令其严防意外，反映出中央对于西南边疆局势的密切关注。

广西沿边与越南接壤，防守不易，边界大体安宁，只是常有桂、越两方匪徒逾境扰乱。广西当道加紧对于边境越匪的防剿，陆将军派得力军队驻扎于中越边要，严防越匪窜入。勾连华匪的越人查得即行拘禁，华匪则按其情节轻重分别惩治。龙州、靖西、上思各属喧传"乱党"分匿越南、广州湾二处，桂军第二师各旅团营除选精细侦探员驰查外，还于所防地段严密侦查。⑥ 尽管广西当道严密防范，但仍有游匪滋扰边境。至 1914 年 10 月 29 日，驻京法国公使会晤外交孙总长，系为广西中法边界时有土匪滋扰，虽经陆宁武将军派军剿捕，但每有逸入法境之时，该军队囿于条约，不便追剿，而法国驻守军队亦不敷分布。

---

① 广西赎回梧州河岸之交涉 [N]. 大公报（天津版），1914-03-17.
② 外交部照会法使述略 [N]. 大公报（天津版），1914-07-30.
③ 宓汝成. 帝国主义与中国铁路 1847-1949 [M]. 北京：经济管理出版社，2007：179.
④ 政事堂分电边省之内容 [N]. 大公报（天津版），1914-09-09.
⑤ 密电滇桂等省慎办边防 [N]. 大公报（天津版），1914-09-09.
⑥ 桂省防务之略闻 [N]. 大公报（天津版），1914-09-18.

请电该将军指拨军队常川驻守，以辅警察而保公安。孙总长已允即电商该省核办。① 法国公使的请求，反映出因一战爆发，法国在其属地越南的军力有所收缩，难以完成对于边境社会治安的有效管理，不得不求助于广西当轴，以进一步加强对于边境地区的管控力度。

除以上举措外，1915 年 1 月 7 日，大总统袁世凯下令，著各省巡按使代为巡视所属地方，轻车简从，由近及远，期以半年，周流各属，所至问民疾苦，宣德通情。率同各道尹、县知事，切筹为民生利之法。② 广西张巡按使等均先后有电到京，拟于 2 月初间遵令巡阅各处，并均请政府务于月内将巡阅条例赶订颁布，以便遵循。③ 不久中央颁布了《巡按使出巡条例》八条。④ 随即广西等省按照中央政府要求，进行了出巡。张巡按因政务厅厅长纪堪谨前请假回籍，故有所延缓。因桂省地方辽阔、交通不便，恐耽搁时日，遂与陆将军商妥分道出巡。将军拟巡百色、龙州近边防一带，巡按则拟由武鸣、庆远、柳州直上桂林，复由桂林转下梧州，再溯浔州回抵南宁，往返计程约须四个月。至于公署各政务，除紧要者以文电飞递外，余均由政务厅厅长代拆代行，将军署则由桂平镇守使林绍斐暂行护理。⑤ 考察完毕后，广西巡按使于 7 月间先后将考察情形上报中央。

在北京政府强力政治的压制下，广西大力推行军民分治，陆荣廷等地方实力派实力得到一定程度的削弱。为保持个人权位，陆荣廷竭力表示对北京政府的支持及对袁氏的忠心。广西地方实力派表面遵从中央、拥戴袁氏的举动，反过来又促使袁世凯误判形势，以为西南边疆诸省尽在掌控，从而推动了其个人政治野心的进一步膨胀。

## 第二节　陆荣廷、张鸣岐主政时期广西治理

北京政府于 1913 年 10 月 24 日任命张鸣岐为广西省民政长，改变了自民国

① 孙总长会法使之概略 [N]. 大公报（天津版），1914-10-31.

② 勤求民瘼令 [M] //骆宝善，刘路生. 袁世凯全集：第 30 卷. 开封：河南大学出版社，2013：44-45.

③ 各巡按使电报出巡 [N]. 大公报（天津版），1915-01-19.

④ 对于巡按使出巡之训例 [M] //骆宝善，刘路生. 袁世凯全集：第 30 卷. 开封：河南大学出版社，2013：131.

⑤ 桂省将军巡按出巡 [N]. 大公报（天津版），1915-05-03.

建立以来一直由陆荣廷兼理广西军、民两政大权的状况，反映出中央政府控制广西力度的加强。张鸣岐在清季曾历任广西布政使、广西巡抚、两广总督等职，在广西政界深耕多年，有一定影响力。北京政府任命张鸣岐为广西民政长官，显然有掣肘陆荣廷的用意。① 至 1915 年 7 月，张鸣岐奉令与广东巡按使互调。在这两年左右的时间里，广西基本上处于军民分治的状态。广西民政长官张鸣岐与军政大员陆荣廷貌合神离、关系微妙，双方错综复杂的关系在很大程度上影响到广西这一时期的治理情况。

### 一、迁省风波再起

早在清季广西巡抚任上，张鸣岐一度反对迁省南宁，曾一手导致蒙经等人在广西谘议局提交迁省议案的流产。② 在张鸣岐尚未上任之时，即传来他主张将广西省会迁回桂林的消息。张鸣岐曾于京中接见广西同乡京官，"均以此为言"。濒行之际，又向大总统袁世凯谈及此事，"总统允于莅任后查酌舆情为之"③。新任广西民政长张鸣岐关于迁省回桂林的政治主张令人瞩目，且在某种程度上获得了大总统袁世凯的支持，允许其到任之后"查酌舆情为之"。

"二次革命"后，国民党在南方诸省的势力大为削弱，北京政府进一步加强了对广西的控制力度。1913 年 11 月，广西都督陆荣廷奉北京政府之令，解散了广西的国民党机关。1914 年 2 月 28 日，大总统袁世凯下令解散各省省议会。广西省议会遂遵令解散，并追缴国民党党籍议员姚健生等 21 人议员证书。④ 广西由此失去了能够表达民意的正式机构，也为张鸣岐迁省桂林主张的实行扫除了一大障碍。

由于广西提督早在清季即已迁驻南宁，张鸣岐也并非主张将所有省府机构迁回桂林，而是主张以桂林为民政公署驻在地点。至于原因，据称主要有三，一因张鸣岐在从前克服镇南关一役复奏善后事宜折内，极言南宁万不宜建为省治。二因主张迁省南宁有势力豪绅曾彦、卢汝翼、蒙经等"均因预闻赣宁乱事，

---

① 龚寿昌. 国民党与进步党在广西的明争暗斗 [M] //中国人民政治协商会议广西壮族自治区委员会文史资料研究委员会. 辛亥革命在广西：下. 南宁：广西壮族自治区人民出版社，1962：27-28.

② 黄绍竑. 辛亥革命前后的广西局势和广西北伐军 [M] //中国人民政治协商会议广西壮族自治区委员会文史资料研究委员会. 广西文史资料总第 10 期. 南宁：广西区政协文史资料编辑部 1981：193-194.

③ 桂林省城迁回之决议 [N]. 新闻报，1914-04-29.

④ 中国大事记 [J]. 东方杂志，1914，10 (11).

奉令拿办，窜逃海外"，省议会国民党议员亦均避匿，将来驻桂必无人抗阻。三因奉大总统令，五年内京内外官署不准修建，以节公费。南宁仅有都督府，尚可勉敷居住，民政长署因陋尚简，卑湿狭隘，实难一日苟安，且无各科办公之室。向系都督兼民政事，凡民政一部人员多居都督府也。此外无可改用之公，必不如桂林现有公署较为妥适。有此种种原因，故张鸣岐驻桂之意颇决。①

从表面看，南宁民政长官署条件有限、难以驻节，而桂林已有公署，是张鸣岐主张迁省回桂林的现实考量；而张鸣岐在清季时即认为南宁不适于作为省会是其原因。国民党议员逃匿无踪、广西省议会已无法履行职责，主张迁省南宁者已失去了发声的正当官方渠道。这一障碍的去除，更加坚定了张鸣岐主张省会迁回桂林的决心。另一不便提及的原因是，张鸣岐想离开陆荣廷绝对掌控的南宁，到其控制力相对薄弱的桂林，以便行使职权。

张鸣岐到省接印以后，即集众提议迁省仍回桂林。报道称，"陆都督首先赞成，群皆附和，于是定议"。惟迁费一节当时集议以公帑支绌，搬移运费一时无从筹措，在座有已裁教育司司长唐钟元、卸任财政司司长周平珍二人担任，由桂林商界筹缴。旋电告桂林商会中人，经商会全体应允，并举绅界龙焕纶、李菜华往邕，催请速行。迁回之期约在五月中旬。② 如若符合史实，则颇为耐人寻味。对于北京政府任命张鸣岐为广西民政长官的用意，陆荣廷内心非常清楚。在张鸣岐到任之初，陆荣廷表面赞成此议、虚与委蛇，无外乎是避其锋芒。

1914 年 3 月 17 日，北京政府任命张鸣岐会办广西军务，③ 意在监督牵制陆荣廷，张鸣岐的权力进一步加强。4 月 17 日，张鸣岐呈称，以"广西财政，近益竭蹶"为由，裁撤教育、实业两司，将教育事项归并内务，实业事项归并财政，"均各添设专科办理云"。④ 内务、财政两司早已经迁至南宁，按照此呈文，桂林方面只剩下了军政司和司法司，政治地位被进一步削弱。张鸣岐此时迁省决心甚大，本以为迁省回桂林不会遭遇大的反对，故而做出此决定，但没想到随后此议阻力重重，此举反而在事实上加重了南宁作为省会的砝码。

为避免反对，张鸣岐有意错解了民国元年的广西迁省之争，将迁省南宁之争完全归结为同盟会的意见。其用意昭然若揭，即在国民党势力大为削弱的当下，反对者不得不三缄其口。对于张鸣岐把民元迁邕主张归结为国民党人的故

---

① 桂省长仍驻桂林先声 [N]. 新闻报，1914-03-05.
② 桂林省城迁回之决议 [N]. 新闻报，1914-04-29.
③ 郭廷以. 中华民国史事日志：第一册 [M]. 台北："中央研究院"近代史研究所，1979：137.
④ 中国大事记 [J]. 东方杂志，1914，10（12）.

意曲解，时人曾一针见血地指出："闻迁省南宁之举，虽由于蒙经、卢汝翼、曾彦诸人，而陆都督亦主动之一也。"该报道指出了主张迁省并非仅仅是蒙经等国民党人一己私见，"陆都督亦主动之一"。今张坚白省长决意迁回，而蒙、卢、曾诸人因干预去年赣宁粤湘之乱事逃亡海外。"虽其党羽及太平、泗城、百色、上思、镇安、南宁六府人士大为不悦，纷请都督出而抗阻，奈陆督不允。"在迁邕派的请求之下，陆荣廷不允抗阻，此举让迁邕派大为光火，"若辈大骂陆督之虎头蛇尾，而不知陆固有深意存焉"①。

陆督不允出面抗阻，时人猜测是因为财政及治安问题。广西自 1912 年秋省治迁往南宁后，"商业一落千丈，各界旅居此邦者纷纷四散，贸易减少"。平乐、柳州、庆远、梧州之接近桂林者同受影响，悉成冷落之区，百货滞销、百业废罢。因之桂、柳、平、梧之各税卡无不短收，百货税及盐税每年短绌至七十余万之巨，且瑶山绵亘，平乐、柳州、梧州之间最易藏匿。昔因密迩桂林，重兵所驻，匪有所忌，但自省治迁往南宁，重兵亦到邑郡，"于是环山数十州县匪患蔓延，商旅裹足"。各县所设税厂捐，更为短收。军饷支绌，此皆改南宁为省治之贻祸者也。时人评论道，"陆久已疚心悔之无及，尚欲其出而力阻也，亦可笑已"②。桂林附近地区的商业萧条、税收减少、匪患日炽固然是实情，但此情导致陆督后悔迁省南宁，不免有些夸大其词。

省治迁回桂林自然需要钱款，须由桂林商民捐银数万元为回桂之费。此事经桂林商民"筹议再三，众皆认可"，愿于商界捐二万元，民间捐二万元。其商界款分为甲、乙、丙三项，甲商店每店捐二百元，乙等每店捐一百元，丙等则一元至五十元，由各店乐助，商界全体赞成。民间则抽收房捐，5 月 8 日已由官银总行经理王治臣亲持商界乐捐簿向各店收取捐银。③ 桂林商民反应积极、捐款踊跃。桂林商务总会、团防总局分向桂林城厢内外抽收铺户捐，不及旬日已足四万元。当即决定绅商各界代表，于 5 月 21 日启程，前往南宁。呈报迁省运费已筹捐足额，不日汇邕，请民政长率同各机关一概克日迁驻桂林。④

就在桂林绅民仰承省长张鸣岐意旨筹捐经费，公上请愿书预备欢迎、十分忙碌之际，南宁方面则大为反对。"南宁商界起而梗阻，以罢市相要挟，又有军界为之暗助。"有多数军官投资于酒店、戏园等各种营业。一旦迁桂，则邕市冷落，无利可图，是以怂恿陆督抗议，而陆督置之不理，惟都督府顾问唐铠颇有

① 省治迁回桂林之原因 [N]. 大公报（天津版），1914-05-26.
② 省治迁回桂林之原因 [N]. 大公报（天津版），1914-05-26.
③ 省治迁回桂林之原因 [N]. 大公报（天津版），1914-05-26.
④ 新闻二：桂人捐缴迁省费 [N]. 新闻报，1914-06-01.

反对之意。今张鸣岐表面上虚与周旋，闻其宗旨实已拿定迁回。"将来拟假出巡各属时，即驻桂不返。并探得张出巡约在六、七月之交云。"① 南宁方面反对者以军人为主，其背后主使不难想见。陆荣廷从最初的表面支持，到默许鼓励军官反对，反对态度日渐明朗。张鸣岐则想效仿陆荣廷，意图造成事实上的成立。张、陆两人关于迁省的矛盾日渐凸显。

广西自 1914 年 6 月起连降暴雨，漓江、左右江、西江水位暴涨。广西巡按使张鸣岐本已起节欲赴太平、镇安、龙州巡阅，但因接太平、镇安二府属水灾之禀报，乃暂行停止。几而浔、柳二府属亦以大水告矣。未几而桂林、平乐、梧州又纷报水灾。南宁、柳江等道所属 38 个县均遭水灾。广西梧州、浔州、柳州、平乐等处，河水骤涨三四丈至十余丈不等，"田庐人畜，均被漂没"②。"张巡按使遂出巡举从缓，赶速筹款赈济云。"③ 张鸣岐计划借巡阅之机将民政官署迁回桂林之举因广西水灾而中辍。

至 1914 年 7 月，陆荣廷态度大变，于 9 日直接电致北京政府，明确反对复迁省治于桂林。④ 张鸣岐迁省回桂林之举与北京政府复古举措有呼应之意，显然有中央的授意或者支持。与桂林相比，南宁自然有成为省会的有利因素，此在之前的争议中被不断论及。有论者指出，"广西之省会宜舍桂林而就南宁，此稍知地理者所群奉为公言也。今桂林人士以一方面利害关系，不顾全省地理大势，乘政府复古之潮流，而贸然提议重复旧治。陆将军辞而辟之。亮哉言乎，诚可谓先得我心者矣"⑤。

由于广西地方军头的极力反对，北京政府不得不权衡再三。据 7 月 14 日德文电报，袁总统已允移广西省城自桂林至南宁府，其地因有西江交通，较为便利。⑥ 广西地方实力派的反对意见是中央政府不得不考虑的因素，在广西军政长官和民政长官之间，北京政府态度慎重。至 7 月下旬，广西迁省案由内务部详议具复，力任调停，以南宁为将军分府，巡按使仍驻桂林，以资统治，业送政事堂呈大总统核示。⑦ 然而此议并未真正落实，1914 年广西省会迁回桂林之议遂寝。

---

① 新闻二：广西迁省问题之停顿 [N]. 新闻报，1914-06-15.

② 中国大事记 [J]. 东方杂志，1914，11 (2).

③ 巡按使因水返驾 [N]. 大公报（天津版），1914-07-17.

④ 专电 [N]. 时报，1914-07-11.

⑤ 萍. 时评一：陆荣廷反对迁省问题 [N]. 时报，1914-07-11.

⑥ 译电 [N]. 时报，1914-07-16.

⑦ 专电 [N]. 时报，1914-07-22.

张鸣岐并未放弃迁回桂林的打算，而是在等待时机。1915 年年初，广西京官等禀称大总统袁世凯，称军民分治，广西巡按使仍宜驻扎桂林，以资控制。当经饬由政事堂封寄该省巡按使张鸣岐议复，张鸣岐找准时机，旧议重提，再次提出了省会迁回桂林的主张。

张鸣岐在复呈中将民国元年迁省动议归为同盟会的主张，"民国初建，同盟会烈焰方张，乃有建省南宁之议"。将陆荣廷迁省南宁的主张描绘成被同盟会胁迫的结果，"陆荣廷前在广西都督任内，因彼党多数纷呶，不得已，电请中央核准，将都督府移设南宁，仍声明其余机关俟正式省议会成立再行议决"。张鸣岐主张，"现就实际上考察，广西省省会实宜建设桂林"，指出迁省南宁有三大不便之处，一是交通不如桂林方便，"其实邕江行轮极多险阻，交通之利远不如桂"；二是不便于巩固国防，"移堂奥于门户之地，非计之得"；三是南宁水土恶劣，生活费高，"且距粤省边境不足百里，尤失居中控驭之宜"。张鸣岐称与陆荣廷会议，拟请仍建省桂林，定为巡按使驻扎地点，财政厅随同设置，以俾治理；南宁为将军所在之地，巡按使仍每年到宁一次，俾资接洽；所有修葺迁移各费，桂林绅商自愿筹集，并不动用公款。

1915 年 6 月初，广西陆将军、张巡按使由省出巡，期间特地行抵桂林。[①]张鸣岐此举，有为迁省造势之意。在张鸣岐的请求下，北京政府大总统袁世凯于 6 月 14 日以申令形式下广西省会仍行建设桂林之命令。申令中称广西地处边陲，自宋迄清一千余年，均以桂林建设省会，现据该巡按使详察情形，南宁地方实无省会资格，自未便徇纷争之党见，拂望治之群情。应即准如所请，将广西省会仍行建设桂林，定为巡按使驻扎地点，财政厅随同设置，其将军仍驻南宁，以重防务。着即永著为令，并交内务部迅即更正区域。余如所请办理。[②]

关于该命令的由来，有报道回顾了民国初元广西迁省之争，将之归结为同盟会分子李应元、陈树勋、蒙经、卢汝翼、张仁普等人的主张，指陈王芝祥被逼离桂后，"广西政权为同盟会所专有，横行一时，道路侧目"。因巡警道秦步衢等反对，同盟会议迁省南宁，遂酿成民元广西迁省之争。"孙、黄败后，该党遂匿迹销声。其军政府各司遂多以嫌疑，分别免职。省会问题乃搁置，无人过问。"报道称南宁不便为省会，论调与张鸣岐几乎如出一辙。一为南宁地界边境，"南宁与越南接近，若与法人开衅，则由镇南关到南宁不过三四日耳。一省

---

①　内国专电 [N]. 时报，1915-06-10.

②　广西省治应遵令改建桂林希广西巡按使查照的咨文 [A]. 广西壮族自治区档案馆藏，档案号：L002-001-0014-0014.

政治中枢，本不宜置兹危地"。二为南宁气候极热，水土恶劣，城窄地凹。"夏初温度即达九十余度，至五六月则达一百八九度以上。又水土恶劣，河水不能作为饮料。城又极窄，无余地可以卜居。城作凹形，每届夏令水涨，水即灌入，城内成为泽国。"由于以上问题，"故自迁邑以后，凡到该处者，靡不痛恨该党之无状"，而革命党人又有在桂林酝酿起事之计划，亟须巡按使驻桂，以资震慑。"今春该党余孽有占据桂林起事之计划，其机关幸多破获，故未酿成巨变。中日交涉解决之际，粤省《人权报》所登桂林兵变新闻，颇闻事出有因。张巡按使出巡到桂，适该省人民禀于总统，请巡按使驻桂，以期防患未然。大总统交张密查具复，张氏据以入告，乃有昨日之命令。"① 由此可以看出，北京政府同意省会仍行建设桂林，巡按使驻桂，亦有加强对桂林地区控制，以抵制革命党的用意。

1915年7月3日，张鸣岐奉令调任广东巡按使。随着张鸣岐的离任，省会迁回桂林之议在广西上层顿失奥援。反对将广西省会仍行建设桂林的舆论汹汹，报道称"广西人民大为反对"②。由于广西省议会已经解散，反对者只能以请愿书的形式表达意见。广西公民谢翌雯等102人具呈将军署，请转呈大总统，反对省会仍行建设桂林。

在呈文中，谢翌雯等将张鸣岐主张省会迁桂，称为"实由不忍桂林一隅之中落，致有此溺爱过仁之举"，认为张鸣岐的主张不符合事实，并一一加以辩驳。呈文回顾了民国初元广西迁省的经过，认为"全案经过事实俱有，临时省议会报告书可考。既非同盟会之建议，尤非都督之受胁所致"，否认了张鸣岐所言迁省是由同盟会提出、陆荣廷受到威胁的论调。随之逐条展开论述，极言以南宁为省治有诸多优势。"至交通之利远不如桂林，于事实尤背。"呈文比较了作为西江主流的邕江与漓江的交通情况，指出邕江水量深足，水势平缓，"为广西各河流之冠"，能通行轮船，故而建设商埠；而桂林僻处在广西极北，"陆行则万山重叠，水行则漓江险阻。历滩三百六十，帆船牵引，力竭犹未达桂，何论轮船"。对于国防问题，谢翌雯等人认为龙州为广西门户，南宁距龙州数百里，自当为广西堂奥。于南宁建设省会，与龙州可以相联一气，"有事则控制，得转输便利，无事则修明内政。一切措施至为敏活"。关于张鸣岐所称南宁水土恶劣、商民裹足、物产缺乏，谢翌雯等人指出，邕垣食水概取于大河，清冽可饮；山皆土质，草木繁滋，温度变化至为和缓；邕商大半为外省资本家，往昔

---

① 广西巡按使复驻桂林之里面观 [N]. 时报，1915-06-19.
② 要闻：广西人民之反对迁省 [N]. 时报，1915-08-04.

已然，自交通发达后，外商投资经营者更为繁盛；物产是否缺乏，一检统税新关征收表，自不难明；生活费高"愈足证南宁文明之发达"。呈文指出南宁距粤省边境虽属不远，"然控制之道不在地形之适中，而在交通之贯彻"。

谢翌雯等人主张，"南宁今日之宜为省会，凡稍知广西情势者莫不韪之。在未迁设以前，犹得诿为经济困难。今迁设大定，人情浃洽，庶政勃兴，更无可以迁回桂林之理"。呈文指出，"此次桂林人之要求不过一方私利起见，何尝计及全省之利害"，并指出，"倘再事迁移，则广西前途长此不进，而商民之损失，财产之影响，自不待言"。呈文称自北京政府申令传布后，"旅邕各属绅商士民均极骇异，誓一致积极进行，以维省治，大有不可遏止之势"，请求大总统"迅赐收回迁省回桂林之成命，则大局幸甚，广西幸甚"①。

陆荣廷将该呈文转呈后，大总统袁世凯于 1915 年 7 月 26 日批令：迁省桂林，前经明令公布，并将迁省理由详晰宣示在案，所请应毋庸议，交内务部转行知照。② 北京政府大总统袁世凯的批令并未压制住不同的声音，而是招致了更大的反对，甚至有人主张将桂林划归湖南治理。③ 不久，反对者以广西南宁等六道五十九属公民的名义再次提交请愿书，并公举代表来京，请求中央政府收回成命。

该请愿书再次对张鸣岐呈文中的主张逐条辩驳，主张与谢翌雯等人的请愿书大同小异，并指出张鸣岐称与陆荣廷会议，拟请仍建省桂林一节。"由公民等询经陆将军声明，并未与张巡按使会议。其云会议一事，显系托词。"这一细节更加凸显出陆荣廷与所谓民意代表的关系非同一般。请愿书指出广西财政困难，"向为协饷省份，加以频年水旱，人民困苦，已达极点"，迁省虽言不动公款，"然何莫非临时搜刮地方，加重人民之负担而来"。呈文还指出，如果省会复迁桂，造成的影响有四方面，一是"邕埠商务必受损失"。二是可能导致广西金融危机，"现在西江各埠人心惶惶，邕垣尤甚。即广西官银行近亦限制兑现，金融恐慌，莫可名状。一旦实行迁桂，币价之低落，实为势所必至"。三是影响军政。"军政各需倚纸币为挹注，倘币价因此跌落，影响实非浅鲜"。四为南宁周边可能不稳。"且也广西素称多盗，南宁乃通商口岸，华洋杂处。现虽有将军坐

---

① 转呈谢羽雯等禀恳大总统将迁省桂林成命收回由［A］. 广西壮族自治区档案馆藏，档案号：L002-001-0014-0023-0036.

② 大总统批令：耀武上将军督理广西军务陆荣廷呈据公民谢翌雯等禀恳将迁省桂林成命收回据情转呈鉴核批示饬遵由［Z］. 政府公报，1915-07-27.

③ 旅粤广西同乡覃瑞槐等上陆将军书［A］. 广西壮族自治区档案馆藏，档案号：L002-001-0017-0001-0036-00022.

镇，然对内对外一切机宜尤须行政长官之措置。若省会远隔千余里，将何以策应周全。"呈文恳请北京政府或派员特查，或令新任巡按使会同陆将军体察地方情形办理，"本多数人民之心理，勿徇少数人民之私见"①。

由于有所谓六道五十九属公民的反对，北京政府不得不令耀武上将军、督理广西军务陆荣廷会同兼护广西巡按使田承斌查明具复。与此同时，不断满足陆荣廷的用人请求，以安其心。9 月 15 日，应陆荣廷的请求，中央政府任命谭浩明兼广西边防对汛事宜。② 10 月 19 日，陆荣廷、田承斌等呈复省治复迁桂林碍难情形，主张不迁。大总统袁世凯批令：迁省桂林应从缓议，交内务部查照。陆荣廷与所谓民意代表的一唱一和，上演了一出精彩的政治双簧。

内务部在接该民人等请愿书后，呈文大总统，称其内容"是否尽属确实，虽不可知"，"主省桂林者以历史经济为根据，主省南宁者以交通形势为前提。聚讼已非一时，言之亦各成理"。内务部将此难题甩出，"究竟按诸现在广西情形暨将来行政方法，以何处为适当，实非研究精辟，不足以臻妥协而规久远"。交由新任广西巡按使会同耀武上将军详晰查复，以昭慎重。③ 10 月 25 日，陆荣廷电致中央政府，恳请辞职。④ 为打消陆荣廷的辞职念头，大总统袁世凯于 10 月 28 日批令：应仍遵照前令，暂缓迁桂，即由该部转行该省将军、巡按使查照。⑤ 对于操控民意为己所用，作为政坛老手的袁世凯自然心知肚明。袁世凯改弦更张，由批令迁桂到暂缓迁桂，考虑更多的恐怕是想换取陆荣廷这一地方实力派的支持。在其正紧锣密鼓地筹备帝制之际，当然不希望地方发生过多动荡，广西迁省风波遂最终落下帷幕。

1914—1915 年，广西迁省风波主要发起者是主掌广西民政的张鸣岐，另一方是军政长官陆荣廷，隐然在两者之后的分别是北京政府以及缺失民意机关的各地绅商。张鸣岐迁省回桂林的主张背后有太多的现实政治考量，亦是因应北京政府"军民分治"的政治需要。而在陆荣廷及多数民意的强力反对之下，北京政府最终选择了收回成命。这一过程本身即反映出，自民国元年爆发而迁延至 1915 年的广西迁省之争，绝非简单的革命党与立宪派之争。自 1915 年广西迁

---

① 桂省迁桂之暂缓 [N]. 时报，1935-11-04.

② 廖晓云，陈莹. 陆荣廷年谱 [M]. 南宁：广西人民出版社，2012：163.

③ 内务部呈广西民人禀称省邑已定不宜迁桂拟请交员查覆请示文并批令（中华民国四年十月二十日）[J]. 政府公报，1915（1250）.

④ 廖晓云，陈莹. 陆荣廷年谱 [M]. 南宁：广西人民出版社，2012：166.

⑤ 大总统批令（中华民国四年十月二十八日）：内务部呈广西民人禀称省邑已定不宜迁桂拟请交员查覆请示由 [J]. 政府公报，1915（1248）.

省风波平息后，南宁成为省会几乎已经成为共识，此后几乎再也没有因此产生大的政争。

省治的适宜与否，关系到的往往并不仅仅是一省发展，还往往与全局相关，如北京政府内务部所称，"惟省治为一省行政之中枢，凡政事之举废，地方之兴衰，关系甚为密切"①。广西省治适宜与否，影响内治国防，因其地理较为特殊，内蔽黔湘而外接法越。广西历史上很长一段时间俱以地处广西东北一隅的桂林为省治，统治阶级考虑得更多的是以之为湘楚屏藩，而随着时代发展，桂林地理及交通的局限性不断凸显。如时人所称，"陆行则万山丛杂、石路崎岖，水行则滩恶水浅、不通轮船"，而与此形成鲜明对照的是，南宁地理位置适宜，交通便利，"现当开放时代，利在交通。南宁居全省东西之中部，一望平原，四通八达。邕江一水为左右江之总汇，水深而流缓，轮船往来，极为便利"②。以南宁为省会无疑顺应了历史发展趋势，也在很大程度上推动了广西及周边区域经济与社会的发展。

## 二、整理财政

广西经济受制于地理环境，发展相对较为落后。如时人指出，广西全境地多险阻，行旅艰难。由于交通不便，矿产难以形成产业化，制造业卑无足道。③由于广西民贫地瘠、经济发展滞后，广西地方政府财政情况一直不容乐观。很长时间以来，广西政费、军需皆靠中央协拨。据广西巡按使张鸣岐于1914年6月致电中央政府介绍广西财政情形，广西通盘合计全年入款不过三百万元，全年支款实数则在六百万元上下，其中军费占十之七，政费占十之三。由于广东盐报稽查分所将次成立，盐税瞬归洋员管理，本省不能动用，入款又少六七十万元，出入相抵不敷竟至三百六十万。张鸣岐解释，出入相差悬殊的原因在于光、宣时尚有协饷关税盐一项，收入年共二百余万元，今则关、盐俱归中央，协饷亦均经停止，故不敷乃如是之巨。为节省经费，广西拟裁撤行政公署、审检所、学务、各统税局等坐支年共五十万元，而作为岁出大宗的军费不敢轻言裁节。张鸣岐慨叹道："中央财政正在困难，固不敢作竭中事边之渎，而边疆现状如此危迫，俨然有束手待毙之虞。"④

---

① 内务部呈广西民人禀称省邕已定不宜迁桂拟请交员查覆请示文并批令（中华民国四年十月二十八日）[J].政府公报，1915（1250）.
② 桂省迁桂之暂缓[N].时报，1935-11-04.
③ 广西全省富源及贸易情形[J].农商公报，1914，1（1）.
④ 桂巡按使报告财政情形电[N].大公报（天津版），1914-06-06.

为解决广西财政困难问题，1914 年 3 月间，广西民政长张鸣岐在上任伊始，就与都督陆荣廷一起到广州，与广东政商两界讨论如何解决财政困难问题。"惟闻除借外债外，别无议决办法。"① 在两广当局力请之下，中央政府答应为两广筹借外债。4 月，中央政府电咨广东、广西两省长官，与德商某洋行商借三千万元为收回纸币之用，此款以五厘起息，二十五年偿清，以广东、广西田契税为抵押品。大约中国到手百分之八十九，广东分二千万元，广西分一千万元。② 除筹借外债外，广西在整理旧税与筹办新税方面也力图有所作为。

（一）加强税收

在北京政府的支持下，广西积极征收新税。张鸣岐赴任后，按照中央政府要求，收验契费，但一开始的收税情况并不乐观。以桂林为例，桂林市房繁盛，田产甚多，验契费额定十五万元。只是开办已久，至 1914 年 7 月间仅收二千余元。张巡按、孔财厅均十分焦急，以桂林收数尚且如此，各属难望起色，设法电请各巨绅出面维持提倡。③

在广西巡按使张鸣岐、财政厅厅长孔昭焱等人的努力之下，验契税收费情况有所改观。至 10 月间，广西验契税收六十万元。广西省巡按使、财政厅厅长不顾广西向为受协省份、财政情况至为艰窘的现实，将该省所收验契税六十万元统数报解，财政部随即复电嘉奖。④ 至 1914 年 11 月，广西验契税收款一百七十三万余元，按章报解财政部。财政部请照章奖励，对于征收出力人员，大加奖励。大总统袁世凯于 11 月 25 日下令，该省素称边瘠，但该财政厅厅长孔昭焱办理验契仅六阅月，收款为数甚巨，给予五等金质双鹤章。⑤ 不久，大总统袁世凯又于 1915 年 2 月 9 日下令，广西财政厅厅长孔昭炎应准晋给四等金质双鹤章，⑥ 对于其他经征人员，也分别予以奖励。⑦ 6 月初，广西巡按使张鸣岐陈报桂省验契税自开办迄今，共收二百三十余万元。仍督属赓续进行，总以投验净尽为主。⑧ 在税额大量增多的背后，违规征收之事频现，如桂平官府在验契时

---

① 电报 [N]. 大公报（天津版），1914-03-07.

② 电报 [N]. 大公报（天津版），1914-04-09.

③ 验契近日之情形 [N]. 大公报（天津版），1914-08-01.

④ 广西验契税款已统数解大公报（天津版），1914-10-17.

⑤ 命令大总统令大公报（天津版），1914-11-27.

⑥ 大总统策令 [J]. 福建公报，1914（873）.

⑦ 予于凤文等勋章令 [M]//骆宝善，刘路生. 袁世凯全集：第 30 卷. 开封：河南大学出版社，2013：584.

⑧ 张鸣岐陈报办理桂省验契等税情形电 [M]//中国第二历史档案馆. 中华民国史档案资料汇编：第三辑财政 [M]. 南京：江苏古籍出版社，1991：1550.

"令田契重印，供银一元，则无契而自行写造者，亦准盖认。此数百年未闻之新政"①。

在加强征收验契税的同时，广西加紧征收田赋，成效显著。至 1914 年年底止，田赋征收数目在二百万元以上，较之本年概算额约增银八十余万元。由于征收田赋数目成绩显著，广西巡按使张鸣岐呈暂定应征田赋数目，请从增加的田赋中划拨部分作为征收费用。大总统袁世凯于 12 月 29 日批交财政部核议具复，② 后经财政部回复，准如所拟办法办理。③ 中央政府答应从田赋中划出部分给广西，无疑是对广西征收田赋成绩显著的奖励。后来由于河南等地办理清丈事宜弊窦丛生，导致聚众滋事，北京政府于 1915 年 5 月 24 日下令各省举办清丈、清厘田赋者，一律从缓办理。④ 但广西并未停止清赋，而是于 7 月 1 日成立清赋总局，制定《广西全省清赋章程》，向中央交财政部查核备案，并交内务部查照。⑤ 章程规定了具体的清赋办法，"责成各县知事督同团绅，按乡逐村，先将田地逐一清查，就田地以求业主，就业主以求产数，按照制定册式，逐一登记，上缴总局"⑥。

随后，广西开展查田清赋，责成各县知事清查田地、改革田赋，废止以往按亩征收的政策，改用收益课税法。广西当道之所以积极进行清赋，原因在于验契验费收入大宗巨款，比较常年赋额相差太远，其中有田无赋，或有赋隐匿者可知不少，故特设此局，饬令各属按照契注田亩调查数目，钩稽赋额，照数补征。⑦ 广西至 1916 年 10 月调查完毕，至 1917 年 1 月征收完毕。经过清赋，田赋税额有了大幅度增加。据统计，1916 年比 1912 年增加二百四十七余万元，较往年实征数增加一百三十余万元。⑧

---

① 桂平县志卷三十纪政·食货下 [M]. 台北：成文出版社，1967：1007.

② 批广西巡按使张鸣岐呈暂定应征田赋数目酌给征收费用请训示由 [M] //骆宝善，刘路生. 袁世凯全集：第 29 卷. 开封：河南大学出版社，2013：657.

③ 批财政部呈为核议广西省田赋增收甚巨拟准酌给征收经费祈鉴由 [M] //骆宝善，刘路生. 袁世凯全集：第 30 卷. 开封：河南大学出版社，2013：100.

④ 大总统关于各省暂缓清丈及清查田亩申令 [M] //中国第二历史档案馆. 中华民国史档案资料汇编：第三辑财政. 南京：江苏古籍出版社，1991：1246.

⑤ 批广西巡按使张鸣岐呈广西设立清赋总局筹拟章程并调查册式期限清单请鉴核文 [M] //骆宝善，刘路生. 袁世凯全集：第 32 卷. 开封：河南大学出版社，2013：300.

⑥ 广西壮族自治区地方志编纂委员会. 广西通志·财政志 [M]. 南宁：广西人民出版社，1995：51.

⑦ 清赋之进行 [N]. 大公报（天津版），1915-09-25.

⑧ 财政部. 1912-1918 年各省区田赋情形汇编 [M] //中国第二历史档案馆. 中华民国史档案资料汇编：第三辑财政. 南京：江苏古籍出版社，1991：1258.

但在实行清赋过程中，有些地方并没有完全按照章程规定，只是在原有田赋的基础上增加而已。柳江道尹示意所属县知事，"务在加赋，议定某县加几倍，以此迎合省署，献媚取利"①。据《贵县志》记载，知事万武"办理清赋，不实行清丈，只将原日粮额加三成后伸算银元，其应纳一角者即定其亩产谷为一百斤。名为清赋，实则加赋也"②。亦有县知事"迎合意旨，专在加赋，不问地产几何，各依前清赋额责令增加若干成，甚者一倍或数倍不等"③。宾阳县以上年应输银米合并加五成计算，④ 龙山、下冻、上龙、宁明、凤山、隆山、都安、果德等地增加都超过十倍，凤山甚至高达75倍。⑤ 如时人所评价，"广西清赋一役，轻重失平"⑥。

此外，广西还积极拓展新的税种。1914年广西因政费不敷，呈准中央创办行政盐捐，每盐一勠除正税外，附加捐钱八文，全省估计约五十余万元，但由于1914年下半年来，广西各统税均短收，盐税亦然，总难符原额之数。至1915年，桂省当道拟加以整顿，交与商人承办，而盐捐局经费每月千余元亦可省节，庶几一举两善。有粤商陈宝善电认六十万元，又有许玉成认五十万元，张礼廷认四十万元。张巡按皆批令开具章程禀核，以款巨章善者准之。⑦

进入1915年，验契税既经截止，北京政府迭电各省，严催开征早经颁行的印花税。广西财政厅认销每年十二万元，并督饬各属劝商民照章贴用。两月以来，各县知事纷纷认领，报告收数闻已达三万元以上，大约计至年终当可溢过认销之额。惟当票贴用印花一节，初奉部饬一元以下均须贴印花一分，继由孔财政厅厅长请准豁免，以恤贫民，仅令一元以上始贴，由当店贴用。不料邕、梧各当店群起反对，要求自一元至五元当票免贴，官厅未准。各当店自旧历正月起一律停当候赎。官厅屡派员劝谕，仍复不理，贫民大为不便。张巡按电请部示，如有主持反抗之人，照刑律破坏公益罪惩办。已奉部复准，当经照录通

① 政典二：赋税与公产 [M] //来宾县志：二. 台北：成文出版社，1967：354.

② 贵县志：卷七 [M]. 台北：成文出版社，1967：202.

③ 纪政·食货：上桂平县志：卷二八 [M]. 台北：成文出版社，1967：949.

④ 宾阳县志：第三编 [M]. 南宁：广西壮族自治区档案馆，1961：158.

⑤ 钟文典．广西通史：第二卷 [M]. 南宁：广西人民出版社，1999：653.

⑥ 尽管广西清赋怨声载道，但民国北京政府时期一直延续未改。袁氏当国时期，国会及各省议会解散，无人论及此事。"迨袁氏身没，国会、省议会重开。广西省议会提议废止前日广西清赋案，与广西省长反复争执，遂致电国务院及国会两院，请求解决。众议院议员萧晋荣提出废止广西清赋案。未及付议，适值国会与内阁争执对德国宣战案，卒酿复辟之变。西南六省宣告护法，军事旁午，遂迁延因仍至今。"政典二：赋税与公产 [M] //来宾县志：二. 台北：成文出版社，1967：355.

⑦ 盐捐将归商办预闻 [N]. 大公报（天津版），1915-05-03.

谕各属。① 虽然收税过程小有插曲，但大体得以推行。1915 年上半年，广西销售印花税二十万元，② 已远远超过其最初定额。

除中央政府明令颁布的各项税收外，广西当道还暗开赌禁，以期得到巨款。据报道，"桂省军界中人嗜赌为性命，纵博毫无忌惮"。凡军队屯驻城乡，皆赌台林立，赌徒如云，包庇收规，明目张胆，各属皆然，梧州尤甚。梧州城内外计有番摊四十余处，系陆军第一师步兵第二旅各团营所包庇，地方官警莫敢过问。武鸣为陆将军桑梓之乡，如榄葛桥和新老羊马头、小梁、小鹿、龙母各墟番摊赌棋布星罗，每摊领铁牌一件，以为凭据。南宁警察厅厅长吕春瑄借口警费不足，花捐难收，特准邕江妓船、酒舫一律开设赌房，按月收规。于是嫖、赌界沆瀣一气，每日可收得赌规二百元之多。桂林警界闻之，亦将仿照办理。③ 在军警的纵容和包庇下，各地赌规收数颇为可观。

张鸣岐自莅任后，日以无款可筹为忧。有报道称，陆将军劝其在梧州开赌，并云已有人愿出赌饷一百三十万元包办梧州番摊山票各赌。因广东未开公赌，粤人嗜赌成性，梧州可以吸取全粤赌博之资，而分澳门之利。张鸣岐不悦，"曰将军昔为都督二年有余，军民统治事权在手，何以不明收赌饷，必候鸣岐莅桂而始为之"。两人不欢而罢。苍梧道尹费尚志赴任谒陆将军，陆云尔可力求巡按使准于梧州招商包赌，岁可得巨款。况现在各处皆私赌充斥，无法禁止。费道尹唯唯而出。及见张禀辞时，"张开口便说梧州私赌太盛，莫旅长部下不肖弁勇包庇胡闹。尔一到任即严禁，从严惩办，勿稍徇纵"④。假如报道属实，开赌一事无疑反映出张鸣岐与陆荣廷两者的矛盾。陆荣廷想借机筹措饷需，又试图推卸责任，让张鸣岐背负骂名。

为表示戒赌决心，张鸣岐不时严办涉赌禁的官员。1914 年，广西巡按使张鸣岐呈文北京政府，称已革知事李炳垣，在宾阳县知事任内，串同廖绍华，开放花会，私收赌规，交由典狱何守接收朋分，当经明令褫职，交法庭严行讯办。但革员李炳垣等畏罪潜逃，无从提解，业已通咨严缉。8 月 20 日奉大总统批令：李、何等著仍由该巡按使饬属严拏，并由各省巡按使分饬所属一体协缉，务获

---

① 桂省近事志闻［N］. 大公报（天津版），1915-04-11.
② 上半年印花销售之数目［N］. 大公报（天津版），1915-08-28.
③ 赌风日盛之情形［N］. 大公报（天津版），1914-08-01.
④ 桂巡按反对开赌［N］. 大公报（天津版），1914-08-04.

解案究惩，以肃法纪。① 8 月 29 日，中央政府下令严禁官吏聚赌冶游。② 中央政府虽然下令禁止官吏聚赌，但对于收赌规却没有明确限制，这为地方想借助于收赌规以增加税收无疑是默许态度。

但在财政状况日益吃紧的情况下，张鸣岐对于开赌禁的态度逐渐发生微妙变化。广西开赌禁之举，该省长官本极反对，因库帑支绌，各方面环向索款，实难肆应，不得已只有装痴扮聋，任凭属下为之。梧州已借赈济水灾为名，出赌商承饷，包开番摊谷赌，虽以三个月为限，恐限满仍展。南宁警界准妓舫中赌麻雀牌日收规，虽赌具仅限以雀牌，而各赌俱备。桂林亦援照呈准娼寮设赌，照南宁收规法。"似此情形，行见各属纷纷效尤，全省又将成赌世界矣。"传闻陆将军颇有怨言，"前人愿出银一百三十万，包邻各省赌饷竟不允准，今又任属下假公益之名行赌饷之实，何其有始而也鲜终"③。

张鸣岐对于开赌的危害心知肚明，但难以应对各地财力吃紧的困窘，不得已默许属下以公益之名行赌饷之实，但其表面上依然表示反对，并时不时以此为借口惩办纵赌的官员。广西巡按使张鸣岐呈署恩隆县知事吴大中违法纵赌，玩视功令，请交付惩戒。1915 年 2 月 23 日奉大总统批令：该知事吴某违法纵赌，彻查有据，应交文官高等惩戒委员会议处，以示惩戒，并交内务部查照。④张鸣岐这一貌似矛盾的做法反映出他对于开设赌捐的左右为难。

由于验契截止，广西税收顿失巨源。1915 年桂省财政三年度预算支出五百八十余万元，内行政费一百五十余万，军费四百三十余万，而岁入预算仅二百余万元，出入不敷甚巨。广西地方筹款无方，自广东山铺票承饷后，举国若狂，全省几成为赌世界，影响遂及于广西。广西诗票番摊私赌久已遍地，有广东为先例，于是倡开禁者纷起。⑤ 有粤商杨某者承包全省山票，每年报效四十万元，该省官吏已有允准之说。广西巡按使张鸣岐之辞职，或云于赌事有关。⑥ 张鸣岐对此举本来极端反对，但因财政无着，不得不然，遂决定引退，以全个人名

---

① 严拏畏罪潜逃之李炳垣等令 [M] //骆宝善，刘路生. 袁世凯全集：第 28 卷. 开封：河南大学出版社，2013：171-172.

② 严禁官吏聚赌冶游令 [M] //骆宝善，刘路生. 袁世凯全集：第 28 卷. 开封：河南大学出版社，2013：239.

③ 桂省又开赌禁之述闻 [N]. 大公报（天津版），1914-09-14.

④ 批广西巡按使张鸣岐呈署恩隆县知事吴大中违法纵赌玩视功令请交付惩戒文 [M] //骆宝善，刘路生. 袁世凯全集：第 30 卷. 开封：河南大学出版社，2013：488.

⑤ 桂省近事志闻 [N]. 大公报（天津版），1915-04-11.

⑥ 桂省亦有山票之报效 [N]. 大公报（天津版），1915-05-10.

誉。① 此事已有决议，军、巡两署早已内定，大约先开山铺票，由某粤人认饷四十万元办财政，厅长孔君既不赞成，亦已引去。则俟其交卸后，即当见之明文，大约批准缴饷必在清和时节。② 巡按使及财政厅厅长先后去职，广西开设赌捐的障碍被排除。

随着王祖同继任广西巡按使，广西赌捐遂正式开设。如时人后来所称：广西赌博民国元年禁止最严，陆督尤深恶之，有犯者概以军法从事。计1912年一年因犯赌而枪决者十七人，于是赌祸肃清。1915年王祖同为巡按使，效龙济光之所为，托名有奖义会，开十五字山票。财政厅厅长田承斌赌癖最深，赌徒以三十万贿之，遂以每六个月缴饷四十万元，由宏德公司包办全省山票。田承斌当时以彼个人私设之运贩鸦片普安公司获利至厚，遂又与赌徒联合，以六十万元贿王祖同，以三十万元贿督署秘书唐铠，而为祸最烈之番摊开矣。宏德公司设总公司于南宁，每六个月为一期，缴饷八十万元，总公司中有田承斌、陈长侯、刘天佑红股在内。③ 财政厅厅长田承斌等竟然有股份在内，可谓理财有方。

在大力整理税收的同时，广西当道力图划一币制，推行纸币，稳定金融秩序。广西市面上一向使用制钱和毫银，而毫银来源专恃广东。由于广西商务向来进口多于出口，银根素来紧迫，又加上广东停铸毫银，导致广西银根更为紧迫。1915年6月6日，广西巡按使张鸣岐电致财政部，为推行纸币，拟饬广西银行与驻粤中国银行订立合同，领用纸币。以广西商民历次所购八厘、六厘各公债为保证金，纸币上加盖广西两字，以示区别。各处中国银行纸币到桂，及广西中银纸币到各处者，按照中银定章，分别申扣汇水兑换。④

（二）发展实业

为拓展税源、发展经济，广西积极发展实业，开办矿产，推进垦殖事业。广西当局采取的措施主要有以下几方面。

一是为鼓励贸易，广西当道积极减少苛捐杂税。1914年年初，广西藤县征江太平三埠商会通电，以商人纳税极重、参政权独轻为由，请大总统减轻商人纳税。⑤ 广西商会转据中渡商务分会呈请，蠲除该处议参会勒捐谷米，请严申禁

① 张鸣岐辞职之原因 [N]. 顺天时报，1915-05-20.
② 桂省近事志闻 [N]. 大公报（天津版），1915-04-11.
③ 桂省赌祸之前因后果 [N]. 大公报（天津版），1917-02-01.
④ 广西巡按使张鸣岐陈说桂省向用制钱毫银拟饬广西银行与驻粤中行订约领用纸币推广大元电 [M]//中国第二历史档案馆. 中华民国史档案资料汇编：第三辑金融. 南京：江苏古籍出版社，1991：963.
⑤ 广西藤县征江太平三埠商会通电 [J]. 中华全国商会联合会会报，1914，1（10）.

令，免除一切苛捐。奉部批：查苛捐病民，良非政体，惟所称各节是否实情，已令行该省民政长查核办理。①

二是调查矿产，推进开发。广西河池、武宣、富贺、雒容四县矿产甚富，而雒容一县土质绝佳，颇宜种植。广西省振兴实业，拟以该四县为基础，由实业司派周挥斧、林笠樵前赴四县详细调查，以便各就当地情形，妥定入手办法。② 在调查的基础上，广西巡按使张鸣岐呈文中央，称广西煤铁及其他五金等矿源不少，"徒以交通不便，富商大贾裹足不前，本省又绝少资本雄厚之人堪任开采，加以与法人有约，本督矿务如有借用外债，雇佣矿师之事，当先尽法人商办，以是束缚"。张鸣岐主张振兴广西矿业，请大总统俯念桂省贫瘠，办矿为难，三年以内无论官、商新开之矿，概准暂免出口及矿产矿区各税。但以华商自办者为限，其借用外资或与外人合办者，仍查照矿业条例办理，从前开办已有成效之矿区仍照章收税，以示区别。1914 年 11 月 17 日奉大总统批令：应准照办，交财政、农商两部查照。③ 这为发展广西矿业争取到了良好政策保障。

1915 年，广西巡按使张鸣岐呈请北京政府，俯念桂省边瘠民生困苦，特准将所有锑矿听人自由开采。仍以禀经地方官勘明，与人民田园庐墓无碍着，始由财政厅发给执照，并准商人自设公司收买运销。其他各项矿产仍照矿业条例办理，以示区别。恳援案免其纳税，以示奖励而策进行。8 月 4 日，奉大总统批令：应准暂行试办，交财政、农商两部暨税务处查照。④ 张鸣岐在巡行各县时留心考察全省实业后，认为"桂省富于矿产，实为最大利源"，主张招致外省巨商从事开采。⑤ 在广西当道的大力招徕下，广西矿业有所发展。主要矿区有富川、贺县、钟山和南丹的锡矿和煤矿，桂平、武宣的锰矿，百色、河池、天河、南丹的锑矿，奉议、恩隆、上林、昭平、藤县、苍梧的金矿。⑥

三是继续推进垦殖事业。广西当道先后公布了《新订开垦章程》《奖励种植八角肉桂简章》等章程，积极推动开垦荒地，发展农林。1912 年至 1916 年，广

---

① 文牍：部批：批广西商会呈请伤令广西省蠲除中渡议参会勒捐谷米及一切苛捐文［Z］. 内务公报，1914（6）.

② 杂俎：国内纪闻：调查四县矿产（广西）［J］. 直隶实业杂志，1914，3（1）.

③ 矿政：广西巡按使张鸣岐呈筹办广西矿务拟请特准免税三年以广招徕而兴地利文并批令 ［J］. 政府公报分类汇编，1915（32）.

④ 中国大事记［J］. 东方杂志，1915，12（9）.

⑤ 广西巡按使张鸣岐呈遵令巡行各县事竣回署将考察情形都陈钧鉴文并批令（中华民国四年八月三日）［J］. 政府公报，1915（1166）.

⑥ 周长山，刘祥学，宾长初. 广西通史：第八卷［M］桂林：广西师范大学出版社，2018：3748.

西先后投资开办的各种垦殖公司有 60 余家。不少县都开办了林场或者垦殖公司，大规模种植桐油树、八角树、肉桂树、甘蔗等经济作物，出口加工后的茴油、桐油、桂油等，成为经济价值较高的出口农产品。南宁正气种植公司、贵县广利种植公司、北流森林致富社等是当时有名的私人集股垦殖公司。①

### 三、大力剿匪

在镇压了"二次革命"后，议院曾咨称：南方乱事已平，无戒严必要，请于乱事已定地方，依戒严法第十五条，迅即为解严宣告，以复原状而维治安。政府于 1913 年 10 月 25 日咨复，当饬国务院电询各该省地方戒严情事能否终止，迅速电复，以便依法办理。其余粤、桂等省，均因伏莽未靖，以从缓解严为请。② 广西无法马上解除戒严令，确实有现实考量。广西因款绌裁并机关，减少员薪，司法界及警界亦已酌量裁去，唯独军界颇难裁减。陆都督迭与陈师长商酌，毫无善策。盖广西匪患蔓延，即不裁兵，亦已不敷防御。近如马平、柳城、罗城、象州、来宾、怀远、融县、雒容、武宣、贵县、藤县、平南、永安、修仁、荔浦、永福、永宁、龙胜、古宜、武鸣、宾州、宣化、横州、上思、北流、博白等数十县地方匪徒纵横，千百成股，焚屋动辄百数十间，掳人动以数十计，抢劫搜刮，所过一空，哀鸿遍野，荆棘满途，民不聊生。浔州、平乐、柳州、梧州、桂林五属界连之瑶山数百里间峰峦连绵中，已全为匪巢穴。匪炽原因一因刘古香辈谋乱时四出招集，界以军火；一因王和顺旧日党羽复燃，新遣悍贼潜入；一因各县款绌，遣散亲兵，而巡防军不敷分布。③

广西各地匪情频现，匪徒来源复杂。其一，散兵游勇是广西匪患重要来源。1914 年年初，驻扎在桂林附近李家村的第一师练兵处，有已革连长设立秘密机关，"勾煽各兵兵士谋变"④。该营与庆远、宜山、罗城一带出没的匪首宋五勾结。⑤ 广西此时股匪四处抢掠，如阳朔县伏荔墟、富川城镇，平乐府属之源头镇等处均出有巨案。⑥ 在桂湘、桂黔边界处，均有土匪活动。⑦ 5 月，由于平乐府

① 周长山，刘祥学，宾长初. 广西通史：第八卷［M］桂林：广西师范大学出版社，2018：3745-3746.
② 关于全国解严咨复议院文［M］//骆宝善，刘路生. 袁世凯全集：第 24 卷. 开封：河南大学出版社，2013：116.
③ 广西匪患之蔓延［N］. 大公报（天津版），1913-11-21.
④ 广西军官谋变未成［N］. 大公报（天津版），1914-04-10.
⑤ 广西学兵营与匪之关系［N］. 大公报（天津版），1914-04-21.
⑥ 源头镇追匪情形［N］. 大公报（天津版），1914-04-21.
⑦ 电报贵阳电［N］. 大公报（天津版），1914-05-17.

属匪势披猖，湘桂交界防务吃紧，附近各县均遭蹂躏。陈炳焜师长飞调柳州巡防统领沈鸿英，带各营由修仁、雒容进战，进抵平乐、恭城、富川等县。"分路痛剿，连日剧战，甚为得手。"① 7月，陆荣廷派员在龙州等处设立特别营舍，驻兵以防越南"乱党"窜入华境，及阻中国匪类由桂入越。②

其二，叛勇屡现，且有与股匪勾连之势。田南道观察使兼第五军巡防队统领刘古香被镇压后，其余部及古香子侄在柳江流域纠集从前叛勇，连合宋五各股游匪，分路滋扰，图占府城，扬言为父报仇。③ 叛勇与股匪相勾结，一时声势浩大，影响甚巨。5月下旬，广西柳州洛满墟被股匪劫掠，全镇拉去石绅、蕴山等三十余人，戕害十四人，夺去团防局枪三十余支，财物、牲畜不可胜计。④ 6月底，宋五、张白龙二股匪由罗城窜至柳大埔一带，巡防邓管带率队进剿不利，邓管带阵亡。⑤

其三，革命党人与广西会党联手，加剧了广西的社会动荡。"广西向称多匪，近日党人在港澳者复派人入桂煽惑，并勾结湘、黔沿边游土各匪，希图大举。"桂省当局在桂林、柳江等地屡次破获党人"谋乱"案件。⑥ 1914年7月，桂林水师营龙管带报告，其堂叔由港来桂，奉陈炯明等札，专司运动桂林一隅军队，图谋不轨。桂林县知事亲带警备队将该匪拿获。当经讯得确供，电省请示，于7月13日押出城外正法。⑦ 在桂省当局周密防范下，"乱党机关迭经破获"。8月下旬复据探悉，"乱党陈炯明、刘震寰等野心未死，招集党徒，携带金钱，潜回内地"，当经密饬各文武军警，随时严密防范，遇有此项"乱党"，立即严拿，尽法惩治。⑧

刘震寰在港澳设立机关，分遣党人暗中联合，意图攻击柳州，但为陆将军、张巡按使查悉，中央亦曾得有探报，饬令文武一体防剿。经浔州水警厅、融县知事、柳江道尹、马平县知事先后破获多名，以上各处所获之匪均供受港澳机关部委任，秘密分设机关，运输军用物资，联络沿边各匪帮，各招党徒数十，定期攻扑柳州，以图扰乱。⑨ 在桂省当局的严密防范下，连月以来两粤破获谋乱

① 广西调将剿匪近闻 [N]. 大公报（天津版），1914-05-20.
② 北京电 [N]. 申报，1914-07-21.
③ 广西党人之子弟兵 [N]. 大公报（天津版），1914-06-21.
④ 柳州一带之匪耗 [N]. 大公报（天津版），1914-06-25.
⑤ 邓管带剿匪阵亡 [N]. 大公报（天津版），1914-07-17.
⑥ 桂省两次破获党人机关志闻 [N]. 大公报（天津版），1914-06-07.
⑦ 不知是否党人 [N]. 大公报（天津版），1914-08-01.
⑧ 广西破获乱党志闻 [N]. 大公报（天津版），1914-09-22.
⑨ 广西破获党匪汇志 [N]. 大公报（天津版），1914-10-21.

机关已不下数十起，12 月广西北流县破获革命党机关一处，拿获何基堂等人共 14 名，该犯等供系奉孙文之命在北流设立机关两处，以运动下级兵士，招集土、客各匪，约期起事。何基堂等又供，由外埠回桂者共设有机关十余处，且由外埠运来枪炮炸弹。当道正严密搜查，行见其一一就擒。①

在加强侦缉防范的同时，桂省当局调集重兵围剿各地股匪。广西永福县、苍梧等处均有土匪出没，官兵追击甚急。② 7 月，帮统沈鸿英剿办湘匪获胜，生擒匪首何金庭等，获刘振江、毛玉廷等匪党 82 名，毙匪无算，又夺获枪械多件，全股湘匪业已一律歼除。经呈请，大总统袁世凯对出力人员分别奖励。③ 8 月，桂军师长陈炳焜赴湘桂边界痛剿，擒获匪首何林黄三人，余匪溃散。④

广西拟联合周边省份，一同进剿几省交界土匪。桂边积匪王均臣自前清以来为黔、湘边界之患，未能剿除。因欧洲战事，王匪与革命党"勾结"，欲在桂、柳一带起事。在柳州等地迭破的革命党机关，闻皆与王匪有关，而古宜一带匪势尤为猖獗。陆将军已派驻柳林俊廷少将，率带劲旅由五路进剿。陆将军已军商湘、黔两省，合集兵力，俾驱之于一隅，以期一鼓成擒。⑤ 至 8 月初，在三省合力进击下，王均臣全股荡平。北京政府对桂军剿匪出力将士奖励有加，陆军少将林俊廷著加中将衔并给予三等文虎章，陆军少将秦步衢给予三等文虎章。⑥

除了湘桂、黔桂等边界有匪患外，浔江及与广东交界处也有匪患。⑦ 1914 年 12 月底，广西将军陆荣廷电咨广东将军、巡按使，云据西江探报，有海盗数百勾通罗定六都土匪麇集海隅，驾驶轮船截劫，匪势甚凶。若不厉行缉捕，仍恐滋蔓难图。拟定派舰剿缉，沿梧州顺流而下，相应咨请速拨粤舰堵截上游，协力防缉，以除匪患而安两粤。⑧

对于党人意图联合土匪，北京政府非常重视。1915 年 3 月 22 日，据宁武将军陆荣廷、广西巡按使张鸣岐电呈，数月以来，迭在南宁、苍梧、桂林、柳江、田南各道所属宾阳等二十三县地方，剿办"乱党""股匪"二十余起，擒毙党

① 广西桂乱党运动军队被拿［N］. 大公报（天津版），1914-12-27.
② 桂官军匪激战之狂烈［N］. 大公报（天津版），1914-08-08.
③ 大总统令［N］. 大公报（天津版），1914-07-19.
④ 桂边著匪就擒记［N］. 大公报（天津版），1914-08-11.
⑤ 桂边匪患情形［N］. 大公报（天津版），1914-11-01.
⑥ 奖励桂军剿匪将士令［M］//骆宝善，刘路生. 袁世凯全集：第32卷. 开封：河南大学出版社，2013：317.
⑦ 西报纪浔江匪劫洋商骇闻［N］. 大公报（天津版），1914-11-05.
⑧ 盗匪驾轮截劫之骇闻［N］. 大公报（天津版），1914-12-28.

匪数百名，搜获枪械赃物无算。查"乱党"孙文等图粤不成，转以全力图桂，在港、澳等处设立谋乱机关，分遣党徒，私渡梧、浔、邕一带，专以"勾结"首匪，四出抢掠为事。复劫洋商轮船，意欲惹起国际交涉。对于广西当道对革命党人的全力镇压，北京政府赏银二万元。① 张巡按使、陆将军在1915年4月上旬出巡抵龙州时，据侦探报告，有党人潜伏图谋不轨。立令谭镇守使浩明往村落农家破屋中搜查，拿获二人，在身上搜出委任状，并曲尺手枪、炸弹若干，解回行营讯。供直认谋刺将军、巡按不讳，当在行营枪毙。②

广西当道在这一时期大力清剿匪患，颇有些成绩。据陆荣廷呈报，自1912年年初至1914年年底，广西剿办大小股匪共1060余起，获办匪徒共达7800余名。③ 更为重要的是，借助于剿匪，陆荣廷进一步铲除异己，消除革命党人在广西的势力，加强了对于各地的控制。

张鸣岐上任伊始，广西迁省风波再起，而随着张鸣岐的离任，广西迁省之议遂停，以后几乎再没有酿成大的政潮。张鸣岐在任广西民政长官期间，整理财政，发展实业，力图有所作为，但其与广西军政长官陆荣廷两不相能，彼此掣肘；革命党人与各地股匪、叛勇活动相互交织在一起，广西社会动荡难平。故而，这一时期广西虽有所发展，但并不尽如人意。

北京政府正式成立后，中央政府权力日益集中。与中央威权不断扩张相对应，这一时期广西自主权日渐缩小。在财力难以兼济的情况下，中央不能给予有效经济支持，反而不断索取；对于这一时期面临的匪患问题，中央没能给予及时援助；对于日益加重的边患，中央政府也未能提供强有力的支持。这一切使广西实力派的离心力增强。

---

① 著广西搜捕乱党令［M］//骆宝善，刘路生. 袁世凯全集：第30卷. 开封：河南大学出版社，2013：715.

② 桂省拿获党人志闻［N］. 大公报（天津版），1915-06-12.

③ 耀武上将军督理广西军务陆荣廷呈报广西历年剿办股匪各案并将在事文武供职已久未经补官各员分别奖叙以示鼓励文并批令（中华民国四年八月二十四日）［J］. 政府公报，1915（1187）.

# 第四章

# 复辟帝制时期北京政府与广西

随着权力的日益集中，大总统袁世凯的政治野心也迅速膨胀，开始加紧筹备帝制。为保障复辟帝制的顺利推行，北京政府对广西的治理基本上以维持现状为主。但令袁世凯万万没有想到的是，在蔡锷等人的推动下，云南首揭义旗，并积极出兵邻省，反抗帝制的运动迅速蔓延到广西、贵州等省。

## 第一节　勉力维持

在成功镇压"二次革命"后，北京政府大力推行集权，成功地将触角深入到西南边陲。志得意满之下，袁世凯已经不满足于做大总统，开始对称帝产生了浓厚兴趣。在其复辟帝制酝酿的时候，对于广西的治理相对而言并不积极。

### 一、力维现状

在帝制派紧锣密鼓地推行帝制之际，袁世凯认为广西远在西南边陲，军事力量薄弱、经济文化落后，因而对之并没有太放在心上，一切以维持现状为宗旨。

（一）用人行政

广西地方高层官员的任命多按照陆荣廷的意愿。耀武上将军督理广西军务，陆荣廷电呈，请将正任广西督办边防对汛事宜的林绍斐免去本职，任命谭浩明兼督办广西边防对汛事宜。9月6日奉大总统批令：应照准。[1] 对于巡按使呈请免考询、先行分发等事，北京政府大多予以允准。护理广西巡按使田承斌呈核准免试县知事徐绍桓等请免考询先行分发并缓觐。大总统袁世凯于10月8日批

---

[1]　准任命谭浩明职务令［M］//骆宝善，刘路生.袁世凯全集：第32卷.开封：河南大学出版社，2013：526.

示：徐绍桓等既系现任要职，应准免其考询，即行分发省份。其籍隶桂省之蒙启勋等8员，并准先行分发省份，暂留本省供职，均准缓觐。交内务部查照办理。①

广西巡按使由王祖同接任，在其到任之前，北京政府照例令其会办军务。1915年10月12日，特命王祖同会办广西军务。② 10月中旬，广西巡按使王祖同到任视事。对于王祖同所请免考询等事，北京政府往往也予以允准，如广西巡按使王祖同呈南宁道缺紧要，拟饬新简道尹吕鉴熙赴任，并请缓觐；免试县知事种元勋现任要职，援案请饬部准免考询，先行分发广西任用，并请缓觐。大总统袁世凯均——照准。③

对于广西调用各员，北京政府也多予以同意。耀武上将军督理广西军务陆荣廷、广西巡按使王祖同呈会调董翻留桂，以资襄助。11月29日奉批令：董翻准留广西酌量任用，交政事堂饬铨叙局咨行广东巡按使查照。④ 广西巡按使王祖同呈续调能员杨绍中。12月3日奉批令：杨绍中准其调往广西任用，交政事堂饬铨叙局查照，并交司法部查照。⑤

帝制酝酿期间，广西高层曾暗潮涌动。10月间，陆荣廷因病请假，在原籍武鸣地方养疴。北京政府一再电催陆氏力疾视事，陆荣廷乃一再电请续假。新任将军府参军林绍斐系陆荣廷最得力参谋，自国体问题发生，陆未表示何等态度。政府颇以为虑，遂设法招致林绍斐任为参军，曾命林氏电述总统维挚之盛意，劝其销假。军界中闻此消息，以为陆荣廷必不出，遂乘机大肆运动，其尤力者为丁昔年。丁昔年曾任广西提督有年，陆曾隶彼麾下，于广西军界稍有渊源，自命为广西情形熟悉，有取得广西将军之资格。其次为李某，李在广东带兵多年，自龙济光代理广东巡按使，李即继龙之后为镇守使，复谋广西将军。据闻政府拟派遣医官赴桂诊视，先电告陆。陆荣廷得电后，有电到京，力辞不

① 批护理广西巡按使田承斌呈核准免试知事徐绍桓等请免考询先行分发并缓觐由［M］//骆宝善，刘路生．袁世凯全集：第33卷．开封：河南大学出版社，2013：69.

② 中国大事记［J］．东方杂志，1915，12（11）.

③ 批广西巡按使王祖同呈南宁道缺紧要拟饬新简道尹吕鑑熙赴任并请缓觐由，批广西巡按使王祖同呈核准免试知事种元勋现任要职援案请饬部准免考询先行分发广西任用并请缓觐由［M］//骆宝善，刘路生．袁世凯全集：第33卷．开封：河南大学出版社，2013：174.

④ 批耀武上将军督理广西军务陆荣廷广西巡按使王祖同呈会调董翻留桂以资襄助请鉴示由［M］//骆宝善，刘路生．袁世凯全集：第33卷．开封：河南大学出版社，2013：493.

⑤ 批广西巡按使王祖同呈续调能员杨绍中请示由［M］//骆宝善，刘路生．袁世凯全集：第33卷．开封：河南大学出版社，2013：520.

必遣医，不久即当强起视事。当此国体改革之时，大员之更迭易启中外之猜疑。政府对于陆氏此时亦暂不欲轻有更动，故慰留陆氏。① 北京政府对于陆荣廷的一再慰留，一方面是担心更换地方大员引起内外猜疑，另一方面是对陆荣廷在广西军界的影响力有所忌惮，担心引起广西军界对复辟帝制的反对。

（二）财政与外交

对于财政方面，北京政府也以维持为要。北京政府曾大力收归各省区财权，各省设国税厅、财政司，力图集财权于中央，而袁世凯试图称帝的计划打乱了原有步骤，"至袁欲称帝，乃买好各省长官，将厅、司合并，改为财政厅，兼管国、地两税，自是而中央无权过问国税矣"②。袁氏下放财权于各省，试图以此换取各省对于其称帝的支持，在很大程度上加重了地方的分离主义倾向。

虽然广西当道大力整理税收、划一币制，并不惜收取赌捐，但至 1915 年 9 月，广西财政依然支绌。当年预算既不敷一百九十余万，曾经部准截留印花税、验契费四十万，仍不敷百五十余万。自经水灾后，各统税局收入奇短。当年拟办清赋，呈经通饬各县限期调查，以水灾故遂多阻搁，即使调查完竣，亦不忍补征，故待此事收效，缓不济急。唯有一面筹借外款，以济来源；一面节减用费，以纾眉急。陆荣廷召集桂林龙州陈谭两镇守使先后到邕，会同巡按使集议，决定从军政两费内每月核减四五万元，此节用之说之实行。另派银行经理范颐年赴粤省向中国银行商借，既未应手。旋又呈请大总统准，令粤巡使张鸣岐兼筹广西财政事宜，由粤省向汇丰银行商借款项，广西省附借五十万，指定以全省统税作抵。闻此事已有眉目，此筹借之说之实行。有此两策，已可稍纾危急。惟桂省现款极少，全恃纸币以资周转，各商民真乐维持，流通无阻顾，来源既短，则存款自少，各银行支付兑现未免艰苦，稍一停顿，即发生危机，故尚在岌岌之时，当局实煞费苦心。③ 10 月底，财政部奉大总统交片一件，谕令迅速筹拨各款，其中之一即为维持广西行政款项，并限于 5 日内筹齐汇寄。④ 由此可见广西财力困窘万分的情况。

广西素为受协省份，财力一向受中央及各省协济。进入民国以来，广西财政情况一直没有大的改观，时时仰仗中央拨款救济，又加上灾害连连，更需各方周济。北京政府自以为手握财政大权，又对陆荣廷等地方实力派不时加以安

① 要闻：广西将军之逐鹿［N］．大公报（天津版），1915-11-03．
② 李景铭．六二回忆：二［M］//中国社会科学院近代史研究所近代史资料编辑部．近代史资料总 133 号．北京：中国社会科学出版社，2013：153．
③ 南宁政闻汇纪：财政之现状［N］．大公报（天津版），1915-09-25．
④ 北京：谕令财政部迅筹款项［N］．大公报（天津版），1915-11-01．

抚，就可以保障西南边疆无忧，故而基本不把广西视为帝制运动潜在的反对者。

## 二、加紧推行帝制

早在1915年5月中日"二十一条"交涉结束以后，在国内反袁势力弱化、威权统治基础强化的基础上，袁世凯政府的帝制运动即已积极展开。杨度等人在大总统袁世凯的授意下，组织筹安会。筹安会于8月24日正式成立，标志着帝制活动进入到公开推行阶段。此时对中国影响较大的两个帝国主义国家态度暧昧。9月下旬到10月初，日本及英国先后表示对中国的帝制运动不干涉，甚至表达出某种程度的善意。自以为得到了两个大国的庇佑和支持，袁世凯及帝制派支持者信心十足地大力推动帝制运动。

在自以为得到列强默许及支持的情况下，北京政府将目光对准了国内。1915年10月初，为顺利变更国体，政府连开密议筹备，讨论各项要务，所有待施各政因之延搁。所赶筹之各要务系有四端：一为维持地方秩序，一为严防"乱党"扰乱，一为敦睦各国之邦交，一为保持政治上现状，余则均非急务。① 袁世凯极为关注地方秩序，10月1日，大总统特召国务卿、陆总长、王总长、唐次长四人密议，变更国体在即，所有慎密军防及维持地方秩序等要端均关紧要，当曾筹定数项手续。闭议后，由参谋、陆军两部通致湖北、河南、湖南、安徽、江西、山东、奉天、吉林、直隶、江苏、浙江、福建、广东、广西各将军巡按使等密电一道，系即为密议内容解决之各办法。②

自以为做好准备之后，袁氏称帝大剧正式拉开帷幕。10月6日，参议院议决《国民代表大会组织法》，正式启动变更国体的法律程序。③ 10月8日，袁世凯下令组织国民代表大会决定国体。④ 随即各省积极筹备国民代表选举与国体投票，自10月下旬到11月下旬陆续举行，帝制运动紧锣密鼓的快速推行。

在帝制运动迅速开展之际，日本朝野之间反袁势力不断抬头，逐渐转向干涉，并与协约国列强一道进行劝告，帝制运动遭遇到强大阻力。10月28日，日本、英国、俄国三国驻华公使至外交部，建议延缓变更国体计划，"以防祸未然，而固远东和平之基础"⑤。北京政府对此反应强硬，不愿接受外国干涉而延

---

① 政府现赶筹之各项要务［N］．大公报（天津版），1915-10-03.
② 府密议后之通电各省［N］．大公报（天津版），1915-10-03.
③ 要闻二：国民代表大会组织法案已通过［N］．申报，1915-10-10.
④ 组织国民代表大会决定国体令［M］//骆宝善，刘路生．袁世凯全集：第33卷．开封：河南大学出版社，2013：62.
⑤ 王芸生．六十年来中国与日本：第七卷［M］．北京：三联书店，1981：6-7.

期改制。下令警察厅传知京内各报馆，一律不许登载三国劝告，并由宪政协进
会某理事函达各报馆，婉言不可登载。故除北京顺天时报及英文京报外，各报
一律未载，此事并路透电涉及此事者亦行删除。北京政府连日会议，决定答复，
大意谓改革国体出于大多数意见，政府不能强制。各省均可担任地方治安之责，
改革时必无变故发生。至各国在华权利，无论改革国体与否，中国政府均负完
全保护责任。①

在国民代表选举及国体投票进行中，帝制问题法律解决程序已然启动，并
貌似顺利地开展。袁世凯及帝制派骑虎难下，若接受列强劝告而中止，必然大
伤颜面和威信，且有引起动乱之虞，不能示弱，只能稍做妥协，暗示本年内不
改制，并试图通过参战问题争取到英、俄、法三国的支持。11 月 11 日，北京政
府向日、英、俄、法四国公使发表声明，以应行筹备之事既杂且多为由，声言
另定日期举行大典。② 日本对于中国答复并不满意。北京政府此举弄巧成拙，反
而坚定了日本朝野反对帝制、去除袁世凯的决心。③

### 三、严密地方防务

与相对遥远的国际干涉相比，在国体变更之际，北京政府更为关心国内各
省的意见。10 月中旬，大总统袁世凯交政事堂、统率办事处，通饬各省将军、
巡按使、特别行政区长官、镇守使等密电，称当此国体未发表以前，及将来甫
定之际，首以维持地方秩序为最要，否则稍有摇动，不免匪党生心，外人借口。
应再严责各地方官担负完全责任。④ 10 月 22 日，大总统袁世凯谕政事堂通饬各
省将军、巡按使，表明国民代表大会不日即组织成立，国体问题之解决，即卜
诸人民，必能得正当之办法。拟此后关于国体之主张，以及讨论研究此事之举
动一律停止。望各以维持地方秩序，保卫人民财产为重。随时详告一切，以释
厪念。⑤

改革国体内部各事均已布置妥协，只有地方治安亦极有关系，北京政府认

---

① 要闻：答复三国之劝告 [N]. 大公报（天津版），1915-11-03.
② 向日英俄法四国公使发表延缓帝制的声明节录 [M] //王建朗. 中华民国时期外交文献
汇编：1911-1949：第一卷. 北京：中华书局，2015：1066.
③ 请参阅唐启华. 洪宪帝制外交 [M]. 北京：社会科学文献出版社，2017：134-190.
④ 交政事堂统率办事处通饬各省将军巡按使特别行政区长官镇守使密电 [M] //骆宝善，
刘路生. 袁世凯全集：第 33 卷. 开封：河南大学出版社，2013：156.
⑤ 谕政事堂通饬各省将军巡按使电 [M] //骆宝善，刘路生. 袁世凯全集：第 33 卷. 开
封：河南大学出版社，2013：185.

为，如地方上无意外暴动，即可免各国之借口。故紧要省份，如直隶、山东、安徽、江苏、湖北、奉天、广东、湖南、江西等省或系滨海，或为通商口岸，或为外人杂居，最需警备，拟先令各该省严加防范。① 在北京政府看来，广西并非紧要省份，故对之不甚注重。当然，虽然省份有紧要与非紧要之分，但当局对于地方上的临时防务依然极为注重，责成各上将军、将军、镇守使、巡按使、特别行政区长官等负其完全责任。各省多纷纷密电中央，报告所有一切防务已筹划妥洽，可望无意外之虞。②

自国体问题发生以来，中央与各省往来密电日有数十起，均由内吏处汇集成册，暂守秘密，俟国体问题解决后，再择要宣布。11月初，中央政府又有长电通致各省，内容主要是饬各省军民长官注意冬防及严行防范"乱党"，随时报告各该省人民对于国体问题之意见及地方安谧情形。③ 中央与各省密电往返的背后，一方面反映推行帝制紧锣密鼓，另一方面也反映出北京政府其实并没有表面看来那么信心满满，对于帝制能否顺利实现并没有那么自信。

北京政府对于革命党人的潜在威胁非常关注，在不断严令各省防范"乱党"的同时，中央政府又不断出台政策。11月初，大总统袁世凯饬统率处厘定办法，密布各省一律遵行，对于疏防处分规定极严，而奖叙办法亦殊优异。④ 大总统袁世凯饬各部会同规划，旋由陆军、海军、内务等部详细核议，规定沿海及要塞、乡镇、城市等处临时防范各项办法，呈由总统府鉴定，当奉批照准。⑤ 时人评论道：近日各处警耗频传，政府防乱，固属应尽之职务，但防乱所以安民，使民间不至因有乱耗，惊惶骇愕，切不可先乎谋乱者而有扰乱民心之举动，方为妥善。自以国体问题号召天下，民心转有不安之情形。因此问题风传党人又谋活动，民心益露不安之情形。⑥

随之，北京政府不断加强控制力度。统率处维持治安首赖军队，而征调之法端贵统一，因拟定重要说帖数件呈明大元帅鉴核，当奉批准照办。丙项所陈系各省联防布置法，丁项为临时征调统一法，日内即行通饬各省。此次所拟办法系将临时调拨军队之权一律收归统率处办理，各省将军不得自行移动。⑦ 北京

---

① 要闻：紧要省分之严防 [N]. 大公报（天津版），1915-11-01.
② 各省密报临时防务之妥洽 [N]. 大公报（天津版），1915-11-03.
③ 要闻：政府电致各省之内容 [N]. 大公报（天津版），1915-11-03.
④ 要闻 北京：临时防匪令之密布 [N]. 大公报（天津版），1915-11-05.
⑤ 要闻：批准防匪计划书 [N]. 大公报（天津版），1915-11-09.
⑥ 心森. 闲评二 [N]. 大公报（天津版），1915-11-09.
⑦ 要闻 北京：统率处之维护治安策 [N]. 大公报（天津版），1915-11-11.

政府将调拨军队权收归统率处，显然是对各省都督将军不甚放心，希望借此降低兵变的风险。

11月中旬前后，南北各地迭有革命党一派人物出没，撸事之风说远迩传播。政府对之非常注意，曾屡密饬各省长官加意防备，毫无漏遗，冀免万一之变。讵料忽有郑使被刺之事，又有革命党入京之说，各项谣言续将发生。政府见此险象，非常忧虑，遂有消弭内乱之申令，其用意慎重可以推知。总统府内开特别会议，讨论防务戒备事宜，同时电致各省长官一律尽心防范，增加兵警，严杜革命党出入，借维地方秩序而免外国干涉。据政府方面人所谈，政界主轴对于此类事宜其用意颇极周到，绝非局外人想象所及，幸防守得宜，并未生何等之险象，以骚扰一方。① 为震慑南方异己势力，北京政府不断调集部队派往上海，② 同时增兵吴淞、南京、汉口、广州、桂林、天津等防兵，维持治安。③ 军事动作频频的背后，难掩其色厉内荏的本质。

为进一步控制局势，统率处连开特别密议，制定了严防匪乱办法，通饬京外各军警机关遵照施行。大致系正款四条，一查禁无根谣传，二严防煽惑军队，三侦察"乱党"踪迹，四密查私运酿乱物品。另有附款二条，一严查警探捏造虚谎，一严办警探邀功陷害，各种手续极为严密。④ 11月12日，大总统袁世凯发表申令，除电令各省将军、巡按使通饬晓谕外，并令教育部印刷多份，遍散各学堂，编入教科书，"以期家喻户晓，勿为乱党所惑"⑤。

对于临时防乱问题，中央政府规定了切实办法，统率处特呈明大元帅秘密公布，并饬各省将军布置情形详细呈复，以备核办。⑥ 11月底，袁世凯饬内史处电嘱各省将军巡按使及特别行政区长官，在帝制案继续筹划之际，所最重要者，在此时期各地方不得发生意外纠葛，始不致再有阻碍。有特别密嘱者四事：一为慎办各寻常交涉，和平了结；一为慎重保护外人，不得发生冲突；一为办理各项捐税，不得过于苛求；一为各项行政，务须维持现状。以上四端即著随时斟酌情形，变通办理。⑦ 在外交遭遇困难之际，袁世凯特交内史处致各省军民

① 要闻：政府竭力筹议消弭内乱 [N]. 大公报（天津版），1915-11-15.

② 北军纷纷南下之确闻 [M] //季啸风，沈友益. 中华民国史史料外编：前日本末次研究所情报资料（第三册）. 桂林：广西师范大学出版社，1997：107.

③ 北京电 [N]. 申报，1915-11-16.

④ 要闻：统率处又拟定严防匪乱新办法 [N]. 大公报（天津版），1915-11-16.

⑤ 要闻 北京：十二日申令有编入教科书消息 [N]. 大公报（天津版），1915-11-16.

⑥ 要闻 北京：临时防乱法之密布 [N]. 大公报（天津版），1915-11-18.

⑦ 饬内史处电嘱各省将军巡按使及特别行政区长官 [M] //骆宝善，刘路生. 袁世凯全集：第33卷. 开封：河南大学出版社，2013：471.

大员密电，称目下帝制延期原系特别审慎不得已之举，绝无中止之议，勿得误信谣，中央自另有正当解决办法继续进行。所有各军民长官，应各以镇静态度维持地方秩序，是即与帝制进行有切要关系之要端。①

虽然一再密电地方，但北京政府仍然觉得心中无底，又派密查员到各地访查。大总统前因国体变更关系重要，曾特派出专员 20 余人分赴各省，调查各处商民军队情形，以凭参核。"近已先后密电复报者，大总统以其中所报者尚似多有未能确实之处，拟于日内再行分派专员十数人续往各省为二次密查，日内即行秘密出京。"其中有侍从武官 4 人，内史与舍人各 3 人，所注重者闻系为江西、湖南、安徽、广东、福建、浙江、广西等省。②

广西作为濒海及西南边疆省份，进入中央政府密切关注的视野。广西王巡按使电致政府，称冬防紧急，请特设侦探机关，以资防范。北京政府已批准在案。江苏、广东、浙江各省巡按使亦先后有电到京，请援例办理，但中央政府认为苏、浙两省军警林立，地方安谧，似无特设侦探机关必要。至于广东巡按使所请，大约亦可望批准。③ 为拉拢陆荣廷，袁世凯于 11 月底任命其子陆裕光为广西陆军第二师第三旅旅长。④ 同时传言有桂、粤大吏有更动说。⑤

从 10 月 25 日起，各地全市选举国民代表和进行国体投票，至 11 月 20 日告竣，各省区国民代表选举及国体投票陆续完成。广西按照北京政府授意完成了相应投票程序。广西选举国民代表于 11 月 17 日在军署依法举行，入场投票者共 358 人，选出代表韦锦恩等 77 名，定于 19 日召集各代表投票决定国体。⑥ 随后广西当道如期召集代表投票，结果同各省一样，一致赞成君主立宪，并公戴大总统为"中华帝国"皇帝。陆荣廷等于 20 日电致中央，"吁请大总统早登大位，以固邦本而定人心"⑦。

国民代表大会于 12 月 10 日在北京召开，进行国体投票。全国各省国民代表共 1993 人，其中广西 77 票，一致赞成变更国体，实行君主立宪，并恭戴袁世

---

① 特交内史处致各省军民大员密电［M］//骆宝善，刘路生．袁世凯全集：第 33 卷．开封：河南大学出版社，2013：471.

② 要闻：将二次派出各省密查员［N］．大公报（天津版），1915-12-03.

③ 要闻：各省请设侦探机关之分别准驳［N］．大公报（天津版），1915-12-06.

④ 大总统任命陆裕光为广西第二师第三旅旅长策令［M］//中国第二历史档案馆．中华民国史档案资料汇编：第三辑军事．南京：江苏古籍出版社，1991：640.

⑤ 北京电［N］．申报，1915-11-24.

⑥ 公电：广西陆将军筱电［J］．江苏省公报，1915（710）.

⑦ 陆荣廷等关于广西拥戴袁世凯为"中华帝国"皇帝电［M］//中国第二历史档案馆，云南省档案馆．护国运动．南京：江苏古籍出版社，1988：90.

凯大总统为皇帝。① 11 日，参政院开会决定再次劝进。12 日，袁世凯宣布接受推戴。13 日，袁世凯在中南海居仁堂接受百官朝贺。

国民代表大会推戴闹剧刚刚落幕，12 月 15 日，驻北京日、英、俄、法、意五国公使同至外交部，共同进行第二次劝告，而袁世凯似乎对第二次劝告不以为意。16 日大总统令，筹备帝制。19 日政事堂奏准正式成立大典筹备处，21 日封爵，成立正式内阁。31 日下令，以下一年为洪宪元年，预备登基。袁世凯似乎急于造成国体变革的既定事实，以塞外人干涉口实。

为进一步了解地方情况，12 月初，北京政府拟派员分往浙江、安徽、广东、广西、福建、江西、湖南、湖北等 8 省密查军民人等之情状。② 在过渡时期，统率处、政事堂会同分致各省军、巡长官及特别区域长官、各镇守等加急密电一道，谓奉交面谕，现在国体已定，当此过渡政府时期，地方大局关系重要，所有各疆吏务应特别注意者四事：一为特别保护外人生命财产，一为务应随时力守镇静态度，一为设法维持地方治安秩序，一为严缉"乱党"与禁缔各县谣传。③ 12 月 19 日，统率处分致各省将军巡按使、镇守使、特别行政区长官等密电一道，谓现在国体虽定，而外交尚极重要，然外交前途之转移须以地方治安为断。兹有特别密询者四大要款：各要区防务是否有尚未完妥者，各要区防务是否有尚须变通者，各要区防务是否尚有疏漏者，各要区防务是否尚须加紧者。均须特别查核，勿得稍涉敷衍，限于一星期内详细复报，以凭奏复。④ 中央政府一再严令，期望能顺利度过过渡时期，但事与愿违，很快传来了云南首义的消息。

自帝制发动以来，袁世凯虽然一直非常注意各省军民及重要人物的动向，并派密探严密侦查，但他的注意力主要还在于外国列强的承认与否及国内几大军阀派系的权力分配上，对于各地民众的反帝情绪及广西等边远省份的政治动向不甚留意。据政界人士记载，袁世凯曾命人电询陆荣廷等人意见。陆荣廷回复："现正请假，不闻国事。"袁世凯促再电，陆荣廷与云南唐继尧、贵州刘显世等联电云："不能对二姓称臣。"而筹备处译为"一致赞成"，将以蔽袁。后在居仁堂讨论改元事宜时，有人提出要细察西南来电。袁世凯怒曰："一个是强盗，一个是小孩，一个是行将就木之人，（一谓陆荣廷，一谓唐继尧，一谓刘显

① 送还推戴书不承认帝位令［M］//骆宝善，刘路生. 袁世凯全集：第33卷. 开封：河南大学出版社，2013：568-569.

② 防党声中之北京政闻［N］. 申报，1915-12-12.

③ 要闻：密电示疆吏特别注意之要件［N］. 大公报（天津版），1915-12-16.

④ 要闻一：密电询各省四大军防要款［N］. 大公报（天津版），1915-12-21.

世）可勿虑。"① 由袁世凯对于陆荣廷及唐继尧等人的观感中可以看出中央政府对待广西等西南边疆省份的态度。

## 第二节 广西独立与袁氏垮台

就在帝制派大张旗鼓地推动袁世凯称帝之际，在蔡锷等人的推动下，云南首先举起反袁大旗。北京政府大加讨伐，调动重兵进击，并试图经广西侧击，但各派反袁势力携起手来，北京政府应对失据，袁世凯称帝美梦失败。

### 一、广西独立与护国军声势大振

在各派反袁势力推动之下，1916 年 3 月 13 日，兼护督理广西军务、桂林镇守使、广西第一师师长陈炳焜、龙州镇守使第二师师长谭浩明等通电中央及各省，痛陈袁氏违言背德、恢复帝制、愚弄国民，请立发明令，取消帝制，严惩首要。② 中央政府复电，谓帝制系代行立法院议决，政府无取消之权。军人以服从为天职，切勿听信"乱党"蛊惑，贻误大局。广西翌日即复电，宣布与北京政府断绝关系。③

在做了充分准备之后，广西当道于 3 月 15 日宣告独立。陆荣廷、梁启超等通电，称袁氏"以民国付托之公仆，而背弃就职誓言，明犯国宪，狡不承罪"，广西已与滇黔湘蜀各路护国大军通联策应，"会师江汉，荡氛燕云"。④ 陆荣廷等通电告滇黔暨蔡司令，称愿携旧部，"共诛独夫，以完四年拥护民国之苦心，还我五族共和之盛轨"⑤。广西独立系由陈炳焜署名宣告与中央断绝关系，陆荣廷则赴柳州，以军务授陈炳焜，由陈炳焜首先发难。据时人猜测，此中用意有二，一为与滇、黔军合攻湖南；二为宣告独立后，虑与粤有战事，陆荣廷与龙济光为姻亲，故让陈炳焜发难，专当广东一方。而陈炳焜与蔡锷交谊至笃，前

---

① 李景铭. 六二回忆：二 [M] //中国社会科学院近代史研究所近代史资料编辑部. 近代史资料总 133 号. 北京：中国社会科学出版社，2013：150-151.

② 陈炳焜等要求取消帝制严办祸首密电 [M] //中国第二历史档案馆. 中华民国史档案资料汇编：第三辑军事. 南京：江苏古籍出版社，1991：438-439.

③ 专电：北京电 [N]. 大公报（天津版），1916-3-21.

④ 广西致各省通电 [M] //梁启超. 饮冰室合集·专集之三十三. 北京：中华书局，1989：6-7.

⑤ 陆荣廷表示参加护国讨袁电 [M] //中国第二历史档案馆，云南省档案馆. 护国运动. 南京：江苏古籍出版社，1988：402.

陆荣廷自请出征，而以陈炳焜为继，即为独立之预备。①

广西宣布独立后，对于内政力图维持。陆荣廷致电各县知事、商会，称一切税捐应由商民共同负担，照章完纳，广西纸币流通既久，信用昭彰，尤宜照印行使以安市面；至地方秩序，当力予维持，省内外商业往来一体保护，断不令商场恐慌，贸易阻滞。又电广西全省文武官吏局所，云陆荣廷受国民付托，举为广西都督，兹于省城设立都督府，从前巡按使所属行政及监督财政、司法一切职务悉由都督执行，各机关及办事人员概不更动。陆荣廷表明，该员等同为民国官吏，应遵照民国法令，安心供职，勿稍疑虑，如擅离职守，携款私逃，定按军法治罪，仰即一体遵照。同时又通令各地县知事，称广西业经宣布独立，自以维持秩序为急务，该知事身任地方，责无旁贷，亟应会集绅商，晓以大义，就地筹款，整顿团防，严办匪类，所有教堂及寄留外人均须切实保护，勿稍疏虞。另外还强调丁粮暨新旧各税认真催征，迅速报解，以裕饷源。②

对于外交，也照旧办理。广西以陆荣廷名义致梧州王交涉员、莫镇守使、于道尹、龙州镇署对汛督办马尹一等电，谓广西宣告独立，系为铲除帝制、拥护民国起见。在南宁设立广西都督府，各国交涉事件仍依条约办理，外国寄留人民均应切实保护，仰即就近先行照会各国领事查照。16 日电致各国驻广州、龙州、梧州领事官，委派王懋为广西政府交涉员，与诸领事官按约照常办理广西交涉事件，所有外国人在广西内居留者，一律按照条约切实保护。③

陆荣廷驻柳州，统辖军权，一切内政则由梁启超主持，在军事上积极向外进取。广西既宣言独立，陆荣廷即发动员令，将军队编成三师，陈炳焜率第一师计划进攻广东，集于梧州；谭浩明指挥第二师，计划由南宁侵入广东南部，以占领钦廉雷州半岛及高州、阳江等地；陆荣廷则督第三师，暂住省内，其攻湘前进部队集中于柳州。④

面对广西宣布独立，北京政府异常焦急，却反应迟缓。3 月 17 日，政事堂致广西巡按使王祖同密码长电一道，系因日前曾致电陈炳焜及该巡按使关于该省宣布独立问题，限期答复，恐系党夫所为，故复电饬。惟尚未接复，已呈明

---

① 要闻一：广西独立以前之酝酿情形 [N]. 大公报（天津版），1916-03-19.
② 要闻二：广西：桂省独立后之所闻 [N]. 大公报（天津版），1916-04-01.
③ 陆荣廷宣布广西独立与袁脱离关系电 [M] //中国第二历史档案馆. 中华民国史档案资料汇编：第三辑军事. 南京：江苏古籍出版社，1991：307.
④ 要闻一：广西独立后布置之种种 [N]. 大公报（天津版），1916-03-29.

元首。① 政事堂电令桂巡按王祖同劝谕陆荣廷顾全大局,取消独立。竟未电复,想已无磋商之余地。又责令广东龙济光力任调停,并限两日内奏复,亦已无效。

广西宣布独立,使反袁运动声势大涨,对北京政府打击颇大。袁氏企图两路夹击护国军的图谋失败,滇、黔、桂连成一片,直接威胁广东、四川和湖南。北京帝制派原来受川滇军事进展顺利鼓舞,又因广西独立而泄气。有报道称:桂省消息对北京政府为一大打击,切实取消帝制之申令日内即将发表。当蜀中官军得利之际,毅然废弃帝制,则在比较上易于转圜,不致损失威严;盖乘胜认错与遇逆屈服,固迥然不同。但桂省独立足以抵销官军之胜利而有余,又使政府退处于四面楚歌地位。粤省态度,实为时局中判决成败之要素。②

广西独立令广东龙济光处境艰难,龙济光派到滇桂边境的军队进退失据。广东人士均持中国银行钞票纷纷往中国银行兑换现洋,此等钞票虽尚可通用,但各商人均不敢贮之待旦。临武将军龙觐光已被困在广西,广东官吏昼夜纷纭,忙于密会。广东居民鉴于大局之患,甚形惶恐。③ 广西宣布独立,广东人心摇动。广东振武上将军龙济光有万急电报到京,谓桂军现拟分为两支,一支攻广东,一支攻湖南,请速派军队防堵。或谓陆荣廷与龙氏兄弟为儿女姻亲,陆既如此,广东不无可虞。④ 龙济光连电中央政府,请示机宜。

北京政府还没有放弃幻想,对于广西宣告独立两次来电,虽经证实反抗中央,而于陆荣廷之附和"谋乱"初仍不确信,恐为党人假名捏造,或强迫署名,除立即分电湘、粤两省将军,电询真伪外,中央复致电该上将军详询一切,并责以大义,晓以利害,劝其支撑危局,毋为奸人所惑。⑤ 3 月 17 日,北京政府接到桂省长电一通,八百余字,内容颇为激烈,已声明与中央脱离关系,并宣布政府罪状及独立理由。袁世凯阅电后极为忧愤,于 3 月 18 日上午出席丰泽园临时军务处,为广西独立事召集特别军事会议,筹划征讨方法,讨论防御桂军入湘攻粤计划,再议融化意见,解决危局。会议毕即拍发皖、赣、湘、鄂等省密电共十一道之多。并据湘省汤将军、粤省龙上将军等来电,金谓陆荣廷已率军分攻该两省,请示机宜,早为电复。某某两省将军、巡按使均来电,条陈解除乱源,仍请先由帝制入手。中央政府关于征伐桂黔之战略已经种种运筹,原

---

① 专电:北京电 [N]. 大公报(天津版),1916-03-19.
② 要闻:桂警与帝制之命运 [N]. 申报,1916-03-25.
③ 特约路透电:广州电 [N]. 大公报(天津版),1916-03-21.
④ 专电 [N]. 大公报(天津版),1916-03-18.
⑤ 要闻一:关于广西独立后之所闻种种 [N]. 大公报(天津版),1916-03-20.

拟命广东龙将军就近讨之，然因龙与陆荣廷有姻亲关系，不便任为讨桂司令官。遂议定由湖南进兵，兵分两路，一支从贵州边境前进，一支则从湖南，直向广西进攻。①

北京政府虽已议决仍主张以武力恢复桂省，只是有行军及外交两困难问题尚未解决。湘西各要隘已入乱军之手，广东龙将军因本省防务日紧，不便调兵，以故进军之途甚为隔阂，此行军之困难；政府曾向各国声明乱事只滇黔一隅，克期可平，绝不致扰害各国在华商埠，如用兵于桂省，则当影响于广西口岸，现某国已有抗议之意，此外交之困难。此二问题刻已拟有端倪，政府曾拍密电二通致粤省龙济光将军，饬外交部详细研究对外方法。政府令内史处草一申令，宣布广西背叛罪状，日内当可发表。

北京政府计划拟先令粤省龙济光上将军拨军就近往剿，再行另调大军继续征讨，未得龙济光同意。龙济光于19日晚间复电，陈明广东无余力攻剿广西，并谓该省现有军队除拨调征滇外，仅供自卫，省防尚虞不足，若再抽拨，粤省空虚，必为"乱党"所袭取，请另谋划。为推动广东出兵，20日上午北京政府召开会议，元首拟特任凌福彭帮办粤省防务，以便令龙上将军率师攻桂。②

龙觐光征滇部队在滇桂间进退失据，被滇军击溃。龙觐光拍密电万急，谓大军孤悬，断难为中央尽力，并称桂垣独立后各情形及大局前途之关系，请政府务须妥筹相当办法。③处于包围之中的龙觐光于17日通电辞去云南查办使，赞同共和。为振奋孤悬在滇桂间的龙觐光军，北京政府于3月20日特任临武将军龙觐光署理云南军务，兼署云南巡按使。④但已于事无补，龙觐光所部大多已被桂军缴械。

北京政府为桂事连开密议，拟取武力解决，原因主要有五：一是陆荣廷、陈炳焜等之"甘心附逆"，所电陈要求各款并无可旋转之地步；二是为龙振武上将军因本省防务吃紧，虽未必出师平乱，然或可不至附乱；三是桂省附乱虽战线延长，然查中央兵力尚足对付；四为桂省兵力现存之数不过万三千人；五为广西财政素称困乏，断难持久。⑤故而北京政府决定征剿广西，即以陆军第一师

① 要闻一：广西独立后政府连次之会议［N］. 大公报（天津版），1916-03-19.
② 要闻一：广西独立后之所闻种种［N］. 大公报（天津版），1916-03-21.
③ 要闻一：广西独立后之所闻种种［N］. 大公报（天津版），1916-03-21.
④ 政事堂奉策令［J］. 政府公报，1916（75）.
⑤ 要闻一：政府对桂计划之种种［N］. 大公报（天津版），1916-03-22.

一旅为第一军，该军即由皖、赣、鄂三省抽调，以备攻取，业经呈明元首鉴核。① 厘定了对桂用兵计划，对于滇、黔、桂纯取合攻之势，分其兵力，使乱军不能互相援应，庶几官军易于得手。②

在筹划武力进剿的同时，袁世凯也希望能和平解决问题。北京政府军务处会议时，元首曾向各员说明，对于广西乱事所持之意见，并饬分电王襄武、龙济武两将军，询其对于桂省除加兵征剿之外，有无和平劝导之法，迅覆来京，以备核办。3月21日，北京政府复陆荣廷等最后通牒电，称反对帝制为少数者之意见。当时川、湘北军到处获胜，"剿灭逆巢可期而待。所有军人，须遵守服从之义务，万勿为匪党所煽惑"③，冀望能挽回局面于万一。

广西独立，引发连锁反应。在外交方面，政府复接驻某国公使密报，驻在国政府对于广西独立甚为注意，连日召开阁议，已决定提前实行新定对华政策中的一部分计划，且已通告于协商各国，请速筹对付之策。因事关紧急，北京政府当即召开临时外交密会议筹商对付方法。④ 日本积极活动，企图用各种手段扼杀北京政府。

袁世凯自知难以用武力平定内乱，于是21日在公府召集会议，提出立即取消帝制之议，并示以冯国璋、李纯、靳云鹏、陈宧、汤芗铭五将军劝袁取消帝制、以平滇黔等之气的密电。倪嗣冲于表见其军事政策之外，复痛言时局阽危，人心浮动，万不可拘泥成见，恐大局将陷于不可收拾之地，请元首明决果断，勿一误再误，并密告某某二将军近日之态度。⑤ 北洋实力派的联名反对，使帝制派无计可施。见内忧外患相逼而来，终不自安复，袁氏遂于22日明令取消帝制，对内停战媾和，希望能维持总统权位。⑥ 袁世凯请徐世昌、段祺瑞出面转圜，于21日特任徐世昌为国务卿，23日又特任段祺瑞为参谋总长，明令废止洪宪年号，仍以本年为中华民国五年。⑦

---

① 要闻一：政府对桂计划之种种 [N]. 大公报（天津版），1916-03-22.
② 厘定对桂之用兵计划 [M] //骆宝善，刘路生. 袁世凯全集：第34卷. 开封：河南大学出版社，2013：767.
③ 复陆荣廷等最后通牒电 [M] //骆宝善，刘路生. 袁世凯全集：第34卷. 开封：河南大学出版社，2013：766.
④ 要闻一：广西独立与外交之关系 [N]. 大公报（天津版），1916-03-24.
⑤ 要闻一：元首急流涌退之传闻 [N]. 大公报（天津版），1916-03-24.
⑥ 撤销承认帝位案停止筹备事宜令 [M] //骆宝善，刘路生. 袁世凯全集：第34卷. 开封：河南大学出版社，2013：766.
⑦ 废止洪宪年号令 [M] //骆宝善，刘路生. 袁世凯全集：第35卷. 开封：河南大学出版社，2013：2.

广西独立，使"护国军的声势愈大，袁军气益沮丧"①。随着反袁浪潮日益高涨，以日本为首的列强诸国对华政策发生转变，北洋心腹干将态度也产生了微妙改变，这些都使袁世凯的帝制自卫运动难以继续开展。北京政府内外俱困，袁世凯不得不以取消帝制为回应，试图挽回政治颓势，保全自身权位。

### 二、从取消帝制到袁氏垮台

袁世凯颁明令宣布取消帝制，维护共和，意在消弭兵端。申令颁布后，即由中央政府先行分电云南、贵州、广西三省，并另电鄂、粤、苏、川等省大吏同时宣布，其电致已独立各省，并附有即时双方罢兵等商榷办法。袁世凯恋栈总统宝座，不愿离去。袁世凯责成黎元洪、徐世昌、段祺瑞等与南方停战议和，并拟订了条件，首提大总统无辞职及退位必要，要求滇、黔、桂三省即日取消独立，不得任意提出他项要求，答应召集正式国会，速行修正宪法。② 报载北京政府提出条件为：滇、黔、桂取消独立；撤回征袁之军，解散新募之兵，以保治安；北京派代表一二人，磋商一切，称凡共和军提出的条件，如不损害总统地位及其权力者，中央愿讨论之。③

但南方反应并不如袁世凯所期望的。南军主任各员于 3 月 23 日有联合电报到京，仍要求元首退位，改组政府，取消将召开之正式立法院，并不承认现召集之代行立法院，有仍须另举各省代表特开国会，决定大计之条件。至罢兵息战一事亦有所要求，其情形似探试中央有无取消帝制之决心。④ 北京政府接南军复电，对于徐世昌出山颇表欢迎，所列要求事项与广西前电无异，但于大总统辞职一款仍坚持到底。中央政府甚觉为难，业经密议二次，不得要领。徐世昌已分电湘、沪，邀请某宣慰使及前某参议速来京，共筹善后方法。⑤

广西独立已久，中央迄未宣布，而陆荣廷、陈炳焜等爵位官职依然存留，其意以为帝制一经取消，则该省独立亦必随而取消。其时滇、黔孤立，必能俯首听命，倘再抗拒，则仍由川、湘、桂三省进兵合击，不难指日荡平。俟

---

① 李剑农. 中国近百年政治史：1840—1926 年 [M]. 上海：复旦大学出版社，2002：397.

② 马震东. 大中华民国史 [M]. 北京：中华书局，1932：582.

③ 北京电 [N]. 申报，1916-03-26.

④ 要闻一：滇黔桂三省复电之传闻 [N]. 大公报（天津版），1916-03-24.

⑤ 专电：北京电 [N]. 大公报（天津版），1916-03-27.

大局底定，再商议处置之法。若遽行褫夺，则愈激愈变，恐益不可收拾。中央既抱定此宗旨，故通电各省除关军秘外，广西仍在其列，以示不与滇、黔比观。惟闻此种策略曾试之于黔而败，今试之于桂依然无效。① 陆荣廷答复十九省通电，谓广西可以取消独立，但须附条件，即成立宪法政府，组成代表国民之国会，黜退发起帝制主谋之人。② 陆荣廷表现出不肯轻易妥协的决绝态度。

自桂事发生，粤省接地紧接异常恐慌。桂省军队分三支，一支聚于柳州，将从湖南进行，一支聚于太平府与粤省之钦廉边境相接，一支聚于梧州与粤之肇庆西江相接。以地势言之，湘省军务吃紧，其必注重入湘，甚为明了；但粤省牵其后，终属堪虞，故桂军对粤半取守势，半取攻势。粤省于各地防务亦非常注重，钦廉边地平常已有驻防兵。而桂军则直迫钦廉，粤省现状之危险亦可想而知。③ 梧州驻兵由三千人增至万人，各处炮台修葺极忙，并派兵士往各处商船搜查，遇有粤省军兵，即令缴械，其饷食均由广西供给。④

广西、广东当道相互联系，不断试探。广东龙将军、张巡按使出作调人，已向陆荣廷要求和平解决。已接到广西复电，允受调停。俟委员到后妥议，并饬桂军勿许越境。龙、张接电后又复电，并请陆力任调人。⑤ 广西陆荣廷连电龙氏，劝其独立。⑥ 经反复交涉⑦、权衡利弊，龙济光于4月6日宣布独立。⑧ 陆荣廷以助保自治为名，拟派兵赴粤。⑨

广东突然宣布独立，让北京政府更加焦头烂额。袁世凯哀叹，乃粤省竟于和平进行之际，忽而发生迫胁之举，殊属有碍大局。⑩ 大局异常紧急，北京政府于7日特召军事会议讨论对付政策。8日又接密电，密陈广东龙济光、张鸣岐宣告独立之情形，并另陈云、贵、广西三省电商该省，预定10日各派代表齐集粤垣特开联合大会，大致系为元首如不实行退位，该四省即妥议组织内

---

① 要闻一：中央对待桂省之策略 [N]. 大公报（天津版），1916-04-06.

② 北京电 [N]. 申报，1916-04-07.

③ 广东桂省独立后之粤东 [N]. 大公报（天津版），1916-04-02.

④ 要闻一：桂省独立后之消息 [N]. 大公报（天津版），1916-04-02.

⑤ 要闻一：粤大吏复广西陆荣廷电 [N]. 大公报（天津版），1916-04-07.

⑥ 要闻一：广东未独立前陆荣廷致龙张电 [N]. 大公报（天津版），1916-04-09.

⑦ 要闻一：东报纪滇粤提出交涉条件 [N]. 大公报（天津版），1916-04-09.

⑧ 要闻一：广东将军龙济光宣告独立 [N]. 大公报（天津版），1916-04-09.

⑨ 陆荣廷等应龙济光之请将率兵赴粤电 [M] //中国第二历史档案馆. 中华民国史档案资料汇编：第三辑军事. 南京：江苏古籍出版社，1991：308.

⑩ 对于广东独立之愤慨 [M] //骆宝善，刘路生. 袁世凯全集：第35卷. 开封：河南大学出版社，2013：186.

阁，成立政府，召集国会各事，并讨论其他对待中央计划。是日下午居仁堂会议即将此事提出讨论。① 4 月 8 日，袁世凯谕政事堂会同各部速议维护川、粤两省现状，无论如何，万毋使两省现状有所变动，借以稳固边局。② 北京政府曾提出改行共和联邦制及元首退位并分地设治等三项办法，9 日午刻接电，三项办法不能同意，仍请翔实电复，并有限定三日之语。③ 11 日，大总统特通谕主持调停各员对于和议事项迅筹急进之策，俾期和局早日告成，免再致同室操戈之惨。④

北京政府曾建议广西派代表在上海或北京举行媾和会议，但为广西所拒绝。桂省至今只给予一复电，即苟非袁世凯退位，绝无调停之余地。对于外间传言广西取消独立，广西陆荣廷、梁启超通电予以否认，称广西决不与袁政府单独议和，若未得滇、黔同意，亦决不信赖北京政府取消独立。⑤ 陆荣廷、唐继尧等致电北京政府，请依据约法，转呈袁世凯，速行宣告退位，一面息兵，速集议会。⑥

南方各派势力加强协作，陆荣廷、龙济光等于 4 月 27 日推戴岑春煊为两广护国联军都司令。⑦ 5 月 1 日，两广都司令于肇庆成立，岑春煊任都司令，梁启超、李根源任正副都参谋。8 日，军务院于肇庆正式成立，唐继尧任抚军长，岑春煊任副抚军长，梁启超为政务委员长，陆荣廷、龙济光、蔡锷、陈炳焜、刘显世、吕公望、李烈钧等为抚军。⑧ 护国军有了形式上的统筹机关，坚决否认袁世凯的总统资格。

为缓和局势，袁世凯一面表示退让，于 5 月 8 日下令将政事堂改称国务院，⑨ 一面又恋栈不去，袁氏并非真要放权，做一个虚位总统。国务卿段祺瑞曾请裁撤统率办事处，被其拒绝。拟将该处暂行存留作为大元帅办事机关，其经

① 要闻一：粤桂滇黔四省将开联合会 [N]. 大公报（天津版），1916-04-09.

② 谕政事堂会同各部速议维护川粤两省现状 [M] //骆宝善，刘路生. 袁世凯全集：第 35 卷. 开封：河南大学出版社，2013：130.

③ 要闻一：总统府又接四省之复电 [N]. 大公报（天津版），1916-04-10.

④ 通谕主持调停和议各员 [M] //骆宝善，刘路生. 袁世凯全集：第 35 卷. 开封：河南大学出版社，2013：151.

⑤ 要闻一：桂省辩正取消独立之电报 [N]. 大公报（天津版），1916-04-12.

⑥ 陆荣廷等劝袁世凯退位电 [M] //中国第二历史档案馆. 中华民国史档案资料汇编：第三辑军事. 南京：江苏古籍出版社，1991：464.

⑦ 龙陆两督推戴之通电 [N]. 中华新报，1916-05-09.

⑧ 要闻一：南军联合政府之成立 [N]. 大公报（天津版），1916-05-11.

⑨ 政事堂改称国务院令 [M] //骆宝善，刘路生. 袁世凯全集：第 35 卷. 开封：河南大学出版社，2013：371.

费一项，可由内阁加以核减，以资撙节。① 军事大权仍操之于袁世凯，故关于战备事宜仍归公府核议。袁世凯仍想对南方继续用兵，但制约重重。袁世凯曾将武力挞伐之议提交政事堂核复，条陈此议者主张停战期满，除特悬重奖激励川湘前方各军将领率师分路进剿黔桂云南外，另拨驻某省之陆海各军先向浙省征省讨之议。闻此议须得新内阁同意，并须预先征求某四省将军巡按使意见，似觉稍有困难，最后如何取决，尚未能确定。② 北京政府财政窘迫，军饷难筹。有建议规复捐纳，但北京政府认为捐纳之举为前朝弊政，不可轻议规复。惟准另行规定一种输饷奖章，将来商民如有输财助饷者，即行分别给予褒彰，以彰其善。③

北京政府认为，如南军始终坚执其要求，中央政府即认为转圜无方，南军破坏和局，仍采用武力以谋最后之解决。当局之意已决定施以和战并筹之策，一面对于和议事项仍做积极进行，一面关于军备问题亦即从速筹划，此种办法或谓段祺瑞内阁亦即主张者之一，而揆诸袁总统意旨更不谋而合。④ 北京政府在军事方面加紧筹备，故而对于和谈并无诚意，数日来仍系用种种敷衍手段，以期不至遽行决裂。其内幕中系有两项用意：一为对内、对外使知战衅开于民军，中央则始终抱和平主意；二为所有备战上各密要问题尚未能筹划完善。然现在事机愈逼愈紧，恐开衅之期亦将不远。⑤

此时广西、湖南军事动作频繁。湖南探闻广西陆荣廷由南宁调兵万人进扎广东西江一带，后路极为空虚，当即率师一万由湖南边境取道广西全州，窥伺桂林，闻已占据八县。陆荣廷迭接警报，遂无心东下，会同桂平镇守使莫荣新星夜拔队赴援。⑥ 桂省陆续派遣军队前往湖南，进逼永州。在桂军进逼下，北军弃城而走，退往长沙。⑦

陕南镇守使陈树藩于 5 月 9 日宣布陕西独立，独立阵营进一步扩大。5 月上旬，唐继尧、陆荣廷、刘显世、龙济光、岑春煊、梁启超、蔡锷、李烈钧等联

---

① 驳国务卿段祺瑞拟裁统率办事处之请 [M] //骆宝善，刘路生. 袁世凯全集：第 35 卷. 开封：河南大学出版社，2013：323.

② 解决南北问题仍用武力之传闻 [N]. 大公报（天津版），1916-05-01.

③ 驳议政府核议拟暂行规复捐纳之例 [M] //骆宝善，刘路生. 袁世凯全集：第 34 卷. 开封：河南大学出版社，2013：425.

④ 官场述政府之军事筹备 [N]. 大公报（天津版），1916-05-13.

⑤ 政府最近敷衍和局之用意 [N]. 大公报（天津版），1916-05-18.

⑥ 要闻二：湘军乘虚犯桂之传闻 [N]. 大公报（天津版），1916-05-05.

⑦ 广西军队入湘之声势 [N]. 大公报（天津版），1916-05-07.

名致各国公使领事电，表示袁世凯大总统失资格，推戴黎元洪代之为大总统。[①]
至5月中旬，岑春煊为两粤联军都总司令，龙都督为粤军都总司令，陆都督为
桂军都总司令，均预备出征。陆督以出师在即，遄返武鸣，稍为料理。各处布
置就绪，业已督师出发。[②]

北洋势力内部实力派公开表示异见，冯国璋、张勋、倪嗣冲等联络未独
立15省区于5月18日在南京召开会议，讨论总统去留问题。各派势力各怀鬼
胎，会议争吵不休。讨论未决，通电邀独立5省一起研究妥善办法以救危急。
粤、桂、黔、滇等独立各省回电表示拒绝参加，南京会议陷入僵局。[③] 唐继尧
曾致电冯国璋，指出袁氏退位已不成问题，如该会认同此点，"但当妥筹善
后"，滇、黔、桂、粤、浙各省派员参加；如认为袁氏退位尚待解决，"则黔、
桂各省宗旨久已标明，即可暂缓派员，俟尊处与赴会各省会议决定后，再行
加入较为合适"。[④] 1916年5月18日，护国军军政府颁布宣言书，否认袁世凯
大总统资格，称袁氏犯谋叛罪，自1915年11月13日下令称帝之后，民国大总
统资格当然消灭。[⑤] 随即颁布第二号宣言书，拥戴现任副总统黎元洪为民国大
总统。[⑥]

在内外交困之下，袁世凯的垮台已成定局。5月22日，四川陈宧宣布独立，
29日湖南汤芗铭宣布独立。5月底，军务院以两广为主力，制定大规模作战计
划，两广军同向湖南、江西进发，更攻福建迫其独立；贵州军于四川独立后分
二军，一出陕西追击曹锟，一出湖北。除云、贵、两广、浙江等独立省外，湘、
蜀、鄂、秦、闽、赣等省亦将归南军势力之下，晋省亦将加入，故南军必断然
用武力迫袁世凯退位。[⑦] 袁世凯见大势已去，虽力求挽救，终无济于事。穷途末
路之下，袁世凯于6月6日在京病故。在其临终前，依然在为保持权位而努力，
在召见段祺瑞语退位事时称："予之履任总统，系依法律而来，此后退位，亦当

① 推戴黎元洪继任大侦探通告各国电 [M]//唐继尧护国讨袁文稿. 杜奎昌，辑注. 昆明：云南人民出版社，2005：336.

② 两粤联军出发之准备 [N]. 大公报（天津版），1916-05-24.

③ 要闻一：西报载南方四省不肯参与南京会议 [N]. 大公报（天津版），1916-05-24.

④ 为南京未独立各省会议致冯国璋电 [M]//唐继尧护国讨袁文稿. 杜奎昌，辑注. 昆明：云南人民出版社，2005：407.

⑤ 唐继尧等否认袁世凯大总统资格宣言书 [M]//中国第二历史档案馆. 中华民国史档案资料汇编：第三辑军事. 南京：江苏古籍出版社，1991：472.

⑥ 唐继尧等拥黎元洪继任大总统领陆海军大元帅宣言书 [M]//中国第二历史档案馆. 中华民国史档案资料汇编：第三辑军事. 南京：江苏古籍出版社，1991：473.

⑦ 要闻一：东报载南军整备再战之计划 [N]. 大公报（天津版），1916-05-27.

依法律而去。若仅有少数人之要求，断难承认。"①

　　袁世凯主政下的北京政府，大体还是一个可以号令全国的统一政府。特别是在镇压"二次革命"之后，中央集权不断发展，对广西的控制力度也在逐渐加强。但自云南首倡反袁护国，西南各省纷纷响应后，中央威权大减，而袁世凯的突然去世，进一步加重了这一趋势。

---

① 召见段祺瑞语退位事［M］//骆宝善，刘路生. 袁世凯全集：第35卷. 开封：河南大学
　　出版社，2013：554.

# 第五章

# 皖系主政下中央威权衰弱与广西地方主义抬头

1916 年 6 月袁世凯去世后，以段祺瑞为首的皖系军阀很快攫取了中央政权，到 1920 年 7 月直皖战争爆发，北京政府基本上处于皖系军阀的统治之下。在此期间，皖系、直系及以张作霖为首的奉系军阀在北京政府都有很大话语权。虽然北京政府仍力图维持统一政府的外表，但南北纷争不断，和谈时断时续，而且北方及南方内部均呈分裂化趋势，地方离心力增强，原本不稳的国内政局更显扑朔迷离。

## 第一节　形式上统一的昙花一现

虽然袁世凯已去，但南北矛盾聚焦约法及国会恢复问题，国内政局依然不稳。广西地方实力派在办理善后过程中，一面试图稳固省内局势，一面积极拓展势力范围于省外，大广西主义开始抬头。

### 一、军务院撤销

南北约法之争期间，北京政府的拖延让南方各省颇为不满。广西北伐先锋队由陆荣廷督率仍屯驻长沙，陆荣廷电致湘督汤芗铭，拟将湘桂原定北伐军队移驻武汉，以防止野心家捣乱而促大局速定。[①] 汤督极表赞同，当即会衔详述利害，电致鄂省当道查照。鄂督王将军婉拒，仅允湘桂联军移鄂之新堤与荆州，以为掎角。随之桂军前敌二十营驻荆州，湘军护国第二军移驻新堤，于 1916 年 6 月 15 日前后出发。[②] 陆荣廷统率重兵进抵长沙，并向湖北派兵，导致外间传闻纷纷。黎大总统致电质问陆氏，称君之统军进屯长沙，意属何居，殊难窥测。

---

① 湘桂鄂之善后方略 [N]. 申报, 1916-06-21.
② 湘桂鄂之善后方略 [N]. 大公报（天津版），1916-06-24.

"目下约法、国会等问题既经完全解决，亟且力谋统一。君如肯北上来京，晤商国是，固所欢迎。否则亦南退返桂，取消独立。设或勒兵观望，踌躇不决，既使商民惊疑，尤易启外人之疑，甚属为君不取"①。黎元洪表达出对陆荣廷擅自进兵长沙行为的不满。

驻沪海军第一舰队于 6 月 25 日突然宣布独立，声言"非俟恪遵元年约法，国会开会，正式内阁成立后，北京海军部之命令，概不接受"②。陆荣廷、陈炳焜等于 6 月 28 日通电赞同冯国璋意见，主张恢复临时约法，召集国会，速定宪法。③ 国务总理段祺瑞感到事态严重，不得不接受南方主张，宣布遵守旧约法。北京政府在内部达成一致之后，黎元洪于 6 月 29 日以大总统名义发布申令，称"宪法未定以前，仍遵行中华民国元年三月十一日公布之临时约法，至宪法成立为止。其二年十月五日宣布之大总统选举法，系宪法之一部，应仍有效"。同时宣布依照《中华民国临时约法》续行召集国会。④ 南北之间关于新旧约法之争由此暂告一段落。

在排除了法理障碍之后，撤销军务院遂提上日程。7 月初，岑春煊电致北京政府，详陈粤、桂、滇、黔、湘、浙等省在军事上的一切情形及各该省实存之兵数，并将应行暂留及解散军队数目各就本省状况详晰厘订，请由北京政府通盘核计，筹定善后之方。并请特派专员将军务院事宜正式接收，以清手续。国务总理段祺瑞拟将军务院改为五省军事善后处，岑春煊为该处督办，督理粤、桂、滇、黔、浙五省军事方面善后事宜。⑤

浙江于 7 月 2 日宣告取消独立，通电称中央政府既能尊重法律、顺从民意，军务院自当查照成立时宣言早日撤废，组织军务院各省亦应同时服从中央，力求统一，各维持全省现状，静待协商善后办法。电告云南、贵州、广西、湖南各都督及岑都司令，请由唐抚军长用军务院全体抚军署名宣告撤销军务院。⑥ 广西对此表示赞同，陆荣廷通电各方，称"旧约法既复，国会既召集，内阁已特任改组，我辈要求完全达到，军务院自当立即撤销"⑦。陈炳焜通电表示赞同，称"我辈依据法律拥护共和之目的已完全达到，足为全国称快"。请由唐抚军领

① 大总统电诘陆荣廷 [N]. 大公报（天津版），1916-07-03.
② 中国大事记 [J]. 东方杂志，1916，13（8）.
③ 陆荣廷等支持冯国璋恢复临时约法召集国会速定宪法通电 [M] //张黎辉，等. 北洋军阀史料·黎元洪卷：第一册. 天津：天津古籍出版社，1996：845-848.
④ 大总统申令 [J]. 政府公报，1916（175）.
⑤ 岑云阶电商军事收束办法 [N]. 大公报（天津版），1916-07-03.
⑥ 浙省已布告取消军务院 [N]. 大公报（天津版），1916-07-15.
⑦ 广西来电 [J]. 浙江公报，1916（1561）.

衔，通电京省，将军务院取消，以归统一。①

经过内部磋商，军务院于 7 月 14 日宣布撤销。在通电中称：今约法、国会次第恢复，大总统依法继任，与独立各省最初宣言适相符合。虽任命国务员，尚未经国会同意。然当国会闭会时，元首先任命，以俟追认，实为约法所不禁。本军务院为力求统一起见，谨于本日宣告撤废，其抚军及政务委员长、外交专使、军事代表均一并解除，国家一切政务静听元首、政府、国会主持。② 7 月 16 日，陆荣廷、陈炳焜等通电中央，称已将赴湘各军一律后撤，饬回原防驻扎，"嗣后桂省军队、民政，均一体服从中央命令"③。随即大总统黎元洪复电嘉勉此举，并称军务院既已撤销，一切善后事宜仍希随时电告，共筹结束。④ 军务院撤销，标志着由袁世凯称帝而引起的南北对立状态基本结束，北京政府在形式上达到了统一，国内政务进入善后阶段。

## 二、形式上恢复广西治理

1916 年 6 月底，段祺瑞在与黎元洪商议后，拟订了新内阁名单，于 29 日明令公布。此内阁显然为过渡性质，以采取恢复旧制、维持秩序为原则，其施政方针主要有：（1）对于中央，除召集国会外，并酌核变更抵触约法之各项法令、官制等项；（2）对于地方，拟回复地方秩序，及筹划统一大局之进行；（3）对于军政，拟消粖各地方乱端，并积极特筹收束计划；（4）对于财政，拟提前兑现，回复从前状态；（5）对于政务，拟维持现状，及预为正式内阁之筹备。以上五端在此过渡时期即依据进行。⑤ 8 月 1 日，旧国会重新召集复会，新内阁组织业已就绪，只待承认，形式上统一的中央政府再次建立起来。为统一南北，北京政府采取了一系列善后措施。

（一）军事善后

军务院善后，经费为先。对于军务院各项借款，中央政府答应代还。军务院成立时，有保险公司借拨军务院款项数十万元。中央认为该院既已撤销，拟设法代还此项欠款，拟于由中央汇款若干，交岑春煊办理善后。⑥ 除军务院借款

① 南宁来电［J］. 浙江公报，1916（1561）．

② 云南唐继尧等来电［J］. 政府公报，1916（194）．

③ 陆荣廷等以国务院成立宣告桂省服从中央电［M］//中国第二历史档案馆，云南省档案馆. 护国运动. 南京：江苏古籍出版社，1988：376．

④ 大总统复云南唐继尧等电［J］. 政府公报，1916（194）．

⑤ 新内阁之五项临时主义［N］. 大公报（天津版），1916-07-07．

⑥ 中央筹还军务院借款［N］. 大公报（天津版），1916-07-20．

需要偿还外，独立各省善后也需款甚巨。7月底，国务院秘书厅以正式电令分致浙江、广西、云南、贵州、陕西各省督军，谓目下政局业经统一，所有各善后政策即应分别着手，务将自独立之日起所有已需用各款共计若干、新招募军队共计若干、新任用人员共计若干，分别详列清表，造册详报，以凭查核。①

随之，各省陆续上报数目，广西陆荣廷于8月初致电中央，称广西共需饷二百一十五万四千余元。前拨赴黔军用费五十万元，共需一百六十五万四千余元。② 经往来磋商，善后经费数目最终确定总额为二千二百万元，其中广东七百万元（肇庆军务院解散费在内），广西五十万元，浙江一百四十万元，陕西一百万元，四川二百万元，云南六百万元，贵州一百万元，湖南八十万元，蔡锷一百五十万元，李烈钧八十万元。北京政府寄希望于善后借款，由于善后借款可望成立，故政府意态颇觉镇静。③ 日本大阪每日新闻社论将之称为中国现时最紧急之问题，调和南方之大难关，"中国刻下急务当在财政问题，借款计划苟不成功，万事皆不能解决"④。

为解决南方庞杂的部队，北京政府计划缩编各省溢额军队，由中央政府拟定收束之法，拟斟酌财政情形，限定一年或二年办理齐备，所有筹备期内应行办理之件约分二端，即妥筹军饷和停募军队⑤。为切实了解各省军队情况，总理段祺瑞拟由中央特派军事专员，前往广东、广西、云南、贵州、四川、湖南、湖北、陕西、浙江、山东等省常驻调查。⑥ 8月初，总理段祺瑞设法调和南北军人，与大总统黎元洪商定进行之法，计实行举办者有三端：（1）南北实行同一待遇，（2）组织南北联合会，（3）南北军编制及饷章另行规定统一之方。⑦

8月中旬，北京政府经多次会议，决定改编警备式军队，取消战斗命令，分别革除临时军需，设法解散增募军额。⑧ 在北京政府拟订大政方针之际，段祺瑞总理认为军事要件关系重大，非详加分配，不足以资周详，爰决定将军事问题另行提出规定，军事方针项目特别筹划，毋庸并入大政方针案内，俾期眉自醒

---

① 独立省应行册报各案之通饬［N］. 大公报（天津版），1916-07-29.
② 陆荣廷请照数筹发收束军队所需款电［M］//张黎辉，等. 北洋军阀史料·黎元洪卷：第九册. 天津：天津古籍出版社，1996：213-216.
③ 各省善后经费之规定［N］. 大公报（天津版），1916-08-06.
④ 译件东报论中国之最大难关［N］. 大公报（天津版），1916-08-09.
⑤ 溢额军队之收束法［N］. 大公报（天津版），1916-07-29.
⑥ 段总理拟添派军事驻查［N］. 大公报（天津版），1916-08-13.
⑦ 段总理调和南北军人之手续［N］. 大公报（天津版），1916-08-13.
⑧ 政府决议之四项军案［N］. 大公报（天津版），1916-08-20.

豁。① 北京政府拟划分军区，以规定军区为不可稍缓之图，然一切分配之方必须与地方情形确能符合，始可确有裨益。因决定将案中稍涉犹豫者一律再行提出，分电各省，进行种种商榷，以期舍短取长，悉臻完善。② 并特开军事会议，讨论军制审查会组织办法。③ 对于各省民军，北京政府详筹民军迅速改编办法，拟一面与各国务员详细协商，一面致电各民军领袖和平接洽。④

为收束全国军队，北京政府于 1916 年 9 月底重行规定各省区驻军额，以便各省新军、旧军依此为裁编标准。经一再会议，定全国军额为四十五师及十混成旅，其中广西二师。⑤ 编遣军队显然阻力重重，至 10 月初，善后案内最重要者为改革军队问题，中央政府对于此事迭经筹划，已决定将前此所拟应行变更之处一律于年内暂缓实行。至议缓原因，系关于筹备经费问题，未悉此外尚有他种关系否。⑥ 同时规定，嗣后凡遇改编军队之时，无论如何规划，必须经过中央核准之后方可照办。不得由该省径行变更，致使参杂歧乱，难收整齐之效。⑦ 为切实了解各省现有军队，北京政府曾通令各省调查现时军队实数，以便筹款汰弱留强，藉纾财力。至 11 月底，各省报军队数目，广西二师团半。⑧ 1917 年，广西由巡防改编为陆军第一师、第二师。⑨

（二）政治上试图控制

为统一大局，北京政府于 1916 年 7 月 6 日发布命令，废止各省将军、巡按使官制。在官制未定以前，各省督理军务长官改称督军，民政长官改称省长，所有署内组织及一切职权均应暂仍其旧。⑩ 北京政府在时机尚未成熟的情况下，对西南被迫做出一些妥协，任命陈炳焜为广西督军，罗佩金任广西省长（19 日以陈炳焜兼署）。⑪ 明令发表后，未独立各省已均遵奉外，其尚未取消独立各省则仍沿用都督、民政长名义，未知系何用意。中央政府拟暂不追求，任听其便。

① 军事问题拟另订方针 ［N］. 大公报（天津版），1916-08-27.

② 划分军区案尚待商榷 ［N］. 大公报（天津版），1916-08-27.

③ 将开陆军编制审查会 ［N］. 大公报（天津版），1916-08-27.

④ 段总理急筹改编民军办法 ［N］. 大公报（天津版），1916-08-29.

⑤ 将来全国军额之规定 ［N］. 大公报（天津版），1916-09-29.

⑥ 全国军队暂缓变更 ［N］. 大公报（天津版），1916-10-06.

⑦ 政府限制各省改编军队 ［N］. 大公报（天津版），1916-10-06.

⑧ 各省陆军之实数 ［N］. 大公报（天津版），1916-12-04.

⑨ 各省由巡防改编陆军单 ［M］// 中国第二历史档案馆. 中华民国史档案资料汇编：第三辑军事. 南京：江苏古籍出版社，1991：505.

⑩ 大总统申令 ［J］. 政府公报，1916（182）.

⑪ 命令：大总统令 ［N］. 大公报（天津版），1916-07-08.

对于各省军政、民政两项长官，非经由中央任命者，决不承认。① 北京政府从任命各省军民两政长官入手，力图维系中央权威。

军务院撤销后，北京政府拟继续推行军民分治。1916 年 7 月底，大总统黎元洪交谕国务院，以军民分治问题为确定政权要图。惟军兴以后，各省或为维持现状之计，或因习惯所囿，迄未能一律照办。大局已粗定，应即责成内务、陆军两部速将未尽事宜妥为核议，关于分治事项务须一律办理清晰，庶全国政务进行，不致再有牵混之弊。②

北京政府于 8 月 14 日下令恢复各省省议会，定 1916 年 10 月 1 日召集，各省省议会遵令恢复。广西省议会会员有 76 人。③ 为划分权限、预防冲突，北京政府通致各省省长电令一道，交令对于本省议会应行提出要案：一为规复地方自治手续，二为试行普及教育进行，三为振兴地方商业与工业计划，四为厉行禁烟政策。各按照本省地方情形议决办法，以便分别施行。④ 各省省议会召开会议，不少省议会主张省长民选。广西省议会致电中央，主张省制应定入宪法，而省制内容中最重要者则为省长民选。⑤ 此举却遭到了实力派的极力反对，在地方实力派的反对下，省议会注定成为军头的附庸和民初所谓民主政治的点缀。

在这一时期，北京政府大体有效地控制广西用人权。8 月 17 日，大总统命令，任命韦树模署理广西南宁道道尹，苏建斌署理柳江道道尹。⑥ 8 月底，任命林俊廷为桂林镇守使。⑦ 10 月，特任刘承恩署广西省长。⑧ 10 月 15 日，任命韦荣昌为桂平镇守使。⑨ 11 月 12 日，任命黄培桂署龙州镇守使。⑩ 对于更调委署各县知事员缺，广西不断缮单汇报，⑪ 对于武官也是如此。1916 年 8 月 30 日，应广西督军陈炳焜密荐，北京政府任命陆裕光为广西陆军第一师师长。⑫ 1917

---

① 自行推举督军省长者听诸 [N]. 大公报（天津版），1916-07-15.

② 关于军民分治未尽事宜之交谕 [N]. 大公报（天津版），1916-08-06.

③ 各省省议会会员人数 [N]. 大公报（天津版），1916-10-06.

④ 政府分电各省对于省会之提案 [N]. 大公报（天津版），1916-10-06.

⑤ 某派省长民选之运动忙 [N]. 大公报（天津版），1916-10-25.

⑥ 命令 [N]. 大公报（天津版），1916-08-19.

⑦ 命令 [N]. 大公报（天津版），1916-09-01.

⑧ 命令 [N]. 大公报（天津版），1916-10-10.

⑨ 大总统令 [J]. 政府公报，1916（281）.

⑩ 大总统令 [J]. 政府公报，1916（309）.

⑪ 如呈：署广西省长刘承恩呈大总统汇报五年十二月分委用各县知事员缺文（附单）[J]. 政府公报，1917（457）.

⑫ 关于以陆裕光升任广西第一师师长令电 [M] //中国第二历史档案馆. 中华民国史档案资料汇编：第三辑军事. 南京：江苏古籍出版社，1991：640-641.

年 4 月 15 日，北京政府分别任命广西陆军第一师第一、第二旅旅长及第一、第二团团长。①

改土归流工作继续推进。广西督军兼署省长陈炳焜于 1916 年 9 月呈文北京政府，称自 1915 年前巡按使张鸣岐呈将安定等九土司提前改流之后，所余各属土民率皆具禀前来，"请予一并设县，以顺舆情而敷文化"。录案补报前都督陆荣廷将忠州等十土司改置忠县、镇结、龙茗、思陵等 4 县。镇南道属同正县承审之佶伦、结安、都结、镇远等四土司以佶伦土州本治境地为设治地点，改置镇结县，定为三等县缺，仍隶镇南道管辖。养利县承审之茗盈、全茗、龙英等三土司，以龙英土州本治境地为设治地点，改置龙茗县，定为三等县缺，仍隶镇南道管辖。广西南宁道属扶南县承审之土忠州土司，以该州本治境地为设治地点，改置忠县，定为三等县缺，仍隶南宁道管辖。宁明县承审之思州、思陵等两土司，以土思州所属海渊墟为设治地点，改置思陵县，定为三等县缺，仍隶镇南道管辖。② 呈上后，不久为北京政府批准，惟忠县应改称绥渌，思陵县应改称思乐。③ 1917 年 2 月，内务总长范源濂报告大总统黎元洪，称据广西兼署省长陈炳焜呈请，将田南道署向武、都康、上映三土州合并，改设武都县，定为三等县缺，仍隶田南道管辖。内务部以武都名称与甘肃相同，改为向都。④

在北京政府的努力下，大体在形式上恢复了对于广西的治理，广西等地方各级文武官吏的任免权基本由中央掌控。在中央政府的主持下，广西省议会恢复，军民分治得以继续推行，但在表面统一的背后，难掩广西等地方军阀势力日益扩张的现实。

### 三、扩张主义抬头

护国战争前后，广西面临着财力难以为继的窘境。在对内罗掘俱穷的情况下，广西军头把视野转移到省外。在加强内部控制、稳固权位的同时，力图将势力扩张到广东、湖南。

在护国战争期间，陆荣廷率兵挺进湖南长沙，野心开始膨胀，逐渐萌生出

① 大总统任命贲克昭陈坤培为广西第一师第一第二旅旅长令［M］//中国第二历史档案馆. 中华民国史档案资料汇编：第三辑军事［M］. 南京：江苏古籍出版社，1991：641.

② 广西督军兼署省长陈炳焜呈大总统广西南宁镇南两道所属忠州等十土司业经改设忠县等四县谨将筹备经过情形暨成立日期恭呈祈鉴文［J］. 政府公报，1916（269）.

③ 命令：大总统训令第七号［J］. 政府公报，1916（267）.

④ 兼署内务总长范源濂呈大总统核议广西田南道属向武都康上映三土州合并改设县缺拟请定名向都文［J］. 政府公报，1917（404）.

北占湖南、东进广东的想法。军政府行将结束之际，广东境内并不安谧，龙济光倒向北京政府，与滇军李烈钧部在广东冲突不断，给了陆荣廷以可乘之机。梁启超、陈炳焜等人电致北京政府，请将龙氏调离广东，并保陆荣廷督粤，认为此举可挽回广东危局而消除竞争。梁启超保陆督粤自然有其打算，① 而北京政府对于此项办法极以为然。② 1916 年 7 月 6 日，北京政府发布命令，特任陆荣廷为广东督军，暂行署理湖南督军。在陆荣廷未到任以前，特任龙济光暂行署理广东督军。③ 北京政府此举显然是刻意在桂系、湘军、龙氏、入粤滇军之间制造矛盾，以期坐收渔翁之利。

见湖南情形复杂，陆荣廷并未接受暂署湖南督军的命令，而是率部先行回桂，试图先行图粤。对于督粤任命，陆荣廷曾一度表示谦让。7 月中旬，在陆荣廷未赴广东督军任前，致电中央，称得广东总商会及七十二行电详述广东危急情形，非令龙济光立即去粤，粤中不免糜烂。在陆督军未能到粤以前，请以岑春煊暂时署理。时人对此评论道：陆荣廷所得之总商会及七十二行电，不知是否出于该商会等之本意，抑系为人假借？无论如何，用人大权操诸中央，绝非私人团体或公共团体等所得干预。此端一启，各省大吏皆将视地方上团体之意为进退。况陆氏原为岑氏旧部，岑春煊若署理，陆氏必永无到粤之日。盖陆人尚忠厚，不欲与岑竞争权位也。该商会等虽有此请，中央宜自行裁夺耳。④ 后在梁启超及各方恳劝下，陆荣廷最终决定接受督粤任命。7 月 16 日，北京政府下大总统策令，广东督军陆荣廷迅速赴任。⑤ 见龙济光、李烈钧纷争未决，陆荣廷行动迟缓，意图观望。7 月 19 日陆荣廷致电中央，以得病尚需调理为由，先行返桂，"一俟病体稍痊，再行请示"⑥。陆荣廷于 7 月 25 日抵达桂林，同日致电中央，请另简贤员暂行接署，俟医治稍痊，再为赴任。⑦

至 8 月初，广东局势仍纷争不已，各方不断催促陆荣廷赴任。浙江督军兼

① 当时各派势力对督粤争执颇剧，"各军亦纷纷派代表北上以自谋，均以得督粤为目的，呼声最高者为莫擎宇、陈炯明、李耀汉三氏。……梁之毅然独行，盖欲捧陆上场，操纵一切。想不到陆上场后，不为利用也"。李培生. 桂系据粤之由来及其经过 [M]. 北京：中华书局，2007：22.

② 梁任公力保陆荣廷督粤 [N]. 大公报（天津版），1916-07-07.

③ 命令：大总统令 [N]. 大公报（天津版），1916-07-08.

④ 粤人果欲举岑代龙耶 [N]. 大公报（天津版），1916-07-19.

⑤ 命令：大总统策令 [Z]. 政府公报，1916（192）.

⑥ 陆荣廷报告莅任粤督俟病体稍痊再行电 [M] //张黎辉，等. 北洋军阀史料·黎元洪卷：第四册. 天津：天津古籍出版社，1996：21.

⑦ 陆荣廷请另简贤员暂行代己督粤电 [M] //张黎辉，等. 北洋军阀史料·黎元洪卷：第四册. 天津：天津古籍出版社，1996：27-28.

署省长吕公望电陆督军，敦劝其迅速赴粤。吕公望称粤事近弥水火，若旷日持久，深恐一隅之争，影响及于全局，收拾更见为难。陆荣廷首义功高，诸军悦服，此次调粤，在中央全属为地择人之见，在我公初无乘时攘位之心。征旆朝东，危机夕解，化险为夷，此行是赖。① 唐继尧也力促陆荣廷赴任，电称粤事纷纭，迄未解决，外力干涉，事至可危，滇中电阻，多日未能得真相。顷已电在粤滇军将领，饬令即日停战，听候处分。"惟查粤事内容复杂，非陆都督即日到职，万难悉解纠纷。当已另电敦劝，力疾遄往。仍请中央加电促行，必能早定难局。"②

8月初，岑春煊请中央于陆荣廷未经到任以前，暂以谭浩明护理粤督。③ 谭浩明为陆荣廷亲信，时任广西第二师师长兼龙州镇守使，以之护理粤督自然得到陆荣廷的同意。8月1日，陆荣廷致电中央，请以谭浩明暂行护理粤督。④ 段总理以其力疾从事，自应派员襄助，以节其劳，因决定特任谭浩明协理该省军务，日内即行电商陆督军征其意见。⑤ 陆荣廷于8月10日电告中央，称遵令赴粤，现已部署就绪，决于11日力疾东下⑥。北京政府特开秘密会议，讨论对粤事项。⑦ 议决派第一舰队前往维持广东地方治安，并议调江西、福建两省军队前往。

随着桂系军队的大举入粤，陆荣廷督军及朱庆澜省长先后到广东，粤省乱事渐有头绪。北京政府特开密议，拒绝龙、李两方面提出的种种要求，严令双方静候中央筹定办法。倘有反抗，即行以武力为相当之对待。并电致陆督军，令其警告龙、李，并特令萨镇冰监视撤退军队。⑧ 8月25日，北京政府电令龙、李两方军队克期撤退，分办交代。⑨ 而龙济光拒绝办理交代，"近益设防挑战，

① 吕督军电广西陆督军敦劝迅速赴粤以解倒悬由 [J]. 浙江公报，1916（1573）．

② 云南来电：唐继尧通电为粤事纷纭敦劝陆督军到职由 [J]. 浙江公报，1916（1589）．

③ 岑春煊请以谭浩明暂护粤督电 [M]//李啸风，沈友益. 中华民国史史料外编：前日本末次研究所情报资料（第一册）. 桂林：广西师范大学出版社，1997：13.

④ 陆荣廷请命令谭浩明暂行护理粤督电 [M]//张黎辉，等. 北洋军阀史料·黎元洪卷：第四册. 天津：天津古籍出版社，1996：32.

⑤ 拟以谭浩明协办粤省军事 [N]. 大公报（天津版），1916-08-13.

⑥ 陆荣廷报告奉命东下赴粤日期电 [M]//张黎辉，等. 北洋军阀史料·黎元洪卷：第四册. 天津：天津古籍出版社，1996：44.

⑦ 公府昨日密议粤省事宜 [N]. 大公报（天津版），1916-08-13.

⑧ 政府最后对待粤乱之办法 [N]. 大公报（天津版），1916-08-28.

⑨ 大总统著广东龙李双方军队一律撤退令，唐继尧等否认袁世凯大总统资格宣言书 [M]//中国第二历史档案馆. 中华民国史档案资料汇编：第三辑军事. 南京：江苏古籍出版社，1991：504.

筑垒增兵"。广西督军陈炳焜于9月5日致电中央，称龙竟敢玩戏中央，抗不交代。陈炳焜还表示，自受事以来，因东乱未定，军事则无从收束，交通遏绝，财政则无从整理而午夜焦思，罔知所措。请准其辞退，以陆荣廷调任广西督军。[1] 借机对中央政府施加压力，其目的仍是希望陆荣廷能顺利接任广东督军。

见广东纷争不断，难以清理，陆荣廷、朱庆澜不断提请辞职，均被北京政府核复不准，加以慰留。陆荣廷与入粤滇军一起夹击龙济光，连占江门、佛山、顺德、新会等地，迫使龙济光退往琼州。9月底，陆荣廷接广东督军印，广东秩序渐次恢复。1917年4月10日，北京政府任命陆荣廷为两广巡阅使，并按照陆荣廷的意愿，特任陈炳焜署广东督军，特任谭浩明署广西督军。[2] 由此，桂系从北京政府手中取得了控制两广的合法地位，势力扩大至广东，成为拥有广西、广东两省地盘的地方军阀。

桂系之所以积极拓展势力，除陆荣廷等地方军头的政治野心之外，广西省财力的困窘是其现实考量。浩繁的军政饷需难以筹措，广西当轴计无所出，只得大肆印行纸币，1916年广西银行发行纸币达八百余万元，[3] 同时拟向日本三菱银行贷款一百六十万元。[4] 广西治理一大难题在于财力困窘，由此导致了匪患日炽、发展乏力等一系列问题。摆在广西当道面前的首要问题，即如何解决财政问题。为维持财政，广西当道另辟蹊径，求诸于开办赌饷。护国战争之际，"粤西以绌于兵费无可为，计不得已，而谋及赌捐"[5]。仿照广东办法，在梧州设立新兴公司，计划岁收额饷百二十万元。[6] 当时声言国事就平，当复禁弛禁之期，以半年为期。至半年之限适满，军费不足，陈炳焜不得已仍弛赌禁。1916年10月间，桂督兼省长陈炳焜以筹备军饷为名开设赌饷，设直隶于督军署的筹饷局负责管理。所谓筹饷，"即赌博捐也。招商投筒承包，由省总公司规定各县饷额公布，限期投筒，以出最高额者为取得承包权，由承包人招商标投于区，

---

① 陈炳焜又请陆荣廷调任广西 [N]. 大公报（天津版），1916-09-09.

② 大总统令 [N]. 大公报（天津版），1917-04-11. 谭、陈两人对调，据时人指出，因陆荣廷欲除粤省长朱庆澜，授意于谭。"但谭本无知识之辈，奉旨有余，实行不足，于是又有谭、陈对调，人地相宜之请。"李培生. 桂系据粤之由来及其经过 [M]. 北京：中华书局，2007：25.

③ 于彤. 北洋时期全国金融机关一览 [M] //中国社会科学院近代史研究所近代史资料编辑室. 近代史资料总第68号. 北京：中国社会科学出版社，1988：109.

④ 徐义生. 中国近代外债史统计资料 [M]. 北京：中华书局，1962：232-233.

⑤ 广西续办赌捐之非计害已较广东为烈矣 [N]. 大公报（天津版），1917-02-19.

⑥ 两粤军费与赌捐之关系 [N]. 申报，1915-12-26.

区及于各团各村，赌博遍县境矣"①。

广西此举引起了各方关注。10 月 30 日，岑春煊、陈智伟、秦步衢等 44 人联名致电陆荣廷、陈炳焜、广西省议会等，"惟是广西地瘠民贫，因赌败产，匪患日多。现在倒袁事竣，此等不得已之举，亟应停办"，请设法取消。② 陈炳焜在其致陆荣廷、岑春煊等人的电文中讲明了开赌捐的不得已，称广西军政各费虽厉行裁节，但出入不敷犹在二百万元以外，此次军兴善后尚不预焉。中央既无涓滴之资相助，地方又无丝毫之款可筹，谋及赌捐是讵得已。"现计此项饷捐年可增收百万。诸公心硕望桑梓关怀，如承指示另有可筹之款年约增收五六十万元者，则炳焜曷敢不以诸公之志为志，而乐为此丛诟之举乎？"③ 无奈之情，溢于言表。

为了百万年收入而不惜开设赌捐，此举可能带来的严重后果，这从一个侧面反映出当时广西财力的窘迫。广西省议会对此屡次质问，桂督均以事关军政，拒不答复。于是恳请大总统、国务院迅赐刚断，将广西赌博严行禁绝。④ 11 月 8 日，省议会特行电中央政府，列举了陈炳焜公布《筹饷简章》事实，认为此举与法理不合，请中央迅令陈督军撤销广西筹饷局。⑤ 11 月 28 日，广西省议会向国会发出请愿书，请维持法律尊严，禁止广西赌博。⑥ 至 12 月底，广西省议会禁止桂省开赌之请仍未见明令。省议会遂再次电请中央，称读大总统停办广东有奖义会之令，"明见万里，不忍以剜肉医疮之举，贻害闾阎。至论仁言，曷胜钦仰。惟桂省赌祸视粤尤剧，有奖义会之外，尚有训摊等种种名目。前恳严禁，德命未颁。岂桂省僻在退陬，独遗覆载，务请迅下明令"⑦。随后，广西省议会多数通过《禁绝广西赌博建议案》。⑧ 而此时北京政府两院急于议宪，无暇议及，此案遂暂时搁置，而广西第三期赌捐又继续开办。

广西省议会通过的议案几无效力，广西赌博抽饷风气愈发嚣张。至 1917 年

---

① 姜玉笙. 三江县志·卷三·税捐 [M]. 影印本. 台北：成文出版社，1975：261-262

② 请设法取销广西赌捐致粤桂督军省议会议员电 [M] // 谭群玉，曹天忠. 岑春煊集：伍. 广州：广东人民出版社，2019：639.

③ 陈炳焜电复赌禁 [N]. 大公报（天津版），1916-11-21.

④ 民国时期文献保护中心，中国社会科学院近代史研究所编. 民国文献类编·政治卷：第229 册 [M]. 北京：国家图书馆出版社，2015：70.

⑤ 民国时期文献保护中心，中国社会科学院近代史研究所. 民国文献类编·政治卷：第229 册 [M]. 北京：国家图书馆出版社，2015：76-77.

⑥ 民国时期文献保护中心，中国社会科学院近代史研究所. 民国文献类编·政治卷：第229 册 [M]. 北京：国家图书馆出版社，2015：73.

⑦ 广西省议会电催禁赌 [N]. 大公报（天津版），1916-12-22.

⑧ 禁绝广西赌博案 [N]. 大公报（天津版），1917-01-28.

年初，广西山票番摊遍全省。就番摊一种而言，广西地方政府每年只收入一百六十万元，而赌徒及官军分肥者一千二百八十四万元；山票一宗，广西地方政府每年得八十万元，其六百四十万则归赌徒分肥。此外如麻雀牌、九骨牌、摇色等赌捐尚未列入。广西人民每年失业破产耗费一千三百四十四万，地方政府每年仅得二百四十万元。广西素号贫瘠之省，每年乃听其人民失业破产至如此之巨，无怪游匪愈积愈多也。① 时人评论道：今闻广西自开办赌捐以来，其赌祸之烈更甚于广东，广西省吏所得之利有限，而广西商民所蒙之害实大也。且闻桂省近来取入日见增加，已可无需于赌捐。试问桂省长吏曷为贪恋此酖酒漏脯，忍驱其全省之良民尽入于牧猪奴一流耶？②

赌捐的开设，败坏社会风气，导致众多人民破产，也使不少破产百姓流为盗贼，进一步加剧了广西匪患。报道称，除军警森严的省城外，广西几乎无处非匪。每县一日电报，匪案辄至数次或数十次，来往轮船多被劫掠，交通阻塞。③ 据《恭城县志》记载，"民国五年春匪势披猖达于极点，几于路断行人，地方避难纷纷"④。除了零星散匪外，还有散兵游匪，龙济光余部千余人溃散于桂边西隆、庆远一带，屡抚不就，遂成为流寇。滇、桂两省曾会军搜剿，但未奏效，百色、南宁常遭威胁。⑤ 在龙部溃兵的煽诱下，桂、黔边界苗民揭竿扰乱，曾一度侵扰西隆县城。⑥

1917 年 1 月 1 日，新任广西省长刘承恩到任。在其未到任之前，曾表示政见，以禁赌为急，闻者无不延颈企踵以望其至。刘抵任才数日，又以赌不能禁为言。刘省长指出，因赌致贫流为盗贼者亦极可虑，即欲在赌饷项下筹多数十万，以辟贫民工厂。全省士民无不大失所望，谓其乖舛如出一辙，其言救济之术无异右手刺人以刃，而左手授以刀圭之药。⑦

为剿办土匪，刘省长拟会商督军，意欲请督军拨与两营，一面训练，一面征剿，以训练驯熟者发遣各属训练团练，兴办警察，随时纠察，此则为治本所必要，已行文各属查警兵额数有无团练。刘省长表示，广西财政极为困难，以致一切政治难于措施，节流固不待言，而开源尤为必要。开辟财源，自须振兴

---

① 桂省赌祸之前因后果 [N]. 大公报（天津版），1917-02-01.

② 赌禁与赌捐 [N]. 大公报（天津版），1917-02-19.

③ 广西续办赌捐之非计 害已较广东为烈矣 [N]. 大公报（天津版），1917-02-19.

④ 莫杰. 陆荣廷军阀政权的出现和覆灭 [J]. 学术论坛，1980（04）：27-33.

⑤ 广西：桂边最近之恐慌 [N]. 大公报（天津版），1917-02-09.

⑥ 广西：桂边苗匪蠢动 [N]. 大公报（天津版），1917-03-17.

⑦ 广西续办赌捐之非计害已较广东为烈矣 [N]. 大公报（天津版），1917-02-19.

实业，而实业之兴否，又视交通之利否以为衡。广西矿产并非不多，荒地尤至伙，特以交通梗塞之故，以致作工不易，地利久藏，殊为恨事。最急者即修筑邕北铁路以利运输，此路自能修固佳，不然借款亦须办。闻该路线曾由袁世凯押于法人借款用过，有否纠葛，须询明中央乃可措手。① 刘省长试图以修筑铁路来发展交通事业，继而振兴实业，计划不可谓长远。

然而，建造铁路并非易事。1917 年年初，中国政府与美国西门加来铁道运河公司订立合约，承造广西铁道。甚或有报载衡钦铁路（衡阳至钦州）行将建筑的消息，并已有多数工人开筑柳州与桂林间之路线。② 没想到该公司已起始测量线之时，法国公使向中国政府抗议反对是项合约，因在 1914 年 9 月 16 日当时中国外交总长孙宝琦曾以秘密公文允许，于修筑广西铁道及开采广西矿产须借外债时，法人占有优先权。由此，美国公司修筑广西铁路之事遂寝。③

1917 年 4 月，北京政府特任谭浩明署广西都督。5 月，谭督军赴桂在即，于两粤交通事极为注意，连日在署频集官粤各同乡要人及粤绅商，筹议展筑梧三铁路，由三水河口起（广三路系由石围塘通至河口）接广三铁路，展筑至广西梧州。此项路线约长一百英里，需款共七百万元左右。谭督军计划拟先集款数千元作为筹办，成立后即移作优先股。并拟先派出踏勘测量员数人，及觅取乡导一二人前往测勘，设定路线三数条，以便再派员复勘，参酌取定，再定实股款确需若干，应集若干。闻此事已得多数人赞成，谭督军亦极欲趁此留粤时期，使此路计划筹有眉目。④ 但由于政局突变，该路线修筑计划不了了之。⑤

概而言之，财政问题一直是困扰广西的一大难题。桂省自军兴以来，银根短绌，纸币虽因商民信用尚可维持，但军政两费收不敷支。至 1917 年 5 月，广西省当道刻因财政窭乏，拟向日商借款一百八十万元。⑥ 为解决财力不济难题，桂系军阀急于扩大势力，寻找新的财源。

以段祺瑞为首的皖系军阀在这一时期虽然大体控制着中央政府，但却难以一手遮天，北京政府内部派系矛盾日益复杂，各派政治力量分别围绕在总理段祺瑞和总统黎元洪间纵横捭阖，斗争逐渐尖锐。北京政府虽然形式上恢复了对

---

① 广西：刘省长之政见 [N]. 大公报（天津版），1917-02-20.

② 各省纪闻：广西路矿之调查 [J]. 安徽实业杂志，1917（3）.

③ 法得桂路优先权秘约之披露 [N]. 大公报（天津版），1917-05-18.

④ 广东梧州铁路之筹办 [N]. 大公报（天津版），1917-05-24.

⑤ 广梧铁路早在清季即亦提出，但由于种种原因先修了广三铁路，由三水达梧州间铁路在民国初年屡屡议及，却一直难以进入修筑阶段。关于广梧铁路的筹建详见拙作，张季. 清末民国时期广梧铁路的筹建历程 [J]. 广西地方志，2021（5）：53-58.

⑥ 广西桂省之借债 [N]. 大公报（天津版），1917-05-07.

广西的治理，并力图在政治、军事、经济等方面加以控制，但由于中央威权已大不如前，又加上内部派系矛盾重重，难以像之前一样有效实施控制和治理。广西地方军头野心开始不断膨胀，为转嫁省内矛盾，寻找新的财源，汲汲伸张势力于邻省。

## 第二节　裂缝再现：护法运动期间中央与广西

北京政府内部派系争斗及由此导致的政局不稳，给了广西地方军头更多长袖善舞的空间，也使原本并不牢固的南北统一又一次陷入困境。出于各自利益的考量，广西地方实力派对待北京政府及革命党人的态度显得扑朔迷离，而宗旨则一以贯之，即试图利用复杂多变的政治局势来巩固自身地位，不断壮大实力，进一步扩张势力于周边省份。

### 一、府院之争与广西

在府院之争愈演愈烈的形势下，远在西南边陲的广西也没能置身事外。1917 年年初，广西督军陈炳焜、省长刘承恩致电中央政府，谓近有宵小离间府院，以致政务措施横生障碍，国事艰危，不堪再事挑拨，请注意云云。① 表达了对于中央政局的隐隐担忧。陆荣廷于 3 月北上，与北京政府磋商，试图巩固两广的势力范围。以段祺瑞为首的北京政府对于陆荣廷的要求表示认可。4 月 10日，北京政府发布命令，任命陆荣廷为两广巡阅使，陈炳焜为粤督，谭浩明为桂督。② 此命令无疑是北京政府以默认桂系现有势力范围为代价，来试图换取桂陆势力对中央的支持。

段祺瑞总理于 4 月 25 日借口召开军事会议，召集各省督军及督军代表开会，主要商议对德宣战问题，借以对大总统黎元洪施压。府院之争矛盾进一步激化，双方很快白刃相见。大总统黎元洪于 5 月 23 日发布命令，免去段祺瑞总理兼陆军总长职务，特派外交总长伍廷芳暂代国务总理，令其改组内阁。

段祺瑞不甘心被免职，愤然还击。在其授意下，河南、浙江、陕西、山西、山东、福建、直隶、安徽、奉天等省于 5 月底纷纷宣布独立，并于 6 月 2 日在天

---

① 桂督军省长关怀大局 [N]. 大公报（天津版），1917-01-16.

② 李剑农. 中国近百年政治史：1840—1926 年 [M]. 上海：复旦大学出版社，2002：451-452.

津设立各省军务总参谋处，公推雷震春主持事务。致电南方各省，称"出师各省意在巩固共和国体，另订根本大法，设立临时政府临时议会"①。一筹莫展的黎元洪于6月1日明令张勋入京，调停时局。张勋入京后，随即发布解散国会的通牒。在张勋的军事压力下，大总统黎元洪于6月12日下令解散国会。

一时间国内政局大变，冯国璋副总统以调和自任，保持中立。广西当轴态度颇为耐人寻味。广西省议会于6月2日致电黎元洪等，称倪嗣冲等先后通电与中央脱离关系是在破坏国家统一，逞割据野心，恳请声罪致讨，"严惩叛逆，而遏乱萌"②。而两广巡阅使陆荣廷及两粤督军等却态度谨慎，致电步军统领江朝宗探询消息，请其密示中央政局情形，俾有遵从。含混地表示拥护中央，"廷拥护共和，不违初志。惟冀早解棼难，国家无事耳"③。陆荣廷并未明确表明对于府院之争的态度。

国民党主张维持国会，革命党人纷纷来粤组织军队，保护共和。④ 1917年6月初，孙中山多次致电两广巡阅使陆荣廷、云南督军唐继尧等，呼吁共起讨逆救国，拥护国会与宪法，武力声罪致讨。⑤ 以陆荣廷为首的桂系逐渐与唐继尧、革命党人联合起来。6月11日，广西督军谭浩明、广东督军陈炳焜与李烈钧等联名致电黎元洪、冯国璋，宣布公推陆荣廷主持大计，联合西南各省"兴师讨逆"⑥。6月12日，驻粤滇军第三师长兼韶连镇守使张开儒发表誓保国会通电，表示坚决"拥护国会，诛讨祸首"⑦。计划联络粤、桂、滇、黔、川、湘六省拥护约法，将进窥武汉，分趋湘赣，并举陆荣廷为盟主。⑧

南方各方力量虽欲奉陆荣廷为盟主，但陆荣廷态度并不明确。6月16日，

① 大政变之潮流［N］. 大公报（天津版），1917-06-03.
② 广西省议会致黎元洪等电［M］//中国第二历史档案馆. 中华民国史档案资料汇编：第三辑政治. 南京：江苏古籍出版社，1991：1210.
③ 陆荣廷为探询京师政局致江朝宗电［M］//张黎辉，等. 北洋军阀史料·黎元洪卷：第一册. 天津：天津古籍出版社，1996：1013.
④ 大政变之潮流［N］. 大公报（天津版），1917-06-03.
⑤ 致陆荣廷唐继尧等电致陈炳焜等电致陆荣廷等电［M］//中国社会科学院近代史研究所中华民国史研究室，中山大学历史系孙中山研究室，广东省社会科学院历史研究室. 孙中山全集：第4卷. 北京：中华书局，1985：101-103.
⑥ 陈炳焜等宣布联合西南各省兴师讨逆致黎元洪电［M］//中国第二历史档案馆. 中华民国史档案资料汇编：第三辑政治. 南京：江苏古籍出版社，1991：1272.
⑦ 张开儒誓保国会通电［M］//中国第二历史档案馆. 中华民国史档案资料汇编：第三辑政治. 南京：江苏古籍出版社，1991：1245-1246.
⑧ 李纯报告张开儒联合粤桂等六省出师护法电［M］//中国第二历史档案馆. 中华民国史档案资料汇编：第四辑. 南京：江苏古籍出版社，1986：160.

两广巡阅使陆荣廷通电，称"余之意见只知维持共和，拥护元首，此外不知何物"①。陆荣廷托言养病，未遽允来广州，其意似不欲与民党共同行动。故此间民党分子异常恐慌，决定派胡汉民于 17 日急赴广西。据传，陆氏向与张勋交情甚厚，发难以来，函电往来不少，陆氏态度甚不明了。② 广西其他军政大员态度与陆荣廷保持一致，谭浩明、刘承恩等电称与陆荣廷宗旨相同，维持共和，拥护元首。③

6 月中旬，张勋致电独立各省，希望其取消独立，支持李经羲组阁，并宣言待部署初定，即率队回徐州。安徽、直隶、河南、陕西于 19 日宣布取消独立，北方其他各独立省份也纷纷响应。21 日，总参谋处宣布撤销。一时间，北方的政局阴霾似乎一扫而空。李经羲于 24 日发表通电，宣布就任国务总理。④

在北方独立省份纷纷宣告取消独立之际，广西当局的态度却耐人寻味。两广巡阅使陆荣廷于 6 月 20 日通电，劝告各方罢兵息争，以谋国家统一。⑤ 广东、广西两督军会衔电呈总统，认为解散国会为非法举动，无法内阁不敢承认，所有两广地方军民政务暂由两省自主，遇有重要事件径行秉呈大总统训示，不受违法内阁干涉。"庶于尊重法律之中，仍寓拥护元首之意"⑥，明确表达了对于大总统黎元洪的支持。

两广所谓自主，却并非完全独立。广东督军陈炳焜在演讲中谓两广之宣布者乃自主，非独立也，二者须慎为分别。盖自主者即否认此违法组织之内阁，至于省中治安彼则负完全责任，故凡各商民无须恐惧云。警察长随乃宣诵陈督军所发告谕，其中有（1）解散国会命令，以本省意见观之，乃非出自大总统本志；（2）除元首之外，吾曹必不承认此违法组织内阁，并所拟修改之宪法；（3）自北京国会解散后，则无政府可言，故省中军民政事概暂归本省自主，惟随时与之报告元首；（4）省中所有军队一概督军管理；（5）本省既为西南部最重要者，今日之举自必略能牵动全国，是须竭力抱救大局，而望军民人等概须遵本督军之谕训。⑦ 由此可知，两广所谓的自主并非独立，而是依然保持着与北

---

① 粤军护法声中之陆陈态度 [N]. 申报, 1917-06-21.

② 粤中民党之内幕 [N]. 大公报（天津版）, 1917-06-21.

③ 谭浩明等反对复辟通电 [M] //中国第二历史档案馆. 中华民国史档案资料汇编：第三辑政治. 南京：江苏古籍出版社, 1991：1272-1273.

④ 李总理就职与各省 [N]. 大公报（天津版）, 1917-06-27.

⑤ 康张复辟前之西南要人态度 [N]. 申报, 1917-07-04.

⑥ 陈炳焜关于广东自主的布告 [M] //汤锐祥. 护法运动史料汇编. 广州：花城出版社, 2003：26.

⑦ 外电之广东消息 [N]. 大公报（天津版）, 1917-06-28.

京政府的联系，其目的在于进一步加强对于广东、广西的控制，并试图压制革命党人的过激活动。

两广宣布自主，受革命党人鼓动颇大。"粤省近来党人云集，久思出兵"，不时集会，且运动军警。陈督观此情形，恐遂生非法之举动，特与桂督谭浩明会商暂时维持局面办法，遂于 20 日发表两粤暂时自主电文，此种举动实以平党人及军界之盛气。两粤虽称暂时自主，不过为自守藩篱起见，若出师举则可决其不成。① 6 月 22 日，两广督军陈炳焜、谭浩明联合发布通电，主张恢复旧国会或重组新国会。② 6 月 25 日，广西省议会通电，认为解散国会违反了约法，碍难承认，呼吁西南一致护法讨逆。③ 6 月 26 日，两广督军再次联合通电，主张在国会未恢复以前，无论何人出组内阁，皆有违法之嫌。④

7 月 1 日，张勋复辟闹剧上演。总统黎元洪仓皇避难使馆，于 7 月 2 日通电公开反对复辟，号召各省出兵讨逆。电请副总统冯国璋代行大总统职权，复任段祺瑞为国务总理。张勋复辟招致各方反对，很快陷入孤立。7 月 3 日，段祺瑞在马厂誓师讨逆。5 日，段祺瑞就国务总理职。

广东督军陈炳焜、广西督军谭浩明联合发布通电，反对张勋复辟。⑤ 陆荣廷的态度也逐渐明朗。据传在复辟之前，张勋曾四次电陆荣廷，均系讽示复辟之意，陆荣廷概未答复，故张认陆为默认。⑥ 此时陆荣廷仍在广西，粤人屡请之来省合筹北伐，皆与拒绝，惟彼对于帝制党之态度则极明了。陆荣廷电复陈炳焜，宣称宣统伪谕内所云陆荣廷奏请复辟系由张勋私行签名，万难承认。并请陈炳焜筹备军队，以攻叛徒。⑦ 同时主张由冯国璋代行总统职权，并电促岑春煊、孙中山等赴粤，"组织军事机关，定进攻防守之方针"⑧。7 月 5 日，广西省议会通电，请讨伐张勋，主张由副总统代行总统职权，在南京改组政府，另组宪法会

---

① 两粤宣布自主之真相　平党人及军界之盛气 [N]. 大公报（天津版），1917-06-30.

② 陈炳焜谭浩明关于时局通电 [M]//汤锐祥. 护法运动史料汇编. 广州：花城出版社，2003：28.

③ 广西省议会吁请西南一致护法讨逆通电 [M]//中国第二历史档案馆. 中华民国史档案资料汇编：第四辑. 南京：江苏古籍出版社，1986：162-163.

④ 陈炳焜谭浩明主张依法解决国事电 [M]//汤锐祥. 护法运动史料汇编. 广州：花城出版社，2003：30.

⑤ 桂粤陈谭两督军反对复辟电 [N]. 大公报（天津版），1917-07-04.

⑥ 讨贼之师起矣 [N]. 大公报（天津版），1917-07-04.

⑦ 东南各省之讨逆声 [N]. 大公报（天津版），1917-07-07.

⑧ 陆使电促岑西林等赴粤 [N]. 民国日报，1917-07-13.

议，制定宪法，以平争执。①

随即，两广巡阅使陆荣廷令广东督军即刻发兵北伐，以驻粤滇军为先锋，陆氏则统两粤军队自随其后，并发电冯副总统，组织政府省议会，亦一致主张冯氏继大总统任，以南京为临时政府。但若拟在广州建设政府者，亦不拒绝。②7月中旬，广西都督谭浩明、广东督军陈炳焜通电西南各省，举定陆巡阅使就两粤讨逆军总司令，经滇黔湘蜀各省督军一致赞同，并协电敦促陆使力疾出师，早奠大局。③ 随之，广西军队大队分驻西江、北江一带。

讨逆军于7月12日攻下北京，张勋复辟丑剧落下帷幕。14日，段祺瑞回到北京，迅速组建了新内阁。冯国璋于7月7日在南京宣称代行大总统职权，8月1日赴京就职，北京政府再次成立起来。冯代总统及段总理通告各省，谓讨逆军无出发必要。南北军阀间的"讨逆"军事问题不了了之，但政治争斗却并未停歇。孙中山、西南军阀和不少旧国会议员要求恢复旧国会，而以段祺瑞为首的皖系与研究系却对此不感兴趣，致力于打造新国会。南北双方围绕着护法问题又展开了新的争斗。

1917年7月中旬，孙中山等来到广东，倡言护法。7月17日，孙中山在欢迎会上发表演说，严厉抨击"执共和国政之人，以假共和之面孔，行真专制之手段"④。孙中山反对段祺瑞出任国务总理，并号召旧国会议员南下护法。24日，孙中山致电两广巡阅使陆荣廷，痛斥段祺瑞等所作所为"是以伪共和易真复辟"，号召拥护国会，请陆荣廷"协力主持"。⑤ 同日致电西南各省将领，请协力护法。面对革命党人的一再吁请，广西当轴态度含混。

## 二、援湘护法

陆荣廷希望借助孙中山的声望和影响来应对段祺瑞武力统一的图谋，保护其两广地盘，故而对于孙中山到广东表示一定程度的欢迎。孙中山于1917年7月17日到粤，陈炳焜前去欢迎，并主持欢迎会。孙中山到粤以后，竭力宣传三

---

① 广西省议会请讨伐张勋并陈述解决时局办法电［M］//张黎辉，等. 北洋军阀史料·黎元洪卷：第一册. 天津：天津古籍出版社，1996：1101-1109.

② 两粤对于讨逆与继任之主张［N］. 大公报（天津版），1917-07-08.

③ 广东两粤总司令抵粤先声［N］. 大公报（天津版），1917-07-17.

④ 孙中山. 在广州黄埔欢迎会上的演说［M］//中国社会科学院近代史研究所中华民国史研究室，中山大学历史系孙中山研究室，广东省社会科学院历史研究室. 孙中山全集：第4卷. 北京：中华书局，1985：114.

⑤ 要闻［N］. 民国日报，1917-07-20.

大政策:第一奉黎元洪到粤做总统,第二在粤开国会,第三欢迎全体海军来粤。① 对于孙中山号召组织政府、召集国会的主张,桂系首脑并不积极。陆荣廷并不是反对北京政府,而只是反段祺瑞。他利用护法与他反段的目标一致,而与真正护法的军政府就势不两立,因为有碍于他独霸两广、不利于南北合流。② 相比于孙中山的护法主张,他们更关心其在广东的地盘。桂系欲进一步掌控广东,与革命党人及在广东的滇军等势力矛盾不断。两广巡阅使陆荣廷自广西派遣部队入粤,明为保护两广,实则借以预备滇军及粤人或有驱逐陆氏及陈督军举动。此时广东"政治界中人多互相疑忌,且多诈伪"③。广东督军陈炳焜言粤中财政困难,不胜大举,且僻在一隅,势力孤弱,"事事以请示陆巡阅使为对付党人之手段"。陆氏无绝对赞成表示,则陈氏惟有虚与委蛇而已。陈氏态度既如此,广西督军谭浩明当亦不能独异。④ 孙中山的护法主张遭到了桂系消极抵制。

与此同时,陆荣廷等继续表示拥戴黎元洪。7 月 19 日,陆荣廷、陈炳焜、谭浩明、刘承恩等联名通电,请黎元洪复职,称其"就任以来并无违法举动,断不能无故去职,荣廷等誓竭愚忱,始终拥戴"⑤。7 月 21 日陆荣廷致电代总统冯国璋,请速恢复国会,否则西南各省无从调停。⑥

此时广东政局诡谲,驻粤滇军与桂军调兵遣将,积极备战。有传言潮梅镇守使莫擎宇、滇军第三师师长时任南韶连镇守使张开儒密谋独立,滇军连日纷纷调集到省。陈督军连日亦将各路军队调省,尚虑兵力不足,再向广西调桂军二十七营来粤。⑦ 桂军纷纷来粤,严密防备驻粤滇军。7 月底,传言陆荣廷以孙逸仙辈在粤之行动,离间南北,危害国本,特离广西,带兵至肇庆,拟至广东省城,会同陈炳焜之师,将彼等逐出境。⑧ 在粤桂军不仅面临驻粤滇军的威胁,同时还有来自革命党人的压力。

7 月底,第一舰队由吴淞开赴广东,宣言参加护法斗争。不少旧国会议员纷纷南下广东。护法运动一时间颇有声色,但革命党人与桂系关系依然紧张。孙

① 岭南要讯 孙中山主张难行 [N]. 大公报(天津版),1917-08-02.
② 陈劭先. 辛亥革命后孙中山在广东的几起几落 [M]//中国人民政治协商会议全国委员会文史资料研究委员会. 文史资料选辑:第二十四辑. 北京:中国文史出版社,1992:5.
③ 西报纪广州之危象 [N]. 大公报(天津版),1917-07-25.
④ 西南方面之形势 陈炳焜拒大炮 [N]. 大公报(天津版),1917-07-28.
⑤ 陆荣廷等请黎元洪复职电 [M]//汤锐祥. 护法运动史料汇编. 广州:花城出版社,2003:58.
⑥ 郭廷以. 中华民国史事日志:第一册 [M]. 台北:"中央研究院"近代史研究所,1979:319.
⑦ 党人在粤捣乱之内幕 [N]. 申报,1917-07-26.
⑧ 陆荣廷将驱逐在粤之捣乱派 [N]. 大公报(天津版),1917-08-05.

中山曾与广东陈炳焜督军会商，谓海军舰队及国会议员已相继来粤，此项供给务请预为筹备。陈督军谓粤库奇绌，积欠军饷尚巨，没有余力任此巨款。双方辩论半小时，意见终未能融洽，遂不欢而散。① 桂系不愿为护法运动提供资金支持，表现出一定的疏离态度。

北京政府自然不会坐视护法运动的开展，7月下旬，北京政府已经着手准备武力统一西南各省，密电福建、江西、湖北、江苏、浙江各省速做军事准备，"苟南方风云日急，以备随时调遣"②，为即将发生的战事做准备。

两广虽然处于自主状态，但陆荣廷与北京政府联系并未中断。7月26日，北京政府发布命令，将宣告"自主"的广东省长与广西省长互调。原广东省长朱庆澜宣告辞职，不赴广西省长任。在陆荣廷的授意下，调任广东省长、原广西省长刘承恩称尚有要公，不日晋京面陈。③ 刘承恩抵京后，谒见总统、总理时，均陈述两广情形甚详，力辟桂军援湘说不确，称陆巡阅使对于中央设施全无异议，只是希望召集国会，极为恳挚。④ 此时革命党人在广东的势力逐渐增强，广东自朱庆澜因与陆荣廷、陈炳焜不和，援引党人以自重，党人乃群趋入粤。迨其势力既涨，朱氏亦立足不住。⑤

两广巡阅使陆荣廷于8月2日通电，再次主张黎元洪复职，"黄陂未复位以前，愚意诸事均缓议"⑥。广东陈督态度渐渐倾向中央，并未与革命党人采取一致行动。至将来举动若何，一视陆巡阅为依归。⑦ 陈炳焜主张同陆荣廷一样，拥戴黎元洪复位，称广东自主"目前只认定不受非法政府命令，以待中央正当之解决，斯已足矣!"⑧ 桂系希望利用黎、段间的矛盾以自固的做法遭到了北京政府的反对。8月6日，段祺瑞改任傅良佐为湖南督军，触动了桂系在湖南的利益，引起了桂系激烈反对。8月16日，陆荣廷致电西南各省，要求共同应付湖南局势，赞同唐继尧主张派驻粤滇军前往援助的建议。⑨

---

① 广东方面之新消息 [N]. 大公报（天津版），1917-08-08.

② 国内要闻 [N]. 中华新报，1917-07-31.

③ 广西省长到京述职 [N]. 大公报（天津版），1917-08-24.

④ 刘承恩抵京后所闻 [N]. 大公报（天津版），1917-09-14.

⑤ 请注意广东之形势 [N]. 大公报（天津版），1917-08-31.

⑥ 陆荣廷主张黎元洪复职电 [M] //汤锐祥. 护法运动史料汇编. 广州：花城出版社，2003：65.

⑦ 西南最近态度之表示 [N]. 大公报（天津版），1917-08-24.

⑧ 陈炳焜拥戴黎元洪复位的讲话 [M] //汤锐祥. 护法运动史料汇编. 广州：花城出版社，2003：65.

⑨ 郭廷以. 中华民国史事日志：第一册 [M]. 台北："中央研究院"近代史研究所，1979：324.

　　1917 年 8 月 14 日，北京政府宣布向德奥宣战。广西迅即表明在外交上与中央保持一致的立场。8 月 18 日，陆荣廷、陈炳焜致电北京政府，拥护北京政府对德、奥宣战，称"此次我与德奥宣战，消息传来，两粤人士异常欢迎，一致对外，敢不勉力"①。此举表明桂系此时并未打算与北京政府彻底决裂。

　　由于段祺瑞政府武力统一的政策威胁到了桂系切身利益，故而其对军政府采取了一定程度的妥协和合作。9 月初，军政府正式成立，南北间出现了两个政府分庭抗礼的局面。与唐继尧态度一致，陆荣廷并未有就职的表示。9 月 2 日，陆荣廷致电非常国会，拒不接受元帅职，反对另组政府，主张黎元洪复职，声明"以后广东无论发生何种问题，概不负责"②。陆荣廷、谭浩明致电非常国会等，反对另组政府，称"方今国难初定，应以总统复职为先务之急，总统存在，自无另设政府之必要"③。在陆荣廷授意之下，广东督军陈炳焜于 9 月 8 日称，对组织军政府"不能表示赞同的态度，也不愿采取干涉的态度，但广东人民不能担负军政府和非常国会的经费开支"④。以断绝经济支持为手段，试图扼杀刚刚成立的军政府。实际上，广州军政府只不过是桂系的一个政治筹码。如莫荣新所言：孙某之政府，空头之政府也。彼无兵无饷，吾辈但取不理之态度，彼至不能支持时，自然解散而去。⑤ 桂系与军政府关系不融洽亦为北京政府所认识，福建督军李厚基密电中央，称国会举孙中山为大元帅，以陆荣廷为元帅，"闻陆、陈不甚满足，因之各存意见，双方戒严，事将决裂"⑥。徐树铮也注意到双方的矛盾，称自军政府成立，非常国会开支每月必向陈炳焜挪贷，孙中山又拟在两广筹抵押品，向日本银行借款，陆荣廷、陈炳焜均极不满意。⑦

　　北京政府并不想出兵欧洲，而是着急解决内政问题，特别是南北争端。9 月

————————

①　西南事又有调停消息［N］. 申报，1917-08-26.

②　滕志峰，等. 桂系大事记［M］//国人民政治协商会议广西壮族自治区委员会文史资料研究委员会. 广西文史资料选辑总第三十七辑. 南宁：广西区政协文史资料编辑部 1993：36.

③　陆荣廷谭浩明反对设立南方政府电［M］//汤锐祥. 护法运动史料汇编：（三）护法各派政见篇. 广州：花城出版社，2003：71.

④　尹寿华，梁戢麟，杨廷纲. 海军南下护法始末［M］//广东省政协文化和文史资料委员会. 从辛亥革命到国民革命：孙中山文史资料精编（上）. 广州：广东人民出版社，2017：270.

⑤　邵元冲. 总理护法实录［J］. 建国月刊，1929，1（3）.

⑥　李厚基致国务院等密电［M］//中国第二历史档案馆. 中华民国史档案资料汇编：第三辑军事. 南京：江苏古籍出版社，1991：512.

⑦　徐树铮转报军政府成立后孙陆矛盾尖锐密电稿［M］//中国第二历史档案馆. 中华民国史档案资料汇编：第三辑军事. 南京：江苏古籍出版社，1991：513.

初，傅良佐到长沙，任湖南督军兼省长，驱逐亲桂的谭延闿。9月10日，桂系决定出兵湖南。陆裕光率所部由南宁取道全州，韦荣昌率所部由浔州取道桂林，向衡阳、永州进发。在桂系的支持下，湖南零陵镇守使刘建藩、湘军第一师第二旅旅长林修梅于9月18日通告独立，宣布与段祺瑞政府脱离关系，一切军务、政务与海军、两广、云南各省一致进行。① 零陵独立揭开了南北战事帷幕，湘督指派军队驰往剿办，北京政府并调湖北、山东等部队援湘。大军压境下，衡山、宝庆等相继为北军所占据。

在军事进剿的同时，北京政府在政治上也展开攻势，致力于抛开旧国会。北京政府于1917年9月29日发布参议院组织令，新国会进入正式实施阶段。10月3日，孙中山通电力驳北京政府参议院组织令，下令逮捕段祺瑞、梁任公、汤济武、倪丹忱四人。

面对北京政府在军事及政治上的攻势，陆荣廷于10月2日在南宁召开军事会议，提出了反段援湘的主张。主张罢斥傅良佐，谭延闿复职，撤退湘省北军，然后再与段氏谈法律，为此不惜开仗。② 对于政府发布的召集参议院命令，据传在未发表以前已经得到各省同意。即西南方面对于此事并无反对之电到京，甚至传言两广巡阅使陆荣廷、广东督军陈炳焜、广西督军谭浩明有联衔电报到京，对于召集参议院明令极表赞成。③ 由此可见，维持旧国会并不是桂系真正感兴趣的，他们关注的更多还在于地盘。

桂系与北京政府电文往来频繁，讨价还价。陆荣廷、程璧光、陈炳焜、谭浩明等联合电致北京政府，要求将傅良佐撤回，不允湘督由中央自行易人。中央政府复电，称准换傅良佐督军，由中央自由择任，而以粤取消自主为条件。陆荣廷旋即复电，不承认中央决定。④ 总统于16、17两日电陆荣廷，劝其勿操戈同室。19日陆荣廷有复电，谓旧病复发，所以不问时事，想总统必有解决时局方法。陈炳焜、谭浩明、程璧光联电，谓段内阁非法成立，请免段总理职。总统复电：督军团事，段总理实未与闻。复辟事起，全赖段总理一人挽回大局。且免段之后，无相当之人可以继任。即使有其人，自国会解散之后，组织新内阁，亦无国会可以通过。况自非常国会成立后，违法选举大元帅，则旧国会断无再行召集之理，请平心静气以审事实。⑤

---

① 公电 [J]. 军政府公报，1917（2）.
② 南宁军事会议详情 [N]. 民国日报，1917-10-15.
③ 川粤湘之要闻种种 两广不反对参议院说 [N]. 大公报（天津版），1917-10-06.
④ 北京电 [N]. 申报，1917-10-13.
⑤ 北京电 [N]. 大公报（天津版），1917-10-23.

此时桂系在广东的统治也出现危机，他们不得不改善与革命党人的关系。广东潮汕镇守使莫擎宇对陈炳焜宣布独立，但其民政仍商承李省长，军政则与中央直接办理。还有近在海南岛的龙济光窥伺钦廉，伺机而动。龙济光与北京政府频频接触，并与莫擎宇等接洽，决议合力与桂系军人决裂。陆荣廷亦深惧其侵犯钦廉，故不敢离南宁一步。① 近在肘腋的反对势力的频繁活动，使桂系不得不改善与民党的关系。

而促使桂系与革命党人携起手来的最主要原因在于与陆荣廷主张所谓大广西主义。如时人所论，湘南战事纯为主持大广西主义之陆荣廷所酿成，所有护法、讨逆诸名词不过系一种题目，以个人欲得三省司令职权，为将来攫夺副总统之地位，遂不惜挑拨两方牺牲一省以赴之，而共和、法律名词亦无幸为其所利用。须知彼等在两粤之行事能遵守法律（如擅换各属官吏、位置私人及番摊承饷等）果有以逾于冯、段否？近日举动是否系拥护共和?②

陆荣廷不断致电北京政府，提出种种要求条件。经北京政府一一驳答后，陆氏于1917年10月19日仍复有一电到京，要求总统将通缉孙文、吴景濂、蓝天蔚等之明令取消。总统接电后，以陆氏屡次要求是无理取闹，翌日即复一电，声明所谓未便承认，"措辞虽尚和缓，亦无异变相之驳斥也"③。

为应对潮汕独立，粤督陈炳焜于10月19日派兵攻惠州。④ 同时，陆荣廷组织湘粤桂护国三省联军，自任为联军总司令，以桂督谭浩明为粤桂两省援湘军总司令，以兼理省长李静诚（原任财政厅厅长）代理桂督。10月20日，谭浩明通电就两广护国军总司令职，随即率军进入湘南，与北洋军展开激战。时人将之称为无意义之兵争，认为此战为陆荣廷、陈炳焜、谭浩明等扩张个人势力、发展非法财源计，与中华民国之利益固无关，于广东、广西之利益又何与？陈炳焜等明知非常国会于法无据，一面阳示反对之意，一面阴实利用之以自重。"得湖南以为桂军殖民地之野心，今固已大曝于天下矣。"⑤

耐人寻味的是，虽然此时南北剑拔弩张，广西早已于6月20日宣告自主，但广西与北京政府的联系并未中断，广西各级官员的用人权依然在形式上为中央所控制。6月27日，北京政府下令将王安澜调署广西桂林道道尹，高培德调

①　龙济光之态度［N］. 大公报（天津版），1917-10-22.

②　广州通信之广西主义［N］. 大公报（天津版），1917-10-22.

③　陆荣廷要求不已［N］. 大公报（天津版），1917-10-23.

④　北京电［N］. 大公报（天津版），1917-10-23.

⑤　无意义之兵争［N］. 大公报（天津版），1917-10-25.

署广西田南道道尹。① 9 月 19 日，调任许受衡署理广西高等审判厅厅长。② 9 月 24 日，任命关冕钧为梧州关监督，兼任外交部特派广西交涉员。③ 10 月 5 日，照准内务总长汤化龙呈准署广西省长刘承恩请，任命王汝森、张其政、粟嵩试署广西桂林警察厅技正，刘英试署广西桂林警察厅技正。④ 10 月 23 日，新简广西实业厅厅长汤炳南来京晋见大总统，晋谢简命期职之盛意，并详陈两广最近情形，颇邀元首嘉许。⑤ 新简广西教育厅厅长吴鼎新于 30 日赴公府晋见大总统，请示履任后的行政方针。大总统对于吴、魏两氏颇有交谕，催其早日赴任。吴厅长因桂局不靖，尚无准期赴任。⑥ 虽然因局势不稳，北京政府任命的官员常常难以及时赴任，但广西没有对此明确反对，显然表明当时广西并未断绝与中央政府的关系。

在参议员问题上，广西当轴态度更加值得揣摩。至 10 月底，除广西、云南、广东、江西等省外，其余省区分别选派代表到京。11 月初，临时参议院开幕在即，各省所派参议员均已报到，广西参议员则派出甚迟。内务总长汤化龙商同在京广西省长刘承恩在京选派，其派出参议员名单录下：关冕钧、林世焘、吴邦、李拔超、陈纯虮。发表时因广西省长印不在京，系借用警察厅印文，亦变通办理之一道，该省派出之参议员已报到。⑦ 以警察厅印代行广西省长印固然可笑，但无论如何广西也派出了议员参加临时参议院。11 月 10 日，临时参议院在北京正式开幕，致力于修改民国元年制定的各种法案，以期迅速成立正式国会。

虽然桂系与北京政府联系不断，但磋商无果，双方最终还是刀剑相向。10 月底，北京政府下令将粤督陈炳焜褫职查办，以李耀汉兼理广东督军。同时为牵制桂军，北京政府令福建、江西等出兵援粤。福建李督军以潮汕与闽有唇齿关系，特饬驻漳州威旅长率领所部赴粤，为粤军声援。江西陈督军本有兵驻南雄，兼顾湘、粤，报称潮汕镇守使以粤军攻惠州，请出兵应援。北京政府随即饬令赣西镇守使出兵往援。⑧

北京政府拟将桂督谭浩明与陈炳焜为同一处分，分电龙济光、莫擎宇，侦

① 命令补遗 ［N］. 大公报（天津版），1917-06-29.
② 大总统令 ［N］. 大公报（天津版），1917-09-20.
③ 大总统令 ［N］. 大公报（天津版），1917-09-25.
④ 大总统令 ［N］. 大公报（天津版），1917-10-06.
⑤ 府闻片片录 ［N］. 大公报（天津版），1917-10-25.
⑥ 公府要闻汇纪 ［N］. 大公报（天津版），1917-10-31.
⑦ 广西参议员亦发矣 ［N］. 大公报（天津版），1917-11-10.
⑧ 广东方面要闻一束 ［N］. 大公报（天津版），1917-10-31.

查谭氏最近行动，"以便将其种种逆行宣示国人"①。北京政府对于龙济光本拟界以广西督军之职，惟以处分谭浩明问题尚未决定办法，一切布置亦未臻十分妥洽，故广西督军席迟未发表。②11月5日，陆荣廷致电中央，质问免职陈炳焜的理由，称"凭一时意气，恐不足以服西南人心"③。11月8日，北京政府明令桂军退出粤境，内调陆荣廷，任命龙济光为两广巡阅使，令其攻粤，以牵制粤桂联军北上。桂系与北京政府关系转坏的同时，与民党关系逐渐融洽。11月10日，陆荣廷在梧州召开军事会议，冀望联合包括国民党人在内的各派势力，共同对抗北京政府武力统一政策。为联合国民党势力，会议决定免去陈炳焜广东督军之职，推举陆荣廷为两广巡阅使兼广东督军。陆荣廷以病为由派莫荣新代理粤督，调派陈炳焜督办广西军务，督办署设桂林，南宁仍设督军署。④由此，桂系与军政府的关系暂时趋于缓和。

### 三、南北各派利益纠葛下的战和不定

粤桂联军联合部分湘军组成三省联军，谭浩明改称湘粤桂联军总司令。三省联军援湘初期进展顺利，进军至宝庆、衡山一线，北军向长沙溃退。1917年11月14日，在直系首领冯国璋的指使下，王汝贤等在湘南前线发表主和通电，自行停战撤兵，随即衡阳、湘潭、长沙等地为湘粤桂联军所占据。11月20日，直隶督军曹锟、江苏督军李纯、湖北督军王占元、江西督军陈光远等四省督军联名通电，主张议和。次日陆荣廷复电，赞成停战及主张南北议和，以推倒段阁、召集国会、恢复黎元洪自由为主旨。主张黎元洪若辞职，冯国璋即可依法继任。⑤段祺瑞"武力统一"政策陷入困境，遂于22日提出辞职。

南方形势因之大变，湘桂联军进军的顺利也使桂系信心倍增。陈炳焜本拟离粤，但因局势突变，遂变其本意，决定亲率大兵进讨潮梅，放言南军已得长沙，当顺势前进，非得岳州不足以言调和。陆荣廷志得意满，放言前次推倒帝制，南方军队未及长江一步，引为深憾，今长沙得手，必会师武汉而后可言和。"其语气正与陈炳焜吻合，而言外之意仍为得步进步，何尝有调停之意哉。"⑥

---

① 谭浩明之处分 [N]. 大公报（天津版），1917-11-04.
② 桂督问题迟未发表之原因 [N]. 大公报（天津版），1917-11-10.
③ 专电 [N]. 申报，1917-11-06.
④ 廖晓云，陈莹. 陆荣廷年谱 [M]. 南宁：广西人民出版社，2012：306.
⑤ 西南联合之两要电 [N]. 民国日报，1917-11-30.
⑥ 湘事失机后之西南形势 陈炳焜之宣言 陆荣廷之雄心 川中状况未变 [N]. 大公报（天津版），1917-11-23.

桂系势力大涨，野心进一步膨胀。11月底，陆荣廷在梧州召开军事会议，组织大都督府。有人主张推举三省大都督，以统一湘、粤、桂三省军权。长沙业已克复，湘省完全归南军掌握，尤宜有统一机关以指挥各军。陆荣廷拟俟广东内部各问题解决后，即着手组织。至其名目拟不称大都督，而改称都司令。① 正如时人指出，陆荣廷一派对于总统问题、国会问题均无绝对的主张，"其惟一注重者系掌握两广之实权，伸巨掌于湖南"。观于陆之并力攻潮州，保莫荣新为粤督，复将广西兵陆续开至湖南，似在站定脚跟。"无论如何，实利问题决不放松一步。至于法律问题，尽可商量。"② 所谓总统问题、国会问题不过是其伸张势力的幌子。

与此同时，桂系对于革命党人的态度并无真正诚意。如报道所言，陆荣廷挟广西军之实力，俨然为西南诸省领袖。"平时对于所谓民党一派人物虽未显然立异，实未完全联合。盖有利用之狡谋，而无提携之诚意也。"③ 张继、吴景濂等屡赴梧州为孙、陆间谋意思之疏通，并商议北方调停条件。陆氏以此等主张直同狂呓，当即拒绝不纳，张等均失意而返。④ 11月26日，陆荣廷下令停战，但南军并未真正停止进攻。

段祺瑞下野后，以冯国璋为首的"主和派"在北京政府中一度占据上风。11月30日，以王士珍为署国务总理。为推动议和顺利进行，北京政府对西南方面做了一定程度的让步。12月7日，任命谭延闿出任湖南督军。随之，谭浩明率桂军进驻长沙，以湘粤桂总司令名义兼领湖南军民两政。

段祺瑞虽已下台，但仍念念不忘武力统一。在徐树铮、靳云鹏等人的多方运动下，12月3日，直隶、山东、奉天、黑龙江、陕西、山西、河南等省督军或代表在天津集会，会议充满了再战的火药味。同时南方犀利的攻势也给主和派很大的政治压力。自段祺瑞免职、王总理登台后，政府停战电令迭颁，本具息事宁人之旨，而南方军队却加强进攻，旬日之间进占长沙，复窥潮汕，入据重庆。近且攻闽窥赣，不留余地。于是北方主战之声浪日高，政府亦不能勉徇群情，而出于武装调停之一途。⑤ 在主战派的压力下，冯国璋不得不于12月16日发布出兵命令，令曹锟、张怀芝率所部援应鄂、赣两防。但冯国璋并非真心

① 广东最近之形势三省都司令出现［N］. 大公报（天津版），1917-12-04.
② 南方党系之洋洋大观［N］. 大公报（天津版），1917-12-13.
③ 孙文与陆荣廷 陆荣廷小视民党 孙中山气病羊城 运动海军之失败［N］. 大公报（天津版），1917-11-27.
④ 广东最近之形势 孙文之孤立无援［N］. 大公报（天津版），1917-12-04.
⑤ 停战布告发表后之预闻［N］. 大公报（天津版），1917-12-20.

要武力解决，故而迟迟不下讨伐明令，试图将战事范围缩小。

龙济光于 12 月 10 日通电就职两广巡阅使，进犯广东。12 月 13 日，两广巡阅使龙济光通电，劝告粤、桂两督宣布取消自主，克日罢兵，静候大总统明令解决，并自认调人，设双方尚有隔阂，犹当担任疏通，断不欲仍走极端。① 龙济光一面做调人之状，一面做加紧军事、进攻广州的准备。

北京政府内部的分歧给了桂系长袖善舞的空间。面对北京政府的内调命令，陆荣廷大耍诡计。陆荣廷于 12 月 14 日通电交卸巡阅使职，15 日即电致莫荣新令拒绝龙济光，"是日并有电到京主张调和，同日又电催粤省攻闽军队赶速出发"，并致电莫荣新，谓李厚基系段内阁之人，李不去，闽西南无安枕之日。陆荣廷于 15 日通电赞成各相罢兵，一致对外，化除界域，同护共和。② 同日，粤督莫荣新、省长李耀汉联衔通电，以两粤自主，不受非法内阁命令，宣布龙济光就任两广巡阅使无效。③ 陆荣廷于 17 日致电大总统，谓奉元首上月号电，业经迭次劝告滇、黔、粤、桂四省取消自主，拥护中央，乃至日昨始得云贵两广来电，允肯取消自主宣言，即交卸巡阅使，职退处安闲，藉资调摄。陈炳焜也表示赞同取消自主，表示久怀退志。由其前后言行不一可以看出，陆荣廷拥护中央只不过是表面文章，暗地里还是打算扩张势力。④

陆荣廷、陈炳焜通电答应取消自主，王鄂督也催发停战明令，时局为之一变。12 月 18 日，国务总理王士珍到总统府，与冯总统密谈良久，认为时局情形又变，遂决定颁发停战布告。19 日秘书厅遂将停战布告拟就，大意谓共和本所以利民，近年战乱相循，民无宁息，实深痛疚。现陆荣廷、唐继尧等来电息兵罢战，自应通饬两方将士一律罢兵，静候解决。此后如各处土匪大作，盗贼横行，仍应严修战备，捍卫地方。

与此同时，北京政府主战派依然没有放弃使用武力的企图。12 月 18 日，段祺瑞被任命为参战督办，段芝贵为陆军总长，主战派依然叫嚣武力解决。龙济光于 22 日电致国务院，报称已向广州进兵。⑤ 北京政府拟从经济上钳制南方。北京政府以云南、广东、广西、湖南等四省南军统兵长官因军饷无着，竟私印

① 龙济光要求两粤取消自主刻日罢兵电［M］//中国第二历史档案馆，云南省档案馆. 护法运动. 北京：档案出版社，1993：539.

② 陆荣廷希望和平之通电［N］. 申报，1917-12-27.

③ 滕志峰，等. 桂系大事记［M］//中国人民政治协商会议广西壮族自治区委员会文史资料研究委员会. 广西文史资料选辑总第三十七辑. 南宁：广西区政协文史资料编辑部1993：40.

④ 陆荣廷态度之不测 一日间之电报互歧［N］. 大公报（天津版），1917-12-22.

⑤ 和平声中两广之战机［N］. 大公报（天津版），1917-12-24.

大宗军用钞票，滥向商民强迫使用。据探员报告当时近两月来发出数目已达一千三百余万元，此种债票贻害商民殊非浅鲜，更恐外人受其所愚，引出特大交涉。大总统拟责成外交、财政两部速拟遏止该军票通行之办法，一方面再以政府名义照会驻京各国公使，详告中央不承认此票之理由。嗣后无论何国人民使用此票者，政府概不负责。①

北京政府步步紧逼，大总统冯国璋于 12 月 20 日发布命令，任命广西督军署参谋长李静诚为广西省长。25 日，大总统发布布告，表明陆荣廷、唐继尧、谭浩明等均有遵饬所属各军停止进争之表示，陆荣廷且有劝告桂、粤取消自主宣言。中央与各省均应表示同情，结束军事，徐图政事统一。② 北京政府诚恐停战布告效力有限，随即又传谕参陆办公处发出通电数起，一再劝令停战。28 日午前有电致湖北王督军，凡停战期内，务严重监视黎、石军队，勿令越出辖境。③

桂系认为北京政府议和毫无诚意，一面调兵回援广州，同时继续调兵遣将，进兵湖南；一面不断发表措辞严厉的通电，痛斥两段和龙济光，湘粤桂联军总司令、广西督军谭浩明等人发出通电，决不承认龙济光就职两广巡阅使。陆荣廷参谋长钮永健近电请西南与苏、赣联络。④ 广东代督莫荣新于 12 月 24 日发出通电，绝对主张恢复旧国会，"故此次所争旧国会之恢复者不在国会之自身，而在约法之效力"⑤。北京政府接到由苏督李纯转来陆荣廷一电，谓解决时局关键在国会问题，如赶速恢复旧国会，则其他问题当可迎刃而解。⑥ 12 月 28 日，莫荣新致电冯国璋代总统，段祺瑞任参战要职、段芝贵长陆军、北军纷纷南下、龙济光为两广巡阅使等事诘问。⑦ 1918 年年初，广东代督莫荣新通电，倘大局未和平解决，断无取消自主之理。⑧ 1 月 5 日，唐继尧致电南方，赞同岑春煊主张，以北兵退岳，撤龙济光，止曹全英、张敬尧，更换陆长为停战条件。⑨ 1 月

① 政府不承认南方滥发军用票 [N]. 大公报（天津版），1918-01-08.
② 国务院转达大总统要求停止南北之争 [M] //电国第二历史档案馆. 中华民国史档案资料汇编：第三辑军事. 南京：江苏古籍出版社，1991：541-542.
③ 停战布告后之停战电 [N]. 大公报（天津版），1917-12-29.
④ 请看西南要人之两要电 不承认龙济光联络苏赣两省 [N]. 大公报（天津版），1917-12-24.
⑤ 请看莫荣新主张恢复旧国会通电原文 誓必达到目的 [N]. 大公报（天津版），1917-12-29.
⑥ 政府与陆荣廷之来鸿去雁 [N]. 大公报（天津版），1918-01-18.
⑦ 莫荣新对停战布告之疑问：以四事反诘冯国璋 [N]. 民国日报，1918-01-06.
⑧ 粤桂两省之三要电 [N]. 大公报（天津版），1918-01-22.
⑨ 唐继尧最近致粤之两电 [N]. 申报，1918-01-20.

15 日，陆荣廷再次致电冯国璋等，主张恢复旧国会。①

两广再次宣言和平解决为取消自主之先决条件，重申恢复旧国会，此条件难以为北京政府所接受，双方互不相让，再次剑拔弩张。1918 年 1 月 16 日北京政府电致陆荣廷，请其撤退在湖南的广西军队，如不撤退，谭延闿终不肯到任，恐湘桂两军之冲突亦在所难免。② 谭浩明等于 1 月 19 日通电，认为李纯辞职因受排斥，据此断定中央不主调停。③ 1 月 23 日，联军合围岳州。27 日，湘粤桂联军攻下岳州，大有进击武汉之势。南方称非将武汉占领，无议和余地。面对南军的咄咄逼人，北京政府电致各省，谓政府处此地位，忍无可忍，只有抛弃从前息事宁人之旨，极力主战，非将长沙完全克复后不能议和。④ 1918 年 1 月 30 日，冯国璋发布"讨伐令"，任命曹锟为两湖宣抚使，张怀芝为湘赣检阅使，张敬尧为前敌总指挥，各率所部进兵湘、鄂。

与大举进军相配合，北京政府并不准备恢复旧国会。2 月 17 日，北京政府公布了临时参议院议决的《修正中华民国国会组织法》《修正参议院议员选举法》《修正众议院议员选举法》，随即着手筹办国会选举事宜。3 月 6 日，发布了两院议员复选日期令，规定各省区众议员复选于 6 月 10 日举行，参议员复选于 6 月 20 日举行。

北京政府大举进军及政治上的决绝使桂系与北京政府关系彻底转坏，广西当道不允许中央政府染指广西用人权。广西自与西南数省宣布自主后，久无文电直达中央。1918 年 1 月初，广西省长有电致北京政府，谓政务厅厅长因病辞职，请以张德润继任。阁议已决定准如所请。⑤ 谭浩明及湖南前敌军官金以西南现正反对非法政府，而李乃暗通中央，殊与自主政局有碍，纷纷致电质问。传言李接电后大为发气，继又惶恐，竟于是夜逃去，不知踪迹。⑥ 陆荣廷查悉后，致电诘责，李惶恐之下，立即亲往武鸣，面谒陆氏表明心迹。陆荣廷又为严加责备，李遂托言回家娶亲，借此避开，并非逃走。陆荣廷认为省长一缺关系重要，特改任广西财政厅厅长崔肇琳护理。⑦ 陆荣廷此举是借机表达对北京政府的

① 陆干卿主复旧国会电 [M]. 民国日报，1918-01-23.
② 政府与陆荣廷之来鸿去雁 [N]. 大公报（天津版），1918-01-18.
③ 岳州开战前谭浩明等之通电 [M] // 李啸风，沈友益. 中华民国史料外编：前日本末次研究所情报资料（第一册）. 桂林：广西师范大学出版社，1997：219-220.
④ 南北战局相争之地点 一在占领武汉 一在克复长沙 非战不能言和 [N]. 大公报（天津版），1918-02-03.
⑤ 广西省长居然来电耶 [N]. 大公报（天津版），1918-01-13.
⑥ 广西省长被逼逃走 [N]. 大公报（天津版），1918-02-28.
⑦ 龙济光欲图广西 [N]. 大公报（天津版），1918-03-06.

不满，同时也反映广西与北京政府的关系转坏。

面对北京政府的军事进逼，南方各派矛盾暂时趋于缓和，各派势力试图加强团结。早在 1917 年年底，南方各地实力派即在暗中联络。1918 年 1 月初，岑春煊、陆荣廷、李烈钧等为巩固势力统一步调起见，发起西南各省联合会议。1月 15 日在督军署召开成立会，推岑春煊为议和总代表，伍廷芳为外交总代表，唐绍仪为财政总代表，唐继尧、程璧光、陆荣廷为军事总代表。① 联合会是西南各实力派的团体，是独立于军政府之外的权力机关。如陆荣廷所言，非常国会及军政府实非合法机关，而联合会则为西南实力团体。② 两广的军事、财政实权在陆荣廷之手，陆荣廷不愿屈居在军政府大元帅孙逸仙之下。

1 月下旬，龙济光部连陷高州、化县等地，广州震动。陆荣廷急调马济、林虎、沈鸿英等率部讨龙。为缓和湖南方面的军事压力，陆荣廷再次打起了议和旗帜。2 月 11 日，陆荣廷致电中央政府，主张克期停战，限日提议条件，不必诉之于武力，并提出了新的议和条件。③ 北京政府此时正积极策划新的进攻，对此不再理睬。

唐继尧试图推动南方各派势力联合。2 月 18 日，唐继尧致电南方各省，速设统一机关，拟请照伍廷芳、唐绍仪、程璧光、吴景濂等建议，合并军政府与护法各省联合会议。④ 但南方各派力量矛盾重重，调和甚难。两粤党派最为复杂，南方武人方面，武力以陆荣廷为首的桂系为有力，"其军队多旧式，故易于统一"。与桂军最为水火者莫如孙中山一派，与滇军亦然。军政府、非常国会、联合会议三者对陆均有恶感，之前汤漪等曾一度主张军政府与西南会议合并，结果亦归无效。总之此等机关互相对峙，各不能统一。陆荣廷初志本不小，拟结合西南自为领袖，但鉴于各方面形势，乃一意与岑春煊结托。⑤

3 月中旬，北京政府在湖南方向发动进攻，进展颇为顺利，先后攻占岳州、平江等地。在两广方面，龙济光在广东各处作战甚力，进据高州、石城、电化后，更拟向广西方面同时进行，以期互相牵制。陈炳焜受任讨龙司令后，出驻南宁，拟从南宁取道郁林，直捣高州。沈鸿英部向安铺、廉江两方面进军，陆荣廷军队集合肇庆，预备实行进攻。3 月 22 日，桂湘粤各军先后撤离长沙，向

---

① 谭浩明派员会议 [N]. 大公报（天津版），1918-01-08.
② 西南之统一计划 联合会议积极进行 李烈钧急电促联合 [N]. 大公报（天津版），1918-04-11.
③ 北京电 [N]. 申报，1918-02-18.
④ 唐督军请速设统一机关电 [N]. 民国日报，1918-03-11.
⑤ 南中党派之新写真 [N]. 大公报（天津版），1918-03-24.

湘桂边境退却。长沙旋即为吴佩孚所部占据。①

伴随着北军进攻的节节胜利，北京政府内的主战派再度得势。3月23日，冯国璋准王士珍辞职，复任段祺瑞为国务总理，以段祺瑞为首的新内阁随即成立。北洋军攻势更盛，一路攻下衡山（4月20日）、衡阳（4月23日）。主战派声称不打到广州，决不罢兵。桂军谭浩明部退回广西。北军自占领衡阳后，不再南进，南北双方在湖南方面形成休战状态。

桂军自长沙、岳州相继失陷后，为保持地位起见，一方面专力对付龙济光，一面赶组统一机关。讨龙军事东路自经总指挥李烈钧亲往两阳布置。陆荣廷拟将贵县大本营事务交由陈炳焜督饬，下苍梧转赴全州一行，以便规划前敌防守事宜。至组织统一机关前，虽有军政府与联合会议合并改组之议，"然两者合并有种种困难，唯有仍合联合会议积极进行"。政学会分子积极运动，试图利用改组之名以暗中取消其一机关，"竭力运动各议员，提议改组联合政府，谓改组后仍可举孙中山为总裁之一，于孙体面无损，而于大局更为有利"②。欲图于护法联合会议之名下求其统一，刘显世、程潜、唐继尧等纷纷主张组织西南统一机关，并提出了具体办法。③ 传言将于川、滇两处择一地点组织政府，召集国会，组织选举会选举大总统。④ 广西派则对非常国会议员等提议，取消军政府，组织联邦政府。⑤ 因各方意见不一，终亦无成。

广西决意与北京政府决裂，态度坚决。陆荣廷督率大军入粤讨龙，陆氏遣其参议雷殷东传述最近意见，谓段已复职，无可言和，已整饬军队积极进行。陆荣廷常语人云，即复亡命安南，亦不能与段党共同中国，言词甚为决绝。唐继尧来电，亦复一意主战，称段祺瑞复任国务总理，长岳既失，北系益骄，从此武力统治之谋更复何所顾忌。除出师讨贼外，实再无观望调停之余地。应请诸公协力同心，速定大计，会师宁鄂，勒马燕云，殄彼妖魔。唐继尧以谣言滇军通龙，故通电辟之，称并无派员接洽开议条件之事，西南各省利害相关，于

---

① 滕志峰，等.桂系大事记［M］//中国人民政治协商会议广西壮族自治区委员会文史资料研究委员会.广西文史资料选辑总第三十七辑.南宁：广西区政协文史资料编辑部，1993：42.

② 西南之统一计划 联合会议积极进行 李烈钧急电促联合［N］.大公报（天津版），1918-04-11.

③ 护法要人谋组统一机关之要电［N］.民国日报，1918-04-26.

④ 西南方面果欲倒行逆施耶［M］//季啸风，沈友益.中华民国史史料外编：前日本末次研究所情报资料（第一册）.桂林：广西师范大学出版社，1997：290.

⑤ 桂派拟组织联邦政府［M］//季啸风，沈友益.中华民国史史料外编：前日本末次研究所情报资料（第一册）.桂林：广西师范大学出版社，1997：303.

势于情万无此理。① 由于面临共同的敌人，目标一致，桂陆与滇唐遂联起手来，相互声援。

4月下旬，陆荣廷会有电商西南联合各省代表，磋商此后西南各省对于时局问题计划。决定办法数条，分电川黔滇桂粤各省督军、司令暨湘省谭总司令，按照此项计划努力进行，关于湘粤方面计划如下：现在北军既已全力注重湖南，则西南各省对于湖南暂取守势。令谭浩明将湘桂两军集中衡山，另由桂省续调后备大队，由广西入驻永州，以为掎角之势；以粤桂两省全力进攻龙济光。为统一军事进行起见，设两粤讨龙总司令，由陆使亲自担任。另由李烈钧率一部军会同粤军队由潮州进逼福建诏安，以牵制闽督李厚基分兵援龙之后路。② 4月底，谭浩明通电让出长沙，③ 依照既定计划对北面收缩兵力，将主要精力用于讨龙。在桂系的全力进攻下，龙济光所部全线崩溃。5月10日，龙济光从雷州突围，逃亡香港，讨龙军事由此基本结束。

陆荣廷与唐继尧相互勾结，企图压制民党势力。4月29日，唐继尧主张修改军政府组织大纲，设临时政府，名称仍用军政府名义。④ 5月初，唐继尧与陆荣廷相互配合，以与北军暗通消息为由，剥夺了张开儒的兵权，⑤ 分化瓦解支持孙中山的驻粤滇军，使孙中山地位更加孤立。在各方势力的推动下，军政府不顾孙中山的警告，于1918年5月悍然改组，将大元帅制改为政务总裁制，选举唐绍仪、伍廷芳、孙中山、唐继尧、林葆铎、陆荣廷、岑春煊为总裁，推举岑春煊为主席总裁。孙中山愤而辞职，于5月21日离开广州。6月初，陆荣廷允就政务总裁之任，岑春煊拟赴广东。⑥ 6月16日，唐继尧通电赞同军政府改组，承诺就任。⑦ 陆荣廷、唐继尧等次第宣布就总裁职，西南军阀攫取了军政府大权。

北洋军在湖南方面进展顺利，桂粤联军败退。唐继尧于5月18日发布通电，为陆荣廷呐喊助威，称湘粤联军失利是兵家之常，"退出长岳，方养精蓄

---

① 岭南要闻录：唐陆强硬之表示 [N]. 大公报（天津版），1918-04-13.

② 岭南军事录：陆荣廷军事计划 [N]. 大公报（天津版），1918-04-30.

③ 谭浩明退出长沙至通电 [M] //季啸风，沈友益. 中华民国史史料外编：前日本末次研究所情报资料（第一册）. 桂林：广西师范大学出版社，1997：322-323.

④ 唐继尧又主张设临时政府 [N]. 民国日报，1918-05-21.

⑤ 唐继尧免去张开儒师长职 [M] //季啸风，沈友益. 中华民国史史料外编：前日本末次研究所情报资料（第六册）. 桂林：广西师范大学出版社，1997：1.

⑥ 陆荣廷允就联合政府职 [M] //季啸风，沈友益. 中华民国史史料外编：前日本末次研究所情报资料（第六册）. 桂林：广西师范大学出版社，1997：157.

⑦ 唐继尧承认政务总裁 [N]. 民国日报，1918-07-05.

锐，企图恢复。湘事不足忧，粤事亦不足忧。而我义军终当拼命前驱，誓不稍懈。黔川滇之联军东下，长岳间之前耻必雪，复伸正气，奄有六省之地域，速建统一之机关。然后召集正式国会，以成合法政府"①。与唐继尧空言大话不同，陆荣廷态度谨慎。5月底，陆荣廷由南宁到贵县，催促高廉各军立刻班师回贵，在湘边取守势。并通电赞成和议，称解决时局宜刻即停战，国会及地方问题以次磋商。② 陆荣廷还致电冯国璋大总统，称"当此国步艰难、外交危急之际，南北从事于商议调和，实认为必要之举"③。在不断释放和谈烟雾的同时，桂军加强战备。6月初，陆荣廷任命陈炳焜为广西省省长，督办广西军务。陈炳焜旋即通告就职，称"果中央捐除己意，去伪存诚，未始无转圜余地。若再执迷不悟，任意直行，炳焜惟有抱铁血主义，效力前驱"④。陆荣廷新招军队十二营，以备武力反抗政府到底。⑤

此时南北战事实际上处于休战状态。究其原因，北方直系、皖系军阀之间彼此争权夺利，敌对之势日益尖锐，对南政策往往甲方主战，乙方主和；南方广州军政府内部难以协调一致，实力最大的陆荣廷且与北京政府暗通消息，阴主议和，因此不能集中力量挥师北伐。⑥ 6月20日，段祺瑞任命曹锟为四川、广东、湖南、江西四省经略使，张怀芝为援粤军总司令，吴佩孚为副司令，要求他们尽快攻粤。北京政府主和派却动作不断，秘密与南方联络。据吴佩孚转来陆荣廷于7月6日致梁士诒、周自齐等的电文，中央政府列了八条谈判条件：一曰广东现有军队排配之法；二曰去龙；三曰另任莫荣新于别事；四曰两广巡阅；五曰粤督取陆荣廷同意；六曰广东岁支军饷若干，不敷全由中央担任；七曰广西督军由陆荣廷保荐；八曰云贵方面办法以及国会召集法。除川滇方面办法外，陆荣廷一一进行了回应。⑦ 张怀芝、吴佩孚也各怀鬼胎，按兵不动，并暗中与南方联络，私下停战。7月，吴佩孚与桂军马济签订停战协定，桂粤联军陆续从湖南撤回。谭延闿得桂系之助，重任湖南督军。⑧

改组后的广州军政府于1918年7月5日正式宣告成立，唐继尧、陆荣廷、伍廷芳、林葆怿、岑春煊就任军政府总裁，孙中山、唐绍仪未就任。孙中山先

---

① 西南伟人最近言动续 唐继尧之连篇大话 [N]. 大公报（天津版），1918-06-06.

② 陆巡阅使赞成和议电 [N]. 申报，1918-05-28.

③ 外电 [N]. 申报，1918-05-29.

④ 南宁陈炳焜通告就省长并督办广西军务之职电 [J]. 众议院公报，1918（1）.

⑤ 陆荣廷又招新兵 [N]. 大公报（天津版），1918-06-15.

⑥ 李品仙. 李品仙回忆录 [M]. 台北：中外图书出版社，1975：47.

⑦ 陆荣廷致梁朱周之要电 [N]. 申报，1918-07-22.

⑧ 廖晓云，陈莹. 陆荣廷年谱 [M]. 南宁：广西人民出版社，2012：325.

生领导的第一次护法运动，在滇、桂等军阀的破坏下最终以失败告终。陆荣廷表面上拥护孙中山护法，实际上不过是借为声势，全为自身利益考虑。陆荣廷控制两广，以"自主"为旗号。如时论所称：今天下苦兵久矣，追原祸始，唐继尧之并蜀，陆荣廷之图湘，实为惹起战祸之大原因。今后时局之能否和平，端在唐继尧、陆荣廷之能否抛弃野心，此固非政府之力所能及也。① 护法运动的失败让孙中山等革命党人看清了军阀的面目，如章太炎所观察，"广西不过欲得湖南，云南不过欲得四川，借护法之虚名，收蚕食鹰攫之实效"②。陆荣廷的势力由此达到了顶峰，成为控制两广及湖南的重要力量。

# 第三节　南北内讧下的战和不定

1918 年下半年之后，国内和平运动渐趋高涨。各界人士、社会团体纷纷呼吁南北停战、和平统一。在国际上，由于欧战即将终结，西方列强重新关注中国，力图打破日本独霸中国的局面，在政治上提倡南北和平统一。

## 一、和谈中辍下的南北内讧

1919 年 2 月 20 日，南北和会在上海开幕。至 5 月 13 日双方代表辞职，和会宣告破裂而暂时停止，历时不到三个月，实际开议时间仅一个半月，最终毫无结果。会议的主要议题是陕西问题和军事外交问题。双方代表各执一词、互不相让，谈判遂陷入僵局。与旷日持久的和谈相比，陆荣廷更加关心自身的势力范围。按照陆荣廷的设想，其为粤桂湘三省巡阅使，而以谭浩明为副，莫荣新为桂督，陈炳焜为广西省省长，马济为粤督，李耀汉为广东省省长。此时粤代督莫荣新有辞职的消息，关于如何以合适的方式推出各方所能接受的夹袋中人担任粤督，是陆荣廷此时所费心的。③

因争夺广东督军省长问题，桂系与政学会矛盾日益尖锐。3 月初，陆荣廷以退为进，宣告辞职，并传闻有单独与北京政府讲和之说。21 日，南方代表曾彦在中外新闻记者招待席上辟谣，称此乃无根谣言，称陆荣廷所希望之和平为永

---

① 论评（冷观）：内外形势观［N］. 大公报（天津版），1918-04-28.

② 时报（1918 年 12 月 2 日）［M］//汤志钧. 章太炎年谱长编. 北京：中华书局，1979：588-589.

③ 粤督军问题之暗潮［N］. 大公报（天津版），1919-02-27.

久的且为合法的，单独讲和不过得苟且偷安于一时，而谓武鸣肯出之耶？① 广东政局复杂，陆荣廷所怀收拾广东政局之策，拟恢复1918年末状态，即以陈炳焜为广东督军，李耀汉为广东省省长，以图桂、粤两派之融洽，陆荣廷欲驱逐广东某派势力，而收回军事、财政诸权。莫荣新运动留任，李根源运动省长，其势力均不可侮。关于省会选举议长，某派与李耀汉派竞争极为激烈，结局终归于李耀汉派胜利。关于副议长选举，其暗斗亦传闻频频，此均系准备将来处置省长民选之命意。陆荣廷驱逐李耀汉计划，原来系某派主动，故李派与某氏反目极为剧烈，但各国人士比较同情李耀汉。② 为疏通陆荣廷与军政府意见，岑春煊特派重要人物前赴广西慰问，代达挽留意旨。陆氏身体强健如常，对于取消辞职之劝告并未与以何等回答。③ 两广政局暗潮涌动，各派势力积极活动。

陆荣廷于1919年5月底召开龙州会议，商议应对时局对策。29日陆荣廷、陈炳焜、谭浩明、莫荣新等发出艳电促和，请双方政府力予维持，尤望各代表免除私见，重开会议。④ 有抛开军政府，单独与北京政府谈判之意。广州军政府接电后，"连日集议，竞谋对付之策"。在此之前，滇督唐继尧曾经发电，主张西南联合。军政府一面将唐继尧电议发各省、各军遵照，一面再由林葆怿等通电表明护法之意，可见多数对于陆电之反对，以将陆电暗中取消。⑤

在陆荣廷授意下，1919年6月中旬，广东督军莫荣新突然解决了李耀汉的肇军，委林虎接任肇阳罗镇守使，并派重兵赴肇庆，加强了对广东的控制。广东省长翟汪提出辞呈，各派势力随之展开了激烈争夺。广东政局复杂，省长为各派争夺物由来已久，起初为广西、民党、云南、海军、政学会五派，后又变为二大派，广西派、政学会派互相联合以当民党、云南，海军则持中立态度，其代表广西政学会者为莫荣新、张锦芳、伍廷芳、杨永泰等，代表中立派为李烈钧、李根源等。当初民党原拟推出陈炯明为省长，但因其拥有军队，惧为广西派所敌视，于是改推伍廷芳，以避广西派压迫。⑥ 两广巡阅使陆荣廷对于争执此事异常愤恨，曾发令通饬各处，声称任意刁难政界破坏分子（即指伍廷芳党派）若敢故意捣乱粤省政局，定予严惩不贷。至粤省长一缺，若军政府未得陆

---

① 南代表曾彦之演说［N］. 大公报（天津版），1919-03-23.

② 议和声中之广东［N］. 大公报（天津版），1919-04-22.

③ 议和声中之广东［N］. 大公报（天津版），1919-04-22.

④ 陆荣廷等促进和平电［N］. 民国日报，1919-06-04.

⑤ 珠江新潮 军政府抗陆荣廷 莫荣新捕李耀汉 滇粤军攻桂肇军［N］. 大公报（天津版），
1919-06-17.

⑥ 各派仍争省长［N］. 大公报（天津版），1919-07-20.

氏同意，无论何人不得委任是缺。盖桂系因恐粤省长之缺若为粤人所得，则桂系财源必因之而断绝。因广西本系一极穷省份，所有军政各费多赖广东协助，是以陆氏此次对于粤省长一席力争不已。[①]

陆荣廷脱离军政府的倾向日渐明显。1919 年 6 月，广西督军谭浩明设威武上将军行署，请陆荣廷出面主持军事计划。陆荣廷允为主持一切，并拍发一电表示政见，称现停战议和，而大局迄未能解决，当此内患未释、外患迭乘，自应及早收束，编练劲旅，以备后盾。庶进可以効力国家，退以保卫桑梓。[②]

南方军政府内部的离心离德让北京政府有机可乘，着手进行局部接洽。为拉拢陆荣廷，中央政府决定承担桂省部分军费，月支四十万，由陆荣廷驻京代表承领。[③] 北京政府派代表与各派力量分别接触。7 月初，大总统因岑春煊、陆荣廷、唐继尧三方仍待派员疏通，故决意再派林参军绍斐分往粤、桂。[④] 7 月中旬，龚代总理又通电西南分致滇、桂、川、黔，主张和议亟宜早日进行，以期一致对外。[⑤] 但正如时人所指出的，北方总代表改派问题迄未解决，此非对于人之难派，实对于事之无诚意。北方早已决定不战不和，坐待西南之内变，一举而降服之耳。[⑥]

此时军政府内部不稳消息频传，陆荣廷派似有解散军政府之意，然而驻粤李根源云南军一派则极力反对。陆荣廷特派陈炳焜赴香港，与北方代表开始交涉。[⑦] 见军政府各派斗争日益激烈，事难有为，孙中山于 8 月 7 日正式电辞军政府总裁职务。孙中山的辞职让陆荣廷更加肆无忌惮。8 月初，陆荣廷在武鸣设耀武行署，布告启用耀武上将军关防，与北京政府来往密电甚多，行署中亦曾开军事会议四次，所注重者为预备取消两粤自主之布置。恐经发表，护法各省或有起而反对者，故大举扩充军队。广西原有防营已改编为陆军第一师，增派八营进驻龙州一带，广西兵工厂亦日夜加工鼓铸子弹以资接济。广东方面也暗中布置，严密筹防，不遗余力。北京政府前后付给陆氏巨款一百四十万，许诺俟两粤取消自主，再给三百六十万，军政府及国会解散后又给五百万，以符一千

---

① 粤事西讯 [N]. 大公报（天津版），1919-07-21.

② 粤桂内讧中之要讯 [N]. 申报，1919-06-20.

③ 中央担任桂军军饷 [M] //季啸风，沈友益. 中华民国史史料外编：前日本末次研究所情报资料（第六册）. 桂林：广西师范大学出版社，1997：287.

④ 林周将再南行 [N]. 大公报（天津版），1919-07-12.

⑤ 和议进行之消息 再电函南商办法 总代表问题停滞 [N]. 大公报（天津版），1919-07-24.

⑥ 西南要人之要电 曾彦覃超双献促和策 [N]. 大公报（天津版），1919-08-10.

⑦ 西南各派之分裂 [N]. 大公报（天津版），1919-08-12.

万收束费之数。①

北京政府内部磋商后，龚代阁于1919年8月12日致电西南，特委任王揖唐为全权总代表。② 因王揖唐为国会议长，安福派领袖，与段祺瑞关系匪浅，遭到了西南各派的反对。8月12日，陆荣廷致电徐世昌，主张恢复5月前沪会，并称如段祺瑞派主持和局，西南不敢闻命。③ 见北京政府宣布王揖唐为议和总代表，陆荣廷于8月25日致电徐世昌，称对王揖唐并无成见，只是个人不能代表西南，须依多数。④ 8月28日，陆荣廷又致电徐世昌，询问派王揖唐是否出自总统本意。⑤ 军政府于9月5日通电反对王揖唐为全权总代表。广州军政府参、众两院电称，安福派卖国，利用内争，阳假议和之名，实行祸国之计，盘踞中央把持政权，变本加厉，竟以全国唾弃之王揖唐为议和总代表，毫无诚意，显系故逞狡谋，意存侮我。以此言和，距和益远，两院同人誓不承认。⑥ 但此电并不能代表各派意见，此时孙中山已辞职，唐绍仪在上海，西南歌电反对王总代表，就西南情势及从国民多数心理上观察，不应有此电，即此电有不无令人怀疑之处，果然孙文有电声明已经辞总裁职，该电并未署名。而龚代总理接到粤中军政府要人私电，申辩并非极端反对王氏，只该处一部人对于派别意见太深，亦非无疏通余地，仍请促王揖唐速行南下，当担任疏通。9月11日，王揖唐出京南下。⑦ 由此可见军政务内各派的复杂情况。9月底，陆荣廷致电徐世昌，表示对派王揖唐为议和总代表有异议，请总统迅定最后方针，否则南北分治终恐不免。徐世昌复电说明苦衷，仍求谅解。⑧

北京政府于9月24日任命靳云鹏代理刚辞职的龚心湛出任国务总理。靳总理登台后，极力融和直、皖两系矛盾，以期合力应对南方。通电西南各要人协议和局进行。业已先后得有复电，一体赞助。桂滇电讯迟滞，至10月12日陆荣廷、唐继尧复电均到，力表赞助和平之意。⑨

南北和谈有望开展之际，南方军政府却汲汲于西南自主。伍廷芳及岑春煊

① 粤局解散之风［N］. 大公报（天津版），1919-08-23.

② 公电纪要龚代阁致西南电［N］. 大公报（天津版），1919-08-15.

③ 专电［N］. 申报，1919-08-14.

④ 专电［N］. 申报，1919-08-26.

⑤ 专电［N］. 申报，1919-09-01.

⑥ 复云南唐总裁继尧论安福派祸国殃民请一致对付以救国亡电［J］. 众议院公报，1919（11）.

⑦ 西南反对之真相如此 粤要人私电仍任疏通［N］. 大公报（天津版），1919-09-12.

⑧ 专电［N］. 申报，1919-09-30.

⑨ 关于和议之消息陆唐力助谋和［N］. 大公报（天津版），1919-10-14.

等从事改组军政府，作为西南行政总机关，一面委派代表分布西南各重要区域，以便与与当地长官接洽一切，以为设西南自主之布置，并赞助广东非常国会所通过各种制度。唐继尧督军及其他军界大员均有电致广东赞襄斯举。"北方政府得此报告之后异常疑惑，究竟西南果有此举否，尚无确息。探之北方政界各要人，据称广东内幕纷如乱丝，想虽有此种办法，或以此为虚张声势，亦未可知。纵使南北意见无论如何离异，断无分治之理。即以大局而论，虽外间谣言蠢起，而南北两方较之畴昔更形接近。至南方始终反对王揖唐总代表，乃其个人问题，趋于和议前进，不致发生何种阻碍。"别南北两政府为分摊海关税余、盐税余款及订借外债各项已商定，按照双方情形分别数之多寡，即此一端足征南北绝不至再有决裂之虞，从此以后双方只有日形接近，断无更觉远。① 军政府因国会党见不一而有改组之议，陆荣廷恐为非常国会议员利用，故表示拒绝，致有辞职之举。岑春煊亦谓至今不明真相。军府内容涣散、意见不一，于此可见一斑。②

维持军政府成为西南各派势力当务之急。10月中旬，李根源连日与各方面人士极力调和各政党广西派及其他实力派，以谋西南各派团结。政学会14日特开会议，谓南方于护法以外尚有护国之责任，宪法制定后，由西南各派选出代表，以组织正式政府，目下则维持现在军政府。③ 云南唐继尧主张内部团结，电致军政府政务会议，"逆料此后和局又无从进行，此时西南惟有团结同袍，补充实力，为和议破裂后之准备"，并请由外交部将拒绝王揖唐理由通告中外，免北方以破坏和平之责归咎南方。④ 10月16日，唐继尧致电南方各省，表达意见：各军宜整师静待后命，不宜先开战端，南方受破和平之责；和战未定之秋，沪会代表不宜遽行解职，宜切电挽留。关于粤中改组政府之议，以为维持现状，不必轻议变更。⑤ 莫荣新于10月24日通电表示赞同，改组政府已非必要，而在事实则窒碍难行。⑥ 10月20日，广州非常国会议决改组军政府，弹劾岑春煊。岑春煊于22日提出辞职。27日，桂系明确表示反对改组，通电挽留岑春煊。11月2日，陆荣廷致电岑春煊等，请其勿萌退志，以维政局而慰众望。⑦ 11月4日，陆荣廷、唐继尧、谭延闿、赵恒惕等反对军府改组。⑧

---

① 军政府之内乱情形［N］. 大公报（天津版），1919-10-02.
② 沪电报告种种［N］. 大公报（天津版），1919-10-14.
③ 西南各方面奔走［N］. 大公报（天津版），1919-10-19.
④ 唐继尧电请备战［N］. 大公报（天津版），1919-10-14.
⑤ 唐莫发布改组意见［N］. 民国日报，1919-10-31.
⑥ 莫荣新反对改组军府电［N］. 大公报（天津版），1919-11-01.
⑦ 专电［N］. 申报，1919-11-12.
⑧ 专电［N］. 申报，1919-11-04.

关于是和是战，军政府内部意见不一。为统一各方意见，军政府于 1919 年
10 月 24 日召开军事会议，主战意见占据上风。李烈钧、李根源等主战论者交相
发言，遂命各军队准修战备。① 军政府就和战方针，征询各方意见。10 月底，
唐继尧来电，不置可否。称关于和战方针之决定，一听诸军政府，予为和战两
样之准备，只静候命令之到来而已。熊克武、刘显世、陈炯明、谭延闿、李根
源等多数主张整修战备，不经一战，难得真正和议。② 与此同时，陆荣廷召集桂
系要人在龙州秘密会议，唐继尧亦派代表韩凤楼莅临。滇、桂达成一致，欲与
北方直接议和。决定办法如下：（1）法律问题后决，（2）事实问题以唐继尧为
滇黔川陕四省巡阅使，陆氏为粤桂湘巡阅使，谭浩明为广东督军，莫荣新为广
西督军，林斐予为粤省长，曾彦为财厅，而岑春煊则为候补副总统。③

至 11 月，改组军政府之声又起。非常国会中派系斗争渐趋激烈，霞楼、
裓寓两派拟提出改组军政府案。陆荣廷派本以促进南北和议为目的，虽有统
一广东之计划，无如在广东岑派之旧国会时掣其肘，对于北方所执态度甚觉
暧昧，遂至与北方直接议和，及统一广东两事不能见诸实行，岑派在旧国会
中竟有弹劾岑春煊及改组军府之事发生。受陆荣廷电命，莫荣新潜赴广西，
商议改组军政府及委任省长、督军。④ 云南并不十分了解军政府改组真相及岑
春煊不信任内容，唐继尧致电非常国会，反对改组。称军政府自护法成立以
来，经几多之困难，始成为南方之中心机关。现于南北对峙之今日俄然改组，
则因内部意见不独一致，而全局有瓦解之虞。如此则南方不败于北方，而毙
于自杀。⑤

直系将领吴佩孚也积极为南北和谈而活动。早在 8 月份，吴佩孚即通电全
国，吁请颁布一体罢战之明令。并与主战派展开电报战，与唐继尧、陆荣廷、
谭延闿等密电往来。8 月 31 日，吴佩孚向西南方面提出签订旨在共同对付皖系
的军事密约，并将其拟就的"救国同盟条件"草约交至唐继尧、陆荣廷等征求
意见。9 月 13 日，吴佩孚致电南方各军队司令官，倡议救国同盟军，铲除皖
派。⑥ 滇、黔两省代表于 1919 年 11 月 22 日签字，然后粤、桂、湘、川四省代
表也在密约上签字。随之，吴佩孚召集签字各方代表在衡阳举行会议，"议决促

---

①　军事会议之结果［N］. 大公报（天津版），1919-10-28.
②　西南各省主战声［N］. 大公报（天津版），1919-11-02.
③　龙州会议结果之东讯［N］. 大公报（天津版），1919-12-05.
④　广州更动省长消息［N］. 大公报（天津版），1919-11-18.
⑤　唐督改组反对电［N］. 大公报（天津版），1919-11-08.
⑥　吴佩孚勾结西南［N］. 大公报（天津版），1919-09-20.

进和平办法五条"①。由此西南各省与直系军阀联系日益紧密，联合起来对付皖系军阀，实施所谓"联直制皖"策略。

岑春煊、伍廷芳于 11 月 22 日赴梧州，会同陆荣廷、莫荣新暨广西军界各重要人物开特别会议，商议南北直接议和问题及其他重大事件。经往来磋商，双方达成一定妥协。12 月初，西南各护法领袖人物已议定由广东军政府承认王揖唐为北方议和总代表之后，赞成唐绍仪会同王揖唐在沪重开媾和会议。军政府各总裁曾召集特别会议，讨论和会进行办法。再参以陆荣廷及唐绍仪前所核准条件，遂经岑春煊、伍廷芳、林葆怿暨陆荣廷、唐二氏所派代表等议决主要办法如下：（1）同时解散广东旧国会及北京新国会；（2）特派陆荣廷、唐绍仪为两广及云贵经略使；（3）派熊克武为四川督军及谭延闿为湖南督军；（4）凡西南六省如广东、广西、云南、贵州、四川、湖南各省省长，非得各该省民意机关表示同意后，中央不得擅自委派；（5）西南应承认徐世昌为中华民国大总统。②

军政府内部危机解除后，南北和谈又提上议事日程。1919 年 12 月 14 日，唐继尧致电靳云鹏，敦促议和进行。③ 北京政府不断电催南方开议。12 月 17 日，靳总理电致军政府七总裁，促开和议。④ 1920 年 1 月 3 日，靳总理致电西南五总裁，中央主张以和平统一为归，和谈中辍半载于兹，中央续派总代表在沪守候亦已数月之久。其所以停顿原因，只在南方不与接洽。时艰日迫，群望方殷。所望鉴此悃诚，共图匡清。俾和平实现，统一有成，国家前途实利赖之。⑤ 一时间，和谈似有死灰复燃之势。两方代表均复集上海，做种种准备，为种种活动。

正在和谈积极推行之际，北方直、皖军阀酝酿大战，直系同奉系军阀联合，活动倒皖，反皖同盟扩大为十三省联盟。在得到西南军阀支持、没有后顾之忧的情况下，吴佩孚于 1920 年 1 月正式向北京政府提出撤防北归的要求。段祺瑞为阻止吴佩孚北上，于 2 月中旬逼迫内阁总理靳云鹏撤换河南督军赵倜，改派吴光新继任。此举加剧了直皖矛盾，河南督军赵倜倒向直系。

---

① 政务会议密电 [M] //中国第二历史档案馆. 直皖战争. 南京：江苏人民出版社，1980：2.
② 西报述军府之议和条件 [N]. 大公报（天津版），1919-12-22.
③ 唐继尧等敦促和议进行致靳云鹏电 [M] //汤锐祥. 护法运动史料汇编. 广州：花城出版社，2003：329.
④ 和局之发展消息 [N]. 大公报（天津版），1919-12-19.
⑤ 靳总理之谋和意见 [N]. 大公报（天津版），1920-01-06.

然而，和谈仍然不过是水中之花。此时南北各有内讧，北京政府直系与皖系因河南督军更迭之问题，致有八省同盟之说，惹起内讧；南方政界因云南问题，政学会与非政学会派亦起内讧。南北各生内讧，故沪地一般人民均甚不安，恐均有土崩瓦解之势。[1] 北方直、皖两系不和，于是直系组织八省同盟以抗皖系，而与南方桂系及政学会接近，以谋和平之成功，由李纯电南方调和五条件，主张新、旧国会同时解散，而以省会联合会为解决时局之中枢。此种调和运动于皖、滇均不利，于是皖、滇携手以排桂、直。南北内部各自派系的内争，进一步加剧了南北双方和谈的复杂性。

## 二、滇桂冲突与军政府分裂

1920 年年初，军政府内部暗潮汹涌。为争夺驻粤滇军的统帅权，陆荣廷与唐继尧的关系逐渐恶化。陆荣廷与政学系渴望速和，但因条件问题常为唐继尧所阻，桂系在广东久有予取予求之概，而有时亦受阻碍。驻粤滇军有两师人数，不能无所顾忌，因此对粤、对北皆不利。云南主义之存在，前乘援闽议起，已由方声涛割取滇军一部带赴粤闽边境驻扎，继因第三师长张开儒有通龙嫌疑，遂迳将其拘捕，而改委李根源兼摄师长。且特设湘粤赣边防督办一职，使李根源得调遣节制两师滇军，于是驻粤滇军已在无形中归于桂系支配之下。李根源为政学会巨子，拥有滇军，而莫荣新则拥有桂军，均合力拥护岑春煊。故改组后之军府，较之孙中山之元帅府占得非常优势。

为应对李根源联陆拒唐，唐继尧特命郑氏由滇来粤，监督一部分滇军，即为暗夺其兵权深意。滇军第三师长郑开文不易箝伏，乃借口其病不任事，令郑开文与岭南道尹杨晋对调，而风潮遂起。2 月 8 日，唐督下令解除李根源靖国联军第六军军长职务，将两师滇军归参谋部长李烈钧节制。广东督军莫荣新深恨李烈钧，协助李根源保存其位置，由此李烈钧所部滇军与莫荣新军队交战。[2]

为调停双方，军务院政务议决请陆荣廷、唐继尧到粤主持政务，当即分别电致陆、唐。唐继尧复电婉拒，"称当此和战未定之秋，军备不容稍懈，而修整内政亦难缓图。滇、川、黔僻处一隅，与粤相距较远。若继尧移往粤省，不特

---

① 上海人心之不安［N］. 大公报（天津版），1920-02-27.
② 外人对粤局观察［N］. 大公报（天津版），1920-03-21.

滇省内政无从督责进行，而对于靖国联军亦未能指挥如意，赴粤之举此时断难遵从"①。唐继尧不愿离开自己老巢，进入他人彀中。

2月底，李根源部作战失利，李烈钧及其部下谋攻广州，驱逐莫荣新。② 滇桂军在三水等地互战，陆荣廷在龙州指挥粤滇桂军务。③ 时人指出，二李之战即不啻唐继尧与莫荣新战，且不啻大云南主义与大广东主义、大广西主义战，则于时局之关系甚非浅小。然西南各首领既为互相雄长之故，糜烂其子弟而不恤，则和平之期更复何望。④

见战事一时难以解决，陆荣廷于3月20日通电，要求滇、桂两军停战。称"滇粤两省，同为护法团体，艰难荣辱，实相依倚"，大局和战未定，应同舟共济，请双方严饬所部，勿得妄动，自相冲突。⑤ 3月底，李烈钧以孤军在粤苦战一月有余，无别处得力之援助。在军政府调停之下，滇粤战事暂时平息，岑春煊27日赴韶州慰抚，李烈钧即日归省城，仍就参谋总长之职，将驻粤滇军及其他各省之军统归军政府直辖。⑥

为表示抗议，唐继尧随即通电辞职，并免去军代表赵藩，但军政府方面声言绝无其事。⑦ 滇桂冲突，牵动西南大局。军府七总裁中孙中山早已实行辞职，唐绍仪亦向不署名。今若唐继尧亦辞职，是此军府仅余四总裁，仅为两粤及海军之所组织，尚何能冒统一西南之名义，结果则将为无形之解散而已。⑧ 军政府摇摇欲坠。林葆怿也于3月27日向政务会议提出辞职，伍廷芳潜行赴港。岑春煊急忙赶回广州，4月1日在军政府开军事紧急会议，召集各省军代表赴会，磋商维持军府现状办法，并议决请岑氏力任主持，一面分派专员前往，劝请林总裁勿萌退志，仍出任事，一面派员往港劝请伍总裁返省。⑨

军政府遇到了前所未有的危机，广东旧国会因政学系与益友系冲突而致于决裂不可收拾。早在1920年2月间，旧国会在广州开宪法会议，争端屡起，屡

---

① 西南各首领之暗斗 李根源弄巧成拙 唐继尧电辞赴粤 [N]. 大公报（天津版），1920-02-28.

② 南北有溃裂之兆 [N]. 大公报（天津版），1920-03-02.

③ 专电 [N]. 申报，1920-03-12.

④ 时评：滇粤军竟交绥矣 [N]. 大公报（天津版），1920-03-04.

⑤ 滇桂交恶风云记 [N]. 申报，1920-03-29.

⑥ 云南军妥协成立 [N]. 大公报（天津版），1920-04-01.

⑦ 否认唐继尧通电 [N]. 大公报（天津版），1920-03-11.

⑧ 云南军调和条件 [N]. 大公报（天津版），1920-03-25.

⑨ 西南新写真：唐继尧反对岑电 岑伍之互相避面 伍廷芳匿不见人 要组织平民政府 [N]. 大公报（天津版），1920-04-11.

次停会，最后乃复演武剧，在会场斗殴，于是制宪事业乃不得不完全停顿，议员纷纷辞职离粤。① 至滇桂冲突事起，旧议员离散益甚，纷纷奔赴香港，亦有到沪上者。② 军政府此时仅剩岑春煊、陆荣廷、林葆怿三总裁，多数旧国会议员离粤，并通电政务会议已不足法定人数，3月29日以后之命令概属无效。离粤各团体之议员已过半数，非常国会难开，而七总裁又去其四，政务会议将不能开，军政府停摆。政学会与桂系对此则决定采取必要之手段，如其反对党态度终不改变，则将来或另行召集非常国会，修改军政府组织大纲，而以岑春煊、陆荣廷、林葆怿维持广州政局。③

此时传言云南将有第二军政府出现，或言上海将有第三政府组织，实行选举正式总统，议论纷纭，莫衷一是。④ 旧国会议员纷纷赴港，香港会议结果如下：决迁国会于云南，组织平民政府，若国会人数不足，仍用非常会议名义。⑤ 离粤旧国会议员越聚越多，于1920年4月19日在上海开会，因唐继尧确已欢迎国会入滇开会，多数主张赴滇。孙中山、伍廷芳、唐绍仪三总裁已于4月19日商议另组军政府，其地点均主设于云南，只在上海设一办事处。已得唐继尧同意，积极筹划一切。⑥ 4月20日，唐继尧通电称自赵代表辞职之日始，所有军府一切行动，继尧概不负责。查军府政务会议向以过半数之出席人员为法定数，现继尧未派代表，中山、少川两公亦均无代表出席，伍总裁亦复离粤，是军府政务会议已无成立之理由，所有一切政治行动当然无效。⑦ 随后唐继尧主张将军府、国会迁移重庆。⑧ 5月8日，唐绍仪、伍廷芳、孙文、国会议员等会议之结果，佥以国会宜迁往有军政府地点为相宜，故仍决定迁往云南。⑨

对于旧国会议员的离散，桂系态度冷淡。在粤残余旧国会议员已举陈鸿钧为众议院议长。莫荣新电陆荣廷，询问如何对待非常国会，陆复电称不必开非常会议，留者给公费，去者置之不理。4月28日，莫荣新通电驳唐继尧寒电之

① 旧国会制宪之恶剧 从此再难开会 议员辞职离粤 [N]. 大公报（天津版），1920-02-07.

② 奄奄一息之旧国会 [N]. 大公报（天津版），1920-03-17.

③ 西南新写真：唐继尧反对岑电 岑伍之互相避面 伍廷芳匿不见人 要组织平民政府 [N]. 大公报（天津版），1920-04-11.

④ 西南解体之昨闻 唐继尧之计划难行 [N]. 大公报（天津版），1920-04-08.

⑤ 西南新写真：唐继尧反对岑电 岑伍之互相避面 伍廷芳匿不见人 要组织平民政府 [N]. 大公报（天津版），1920-04-11.

⑥ 沪上伟人之举动 孙伍唐另组军政府 [N]. 大公报（天津版），1920-04-24.

⑦ 西南现势之沪讯：旧会开会无结果 唐继尧脱离军府 [N]. 大公报（天津版），1920-04-23.

⑧ 旧议员怅怅何之 不得迁滇要迁渝 [N]. 大公报（天津版），1920-05-09.

⑨ 旧国会决迁云南 [N]. 大公报（天津版），1920-05-10.

不合，称政务会议纯本内阁制之精神，阁员虽行合议，而意思只求一致，其取决并非遇凭多数。为军政府的继续存在进行辩解。①

此时北京政府政局趋稳，有意重开和谈。中央政府对于和议进行方针未变更，仍从事接洽一切，吴景濂、林森等到沪，当局亦会电令李苏督与之接洽。李督已有复电，谓遵经接洽诸人均有意息事宁人，使和局有办法不致固执成见，中为之梗。② 上海两方代表确有接洽，唐继尧有电到京，对协商办法提议请政府承认唐总代表所提之条件。③

军政府自伍廷芳去后已成分裂之象，桂、政两系为和议便利起见，亟应设法维持，兼因滇系极力主张重新组织护法政府于云南，更不能不积极进行，于是不得不补选总裁。5 月 4 日，留粤旧国会议员补选熊克武、温宗尧、刘显世为总裁。7 日温宗尧就职，政务会议有四总裁列席便足法定人数，可以间执反对者之口。选熊克武与刘显世者，第一则欲川、桂携手，以其次则可减去一省之反对。此时川战事再起，桂系、政学会此举意在联络四川，以牵制滇、黔。④ 对于留粤议员选举总裁，唐继尧通电反对。⑤ 云南新军政府积极进行，在上海设立总裁办事处，以待李烈钧来沪，以开始政务会议，并催促林葆怿来沪。⑥

鉴于军政府难以维系，桂系及政学会索性抛开军政府，与北京政府议谋局部媾和。陆荣廷与岑春煊致电徐总统，请代广东、广西两省磋商议和，而云南及其他西南各省听其自行办理。⑦ 时论称：前此南北非不欲议和，各自屡有所接洽，表面上则南方尚以军政府为主体。自滇桂冲突，假面揭露，互欲垄断媾和之利，以致嫉视反目，于是分道扬镳、各自进行，全部议和完全为局部。但各有所顾忌，不敢正式握手，尚暗中从事进行而已。据军府消息，谓岑春煊、陆荣廷近日连致两电与中央，俱关于局部媾和。其一云广东各派刻已群情一致，亟愿谋和，希即迅示进行方针，以便分别接洽，并有粤与滇已经断绝关系。嗣后中央关于磋商和议办法毋庸滇粤混合提议，盖滇中各项事宜不

---

① 西南分裂后之大小伟人 莫荣新电驳唐继尧 [N]. 大公报（天津版），1920-05-06.
② 时局近情：八省联盟主张停顿 南方人物最近态度 [N]. 大公报（天津版），1920-04-26.
③ 时局昨讯：滇唐最近来电纪闻 [N]. 大公报（天津版），1920-04-28.
④ 粤政局百计无成之现象 补选总裁之内幕 川桂联合之失败 岑春煊赴邕密商 [N]. 大公报（天津版），1920-05-20.
⑤ 唐冀赓反对私选总裁 [N]. 民国日报，1920-05-16.
⑥ 新军政府之设立 [N]. 大公报（天津版），1920-05-21.
⑦ 广州二十日电 [N]. 大公报（天津版），1920-05-23.

便再为负责等语。其一则云两广已取实地联合主义，中央宜速规定对于两广局部媾和的方法。电末又谓此举虽上海一部分捣乱分子不予赞同，然亦毋庸顾虑。①

滇、桂之间剑拔弩张，5月初，唐继尧对广东莫荣新下宣战书，调该省军队分扎桂省边境广南、剥隘、富川诸县，大有出兵攻桂之势。②唐继尧与黔军刘显世联合对桂，在闽南的陈炯明粤军也积极谋划回师广东。广西督军谭浩明积极备战、严为防范，派兵急赴与滇省交界之西林、百色、靖西各县，令驻湘桂军克日回桂，以备差遣。陆荣廷出巡百色、西林一带，以粤人杨永泰长粤，试图缓和广东排桂风潮。③为防备贵州出兵助滇，遣派广西军一旅赴柳州驻屯。滇军亦事事准备。④

此时北方靳氏下野，随着北京政府内阁的变动，湖南局势更加动荡不安。1920年5月17日，段祺瑞以参陆办公处的名义发电，同意了吴佩孚的撤防要求。吴佩孚以南北和议为名迅疾北上，派代表到军府接洽，所有衡阳防地请南军赶快前进。5月20日，吴佩孚所部行抵武汉。湘军谭延闿部和滇军朱培德、杨益谦部积极推进，围攻张敬尧第七师。双方展开激战，张敬尧部战败。由于广州护法政府内部倾轧不断，早已名存实亡，湘省乘全省底定，而在南北两方皆自顾不暇之际，谭延闿于7月13日通电全国，宣布自治，制定省宪，废除督军，改用民选省长，保持中立姿态，以避免陷入南北内战漩涡。⑤

为应对时局，陆荣廷于5月下旬召开龙州会议。会议主要讨论两粤军事情形及对待时局的态度，经讨论，决定对闽、对滇暂取守势，对滇、黔两省"非迫不得已决不启兵戎"，积极联络唐继尧；对于湘南亦持审慎态度，"对粤省内乱宜急征剿"。吴佩孚率部北归，湘军接管，桂军派军援助，并与直系局部联和，以互相借重，"各军不得各派代表向北方私通消息"⑥。陆荣廷与唐继尧虽然决裂，但双方都各有腹心之忧，一为急于解决粤乱，一为急于谋川，故而滇、桂一时之间难有大的战事发生。

①　西南政局之分裂情势 岑陆倾向局部媾和 [N]. 大公报（天津版），1920-05-29.

②　滇军桂军纷集百色 [N]. 大公报（天津版），1920-05-13.

③　滇桂军事将生交哄 [N]. 大公报（天津版），1920-05-29.

④　川滇桂军事上之形势 陆荣廷两区设防 [N]. 大公报（天津版），1920-06-13.

⑤　李品仙. 李品仙回忆录 [M]. 台北：中外图书出版社，1975：50.

⑥　龙州会议之情形 [N]. 申报，1920-06-01.

### 三、桂滇之争

川中激战之际，孙中山、唐继尧、伍廷芳、唐绍仪于 1920 年 6 月 3 日联合宣言，否认军政府一切政令，并主张与北京政府议和。在沪的旧国会议员随即表示赞成续开和议。南方军政府虽经政学系中人积极维持，但呈现瓦解之势。各省军代表大多离粤，军政府财政困难，外交失败。①

孙中山、唐继尧等人的联合宣言让南北和谈似乎有开议的希望。北方议和总代表王揖唐对记者谈，不发生严重之纠纷，或岑春煊政府少数党不从中作梗，则和会不久定可在德人总会开议。王揖唐称北京政府承认唐绍仪为西南军政府真正议和代表，不承认岑春煊新近任命之温宗尧，并称今已不复有西南政府存在。② 北京政府于 6 月 7 日密电王揖唐，对于上海和谈有望开议表示欣幸，同时提出了应预为研究的几个问题。③ 随之王揖唐、唐绍仪文书相往返，着手进行和谈准备。④

对于孙中山、唐继尧、伍廷芳、唐绍仪等人向北京政府伸出橄榄枝的情况，岑春煊、陆荣廷、林葆怿、温宗尧四总裁联名发表宣言书，予以痛斥，称纵和议继续，然为王、唐之私约，当然视为无效。⑤ 1920 年 6 月 6 日，广州军政府陆荣廷、林葆怿、温宗尧、熊克武等宣言，指责孙中山、唐绍仪、伍廷芳、唐继尧与段祺瑞勾结，撤销唐绍仪议和总代表职务，以温宗尧继任，声明 6 月 3 日孙中山等移设军政府宣言无效。⑥ 6 月 17 日，岑春煊、陆荣廷、林葆怿、温宗尧等致电萨镇冰，指出和会之所以迁延至今，"实由安系首领王揖唐从中作梗"。否认唐绍仪的代表资格，希北京政府速换妥人，以与温总代表克期开议。"夫解决大局，惟诚乃能有功。循王揖唐之狡计，纵能使孙、伍、唐等互相要挟于一时，断不能假借名义举南北平和之实。"⑦ 岑春煊与陆荣廷加紧沟通，陆谓当以两广实力维持军政府，决不令孙、唐、伍等得行其破坏策略。⑧ 在广州军政府政治攻势下，上海唐绍仪与王揖唐两总代虽颇形融洽，而开议仍

① 土崩瓦解之军府现状 [N]. 大公报（天津版），1920-06-11.
② 王总代表与西报访员之谈话 [N]. 大公报（天津版），1920-06-14.
③ 议和声中之腾闻 [N]. 大公报（天津版），1920-06-17.
④ 王唐讲和之现况 [N]. 大公报（天津版），1920-06-26.
⑤ 自相水火之西南 岑陆等痛骂孙伍唐 [N]. 大公报（天津版），1920-06-18.
⑥ 郭廷以. 中华民国史事日志：第一册 [M]. 台北："中央研究院" 近代史研究所，1979：504.
⑦ 军府商榷时局之各要电 为和议复电 [N]. 大公报（天津版），1920-06-26.
⑧ 陆荣廷维持重饷 [N]. 大公报（天津版），1920-06-26.

未定期。广州军政府一再致电北京政府，陈述不承认王总代表之理由，请以温宗尧为总代表。①

与此同时，桂系加紧在湖南的战事行动。岳州既陷后，军府前经电饬前敌总指挥赵恒惕等停止进军，南军亦不敢存进窥武汉之意，湘省战事大可收束。不久又有调林虎所部入湘消息。6 月 28 日，广州军政府岑春煊、陆荣廷等致电北京政府，指陈张敬尧祸湘，请北京政府顺从民意，解决湘局。② 6 月 29 日，北京政府下令将张敬尧撤职查办，改任吴光新为湖南督军兼省长。

桂系在湖南方面军事的顺利，使濒于瓦解的广州军政府为之一振。自西南内讧后，军政府奄奄一息、毫无生气。自湘事得手，军府情形又为之一变，局中要人均视此为发展第一关键。③ 由于桂军在湖南军事进展顺利，陈炯明不敢妄动。双方谋求和解，陈炯明派粤军参谋李秉端回桂，会晤谭浩明、陆荣廷，达成谅解，潮汕战祸渐趋于无。"盖湘事既甚得手，滇军已无能为力，粤军以一孤军，其势不得不安于沈静矣。"④

广州军政府虽然貌似渡过难关，但陆荣廷却别有心计。陆荣廷一面敷衍岑春煊，同时又与上海方面有往来，"抱概不得罪主义"。陆荣廷与政学会关系并不融洽，"甚嫌政学会主张操切过甚，每与人谈及，大不满意"⑤。龙州会议后，陆荣廷与滇省代表唐继虞磋商西南政事。陆荣廷八面玲珑，与直联络，亦间与皖联络，其代表曾彦赞成王揖唐、唐绍仪接洽，是其明证。云南及孙中山、唐绍仪等各方面，陆荣廷尝有使节往还，可谓面面俱圆，自立于不败之地。其地盘问题亦取保守，无甚进取野心。惟抱广西及湖南主义，除广东力谋巩固以为根据外，更向湘省发展。⑥

岑春煊与陆荣廷貌合神离。陆荣廷所受职务，一概委人为代表，据此可见其对于粤省军政府冷淡态度。岑春煊又于军府内事事自断，不肯使陆荣廷参与。即如前撤换和议总代表及取消唐继尧总裁二项，均未得陆荣廷赞同，岑氏竟敢以数总裁之名义免任。为促成桂、滇彻底决裂，军政府欲调动李根源所部六千人径往桂省百色，以促桂滇之争。陆荣廷急忙进行军事部署，遮断李根源军路。桂军谭浩明尚以留粤桂军恐不敷布置，又将调出广西左区巡防营二千余人，分

① 南北和议近讯：唐绍仪极力张罗 军政府依然反对 [N]. 大公报（天津版），1920-07-03.

② 湘事之南北往来电 [N]. 申报，1920-07-05.

③ 两粤新纪闻：陆谭近日之言动 军府对待滇粤军 [N]. 大公报（天津版），1920-07-07.

④ 两粤新纪闻：陆谭近日之言动 军府对待滇粤军 [N]. 大公报（天津版），1920-07-07.

⑤ 鬼鬼祟祟之西南行 岑春煊亲赴广西 [N]. 大公报（天津版），1920-07-11.

⑥ 陆荣廷态度之今昔观 [N]. 大公报（天津版），1920-07-18.

驻肇庆、德庆、三水一带。嗣又致电百色防守司令韩彩凤，令其加意预防。桂省当局对于广州军政府有分裂之象。①

北京政府直、皖两派厉兵秣马之际，南方军政府内部也矛盾重重，趋于瓦解。滇、桂两大西南地方实力派之间意见分歧、积不相能，桂系与政学会相结托，以两广为根据地，岑春煊与陆荣廷为其首领，两人间也常貌合神离；滇系唐继尧与民党相结托，以云、贵、川为其势力范围。各派势力纵横捭阖，国内政局诡谲，令人眼花缭乱。

## 第四节　自主状态下广西治理

1917 年 6 月，两广宣告自主，称所有两广地方军民政务暂由两省自主，遇有重要事件径行秉呈大总统训示，不受违法内阁干涉，俟将内阁、法律等问题完全依法解决，再行听命。从此，广西保持着半独立状态。两广自主期间，广东政局纷乱如麻，军政、民政紊乱，而与之形成鲜明对比，广西在这一时期则相对安定，各项治理也有所进展。

### （一）政治安谧

广西政局尚称安谧，秩序不紊。究其原因，主要在于此时广西军政、民政上大体上各种关系较为清晰。如时人所称，在军政上，广西军政实权操诸陆荣廷、谭浩明之手，外此求足与其抗颜者，独陈炳坤一人耳。然并无利害冲突之虞，因能和衷共济，其各将领所辖部队多混合散驻各地，并无两军争执之事故发生，盖其军令尚能统一故。在民政上，广西督军与省长用人行政权限尚能划清，绝无督军委任厅长、道尹及镇守使直接发放县知事行为。全省知事及关税人员，尚能量材录用，不至政以贿成。此固由谭浩明之知足，而亦由陆荣廷镇摄其间，故能维持不敝。以频年多事之民国，而广西独晏如。②

广西内部虽亦有不同派系之分，但总的来说，都听命于桂系首领陆荣廷。在陆荣廷的主政之下，各派势力大体尚能相安无事。政治上虽没有大的革新，但基本能维持其旧，不至于产生大的动荡与变故。

在政局稳定的前提下，广西改土归流继续顺利推进。1918 年 5 月，广西省政府将上林土县和下旺土巡检司改土归流，合并改设思林县，属南宁道管辖。

---

① 岑陆亦同床各梦［N］. 大公报（天津版），1920-07-24.
② 陆荣廷态度之今昔观［N］. 大公报（天津版），1920-07-18.

1919年4月，凤山土州改流，设凤山县。6月，将南丹土州改设南丹县。

（二）努力发展经济

广西财政状况持续恶化。据统计，从1917年到1920年，尽管国家岁入多则一千二百余万元，少亦有九百八十余万元，其中政费每年在二三百万元，仅占十分之二三，军费则由七百余万元到九百余万元，竟占十分之七八。这三年共计亏银三百六十二万余元。① 为弥补越来越大的亏空，广西当道只能不断发行纸币。随着桂系势力逐渐扩张到湖南、广东，"广西纸币且越境输出，价格与现金等"，广西当道见"纸币之畅，以为可以获利"，遂进一步滥发纸币。② 1918年8月，陆荣廷密令广西银行在南宁设印刷厂，限令年底印出八百六十万元，并陆续发行。10月，广西当道设南宁铜元局，后改成广西造币厂，鼓铸银毫。③ 同时继续在上海订印纸币，1919年年底，广西在上海商务印书订印一毫纸币三百万张，面额三十万元。1920年年底，广西银行沪分行印一角币一千万张，一元币三百万张。④ 毫无节制的滥发纸币造成广西纸币贬值、物价上涨，人民生活困厄，"民六七年后生活程度日高"⑤。

广西当道积极鼓励开垦，发展农业。1919年9月，桂督谭浩明认为广西荒地甚多，欲开垦种植，先筹水利，在农商椰聘技师吴清林、张金田、高云甫等前往南宁，试办凿井实习所。⑥ 1919年12月，广西农业试验场在南宁西乡塘成立，进行农作物品种和生产技术的试验。1921年，改试验场扩大为农林试验场。⑦ 同时大力提倡种植桐树，栽培棉花。1919年成立广西棉业促进会，谭浩明任会长，省议会议长张一气任副会长。1920年1月开办广西棉业讲习所，培育植棉人才，引进优良棉种在各县推广，编印种植棉花方法指导书。在广西当轴的大力提倡下，广西大多数县开办了植棉场，植棉被列为县知事考绩之一。

① 财政部财政调查处. 各省区历年财政汇览：民国十六年广西省［M］//沈云龙. 近代中国史料丛刊［M］. 台北：文海出版社，1982：2-9.

② 宾上武修，来宾县志，台北：成文出版社1975年影印：417

③ 滕志峰，等. 桂系大事记［M］//中国人民政治协商会议广西壮族自治区委员会文史资料研究委员会. 广西文史资料选辑总第三十七辑. 南宁：广西区政协文史资料编辑部1993：46-47.

④ 财政部币制局为桂省在沪纸币给照放行事宜致有关单位电咨稿［M］//中国第二历史档案馆. 中华民国史档案资料汇编：第三辑金融. 南京：江苏古籍出版社，1991：963-964.

⑤ 欧卿义修，贵县志，台北：成文出版社1975年影印：525

⑥ 广西：筹办凿井实业所［N］. 大公报（天津版），1919-10-01.

⑦ 周长山，刘祥学，宾长初，主编. 广西通史：第八卷［M］. 桂林：广西师范大学出版社，2018：3747.

经过数年努力，广西种植棉花的面积逐年扩大，棉花产量大幅增加。① 广西鼓励种植花生，年产花生近 500 万担，占全国花生产量的 23%。此外，杂交水稻、小麦、玉米、红薯、菠萝、芒果等的种植面积也逐年扩大。

广西在这一时期还积极发展实业。1920 年年初，广西谭浩明对省内各项实业竭力提倡。探得贺县境内种有樟脑树极多，全属统计不下十余万株。特拟招集股本四十万元，每股十元，拟聘西人工程师购买机件，自行设立樟脑熬炼厂。谭、李二氏前曾通告各县村乡种植美棉，由邕垣各当局议决创办纱厂一所，专收本省所产棉花。省署训令财政厅，广西种植美棉已经两载，据各县呈报，办有效者已有多县，惟以发种过少，不能普及，经电托上海中华植棉改良社社长兼德大纱厂经理穆藕初代购美国棉种多勖。②

在广西当道的大力鼓励下，广西新式工业也有所发展。1917 年，南宁开办了崇德织染厂、福荣织染厂。梧州近邻粤港，交通便利，新式工业较早在梧州发展起来。1912 年，创办了广成兴机械厂，1919 年开办火柴厂和制革厂。1920 年到 1924 年，梧州先后创办了艺兴昌机器厂、广安机器厂、合和隆机器厂、安兴机器厂、联兴机器厂等。③

城市建设在这一时期也有所发展，以梧州为例，在 1920 年进一步拓展。梧州位居西江上流，为桂、黔两省交通南洋各埠之要道，行李往来、货物吐纳，莫不荟萃于斯。唯该埠偏地势低洼，前限于河，后阻于山，每年春夏两季海潮波及桂水时涨频有，城池商旅居民交受其困。且年以来商务兴盛，人口日增，店户稠密，几无隙地，当谋展拓。1920 年 3 月，陆荣廷、谭浩明、陈炳焜等与该处商绅黄睿、关冕钧、林绎、李衡宙商议，旋经大众议决，拟拆毁该埠城垣，开凿北山，建筑马路公园以为补救。设立梧州展拓商埠有限公司，招集股本，陆荣廷五万元，谭浩明、关冕钧各三万元，陈炳焜、莫荣新、李静城各二万元，其余两粤各处桂军司令、旅长如陆隐青、马济、沈鸿英等纷纷认股，商界踊跃认股。④ 至 4 月，认股者极形踊跃，其优先股份业已收齐，普通股亦认定过半，在梧城设立筹办处办公。⑤ 随后该公司制定了详细的拓展建设计划，并于 6 月开工。

① 周长山，刘祥学，宾长初主编．广西通史：第八卷［M］．桂林：广西师范大学出版社，2018：3746.

② 广西振兴实业之近闻［N］．大公报（天津版），1920-01-07.

③ 周长山，刘祥学，宾长初．广西通史：第八卷［M］．桂林：广西师范大学出版社，2018：3747.

④ 广西梧州辟商埠近况［N］．大公报（天津版），1920-03-31.

⑤ 广西梧州拟展拓商埠［N］．大公报（天津版），1920-04-20.

广西当道还积极发展交通，建设电线。1915 年开始兴建邕武公路，1916 年因护国讨袁军费开支过大而停工，护国运动结束以后继续修筑，至 1919 年竣工，全长 52 千米，是广西第一条可通汽车的现代公路。1917 年，谭浩明主持修筑龙水公路（从龙州到水口关），全长 335 千米，于 1919 年建成。① 1920 年 7 月，筹设滇粤桂三省电线。② 1917 年，在南宁与龙州之间安装电话，这是广西第一条长途电话线。

（三）镇压匪乱

广西此时匪乱规模相对而言并不算大，从区域而言，大体集中在边区及与邻省交界地方。经广西当道的大力进剿，匪患基本不足为虑。1919 年年底，田南道雷道尹会届韩司令来电，办理西隆"苗乱"，"苗匪"缴械投降，扁牙、新寨一路已告肃清。③ 陆军第一师第三团奉令剿办各属土匪，已进围六万大山。④ 1920 年 2 月，桂省"征苗军"司令韩彩凤回邕报告，凌云、西林、凤山各属"苗匪"已经肃清。⑤

随着广东局势的日益转坏，广西匪患亦渐有加重之势。1920 年年初，粤局自滇军问题发生，龙济光、李耀汉党徒即在北江及广肇各属运动绿林分途起事，以故地方骚然不靖。其时莫督方注全力于北江之杨鲁及西江之张王，视此土匪无甚轻重，故其势更盛。至滇军问题已告完结，莫督乃移前此奔集北江之军队，分途进剿。⑥

随着粤桂军队摩擦不断，广东政局不稳，广西匪患有渐趋严重之势。两粤自赌禁废弛以来，匪风日炽。各处土匪因滇、桂二省将有冲突之传说，而漳州、汕头所驻粤军亦有与桂军发生龃龉之事，意欲乘内地兵力空虚及外县纷扰之时，扰乱于桂粤交界藤县、容县、怀集、贺县、信宜、罗定、新兴、恩平等处。故迩来粤、桂二省匪势甚为猖獗，竟敢立寨成群，攻城劫市，几如星火燎原。桂省谭浩明诚恐此种匪党贻害地方，特由邕致电莫荣新，商议两粤会剿计划，以期早日肃清。⑦

北京政府皖系军阀主政时期，中央威权日渐衰微，对于广西治理乏力，更

---

① 广西壮族自治区交通厅史志编审委员会. 广西公路史：第 1 册 ［M］. 北京：人民交通出版社，1991：51-53.

② 广西筹设二省电线案 ［N］. 大公报（天津版），1920-07-16.

③ 广西苗匪之缴械投诚 ［N］. 大公报（天津版），1920-01-01.

④ 广西桂军剿匪之布置 ［N］. 大公报（天津版），1920-01-17.

⑤ 广西苗匪又扰害北方 ［N］. 大公报（天津版），1920-03-23.

⑥ 广东西江匪势之猖獗 ［N］. 大公报（天津版），1920-04-29.

⑦ 两粤会剿匪患计划 ［N］. 大公报（天津版），1920-06-03.

多体现在南北围绕着"护法"旗帜下和与战的纠葛,无力实际控制西南,甚或对于列强侵略边陲应对疲软。广西地方军阀势力开始崛起,并力图向邻省扩展势力,与北京政府的武力统一政策相抗衡。频繁的战事消耗了广西当轴的主要精力,因此对于省内治理缺乏足够的关注,地方经济与社会发展进展缓慢。

第六章

# 直奉共主时期北京政府与广西的权谋纠葛

1920 年 7 月，随着直皖矛盾难以调和，直皖战争爆发，皖系军阀败北。北京政府处于直系、奉系军阀的联合支配之下。北京政局的变动影响南方政局的走向。滇唐与革命党人孙中山等联合，与以陆荣廷、岑春煊为首的军政府相互对峙，为北京政府的广西治理增添了新变数。随着桂陆的败亡，广西政局大变。广西由马君武短暂执政，革命党人影响力日益扩大，再次建立起军政府，以北伐相号召，与北京政府分庭抗礼。北京政府虽然颁布统一令，但却统一局面难成，南北依然陷入热战之中。

## 第一节　从筹而不议的和谈到表里不一的统一

直皖战争爆发为南北和谈蒙上了新的阴影，也进一步刺激了桂陆的扩张野心。陆荣廷试图攻闽失败，西南政局因之大变。西南政局的变化，直接影响这一时期中央与广西的关系。

### 一、直皖战争下的和谈筹议

直皖战争起，和谈虽暂时搁置，但南北之间并未中断联系。直皖战争期间，苏督李纯曾将战况密电唐继尧等人，[①] 吴佩孚曾联系桂系，企图共同攻击皖系。吴佩孚因桂军不能攻击李厚基，屡屡来电力恳桂督谭浩明乘机进行。陆荣廷以桂军驻扎两粤，只足自卫，实无进攻他人能力，但粤省军政府曾派参议多人来邕，力请出兵攻闽。陆荣廷不得已，于 7 月中旬遂借他项事避至龙州，后又至南宁与桂军政各要人会议，讨论桂省对待北方的态度。陆荣廷谓自身位居重要，

---

① 李纯关于直皖战争中皖军迅速败退给唐继尧等电［M］//中国第二历史档案馆. 中华民国史档案资料汇编：第三辑军事. 南京：江苏古籍出版社，1991：23.

不宜宣布，嘱谭浩明于粤省军政府宣言讨段祺瑞时不妨列名。桂军攻闽一节，非俟滇省态度明白后，不可遽尔答应。① 陆荣廷态度谨慎，不主张将桂军加入湘鄂联军，不愿四面受敌。

直皖战争期间，广州军政府一再宣言讨段，声援直系。西南各省实力首领如谭、莫、谭、林诸公均先后通电响应，但未尝调一将遣一兵，则以陆荣廷之意以直皖之争于西南无所损益，且长、岳甫下，元气未复，此时似宜暂时休养，以旁观态度表示中立，不可遽然加入，牵动西南大局。曾以此意电告岑氏，于是讨段计划暂时停顿。② 陆荣廷在与广西督军谭浩明、省长李静诚谈话时明确表示，皖直战争"孰胜孰负，既不利于中国，亦无损益于西南，只能在旁观察，表示中立态度而已"③。

直皖战争以皖系军阀的失败告终，北方时局大变，随着段祺瑞失败，张作霖势力包围首都，去一皖系，来一奉系。1920 年 7 月底，广州军政府开特别重大会议，商议对待北方时局及对滇、对闽、和议诸问题策略。"以此间宣而不战，未免贻人口实，故拟由湘出兵相助，将来大局平定，我军有参战之功，自可在北方占一部分势力，不枉护法一场。谭延闿亦以此举义不容辞，已商妥赵恒惕就湘省军队中调拨一混成旅往援。"④ 陆荣廷、岑春煊还致电北京政府，谓大局前途百端待理，仍由中央解决办理，难免不顾此失彼，再遭国人指摘。主张早日召集国民大会，"令各项政策注重民治，方不失共和真精神，可免他项弊窦发生"⑤。

直皖战争皖系失败的消息让桂系大受鼓舞，陆荣廷迅即召开了龙州会议，商讨解决闽南陈炯明粤军问题，定下了攻闽军事计划。随之，莫荣新于 8 月 11日以肃清福建李厚基势力名义，下达进攻令，桂军分三路进攻漳州。莫荣新其实醉翁之意不在酒，如时人所称，"直、皖交哄，安福失败，岑、莫倡言攻闽，遣兵直迫漳浦，欲行假途灭虢之计"⑥。陈炯明率所部反击，提出"粤人治粤""广东人不打广东人"等口号，分三路由闽西向广东进攻。

南北和谈酝酿因南方爆发战事，更显迷雾重重。在战事紧张进行之际，南北关于和谈的接触并无停止，但困难不断。北京政府知安福派素为西南所反对，

① 陆荣廷最近行踪 [N]. 大公报（天津版），1920-08-02.
② 西南态度之一斑 [N]. 大公报（天津版），1920-08-09.
③ 陆荣廷与皖直之争 [N]. 申报，1920-07-18.
④ 西南态度之一斑 [N]. 大公报（天津版），1920-08-09.
⑤ 西南要人之最近态度 赞成开国民大会 [N]. 大公报（天津版），1920-08-04.
⑥ 李培生. 桂系据粤之由来及其经过 [M]. 北京：中华书局，2007：28.

故改派苏督李纯继任北方总代表，李纯叠电催促温总代表北上接洽和议。西南军政府特在军政府召集联席会议，讨论应行提出各条件，以便温总代表根据进行。所议者已规定数项，新提出条件为：（1）南北和议善后用款，由北政府担任支配拨发；（2）西南现有各军裁汰时，须留三分之二；（3）南北两政府同时宣布反对云南军政府及国会。各派势力纷纷活动，曹锟、李纯亦均派有代表赴粤，与南方接洽其磋商之件。吴佩孚曾派代表余某赴滇，谋滇、桂复合，避免枝节横生。最难解决者为国会问题，南北直、桂两派已往返电商数次，据曹锟、张作霖等意见，因徐世昌地位关系，不欲坚持取消新会；岑春煊、陆荣廷方面对于旧国会存在问题亦愿让步，刻双方意恉拟令新旧国会合并制宪，俟宪法成立后，另行召集新会。似此则一方可以保全徐世昌地位，一方可以全其护法面子，实为两全之道。8月18日，李纯电大总统，谓军政府对于南北和议屡经政务会议，请中央以命令宣布命李纯与温宗尧接洽，以为承认温充总代表表现；须宣布绝局部谋和，并表示广东军政府为护法机关，不受其他方面牵掣。云南唐继尧则与孙文、伍廷芳、唐绍仪等持异议，大有不愿言和之意，拟分在滇、川组织军政府，召集旧国会。中央得驻滇委员密电报告，唐继尧亦非绝对不愿谋和，然其宗旨系在中央承认旧国会所议事项均归有效，始可言和，否则决不与两广一致进行，以达护法之初志。①

和谈阻力重重，不仅困于国会等法律问题，更有岑春煊、陆荣廷与唐继尧、民党等利益纠葛。岑春煊、陆荣廷迭次来电，皆仍高谈护法，不肯取消军府名义。唐继尧更明目张胆电达唐总代表，声称法律、外交从以前原议，而另加废督裁兵，实行民治主义。并嘱催促在沪旧国会议员及孙中山、伍廷芳两总裁早日赴川，以便在渝组织政府。且告以个人发电后即行赴渝，业派李烈钧先往照料。因西南内部分裂，主张难以一致进行，和议总代表李苏督电陈中央声明辞卸总代表名义，仍以调人资格进行和议。中央仍极力慰留令其竭诚进行。李总代只得一面辞职，一面以调人资格派员向西南各方面分头疏通。②

一直悬而未决的南方总代表问题因闽事问题益趋纠纷。西南各分代表政学会一派者尚在瞻望，广西和议代表曾彦主张南方仍当认唐氏为总代表，陆荣廷的意见对于唐绍仪认为其不足代表西南，仍持冷静态度，不能因曾彦主张即变其一向宗旨，必须俟川闽事件解决后，与唐绍仪、岑春煊接洽，方能定局。故西南总代问题并未到决定之时，南方谋和之进行尚须有待。

① 南北和议进行观 拟议中之条件 [N]. 大公报（天津版），1920-08-20.
② 和议进行与西南 陆荣廷允作后援 [N]. 大公报（天津版），1920-08-24.

由于和谈难望开议，北方总代表李纯不断辞职。① 8 月底，北京政府靳总理致电广东军政府，请其迅速表示数种意见：（1）总代表问题李纯辞职挽留有效与否未定，惟南方总代表是否确定温宗尧，应速声明；（2）北方各界对于召开国民大会极端踊跃，南方持何态度，即应达告中央；（3）两广对于滇黔川举动究持何法以善其后。②

此时南方各派势力各谋私利、意见纷纷，矛盾难以调和。北京政府与粤桂、滇黔川分别进行，虽直接间接与唐继尧电商，但唐氏卒无详确答复，电报仍属措辞模棱。8 月 26 日，唐继尧、刘显世等发出通电，主张南北和平办法应由正式和会解决，但对于议和条件却只言以法律、外交两问题为国本所关，须有正当解决。③ 至岑春煊、陆荣廷两处，岑氏迭有电来，但词意简单；陆荣廷则表示愿北方与岑春煊先为商洽。西南各方意见实不一致，北方方面靳揆虽锐意谋和，但曹锟、张作霖两使既已出京，议和种种问题并无若何决定。李纯总代表因未能取得巡阅使之职愤而言辞，态度亦颇怏怏。和议自无进行之可言，故南北统一之局一时不易于告成。④

## 二、桂陆失败及统一令颁布

让陆荣廷意想不到的是，陈炯明粤军势如破竹，先后攻下汕头、惠州、潮州等地，逼近广州，桂系防线全线崩溃。除在广东激战外，陈炯明并有向贵州方面进攻之势。北京政府发出训令，令所辖政府军队各将领各守原防，非俟他项军队来侵犯时不得擅动。⑤ 湘军谭延闿宣告中立。桂系虽全力援助广东莫荣新，但大势已去。

由于对闽战事不利，陆荣廷、岑春煊等加快了对于北京政府的妥协。至 8 月底，北京与广州军府方面已经议妥七条：（1）新旧国会同时解散；（2）自解散原有国会之日起，在二个月期内召集新国会；（3）取消广东及广西二省自主政府；（4）北京承认广东、广西省行政费及军费；（5）重行委任陆荣廷为两广巡阅使；（6）取消南方海军独立，委任林葆怿为舰队总司令；（7）所有两广行

---

① 紧要新闻：和议消息愈益混沌 南方意见纷纭 [N]. 大公报（天津版），1920-08-28.
② 靳揆与军政府通电 [N]. 大公报（天津版），1920-09-01.
③ 唐继尧等发表南北和平条件宣言通电 [M] // 中国第二历史档案馆. 中华民国史档案资料汇编：第四辑. 南京：江苏古籍出版社，1986：180-181.
④ 若断若续之和局 李纯推荐王克敏 调人所拟办法七条 唐继尧对内外宣言 [N]. 大公报（天津版），1920-09-06.
⑤ 西报论南方内乱之未 [N]. 大公报（天津版），1920-08-28.

政海军陆军各衙门及各官员不能更动，亦不能迁移。督军李纯奉北京命令后，电致云南唐继尧、贵州刘显世、四川吕超，称关于恢复国内治安及南北统一问题，中央政府业已与广州军政府议定和约数条，贵州、四川若不速即加入，则在一月内北京与广州将同时布告宣示。①

北京政府因与岑春煊、陆荣廷、孙中山、唐绍仪及云南唐继尧进行之和议日来确已略有端倪，国会、法律、地盘各问题虽有未决之件，然亦无若何之障碍，故令李总代表及各分代表积极筹备开会。② 9 月 10 日，曹锟、张作霖等各疆吏电复滇，所希望者关于和议之进行务期迅速，苟利于国，不尚空谈，精神既同，形式可略。主张根据旧法重召新会，护法之义既达，则统一之局立成。嗣后中央外交政策应以民意为从违，在南北分裂之际，无论对于何国所订契约，皆应举而诉诸舆论，国本既固，庶政始成。③

不久，靳云鹏内阁接到云南督军唐继尧及贵州督军刘显世关于南北和议联名电一通，两人在电文中提出了详细条件。靳云鹏复电，将广州与北京所解决重要各点奉告：（1）尊重共和国宪法；（2）修改不满足之万国契约及协议；（3）裁减全国冗员；（4）组织自治区；（5）北京政府赞成设立特别军事委员会，以便解决军事问题；（6）北京政府赞成重行开和议，所有以往之事不再提及。④ 意在借此压迫唐继尧等屈服。同时为防止唐继尧进攻湖北，北京政府在军事上妥为布置，议定电湖北督军王于春妥为防范。并恐川军绕道先攻广西，后由湘中至鄂，当拟再电湖南谭延闿，嘱其勿允他军由湘过境。⑤

滇、桂当轴间曾试图谋求和解。8 月下旬，滇、黔二督以靖国军正、副司令名义，派出部队巡防广南、剥江、普厅塘、富州等滇桂交界处要隘。陆荣廷即刻致电谭浩明，嘱其居邕镇守，主持桂省中区军务。⑥ 陆荣廷曾到靖西与唐继禹会晤，商讨滇黔及桂粤两方面的和议意见。双方各有主张、互不相让，最后不欢而散。⑦

因惠州已被广东军队所占领，广西军队于1920 年9 月初向北败退，形颇狼狈。以下各议和条件据称系广西方面与北京政府所订者：（1）根据临时宪法及

① 紧要新闻：西报纪宁垣要讯中央与两广携手［N］. 大公报（天津版），1920-09-09.
② 关于南北和议之商权［N］. 大公报（天津版），1920-09-12.
③ 曹张等各疆吏电复滇［N］. 大公报（天津版），1920-09-15.
④ 中央与滇黔协商统一［N］. 大公报（天津版），1920-09-28.
⑤ 拟电令防范川军北窥［N］. 大公报（天津版），1920-09-30.
⑥ 桂省防御滇黔之计划［N］. 申报，1920-09-04.
⑦ 桂滇间要讯［N］. 申报，1920-09-05.

旧选举法，选举新国会；（2）地方官职制度由南方议定，但须得中央政府认可；（3）南方各军领袖位置，由总统颁布命令认可；（4）南方海军归向南方政府，海军上将林葆怿委任为福建督军；（5）督军李纯须将此和约公布，两方面并负实行和约上所载各条件完全责任；（6）南方领袖布告天下，业已取消宣告独立。此时北京政府关于如何对待南方，内部意见不一。张作霖主张用兵讨伐南方诸省中反对中央政府者，而靳云鹏则主张与南方和平妥商。曹锟赞助张氏主张，而吴佩孚赞助靳氏主张，因之两方颇有争执。总统则既不赞助张又不附和靳，严守中立态度，无所表见，不过有名无实首领而已。① 由于内部意见分歧，张作霖对南作战的意图难以实现，北京政府依然以观望为主。

9月上旬，川滇、两粤各处均有战事，西南对于和议多不注意。唐继尧又电责北方对于和议屡失信用，故有决不向代表方面谋和之表示。而中央政府复通电西南岑春煊、陆荣廷、唐继尧、刘显世各首领，谓各方面若有诚意进行，则向中央直接办理。亦可俟议定后再由总代表处宣布实行，以清手续。北京政府对于南北和议，除云南唐继尧而外，已与西南各方面将条件接洽妥协，只待各方面代表签字后，即可发表。② 但局势的发展很快超出了北京政府的预料。

随着陈炯明攻下潮汕，所部节节进逼，桂系在广东权势渐失，对于西南诸省已无负责实力。北京政府致电陆荣廷，谓关于谋和问题曩因执事颇能代表西南各界，是以前即分将局部关系办有端倪，乃当下两广情形日非，滇、黔、川亦生变化，执事已有不负重责之来电。值兹大局纷扰，即宣布切实意见，以便仍归议和。③ 敦促陆荣廷迅速表明议和态度。

为应对时局，陆荣廷于9月中旬在南宁召集军事会议，讨论对粤事办法，推桂督谭浩明为前敌总指挥，粤督莫荣新为总司令，计划继续抵抗。④ 桂系在军事上节节败退。9月24日，粤军攻占石龙。26日，广州警察厅长魏邦平、广惠镇守使李福林宣布独立。桂系已成墙倒众人推之势，⑤ 魏邦平进攻省城，驻琼滇军奉唐继尧、李烈钧令在海口宣布独立，举赵德裕为总司令，与粤军一致讨莫。在各方压力下，广东都督莫荣新于9月底表示退让。10月中旬，李明阳所率滇军突破乐昌，进迫韶关。陈炯明加紧做进攻广州的准备，莫荣新以要求军饷为

① 西报纪靳张对西南意 有主战主和两说 [N]. 大公报（天津版），1920-09-12.
② 和议消息之昨闻 [N]. 大公报（天津版），1920-09-18.
③ 中央致电陆武鸣述要 [N]. 大公报（天津版），1920-09-29.
④ 桂军对于粤事之预定办法 [N]. 申报，1920-10-01.
⑤ 西南各派之进行 陈炯明联络谭唐 谭唐李陈之用心 夔高分途开会议 [N]. 大公报（天津版），1920-10-01.

借口延宕广州。

对于粤桂战事，北京政府试图调停，分别入手讨论办法，所有大致系欲分对两广首领做最后劝慰，使其无论如何先息战端，各取宽大主义，北方当须掺入调停。倘取自决主义，即请两广自行开议，研究停止战事。① 北京政府曾因此项开议研究，大致已定，不久即行分别入手，施行三种计划：对于陈炯明、莫荣新最后劝其息战，勿再争执意见，仅可达到桂军撤去广州为止；仍电岑、陆，嘱其设法调停；积极另易代表，以和局手续息止两广争议。②

由于两广局势发生变动，西南形势因之发生变化，北京政府决定调整和谈策略。对于滇黔，改将四川要人意向加入；对于两广，改与陈炯明等另谋进行；对于上海民党各首领，分途与之握手；对于南方在野派，再将意见通融。③ 总统、总理认为南北一日不统一，无论何事均不能进行，故决定尽快以中央政府名义发电促和，使南方各首领早日省悟而固国基。大总统对于四川、广东、广西、云南、贵州等省各首领决无异视之点，故交谕靳总理，嗣后凡关该五省有磋商和局之电报到京，应迅速答复，俾可铲除南北有畛域之分，而易图谋和议进行。④

10 月 21 日，滇军朱培德部攻破全县，桂林大为震动。陈炳焜在广西宣布独立。广西独立显然是在陆荣廷的授意下，如时论所称：广西宣告独立，其作用在利用新闻传布，使人致信广西已有倾向民治之趋势，则将来在陆荣廷痛受各方打击下台之日，即命陈炳焜趁势登场，同民治缓和新潮，庶彼辈旧日原有之威权仍得继续把持，或不致根本推翻。陈炳焜出身马弁，其在桂军阀地位纯为陆荣廷一手提拔，事事秉承陆旨。就实力言，陈炳焜在广西军阀中绝无摆脱陆荣廷关系、独树一帜能力。陆荣廷至无可如何之时，或命陈炳焜继统军阀，实行其换汤不换药之最后阴谋，亦意中事。⑤

桂陆的失败导致广州军政府难以为继。10 月 22 日，岑春煊宣言引退。10 月 24 日，岑春煊、陆荣廷、林葆怿等联名通电，解除军政府职务，宣布撤销广州军政府。呼吁当局依法召集国会，所有西南各省应顾念大局，迅速促成统一，

① 紧要新闻：粤桂战潮中之珍闻 中央愿加入调停 莫荣新提出条件 旅京粤人之开会 [N]. 大公报（天津版），1920-10-03.
② 西南军事面面观 外交团主张干涉 中央定三种计划 唐刘李图川失败 [N]. 大公报（天津版），1920-10-23.
③ 北京特别要讯 [N]. 大公报（天津版），1920-10-27.
④ 桂粤又各备战原因 [N]. 大公报（天津版），1920-10-30.
⑤ 广西军阀之暗谋 [N]. 大公报（天津版），1920-11-25.

妥筹善后。① 10 月 26 日，莫荣新致电北京政府，声明于 24 日取消广东自主，粤事听从中央政府主持，并称率部让出广州市区。② 当然，此电并不为粤军及孙、唐方面所承认。"岑、莫知大势已去，收拾不来，相率逃遁，于是桂系在粤之命运告终。"③

桂陆被粤驱逐，南方局势大变。川省熊克武、刘存厚各军与北京政府日益接近，取消自主，以刘存厚为督军，熊克武为省长，颇有成议；湖南亦已倾向中央，预计川、湘取消自主，而黔必首随其后，于是由桂而川而湘而黔，渐次取消自主，所剩者仅粤、滇两省，被四围监视，受邻省牵掣，决不易于发展，而实现统一大有可望。④ 在此情况下，北京政府认为统一时机已到，迫不及待地于 10 月 30 日颁布统一令。北京政府称中央望和若渴，已非一日，但能促成统一，有俾国家，自应博采群情，速图归宿。著责成国务院暨主管部院会商各该省军民长官，将一应善后事宜，迅速妥筹办理。⑤ 但一纸命令显然难掩西南诸省派系林立、统一难成的现实。

### 三、统一令颁布之初

北京政府颁布南北统一命令后，曹锟、张作霖两巡阅使来电，均表示对于统一允其竭力辅助。并云嗣后中央处以最诚恳政策，依诸统一方略进行，以免贻人口实，该两使必当极力赞成。倘有反对者，即应声明问罪。中央与各要人协商大要，已定数种要项：（1）取消前两次和议形式，即取消总分代表分途由各主管机关长官接收西南各项；（2）速由国务院筹备办理善后；（3）积极力谋西南平息战事，并劝旧国会万勿开会，新国会方面应归无形取消。⑥ 拟组织统一善后委员会，并拟筹备地方自治，实行裁兵以救财政危难，实现军民分治以整顿史治，结束各项军事。⑦

---

① 岑春煊等关于解除军府职务通电［M］//中国第二历史档案馆.中华民国史档案资料汇编：第四辑.南京：江苏古籍出版社，1986：9.

② 莫荣新关于取消自主率将士退出广州通［M］//电中国第二历史档案馆.中华民国史档案资料汇编：第四辑.南京：江苏古籍出版社，1986：657.

③ 李培生.桂系据粤之由来及其经过［M］.北京：中华书局，2007：28.

④ 统一前途之乐观［M］//季啸风，沈友益.中华民国史史料外编：前日本末次研究所情报资料（第六册）.桂林：广西师范大学出版社，1997：322.

⑤ 大总统令［J］.政府公报，1920（1691）.

⑥ 统一令宣布后之各面［N］.大公报（天津版），1920-11-02.

⑦ M 生.本国事情：统一令发布之由来与发布以来之经过［J］.时事旬刊，1920，2（31）.

北京政府磋商维持大局问题，分与在野调人协商，决定以提前承认广西为入手办法。大要宗旨允准陆荣廷为两广巡阅使，谭浩明为广西督军，陆裕光为广西省长；至于广东事件，则于事后另定。中央对于维持南北前方各问题，确已决定，积极设法将闽、陕、川、湘四省最要事件办理妥善，其手续：（1）对于福州仍令其严守中立，劝止陈炯明对粤干涉；（2）对于陕西仍维原状，不使南北各军联络；（3）对于川省，取开放主义；（4）对于湖南事件，设法使两湖联合。①

北京政府关注两广时局，徐世昌总统以个人名义致电陆荣廷，云当粤桂战事不息，大局虽宣布统一命令，亦恐无发展希望，所有执事曩日谋划咸将付诸东流，默思前途，殊堪惋叹。惟迩来各界又有对于桂军驻粤不能见谅，遂致群皆归罪于莫荣新，务希早将两广误会妥为疏通，否则南北终难速归统一。同时北京政府分电岑春煊、陆荣廷，请其设法息乱。② 中央限日使该两省首领息战，否则中央当以严厉手续对待。③

然而，北京政府的命令未能阻止粤省战事的继续蔓延。10月29日，粤军攻取广州。31日，孙中山、唐绍仪等联名通电，否认南北统一。11月1日，军政府下令裁撤广东督军，任命陈炯明为广东省长兼粤军总司令。陈炯明否认广东取消自主通电，驳斥岑春煊、莫荣新等取消军政府及取消广东自主通电，称其宣言"不过取消其所据之名器，取消其本身之人格，不能损军政府毫末"④。11月21日，陆荣廷通电桂军全部退出广东，称赞成粤人自治，"此后粤省地方治安，即由粤人负责"⑤。11月底，驻粤桂军全部撤离粤境，败退回广西。至此，桂系在广东四年多的统治宣告结束。

北京政府统一令得到了广西当轴的积极回应。11月1日，北京政府接广西陆荣廷密急电，详陈宣布统一后桂中全体赞成，惟该电后略尚有发表意见分为三项：一于粤桂战事仍请中央不加干涉，听由桂系自行收束；一于旧国会议员请由中央设法安插；一请派员南下，分别办理各项善后。⑥ 岑春煊、陆荣廷等关于撤销广州军政府的通电，让北京政府志得意满，汲汲于规划西南治理。11月

① 统一声中之各省［N］. 大公报（天津版），1920-11-01.

② 统一令宣布后之各面［N］. 大公报（天津版），1920-11-02.

③ 宣布统一后之百面观 急收拾粤桂战事［N］. 大公报（天津版），1920-11-03.

④ 滕志峰，等. 桂系大事记［M］//中国人民政治协商会议广西壮族自治区委员会文史资料研究委员会. 广西文史资料选辑总第三十七辑. 南宁：广西区政协文史资料编辑部，1993：64.

⑤ 公电［N］. 申报，1920-11-24.

⑥ 宣布统一后之百面观 陆荣廷发表意见［N］. 大公报（天津版），1920-11-03.

2日，北京政府开始讨论接收各项紧要手续：一为自西南组织军政府及各省宣布自主以来所办事务经过情形；一为结束西南各种借款所定各约，俾定是否能由政府承认；一为接办西南各项交通；一为详定西南任命要职，改为中央任用。①

如何对待民党，也是北京政府所担心的。有某阁员向政府建议，谓西南大局紊乱，当下虽由中央宣布统一，然曩日致乱之始多出民党首领失意所致。今中央既希望统一，应即分邀上海民党有名人物来京，俾将双方至要根本各项争议以及安置民党要项解决。当轴深以为然，但不知果能达到来京目的否。② 岑春煊、陆荣廷联衔来电，表示上海民党方面对此仍有异言，殊为大局障碍，希即另定防止办法，两广决当辅助进行。③

随之，北京政府决定先由广东、广西、湖南、福建、陕西、四川六省入手。盖两广为提倡和平之始，湖南应有统一要路之研究。至于闽、陕均划界互守范围，四川尤为骤归自治区域，故须先由该六省撤兵，办理善后，俾做统一基础，不久即可分别进行。④

此时国内情况复杂，西南反对统一者不乏其人。北京政府分电上海孙中山、唐绍仪、伍廷芳，滇黔之唐继尧、刘显世以及在粤民党各要人，详述此次统一苦衷，实迫于外患频生，只于统一进行手续，事前已向各方面再三声明，绝非与岑春煊、陆荣廷单独接洽，即行宣布统一，望勿误会，共襄时艰。上海民党各首领孙中山、伍廷芳、唐绍仪、李烈钧等迭次集议，对于中央宣布统一态度仍认为尚有未完手续。盖川事虽定，滇黔当有问题，粤桂战争方兴，尤难立达吻合之境。察其意见似在中央应与民党接洽。中央以西南仍有反对统一者，已电岑春煊、陆荣廷。后所接该两氏复电，谓反对统一即为破坏大局，无论何方面均应惩办，特请中央以明令惩罚。中央据此又提议防止办法，确定日内即行分电西南各界，劝其各首领各将本部党派收拾，力固统一，不得再有破坏举动，更嘱各首领随同中央政府严定破坏统一举动之罚章。⑤ 孙中山、伍廷芳等通电反对统一令，称文等之愚以为欲解南北纠纷，全国事实上之统一，必自赓续和议，使军事协定乘取消，各种密约完全废止，法津问题完满解决始，否则求统一而去统一愈远，言和平而破坏和平愈甚。⑥

---

① 宣布统一后之百面观 接收西南之要项 [N]. 大公报（天津版），1920-11-03.

② 统一令宣布后之各面 [N]. 大公报（天津版），1920-11-02.

③ 宣布统一后之百面观 岑陆请防沪民党 [N]. 大公报（天津版），1920-11-03.

④ 由六省先办统一形势 [N]. 大公报（天津版），1920-11-04.

⑤ 被反对后之统一形势 [N]. 大公报（天津版），1920-11-06.

⑥ 一片反对统一声 [N]. 大公报（天津版），1920-11-11.

湖南对于统一令也不明言拥护。11 月 1 日，湖南谭延闿、赵恒惕等发出通电，称所有粤中岑春煊、陆荣廷、林葆铎诸人宣言当不能承认，并不发生何等效力，主张联合自治，贯彻救国初衷，以树联省自治之基，不受何方之干涉。① 湖南宣布联省自治，试图超然于南北纷争之外。

粤、滇联合湖南，组织三路攻桂，直趋广西边境。桂系军队因被民党方面反对，各方面刻均发兵。在三方受敌之下，广西都督谭浩明、省长李静诚于 11 月 4 日通电遵照军政府命令，取消自主。对于岑春煊、陆荣廷等人宣布解除军政府职务的通电，北京政府赞赏有加。11 月 5 日，北京政府致电岑春煊等人，称其解除军府职务，恢复国家原状，促成统一，力挽沦胥，大义昭宣，同深钦仰，并宣布即日明令宣布，从此南北一家，不分畛域。② 对于广西取消自主也褒奖有加，称谭浩明等爱国卫民，至堪嘉慰。桂省善后事宜，百端待理，抚辑需时，务希匡助一切，共策平成。③ 对于取消军政府及取消广东自主的通电，陈炯明通电表示不值一哂，声明始终护法，矢志靡他。④ 粤军加紧做攻取广西的准备。

岑春煊、陆荣廷于 11 月 9 日致电北京政府，请中央接收一切，称桂军既已完全退出广州，所有广西昔时自主各项亦均分别取消。嗣后滇、黔亦应迅速依办，请即分遣主管人员南下，俾将各省自主手续接收。⑤ 北京政府以宣布统一以来，仅有广西将自主取消，会请中央派员前往接收，广东方面仍在粤军范围以内，且由陈炯明联络上海、云南各民党反对统一明令，其余绝无活动之意。北京政府于 11 日特议定再行分电岑春煊、陆荣廷，嘱其迅速劝慰其他各省，早将自主一致取消。对于唐继尧的反对，北京政府 11 日致电唐氏，以统一问题自应与西南一致主持，北方始能认为有效，无如国局异常危险，西南各界趋向纷纭，遂致中央不能不纳诸岑春煊、陆荣廷之请。惟执事（指唐继尧）既有观望之处，希将意见发表，俾资另案协商。同时致电四川刘存厚、熊克武，力嘱刘、熊停止攻滇，希将秩序妥为恢复。⑥ 北京政府希望以停止四川战事为条件，换取唐继尧态度的转变。

---

① 谭延闿否认岑陆取消自主电 [M]//季啸风，沈友益. 中华民国史史料外编：前日本末次研究所情报资料（第六册）. 桂林：广西师范大学出版社，1997：323.

② 中央宣布统一后致各方电 [N]. 申报，1920-11-05.

③ 两广相反之两电 [N]. 时报，1920-11-11.

④ 紧要新闻：西南对于统一之从违 [N]. 大公报（天津版），1920-11-10.

⑤ 岑陆孙陈之各说各话 [N]. 大公报（天津版），1920-11-10.

⑥ 统一问题之噪声 [N]. 大公报（天津版），1920-11-12.

面对革命党人的反对，中央政府计划以疏通政策另将民党各首领意见分别解释，俾免再起内讧。① 北京政府注意到，滇、黔两省首领对于统一问题表面虽皆反对，而实际上真正意见似有区别。唐继尧绝对不赞成中央发令，与民党方面取同一主义。而刘显世则向持和平态度，将来未必极端反对统一。是以近两日研究，不久即对刘显世发电，请其劝慰唐冀赓，如有交换，不妨协商。对于唐继尧暂不直接通电。② 试图将滇、黔两省区分对待，以分化两省，利于统一。

南北统一，除了事实上的种种困难，在财力上也需款甚巨，难以筹拨。南方要求交出自主一节即已要款甚巨，如军政府案五十万元，广西亦属相等，至于其他各省大率亦与两广不相上下，此外局部军队尤无一定范围。③ 如此巨大的款项，对于财力不济的北京政府而言自然一时难以筹措，建立在金钱之上的所谓统一显得脆弱不堪。

北京政府虽然计划将西南自主等项分途接收，然此事内幕确经西南各处民党从中作梗，前途深恐难望有何成立。11 月 22 日，陆荣廷致电北京政府，略云既已宣布统一令，自应将自主取消，中央尤须分途接收一切。乃日来西南民党首领群起反对，遂致赞成方面亦有观望之虞。请即设法早将接收自主办法进行，否则深恐日久，引起特别阻碍。④ 由此电可以看出民党反对统一令态度之坚决。

北京政府对于西南取消自主问题，大致确定桂省方面自无问题，其他各处除云南反对坚决、广东态度殊难明了外，川、湘两省各首领可望随同北方一致。况刘存厚、熊克武与谭延闿当下极力握手，特拟先行派员分往该两省劝慰，使其一致表示赞成统一，嘱其发表取消自主通电。中央政府极愿驻京西南各代表致电陈炯明，劝其拒绝民党在粤组织军政府及国会，并应迅速表示赞成统一命令，妥维广东秩序，俾待中央派员赴粤，将曩日军政府接收。驻京各代表均已婉言谢绝，请中央自行办理，且谓陈炯明对于来京各代表迄未表示赞成之意。⑤

北京政府分途与西南各界接洽，所得结果仍不易解决，民党方面应以相当条件交换，始能赞成统一，否则难望和平，而当轴所持之无条件统一恐归无效。⑥ 11 月底，孙中山、唐绍仪、伍廷芳等赴广州，西南情势将有至大变迁。

① 统一步骤之进行［N］. 大公报（天津版），1920-11-15.
② 北京特别讯：关于统一问题之昨闻［N］. 大公报（天津版），1920-11-16.
③ 统一中南方要求巨款［N］. 大公报（天津版），1920-11-21.
④ 七乱八糟之统一消息［N］. 大公报（天津版），1920-11-23.
⑤ 七乱八糟之统一消息［N］. 大公报（天津版），1920-11-23.
⑥ 无条件统一恐归泡影［N］. 大公报（天津版），1920-11-27.

靳总理特用个人名义分电各首领，请其务以大局为重，且云中央宣布统一并非专依岑春煊、陆荣廷宣言，盖国际外交危险，中央早有力谋和平尽归统一诚意，希勿误会，亦不可再图轨外举动。在野调人转来要电经达总统，云孙、伍、唐诸首领赴粤，刻已发表意见，务望中央取消统一令，仍在上海谋和。倘不由此手续办理，南方终以护法方面尽力攻击。①

桂陆在广东统治覆灭，广州军政府解散，大广西主义失败。北京政府以为统一时机已到，急不可耐地宣布统一令，自以为确有把握者，曰川、桂已取消自主，曰湖南特归附中央耳。乃自明令颁布以后，顺受中央任命，实行取消自主者，只一广西。若熊克武则又逐刘据川，赵恒惕则竟宣言拒北。中央派人四处拉拢，而所得效果仅有是，是何足以言统一！② 西南时局依然纷繁复杂、危机四伏，统一局面难期。云南唐继尧失志于川，其报复之志，殆一日未能去怀。陈炯明图谋攻桂，西南战云或即以此为导线，亦未可知。时人慨叹道：固仅造成一种文字上统一之局。③

## 第二节　桂陆败亡

护法军政府的恢复，标志着北京政府统一令的破产。在北京政府支持下，桂陆企图恢复在广东的统治，最终却归于失败，广西陷入四分五裂的局面。面对日益复杂的西南局势，北京政府一筹莫展。

桂陆在广东的失败，影响到其在广西的统治，一度停滞的地方自治迅速被提上日程。广西省议会开会，决计恢复地方自治。广西省省长于1920年9月21日电令各属，各县议会、参事会暨城镇乡自治各机关限于1921年1月一律恢复。④ 而在此之前不久，广西省省长在面对广西省会议员提议恢复地方自治的咨文时，却表示查自治新章既未制定，1914、1915年公布之试行条例，又经奉令废止，恢复各级自治，能否适用旧章，省长实无自由采用之权。⑤ 这一态度转变自然是受战事不利影响，广西当道试图以自治为号召，一方面顺民意、聚民心，另一方面也借机抗拒北京政府及广东军政府方面可能的治理控制。

① 中央与西南各方之各说各话 [N]. 大公报（天津版），1920-11-30.
② 论评：统一难 [N]. 大公报（天津版），1921-01-20.
③ 言论：时局不靖之原因 [N]. 大公报（天津版），1920-12-02.
④ 广西恢复地方自治 [N]. 大公报（天津版），1920-10-15.
⑤ 国内大事记：自治与官治 [J]. 新中国，1920，2（1）.

为维持财政，1920 年 9 月，桂系财政厅与汇丰银行订结一新借款款额二百五十万元，担保品广西所辖桂德镇城顺门三税局税收，利息八厘，并派员赴京与财政当局接洽。① 广西市面及公私一切财政收出，均以纸币为本位。与粤币畅行不出省垣数埠不同，"桂币则不特该省通都大邑流通无碍，即僻县乡曲亦一律通行，且浸浸乎通用别省"。除军事的强制压力之外，桂币因与银毫兑换低折愈足流通，但其预备金不足，如遇变故，则后果不堪设想。② 桂军自与粤军交战后，广西银行所发出纸币已不能流通于广州。因穗垣军事吃紧，该省纸币更失信用，邕垣市面已跌至五六折，凡以纸币调换银元者每百元只能换得现元五十五元，故邕市港、沪两帮商店受此种风潮，收盘者已有十余家。陆荣廷虽与商会会长王春辉及梧州商会会长陈兰交、商团长陈辅臣等商议抬高价值，俾得恢复原状，然一般商民皆不愿使用。③

至 11 月，随着军事形势日坏，南宁自闻魏邦平、李福林独立后，人心惊惶万状，无论商界、官场莫不预将银纸找换白银，以备出走，一时银纸价格一落千丈，而商场皆暂停交易，甚至横州、贵县、永淳、江口、百色等埠非白银不能买物，商店关门闭户。南宁商会请陆荣廷维持纸币，但所得银毫太少，乃有银毫二万元左右交与利孚银号代卖。夫以广西纸币在市面流通千余万，其为杯水车薪可想见。④ 广西此时财政异常困难，省内广西银行南宁、梧州、桂林、柳州各处储金只得六十余万。广西当轴因军饷支绌，竟将二千万纸币发行于市上，价值低折，又不准商人兑现，商场损失、民间穷困亦必不堪言。⑤ 12 月，陆荣廷以收复失地、保境安民为号召，策划对粤作战。先后从上海运回印刷纸币六百万元，⑥ 并计划以广西全省矿产做抵押，商借外债。

为打开局面、扩大护法军政府的影响，革命党计划铲除桂系势力。1920 年12 月，孙中山制定援桂大计，计划滇粤联合夹攻广西。⑦ 12 月初，陆荣廷在南宁召集开会，商讨内外政策。决定在军事上收束部队，静候时机，图谋发展。⑧

① 译电 [N]. 大公报（天津版），1920-10-12.

② 桂省纸币小史 [N]. 大公报（天津版），1920-08-02.

③ 邕垣纪闻 [N]. 大公报（天津版），1920-11-04.

④ 风声鹤唳之南宁 [N]. 大公报（天津版），1920-11-17.

⑤ 百色民军起事之详情 [N]. 大公报（天津版），1921-01-19.

⑥ 滕志峰，等. 桂系大事记 [M] //中国人民政治协商会议广西壮族自治区委员会文史资料研究委员会. 广西文史资料选辑总第三十七辑. 南宁：广西区政协文史资料编辑部，1993：66.

⑦ 滇粤军夹攻广西确讯 [N]. 大公报（天津版），1920-12-16.

⑧ 陆荣廷密议攻守计划 [N]. 大公报（天津版），1920-12-17.

同时试图谋求对粤谈判，以赢得喘息之机。由公民团体及议会名义公举代表王文华、刘式各赴粤要求停战，并担任疏通条件，由粤规定而取折中办法，业经电商广州之孙、唐、伍、陈各要人。俟电复后，则积极进行。①

军政府并未应允停战，12 月，粤军左翼进攻钦廉。陆荣廷亲自督率至龙州，筹备钦廉防务。② 云南唐继尧与粤军步调一致，试图压制桂系屈服。唐继尧致电桂省统兵各长官，谓粤军攻取钦廉，系本请粤人治粤、完全保持领土、扩充地方自治区域起见，并非侵占广西要境，此为稍明大局者所共知，希冀让步。而争钦廉各属滇军可望不予粤军援助，西南自治问题亦可解决，否则滇出全力援之，前途恐与桂省不利。③ 桂系首领谭浩明领衔通电西南各省长官，表明滇、粤图桂有碍大局、危及人民之罪状，请由军界群起主持公道，并言如无效，广西决定以最后决心应付，并请助于中央。④ 这表明了不惜决战的决心，及倒向北京政府的意愿。

为给桂系鼓劲，北京政府于 1920 年 12 月 29 日发布大总统令，表彰广西取消自主，称"桂省边居边远，该上将军等多方绥辑，功在邦家。所有该省善后事宜即著遵照前令，悉心妥筹办理"⑤。同日，北京政府发布大总统令，特派陆荣廷督办粤边防务，谭浩明为广西督军，李静诚为广西省长。⑥ 国务院于命令发表后曾特电该两省长官，内称所有镇守使、道尹各员即盼遴员呈请，以便早日发表，一切地方事宜诸望随时筹示为盼。⑦ 这在形式上控制了广西。时人评论道：虽然中央对于川、桂省仅任命其长官，得抚有其土地之实乎？波谲云诡、人情险巇，即谓不再发生障碍乎？吾窃望勿以一得自封，而更有以进求统一之实也。⑧

根据广西当道呈请，北京政府陆续任命广西一些职位，如 1921 年 1 月，任命黄用中暂署广西高等审判厅厅长，叶镜湜暂署广西高等检察厅检察长。对于重要职务，依然由桂系保荐，如陆荣廷保荐崔肇琳为广西财政厅厅长，闻已邀

---

① 广西各团体调停战事 [N]. 大公报（天津版），1920-12-18.
② 陆荣廷在龙布防钦廉 [N]. 大公报（天津版），1920-12-24.
③ 唐继尧希望桂军让步 [N]. 大公报（天津版），1920-12-24.
④ 桂系军官向西南通电 [N]. 大公报（天津版），1920-12-29.
⑤ 中国大事记：广西取消自主令妥筹善后事宜 [J]. 东方杂志，1921，18（2）.
⑥ 命令大总统令 [N]. 大公报（天津版），1920-12-31.
⑦ 国务院贺川桂长官电 [N]. 大公报（天津版），1921-01-11.
⑧ 川桂长官发表后之时局 [N]. 大公报（天津版），1921-01-05.

准。① 2 月，任命朱新谟为广西政务厅厅长。② 3 月 4 日，署财政总长兼盐务署督办周自齐呈广西榷运局局长梁致广请免本职，任命刘俊耆为广西运榷局局长。③ 3 月 19 日，任命陈炳焜为广西护军使。④

与攻桂粤军相呼应，1921 年年初，李烈钧所部攻湘，湖南局势危急。在湘督赵恒惕的请求下，广西在京代表陆裕光及丁乃扬等面请北京政府援助。中央政府迭次密议，大致决定：（1）积极派直军入湘；（2）劝李烈钧停止攻湘，手续无效时，准湘军迎击北军，在湘维持秩序；（3）对桂暂以饷械援助；（4）如粤桂无期解决，则应强行加以干涉。⑤ 陆荣廷电致北京政府，称李烈钧确已奉有联省政府命令，与许崇智先取湘赣，次图广西。粤军正在积极力攻钦廉，预悉湘事一定，李烈钧即率兵图桂大局，前途益当紊乱。请即日实行派兵入湘，襄同赵恒惕攻击李氏，一面分兵援赣、援桂。倘有进步，赵恒惕感此盛意，必可赞成统一。⑥ 陆荣廷此举一方面在于试图拉拢湘军赵恒惕，劝其北附；另一方面在于扩大桂系影响，寻找同盟军，避免两线作战的可能，以应对广州军政府的军事压力。

广西与北京政府积极磋商两广事宜，经代表陆裕光与总统、总理商议，提出维持广西要点解决多项：为桂省取消自主，可与四川、贵州同时办理交代；为粤军攻击钦廉，中央对粤劝慰如无效力，政府即助广西军饷，正式协力对粤抵抗；凡岑春煊、陆荣廷前次宣布统一政策，允皆贯彻宗旨履行。⑦ 广西遵北京政府命令，办理善后。善后各项凌乱情形异常复杂，一时断难就绪。然广西既谬蒙列入西南恢复地方秩序模范要区，即应筹备，堪使其他效法成绩。陆荣廷致电政府，决定仅于边境设防，不预外事，专办善后，以图树立成效。简言即为暂守主义。至于发达政务，则请另由中央政府核准。⑧ 1921 年 1 月 5 日，陆荣廷、谭浩明改编军队，委沈鸿英为湘粤桂边防总司令，马济为桂边防游击总司令。⑨ 与办理善后相比，应对粤军攻击显然更为紧要。桂军防御粤军计划，陆氏拟将全省军队编为三区，分区镇守，以南宁为第一区，梧州为第二区，龙州

①　中央政闻汇纪 [N]. 大公报（天津版），1921-01-05.

②　大总统令 [N]. 大公报（天津版），1921-02-02.

③　命令 [N]. 大公报（天津版），1921-03-05.

④　命令 [N]. 大公报（天津版），1921-03-20.

⑤　援湘济桂之最大计划 [N]. 大公报（天津版），1921-01-05.

⑥　陆武鸣电请援助湘省 [N]. 大公报（天津版），1921-01-08.

⑦　陆裕光来京后之成绩 [N]. 大公报（天津版），1921-01-08.

⑧　陆武鸣决取暂守主义 [N]. 大公报（天津版），1921-01-13.

⑨　专电二 [N]. 申报，1921-01-06.

为第三区。① 陆荣廷在南宁召开会议，决定增募新兵八十营，委陈炳焜为湘粤滇边防总指挥，驻梧州办理。②

大肆扩充军队需饷浩繁，而筹备军费异常困难。陆荣廷除派遣其子赴京面呈困难情形外，又派其财政委员赴京，不断乞求中央政府予以财政上援助，虽面子上系为整顿该省治理起见，其实专为借款问题。广西的请款难以得到中央政府拨济，而陆荣廷代表分赴直、奉方面亦无何等结果。盖不能援助之点主要有三：一为中央距离广西过远，决难指派援军；一为军界饷款多有波折，不易拨到；一为对南宗旨尚未完全解决，故难援助何方面。③

北京政府拨款既不可恃，陆荣廷便计划以某某矿产作抵押品，押借一千万元。此举遭到了广西省商会及数公团的反对，均有同样之电致京，力请中央政府拒绝此议。④ 省议会议员提出质问书分致陆荣廷、谭浩明、李静诚，请其明白答复，以释众疑。⑤ 北京政府不明内中底蕴，据广西各界反对，令广西当道决取冷静态度，暂予停止接洽。惟关广西善后用款，当轴已令周财长从速筹措，以便拨发。又令统一善后委员会关于广西善后由中央之主旨进行，不得受他方面之命意。⑥

北京政府对于广西善后迭加指令，曾电令称自南北失和后，厥以四川、广西受患最巨，幸己同心尽力，不难恢复旧观。惟动乱时农辍于野，工商困于市，各处学校尤多停闭，人民莫不困苦流离，嗣后务应先图保卫人民，凡能襄助社会者皆宜提前举办。至于安置官吏、支配军队诸项，似可待和平妥定后，再行核决。⑦ 中央政府难以拨济款项，只得含糊其词，令广西保境安民。

由于赣省态度变更，有订立赣、粤联防之议，陆荣廷更为惶悚，屡派代表与奉张及直曹面晤，请求援助，特别是财政上接济。奉张有电来邕，愿助以饷械，并将调奉军至汉，以为声援。直曹方面则曹认为长江形势急迫，主张援川。传闻北京政府拟援救桂省军饷每月三十万元，然因年关将近财政极形困乏，每月接济军饷三十万一节恐一时不能陆续交拨。⑧ 陆裕光去保定面谒曹督军，并赴

---

① 陆荣廷对粤军事计划 ［N］. 大公报（天津版），1921-01-14.

② 专电 ［N］. 申报，1921-01-21.

③ 陆请中央援助之波折 ［N］. 大公报（天津版），1920-12-17.

④ 陆荣廷筹款之困难 又派代表来京乞助 桂人反对矿产借款 ［N］. 大公报（天津版），1921-01-14.

⑤ 桂粤两省大事纪闻：桂议会质陆谭李 ［N］. 大公报（天津版），1921-02-02.

⑥ 中央不担保广西借款 ［N］. 大公报（天津版），1921-01-13.

⑦ 政府致电川桂之内容 ［N］. 大公报（天津版），1921-01-16.

⑧ 桂省取消自主后之近闻 ［N］. 大公报（天津版），1921-01-17.

奉面谒张巡关使，请极力援助，但却不得要领。北京政府致电广西督军谭浩明、省长李静诚，略云桂代表来京，业将现状情形述明。中央政府与之接洽事宜亦均妥善，所欠者仅有筹款一项，已饬财政部悉心筹措。惟查广西地方秩序凌乱，各界纷扰失常，确宜迅由该督军、省长将军政、吏治、财政诸项设法使其就绪。至款项未拨以前，应先筹备，以待陆代表回桂入手施行。①

粤、桂两军在钦廉冲突不断，陆荣廷乘粤省内讧机会，与赣督陈光远订定协约，以合力讨粤。赣军向南雄进发，桂军向肇庆进攻。起初桂军势如破竹，已攻进粤军防线，但很快败退。滇军则由西部进攻广西，闻颇胜利，并已占领沿边六县。②对粤军事失败之际，广西民军大兴。早在1920年12月底，百色民军大举，其余各处民军均纷纷响应。③至1921年年初，广西民军大起，攻击陆氏，并欲与西南政府一致护法。1月4日，柳州、浔州民军举旗讨陆，势力浩大，又与改造广西同志会互通声气。④1月11日，龙州民军起事。桂林、庆远、平乐、梧州、郁林、太平、镇安各郡民军次第举事，蔓延三十余县。⑤至1月底，南宁附近县治被民军占领者已有9处，果德县、隆安县、百色县、西隆县、奉议县、恩阳县、恩隆县、田州县、思林县等全属民军范围。⑥

为给处于困境的陆荣廷鼓气，1921年1月31日，北京政府特任陆荣廷为耀武上将军，督办广西边防军务，所有该省边防军队，悉归训练调遣，期成劲旅，以巩岩疆。⑦北京政府电令陆荣廷，广州各首领趋向分歧，陈炯明不主攻桂。查广西善后形势，应速对湘联络，缘赵恒惕刻极主张和平，而所言发展自治，不过不得已之计划，将来终须俯顺中央，实际确与贵州不同。故桂与中央握手，北方援湘，无法接济。执事应速派员赴湘联络各界，庶几可望南北统一。⑧北京政府认为广州民党意见不一，一时难以攻桂，主张广西当道与湖南联络，以促成南北统一。

桂系此时处境艰难，内则民军起，外则武装改造之说呼声日高。广西当道调兵遣将，下令加紧戒严，电令各道、县克日举办联防。陆荣廷在南宁召集军事会议，讨论了预防办法：（1）调查各处党人机关，严为取缔；（2）调令宾

① 电令谭李迅速办善后 [N]. 大公报（天津版），1921-01-21.

② 粤桂鄂战事杂志 [N]. 大公报（天津版），1921-01-23.

③ 百色民军起事之详情 [N]. 大公报（天津版），1921-01-19.

④ 柳浔民军纷起讨陆 [N]. 大公报（天津版），1921-01-23.

⑤ 中国大事记 [J]. 东方杂志，1921，18（3）.

⑥ 桂粤两省大事纪闻：民军占领广西九县 [N]. 大公报（天津版），1921-02-02.

⑦ 中国大事记 [J]. 东方杂志，1921，18（4）.

⑧ 政府电请陆武鸣联湘 [N]. 大公报（天津版），1921-01-27.

阳、上林、桂林各处开赴柳江区，预防一切；（3）责令林虎、马济详察各军军官、兵士，有无附和民党行为；（4）联络乡耆，抵制民党。① 为防备粤军攻桂，陆荣廷将梧州、钦廉等处防务分别增加生力军，实行巩防。2月，陆荣在南宁召集高级军官会议，议决增防梧州、南宁、钦廉各处防兵；令各路司令职务不得擅离防地，致误戒机；向某国购订大宗军火；速电中央实行告急，请其对桂问题不得再事因循。②

广西政府财政穷到极点，无法应付，不断吁请中央接济。广西对北京政府要求六十万元善后费，一百二十万元欠饷，其余归并各军费裁并机关费尚有十数万元，又如任命陆派之军政两项官吏案，筹办广西借款案，援桂攻粤案均为紧要之交换。广西代表丁绍兰不断与中央接洽，请速拨广西善后经费。北京政府决意拨给元年公债及国库券。③ "而中央现已实行者即日前发表追任广西大批官吏，其余一无进行"。陆裕光来京索饷坐讨一月之久，携归公债票四百万至上海向各处兑换，偿还积欠均不使用。陆裕光遂积恼成怒，将中央不顾信用情形全为揭出。陆荣廷得此报告后，即电府院各方面，质问中央统一政策是否以信用，并索取桂省应得之款，且声明欠饷若不即予拨发，前途若生意外，个人概不负责。因之日来外间喧传陆荣廷、陈炯明联合，广西又将变化，均因此故。乃中央以无米难炊，信用已失，亦乏挽回之术，不得不听之而已。然统一问题川、桂再生变化，则前途危险愈不可测。④

北京政府不希望两粤战事再起，于是致电陆荣廷，称西南大局问题虽仍极沉闷，而默察一切内幕确有解决之机，类如云南顾品珍、贵州卢焘、湖南恒惕均有北归希望。至四川方面熊克武与刘存厚仍有误会，亦派员与其疏通，前途当可和平解决。惟于粤事实属复杂，希由广西严守观态度，待其自毙。届时北方再施别法，使其平定，万勿对于粤军再战，重引纠葛。⑤

为推动南北统一，北京政府大总统于3月初特饬统一善后委员会，办理西南事宜。由于库伦局势紧要，北京政府仍以先行恢复库伦为第一要着，对付南方应以疏通。⑥ 统一善后委员会曾会议，讨论顾品珍北归条件。⑦ 鄂督王占元发

---

① 西南现形纪：南宁会议近讯［N］. 大公报（天津版），1921-02-21.

② 陆荣廷又开筹防会议［N］. 大公报（天津版），1921-02-27.

③ 中央政闻汇纪［N］. 大公报（天津版），1921-01-28.

④ 北京特约通信（续）：川桂前途之变化［N］. 大公报（天津版），1921-02-24.

⑤ 两粤情形与中央去电［N］. 大公报（天津版），1921-03-06.

⑥ 徐靳对于大局之意见［N］. 大公报（天津版），1921-03-13.

⑦ 统一善后委员会提案［N］. 大公报（天津版），1921-03-22.

动湘滇黔等六省联防，云南、贵州、湖南、江西、福建、广西、浙江签字列席，王占元当场被推为联防领袖，以拥护中央、维持地方为标帜。①

横亘在统一的障碍，自表面来看主要限于财力。据报道，中央统一善后委员会迭与西南各省长官直接、间接电商北归办法。滇、黔、川以及陈炯明、林葆怿均可望赞成统一，惟第一要着即在需款补发军饷始能有效，计云南需三百万元，贵州亦达二百万元，四川与湖南同为四百万元，广东陆海军需（陆军只限陈炯明所部、海军只第一舰队）五百余万元，总计二千余万元，故未有正式核决。② 如此浩大的费用显然难以筹措，即便筹备得当，以金钱换来的统一怕也如无根之水，难逃名不副实之讥。

北京政府国会新选举定于 3 月 1 日举办，浙、闽等省完全未办，各地反应消极。北京政府不得不通电各省，说明此次选举新国会原为解时局纠纷起见，务望从速实行，毋怀观望。③ 迟至 4 月，他省除少数初复选均已竣事外，于初选实行后，复选尚多在观望不前。即在原有势力范围下的省份办理选举，犹不足收统一之效。遽云南北统一，焉可得？在北可谓一而不统，在南可谓统而不一。④ 新国会难以告成，政府所发布之统一命令，不啻无形打消。时论称，事实上所谓南北统一，已归于有名无实，能包括各省为一有机体的中央政府已不复存在，其所以支离破裂如此者，莫非督军政治之罪也。⑤

广州军政府恢复后，孙中山积极谋求在南方成立正式政府。1921 年 2 月 14 日，军政府政务会议同意孙中山关于成立正式政府的提案，决定提交国会讨论。4 月 7 日，国会非常会议通过《中华民国政府组织大纲》。随之，孙中山当选为非常大总统。

协调北京政府内部矛盾的天津会议于 4 月 15 日召开，北京政府企图实现所谓的统一，以便向四国银行团进行大借款。直奉两系都主张援助桂系反攻广东，或拉拢陈炯明。关于南北统一，曹锟、张作霖之意不欲出兵讨粤，应请政府设法诱劝湖南、贵州、云南、四川反对孙文非法当选总统，同时训令江西、福建、广西各督监视孙文活动。靳总理致电云南顾品珍、湖南赵恒惕、贵州卢焘、四

① 王占元主盟六省联防 [N]. 大公报（天津版），1921-03-23.

② 西南未速北归之要因 [N]. 大公报（天津版），1921-04-04.

③ 西报中之时局：谈滇黔湘川之混沌 众院初选之落寞 [N]. 大公报（天津版），1921-03-09.

④ 闲评：今之所谓统一 [N]. 大公报（天津版），1921-04-19.

⑤ 译论：混沌之中国（上）统一之期尚远 [N]. 大公报（天津版），1921-03-27.

川熊克武、重庆刘湘等，劝令乘此时机归附北京政府，俾收统一之效，且以救中国。① 会议还商讨了劝慰四川、湖南、云南、贵州、四省取消自主，实行北归，反对孙文当选非常大总统。4 月 27 日，曹锟、张作霖、王占元三使联名发一电报，谴责广州非常国会另组政府并选举孙中山为非常大总统，破坏了统一，未提讨伐之事。②

天津会议召开期间，陆荣廷曾电致曹锟、张作霖、王占元三使，请速与府院协商，协助桂省抵御粤军，不使侵境。否则广西不固，滇、黔俱趋危险。六省已成之联防，复由此破裂，西南再难收拾。③ 北京政府统一委员会多次开会讨论西南局势，但对于西南乱局束手无策。对粤宗旨已定以半武力政策进行，大致为不由中央政府颁令进攻，只有辅助广西及广东沿边各处进兵，作为地方上自由局部战争，事半功倍，易于收效。后又改根据天津会议，直接电令陆荣廷督同陈炳焜、谭浩明在粤边布战，防堵粤军，一面正式恢复两广巡阅使，仍使陆荣廷担任。惟先以文治对粤，如其反抗，始可进攻。④ 北京政府对粤政策发生改变，对广西的命令从之前的保境安民，改为积极备战。

粤、桂双方剑拔弩张，粤桂边界摩擦时有发生，双方战事有一触即发之势。3 月，陆荣廷请湘军总司令赵恒惕派兵出广东北江，夹击陈炯明，同时暗中与陈炯明联络，试图利用陈炯明与孙中山的矛盾，进行局部联合办法。赵恒惕劝陆荣廷宣布广西自治，保证两广息兵。陈炯明通电赞成，劝陆荣廷恢复自主。陆荣廷提出要以驱逐孙文出境为条件，双方意见不一。⑤

广西当道加紧进行战备。陈炳焜于 4 月 1 日通电就职广西护军使，坐镇梧州。⑥ 陆荣廷在邕县组织边防督办公署。北京政府复陆荣廷一电，"略云执事所陈治边办法已确为入手根本，但粤桂军久在相持不下之际，嗣后似宜先固广西边境。俟将军队整理妥善，再行推广粤边"。钦廉为两广必争之区，由桂军设法与粤系首领协商互守，"不可骤侵邻境，以免再起纠葛"。⑦

在北京政府的支持下，广西当道明确表明对于南方的政治态度。4 月 27 日，广西陆荣廷、谭浩明、陈炳焜、李静诚等联合发表通电，反对广州国会另立政

① 万目睽睽之天津会议 曹张之一言一动 [N]. 大公报（天津版），1921-04-21.
② 天津会议之尾声 [N]. 大公报（天津版），1921-05-06.
③ 陆荣廷又向三使呼吁 [N]. 大公报（天津版），1921-05-16.
④ 提议恢复两广巡阅使 [N]. 大公报（天津版），1921-05-03.
⑤ 廖晓云，陈莹. 陆荣廷年谱 [M]. 南宁：广西人民出版社，2012：364.
⑥ 陈炳焜就任广西护军使发表政见通电 [M] //中国第二历史档案馆. 中华民国史档案资料汇编：第四辑. 南京：江苏古籍出版社，1986：670-671.
⑦ 电复陆荣廷先办边防 [N]. 大公报（天津版），1921-04-16.

府，选举非常大总统，称孙中山此举为"号召少数私党，违法自举为伪总统，欺蔑国民，背叛国法"，请北京政府宣布明令，大申讨伐。① 是日，陆荣廷、谭浩明还与北京政府曹锟、张作霖、吴佩孚等联合通电，反对广州国会另立政府。

至4月底，两粤边地战事消息愈逼愈紧。双方函电交驰，相互骂战。两省动员令已下，各有盘马弯弓之势。② 北京政府既定由广西自动攻击广东，迭次致电陆荣廷，中央与北方各处担任筹款接济攻粤，直接间接需两千余万元。闽、赣、鄂均派军队，直、奉量力辅助军需，如川湘滇黔北归，尤可特别襄助，预定期限，粤事月余可平。陆荣廷借机大肆索要饷械。③ 5月上旬，陆荣廷致电北京政府，称粤军于5日分三路进攻梧州，请速电赣、闽各省，"至时机紧急时，协助进攻"④。

面对北京政府咄咄逼人的进攻态势，孙中山于5月5日就职非常大总统，广州政府正式成立，军政府即应于是日取消。随之，云南顾品珍、贵州卢焘等来电庆贺孙氏就职，并力驳王占元在天津所述统一南北之虚谬，否认与王氏协商北归，复谓滇、黔政局虽变领袖易人，然其拥护西南政府决心则未之稍易。四川熊克武也有类似通电。以上二电于政治上影响颇巨，除湖南外，云南、贵州、四川皆似有倾向广州，无附北诚意。⑤ 王占元调停湖南、四川、云南、贵州四省北归宣告失败。⑥ 孙中山向各界宣布统一西南步骤，以攻桂为入手基础，实行各省民选省长为第二步，期达民治方针，规定自治法为第三步，最后问题则谋联省自治。⑦ 孙中山以联省自治号召，希望能得到西南诸省的支持。

在形势有所转坏的背景下，陆荣廷于5月25日在南宁召开会议，议决急行攻粤。随之在贵县设立平粤军总司令部，拟定6月15日各路军队实行总攻击。⑧ 5月27日，陆荣廷致电北京政府，请接济军实。⑨ 5月31日，北京政府复电陆荣廷，同意陆荣廷提出的桂、赣、闽一致行动，系根本之谈，已电陈光远、李厚基两督，征其同意，并请就近电商陈光远、李厚基，以期便捷。⑩ 同日，陆荣

① 时编杂载门：非常国会之广东广西 [N]. 新民报，1921, 8 (5).
② 粤桂交哄之形势 [N]. 大公报（天津版），1921-05-12.
③ 助桂攻粤与陆索饷械 [N]. 大公报（天津版），1921-05-27.
④ 国内专电 [N]. 申报，1921-05-10.
⑤ 西南政局之外讯 [N]. 大公报（天津版），1921-05-16.
⑥ 王占元与四省 北归难免要成画饼 [N]. 大公报（天津版），1921-06-12.
⑦ 孙文也要宣布统一 [N]. 大公报（天津版），1921-05-26.
⑧ 专电 [N]. 申报，1921-06-30.
⑨ 专电一 [N]. 申报，1921-05-29.
⑩ 专电 [N]. 申报，1921-06-01.

廷致电北京政府，汇报粤桂战争近况，称粤军已下动员令，桂军前方军队不足百营，请即催促闽、赣军队，速向两广边境出发，俾资挽救。[①] 6 月 3 日，陆荣廷致电北京政府，汇报战况，并请设法接济弹药。[②] 陆荣廷还将桂军陆续调至百色、庆远等处，防御黔、滇二省。

　　粤桂刀剑相向之际，湖南地位显得越发重要。湘省对于粤桂战事始终持中立态度，然而，孙中山、陈炯明结合，一致对桂，而桂系又乞援于湘，李烈钧且有假道攻桂之事。湘人处此地位，真有左右做人难之势。[③] 广州各首领与川、滇、黔在野政客往来甚密，已与云南顾品珍、四川刘湘、贵州卢焘、湖南赵恒惕电商在广州建设联省政府之办法。[④] 见联省自治一时成为风气，广西省议会 1921 年 6 月 8 日通电，赞同实行联省自治为解决纠纷唯一方法。本省省长定于本年 7 月 1 日开临时会议，讨论进行方法。一根据省之地位及价值制定省法，以立民治基础；二发挥省之本能，求各个发起，蕲以行省为国家中坚；三于不害自治限度内以认统一以自治为统一根源，以统一为自治归宿。至对于各省取互助主义，冀以各省实力之平和形成国家。[⑤]

　　联省自治不过是桂系打出的另一个计策，目的是联合湘、赣等省，为其进兵广东做好铺垫。陆荣廷派代表赴湘、赣等省进行联络，称谭氏虽取消自主服从中央，但一面仍将迎合联省政治潮流，宣布广西自治，只待各军官意见疏通，即行宣布。至对于广东孙氏极不赞成，孙氏援桂实破坏西南和平，广西军力足以对付，但求湘省主持公道而已。广西军队纯取守势，如孙氏不动，桂军决不挑衅。[⑥] 6 月 4 日，广西谭浩明致电湖南赵恒惕，称赞同联省自治，已由省议会开会议决，兼程筹备积极进行。今后湘、桂两省提挈，进行辅车相依，益征亲善，可预卜也。独是粤局复杂，孙氏自窃尊号，更具野心，竞存辅之，愈张凶焰。征西援桂，呼声益高。桂省此时一方面整顿自治，一方面捍御外侮。倘竟不获已而出于战争，使我欲自治而不暇，则咎有所归。祈我公主持正义，志难深交，尚祈力抒伟画，提挈进行，以遏海天之横流，而固联省之局势。[⑦] 1921

---

① 专电 [N]. 申报, 1921-06-02.

② 专电 [N]. 申报, 1921-06-05.

③ 湘粤桂离合关系 [N]. 大公报（天津版），1921-05-30.

④ 西南各省进行联邦 [N]. 大公报（天津版），1921-06-13.

⑤ 电：广西省议会自治进行通电 [J]. 湖南筹备自治周刊, 1921 (17).

⑥ 广西形势又变化 陆荣廷将宣布自治 谭浩明致电赵恒惕 桂民军传檄讨陆陈 [N]. 大公报（天津版），1921-06-16.

⑦ 电：广西谭督军浩明赞成自治电 [J]. 湖南筹备自治周刊, 1921 (17).

年7月1日，广西省议会通电，主张桂省自治。①

自以为有了周密布置，北京政府国务院于6月15日发出密电，著督办广西边防军务耀武上将军陆荣廷、江西督军陈光远、福建督军李厚基迅速派兵赴粤，相机处置，务将孙文等缉拿究办，并将其丑类驱逐离粤，勿任啸聚盗弄，以恤民瘼而靖地方。② 随之陆荣廷下令攻粤，以陈炳焜为前敌总指挥，兵分两路攻击钦廉、高雷。③ 桂军先声夺人，军事上一时间进展颇为顺利，先后占领连山、钦县、廉州等地。

面对桂军的进击，孙中山于6月18日下令讨伐陆荣廷。粤军总司令陈炯明随即对广西下总攻击令，20日举行誓师礼，粤军于肇庆出发，粤桂正式开战。④ 钦州、北江、廉江方面闻均先后发生战事，双方互有胜负。与此同时，旨在讨陆的滇、黔、赣等各军分别在桂东北和桂西北集结，由于桂军趋重于梧州，柳州防务薄弱，滇军乘虚而入，进逼柳州。孙文以西南护法政府名义请滇黔湘共同组织联军，由三省同时进攻桂省。⑤ 粤军反击，6月20日包围梧州。6月26日，梧州被粤军占据，桂军在钦廉方面稍得胜利。粤军弃此就彼，深入桂境，而柳州、象县各处民军互为响。陈炳焜退驻藤县。陈炯明在梧州就任粤滇黔联军总司令，粤军进攻浔州。滇省联军由百色攻入，协助攻取南宁，黔省联军由都江攻入，直取柳州，顺攻浔州，粤军仍由梧州进攻包围浔州。粤军很快突破桂军防线，连续攻占北流、平南、浔州、贵县等地。

粤桂激战之时，湘军加入战事。7月初，湖南赵恒惕以援助桂人自治名义，派湘军三个旅讨伐桂系。湖南赵恒惕及湘军各将通电宣布援助陈炯明粤军，力诋广西陆荣廷之非，并声言派兵攻桂，以增进联省政府之成立。湘军集中零陵即行前进，其进攻计划系由永州各地进攻全州，逆湘水而上，直取桂林。⑥ 左路粤军由高雷、钦廉突入桂境，相继占领郁林、横县等地，进逼南宁。

---

① 广西省议会通电［N］. 申报，1921-07-14.

② 两粤战事之近讯：国务院密下讨粤令 陆陈等奋力图高廉［N］. 大公报（天津版），1921-07-09.

③ 廖晓云. 陈莹. 陆荣廷年谱［M］. 南宁：广西人民出版社，2012：369.

④ 参谋本部抄呈参陆办公处广东谍报员关于陈炯明率部誓师赴肇庆粤桂开战等情报告［M］//中国第二历史档案馆. 北洋政府档案：第五十二册. 北京：中国档案出版社，2010：174.

⑤ 两粤战况志略［N］. 大公报（天津版），1921-07-16.

⑥ 五花八门之两粤战况 桂陆等通电告捷 陆荣廷遇刺未伤 湘赵已实行援桂［N］. 大公报（天津版），1921-07-15.

湖南突然倒向广州军政府,使桂军一时间阵脚大乱。北京政府虽屡催令闽军与桂军合而攻粤,陆荣廷也屡次恳求福建、江西派兵相助,但福建督军李厚基、赣督陈光远却狮子大开口,以部队欠饷及军械缺乏为由,纷纷请中央筹拨巨款及军械。① 陆荣廷不断电致中央,恳请中央接援,但中央因国库如洗,再三讨论接援手续,均未得有具体办法,最后仍以靳云鹏主张急电责成闽、赣援桂,以为应付广西方针,讵意闽省军政长官因意见不合,赣以饷械无着,尚未定有进行程序。②

同时,北京政府一面电劝粤系首领各有自治意见,不妨与中央协商,不得向桂寻衅;一面再对林葆怿实行北附,以便乱事早日年息。另外还派员赴闽、赣,请其早日派兵助桂。③ 派遣代表分赴西南各省,敦请在野要人调停川、湘、黔、滇,冀收统一之效。广西已绝望,毫无能为,北京政府除挑拨孙文与陈炯明两派之恶感,使两者自相冲突外,殊无他道。④

桂军陈炳焜、韦荣昌、沈鸿英先后为粤军所击败,桂军大势已去。7月12日,陆荣廷在南宁召开军事会议,力图坚守南宁。但由于内部矛盾,陆荣廷最终决定退出南宁。沈鸿英、韦荣昌两人久做督军之梦,刘达庆也久做镇守使之梦,均未实现而有所怨恶者。韦守梧州,沈守平乐至信都一线,皆先阴与敌通。⑤ 沈鸿英被粤军包围后,即在贺县高揭自治旗帜,以求解围,并表示降意,桂军遂一败涂地、不可复支。陈炳焜于7月15日通电先行解除广西护军使职务,所有军事主持仍统归谭督军办理。⑥ 7月16日,粤军攻占浔州,陆荣廷于是日电请辞职,所有职务交由沈鸿英负责。⑦ 谭浩明通电解除广西督军职,退往龙州。7月底,岑春煊密晤陆荣廷商议。陆荣廷拟驻桂,策划军政。⑧ 桂系力量土崩瓦解,剩余力量大半投降粤军。7月底,赣军李阳明奉孙中山令,率部由韶关进入广西,沿途与沈鸿英部激战,沈部退往湖南。8月4日,粤军进入南宁,

①　粤桂战局愈扩大 [N]. 大公报(天津版),1921-07-18.

②　北京特约通信:中央应付粤桂难 [N]. 大公报(天津版),1921-07-19.

③　粤桂战事昨闻 [N]. 大公报(天津版),1921-07-20.

④　靳阁西南政策之改变 因桂陆失势 欲虽间孙陈 仍厉行自治 [N]. 大公报(天津版),1921-07-23.

⑤　民国藤县志稿卷三。

⑥　粤桂战之尾声 [N]. 大公报(天津版),1921-07-25.

⑦　桂陆竟一败涂地矣 [N]. 大公报(天津版),1921-07-22.

⑧　参谋本部抄呈参陆办公处广东谍报员关于雷州海康等处布防情形及岑春煊会晤陆荣廷等情报告 [M]//中国第二历史档案馆. 北洋政府档案:第五十二册. 北京:中国档案出版社,2010:175.

赣军和粤军于 8 月中旬占领桂林，桂陆政权被推翻。

自外在原因来看，桂陆的失败在于北京政府未能从军事上、财政上给予全力支持，闽、赣等省配合不力，湖南又倒向广州军政府一边。自内部来看，桂系内部各派势力各怀心思，未能协调一致，财政上缺钱情况严重，窟窿难填，金融秩序混乱不堪。时人认为桂系失败的最大原因一为赏罚不明、任用私人，其次即滥发纸币。1915 年曾增印一千二百万元，宣统时所发行者尚不在内，嗣后每年增发一角五角票甚多。1918、1919 年复印一元票，1921 年广西银行发钞三千四百余万元。① 前后共计约五千万元，而每年各军官共运白银不下千余担。至云南、贵州贩运烟土，各大员竟将白银窖藏，而效三窟之营。是以白银日少，纸币日增。"去年以来，纸币价格已低至八折，至战祸发生，即渐下至五折。及闻失败之耗，无复有人过问。军士口粮每月每人给纸币六元四角，五折计算，已不得一饱，无怪其不战而逃也。"② 为筹措军需，广西当道还不惜以苛刻条件向日商押借日金二百万元。③

桂陆败亡使西南政局大变，以革命党人为主体组建的广州政府日益得到西南各省的支持，"联省自治"风靡一时。北京政府原本以广西北附为西南治理的一大转机，力图在此基础上拉拢西南各派势力，实现所谓统一，但随着桂陆的败亡，北京政府对于西南边疆越发失去掌控。

## 第三节　马君武长桂失利

在解决了桂系之后，孙中山等人积极推动北伐。南北双方都十分看重湘鄂战争，展开了激烈争夺，南征、北伐声浪随以俱起。各派势力围绕在北京政府或广州军政府之间，展开了激烈的政治及军事斗争。广西时局纷乱难平，马君武虽力图整顿，但受各方势力掣肘，难有作为。

广西时局纷乱如麻，秩序混乱不堪。各地自治军蜂起，林俊廷等拥韦荣昌为广西自治军总司令，占据武宣等地；沈鸿英占据桂林，坚垒自守，号称广西自救军总司令；前龙州镇守使黄培桂盘踞龙州、武鸣一带，称桂军总司令。

① 于彤. 北洋时期全国金融机关一览 [M] //中国社会科学院近代史研究所近代史资料编辑室. 近代史资料总第 68 号. 北京：中国社会科学出版社，1988：109.
② 两粤战争时广西贵县之见闻录 [J]. 圣教杂志，1921，10（11）.
③ 广西督军代表黄自希日商津田晴胤押借款 [M] //财政科学研究所，第二历史档案馆. 民国外债档案史料：第 8 册. 北京：档案出版社，1991：89-92.

1921 年 7 月底，沈鸿英在桂林召集农商教育各会，讨论广西善后及说明桂军降粤不得已之苦衷，并将对桂省善后手续提出要求：（1）粤军分别退出桂境，由桂军维持治安；（2）与粤省联合进行省治，以免再开战端；（3）促速由公民推选督军、省长；（4）关于受战事骚扰各区域，分别抚恤；（5）禁止滇、川、黔进行援桂。① 广西省议会、农商教育各会发起联合粤省进行省治，联合请广州非常政府办理省治。② 沈鸿英试图以自治为幌子，保存实力。

援桂讨陆战争胜利后，对于广西善后，孙中山主张"扶植广西人民，使得完全自治"③。7 月 28 日，孙中山任命马君武为广西省省长，29 日，任命陈炯明全权办理广西军事善后事宜。随之，又任命魏邦平为广西总司令。陈炯明在南宁召集各县代表暨省会议员会议，讨论恢复广西秩序及改造方法。陈炯明对于孙文任命魏邦平、马君武极端反对，盖陈氏已允许桂人听其自由选举本省官吏。④ 8 月 11 日，马君武在南宁就任广西省省长。15 日，孙中山令驻桂军均属陈炯明全权节制，民政由马君武治理，军政勿得干涉民政，务须扶植桂民自治。⑤ 对于桂省善后，采取的主要措施有三方面。

其一，军事上力求收束桂军。8 月 8 日，陈炯明委韦荣昌为桂军善后处督办，黄培桂为会办，负责桂军收束编遣事宜。8 月 15 日，于善后处附设裁兵委员会，通电各处，迅将所部营数、枪数克日电报来会，以便分别编造，而谋两粤永久和平，发扬桂省民治。⑥ 同时，在桂粤军扫荡桂系残余势力，分攻柳象各区，并电请黔军继续向桂省出兵，担任桂林道全区防务。9 月 24 日，陈炯明兵分三路向龙州进攻。9 月 30 日，粤军完全占领龙州，陆荣廷退往与安南交界之水口，其余溃兵不能往水口者，则退入十万大山中土司地界。⑦ 讨陆战争基本结束。马君武试图整顿军队，统编省府所属军队，重新划分防区，但此举并未真正得到执行，各路军队依然拥兵自重。

---

① 两粤战事之尾声［N］. 大公报（天津版），1921-08-10.

② 两广已实行联合省治［N］. 大公报（天津版），1921-07-30.

③ 孙中山. 命陈炯明讨伐陆荣廷陈炳焜等令［M］//中国社会科学院近代史研究所中华民国史研究室，中山大学历史系孙中山研究室，广东省社会科学院历史研究室合. 孙中山全集，第 5 卷. 北京：中华书局，1985：555.

④ 广西与自决 孙陈冲突之一端［N］. 大公报（天津版），1921-08-12.

⑤ 滕志峰，等. 桂系大事记［M］//中国人民政治协商会议广西壮族自治区委员会文史资料研究委员会. 广西文史资料选辑总第三十七辑. 南宁：广西区政协文史资料编辑部 1993：72.

⑥ 裁兵委员会通电［N］. 大公报（天津版），1921-09-03.

⑦ 龙州战事详记［N］. 大公报（天津版），1921-10-12.

陆荣廷并不甘心失败，而是力图东山再起。为争取北京政府的支持，陆荣廷于10月初派陈炳焜向中央求援，但北京政府对桂局前途颇不注意，对于请中央规定接援手续、办理桂省善后、拨发桂军欠饷三要求，北京政府回复道：（1）在川湘和议未成立以前，桂省善后与军事计划暂难确定。桂省所有未溃散各路桂军只可暂取守势，维持现状，嗣由中央结束一切，设法恢复各区；（2）桂军欠饷与应拨子弹，据陆、财两部呈称，财政困窘，一时恐难拨发巨款。汉阳、德县两兵工厂所造械弹，以鄂西战事尚未结束，须先供给该处急需。俟战事终结后，再酌予拨发；（3）桂省未失各县，责成刘达庆、马济、黄培桂、卓廷贵、冯玉光所统各军分防固守，不得再与粤军交绥，致生意外。陈炳焜分谒军政要人，恳托再向当局疏通，尚未得有若何要领。① 见北京政府如此应付，10月底，陆荣廷派马济到湖北，与吴佩孚商讨对粤方针。②

虽然粤军竭力收束桂军残余军队，但收效甚微。至1921年年底，桂省兵祸蔓延甚广。林俊廷分占思恩、百色各城，各处溃兵响应。龙州一带又有数千改造广西同志军出没，遥助林俊廷、陆荣廷声势。龙州、百色、武鸣、南宁等处已有六处副司令部，各路统率军队七八千不等，似欲直攻梧州，预备入粤，形势极称扩大。③ 思恩、百色战事不断。④ 上林、迁江、恩隆、恩阳已失陷，浔州、柳州一带股匪相继而起，武鸣、南宁戒严。⑤ 溃兵、土匪勾结为患，甚至屯聚百数十里，据险负隅，呼啸千数百人，成群结队，其或百十为股，出没无常，蹈隙乘虚，防御莫及。⑥ 梧州、南宁间之水路交通自陈炯明在邕时已称梗塞，此时益复加。⑦ 散兵劫持事多有发生。黔军六十余人在柳州至桂平江面上被截击，枪械尽行缴收而去，被击毙、溺死多人。⑧

为收拾乱局，广西省省长马君武用省长名义通电，与陈炯明、魏邦平协商，主张以和平手续了结，陈炯明、魏邦平已允迅速办理，派马玉成前往龙州附近收复乱军，所许条件一为桂系军官皆给相当位置，一为桂人治桂，其所要求自

① 北京特约通信：桂局仍无办法 陈炳焜空劳往返［N］. 大公报（天津版），1921-10-08.
② 专电［N］. 申报，1921-10-25.
③ 桂军重起之形势愈大［N］. 大公报（天津版），1921-12-19.
④ 桂省兵祸犹未已 思恩百色间战况［N］. 大公报（天津版），1921-12-20.
⑤ 国内专电［N］. 时报，1921-12-06.
⑥ 桂省溃兵死灰复燃［N］. 大公报（天津版），1921-12-17.
⑦ 广西：梧邕间交通梗阻［N］. 大公报（天津版），1921-12-27.
⑧ 广西桂匪拦河击军队［N］. 大公报（天津版），1922-01-01.

治行将准予实行。① 省长马君武知道散军土匪不容易剿灭，所以极力主张收抚。由于此时孙中山、陈炯明暗斗颇形激烈，马君武系孙中山的心腹，所以他主张收抚，也含有地盘上的意味。因为广西全属陈炯明的势力范围，马自知手上没有军队，不能说话，所以极想把各属的散军收编出来，帮帮他自己。然而陈炯明则甚不欲马君武有兵权，所以对于马君武的主张极力反对，一面唆使刘震寰（刘震寰在谭浩明督桂时，充副司令，后陈攻桂，叛谭附陈，陈委为师长）和粤军总指挥叶举（陈炯明离桂后，使叶举统辖驻桂粤军）着着破坏，所以马君武的计划终不能行。②

其二，民政上力图加强治理。马君武上任后，整理省政，力图有所作为。马君武与陈总司令讨论善后问题，决定照粤省办法，裁撤全省道尹、镇守使，将全省划分为若干区，分置善后处长，办理招集流亡、消弭散勇各事。③ 马君武省长召集省议会特别会议，讨论自治。④ 马君武要求麇集在桂林的滇、黔、赣、粤各客军约束军队，在马君武的力争下，滇军胡若愚取消桂林政务处。⑤ 1921年11月，广西省政府重新划分全省行政区，把全省划分为6区，分别为邕宁一区、横州二区、浔州三区、柳州四区、百色五区、龙州六区，苍梧和桂林因大军云集，暂缓划定。由于广西兵祸连连，施治为难，所以在民政上难以有所作为。

1922年年初，广西农商教育各会、省议会暨各界联合会在桂林召集联合大会，讨论实行省治与广州联合进行表决，先向孙文要请撤退桂境粤军，用桂人组织自治联合会，会同马省长积极办理，一方面要请桂军各统兵长官不得再谋反攻，与粤携手筹办联省自治，免使地方再遭糜烂。公举代表汪秉钧等与孙文接洽办理。⑥ 对于桂省自治，陈炯明表示支持。将广州省自治法则与经过手续完全送交广西省长马君武，参照进行筹备联省自治办法。俟桂省防务布置妥协后，即在该省召集会议讨论进行。⑦

其三，经济上力求稳定。桂省自军兴后大受损失，元气大伤，商业凋敝，全省商界只见纸不见银，金融异常恐慌。⑧ 马君武到省长任后，欲维持纸币价

① 马君武治桂先收败军 [N]. 大公报（天津版），1922-01-08.

② 黎民. 广西乱事小志 [J]. 孤军，1923，1（10）.

③ 孙陈对桂之意见 [N]. 大公报（天津版），1921-08-27.

④ 孙文态度之一斑 [N]. 大公报（天津版），1921-09-02.

⑤ 桂林兵祸之惨劫 [N]. 大公报（天津版），1921-10-25.

⑥ 桂人要请筹办自治 [N]. 大公报（天津版），1922-01-14.

⑦ 陈炯明筹办粤桂联省自治 [N]. 大公报（天津版），1922-02-03.

⑧ 广西：南宁商业之衰落 [N]. 大公报（天津版），1921-10-25.

格，停止增发，所有省城及各地方赌捐亦一律捐免，赌场亦一并断绝，故财政一时极感困难，几于一筹莫展。省中人士咸望出兵武汉之议速即见诸施行，将所有在广西的军队调赴长江前敌，庶广西财政得以少纾其困，亦为促进出兵之一大原动力。外间人不悉西南内情者往往谓北伐之举陈炯明不同意，又谓唐继尧主张以滇军回滇出兵之举不能见诸事实，抑知兵多不能自养，不能不图向北发展，广西有然，广东、云南、贵州、四川、湖南亦莫不然，湘军入鄂此即最大之动因。① 因当时广西金融混乱、政府财政收支非常困难，马君武着力于整顿金融市场。计划设立广西省立银行，发行新纸币，并试图领取桂系广西银行在商务印书馆订印的纸币，后被陆荣廷通过北京政府出面制止。被迫自印"广西军用券"投入市场，规定桂系时期纸币五折折算使用，要求省署和各级地方政府按照规定严格控制财政支出，稳定金融货币市场，解决财政困难。

马君武在任期间还力图建设邕宁至柳州公路，由于时局动荡，该路于 1921 年 8 月开工，至马君武去职后停建，仅完成南宁至四塘段路基。孙中山曾于 1922 年 1 月下令建设桂全公路（桂林至全州），4 月 4 日开工建设，由于陈炯明在广州密谋叛乱，孙中山率师回粤，该路遂告停止，仅仅完成桂林北郊约 4 公里的路基工程。②

至 1922 年年初，广西依然动荡难安。3 月，桂军残党陆桢祥聚集土匪散军三千余突袭那马，17 日完全攻克武鸣。③ 陆荣廷残部与驻龙州的粤军激战。④ 3 月，林俊廷与刘震寰作战失利，逃入黔境，被卢焘收编为黔桂讨贼军。不久，北伐军回师返粤，陈炯明急调驻桂所部迅速回粤。随着北伐军和陈炯明所部粤军陆续离桂后，广西形势更为混乱。马君武不得不特设省长行署于梧州，东下梧州。马君武抵梧州后，致电广州政府，辞去广西省省长职务。马君武任广西省省长时间不长，由于各方力量掣肘，难以有所作为。如时人所评：马君武原系广西人，他对广西事很想有一番的整顿。只可惜他不是个政治家，没有政治眼光，没有政治的手腕，又不会用人，一年又受种种的掣肘，所以他的措施很不如意，当时他虽然是省长，也不过徒拥虚器罢了。⑤

---

① 广西：财政困难之现状 [N]. 大公报（天津版），1921-11-20.

② 广西壮族自治区交通厅史志编审委员会. 广西公路史：第 1 册 [M]. 北京：人民交通出版社，1991：58-59.

③ 广西：粤军再攻取武鸣 [N]. 大公报（天津版），1922-04-01.

④ 廖晓云，陈莹. 陆荣廷年谱 [M]. 南宁：广西人民出版社，2012：375.

⑤ 黎民. 广西乱事小志 [J]. 孤军，1923，1（10）.

广西政局的变动无常，影响到北京政府对西南边疆治理策略的施行。滇唐、桂陆的垮台，西南地方军头改头换面，北京政府不得不应对陈炯明及民党等诸多势力。随着陈炯明收缩兵力、广西局势混乱，马君武黯然下台，广西进入群魔乱舞时期。北京政府政局也不安宁，直奉战争爆发，直系、奉系等军阀在中央的格局重新洗牌。

第七章

# 直奉轮流执政时期北京政府与广西的渐行渐远

1922 年 4 月底，第一次直奉战争爆发。5 月初，奉军战败，狼狈退出关外。直系军阀进一步掌控了中央政府。直系军阀企图恢复 1917 年被解散的旧国会，再由旧国会将黎元洪请出来暂时过渡，最后将曹锟推上总统宝座。奉系军阀不甘心失败，时刻觊觎中央政权。1924 年 9 月爆发第二次直奉战争，奉系战胜，成功夺取了北京政权，但直系依然在旁虎视眈眈，并不时染指中央政权。

直系军阀控制下的北京政府和谈与武力统一举措相辅为用，却难言成效。广西"自治军"纷起，陆荣廷等人妄图借助于北京政府的支持，东山再起，但李宗仁、白崇禧、黄绍竑等异军突起，击溃了陆荣廷、沈鸿英等势力，统一了广西，彻底倒向广东国民政府。

## 第一节 "法统重光"下中央与广西

直系军阀进一步控制北京政府后，宣布恢复旧国会，请出黎元洪，一时间出现了所谓"法统重光"的局势。北京政府希望借助黎元洪的声望，完成南北统一。但事与愿违，南北对峙的局面并未因此有所缓解。

第一次直奉战争之际，北京政府各派力量与南方各方有所联系。1922 年 5 月 16 日，陆荣廷来京与总统徐世昌密谈。陆荣廷此来本想假办南北统一名目，大出风头，以泄失去广西地盘后之愤气。无如个人渴望因受中央财政困窘影响，竟无所指。① 此时徐世昌的总统地位已难以保全，北京政府实权掌握在第一次直奉战争中战胜者一方。中央政府决拟乘于直奉战争之后，即向南方具体谋和。前曾屡电曹锟、吴佩孚两使，协商一切办法。该两使复电亦无正式手续，不过

---

① 吵嚷不休之南北统一声 徐东海亦知统一要紧 陆荣廷竟来出风头耶［N］. 大公报（天津版），1922-05-18.

222

仅云南北失和为统一上极大障碍。列强于华府会议后所予我国利益，不能接收。嗣后应速先悉西南现有情形，故已确定即行设法将南方现状调查，然后再决进行宗旨。① 为接收列强给予的相关利益，北京政府亟谋南北统一。

在直系首领吴佩孚的授意下，直系将领通电赞成恢复法统，以使直系在北京政府的统治披上"合法"外衣。5月下旬，旧国会议员大肆活动，成立旧国会筹办处。6月2日，大总统徐世昌被迫辞职。6月6日，黎元洪提出废督裁兵，以废督裁兵为复职条件。不久，各省区巡阅使、督军、总司令等复电赞成。6月11日，黎元洪入京就职。

北京政府元首的更迭，给南北关系带来了新的转机，南北之间关系微妙。大总统黎元洪于6月29日电请孙中山来京，并选派代表南下，同时与素来主张武力解决南北争端的李烈钧等人疏通。陈炯明与吴佩孚联系紧密，在表面上已与吴佩孚接近，其实陈炯明视服从北方与不服从北方，毫不注意。所注重者，确在北方给伊权利多少，渠始能表示最后态度。陈炯明权利心过奢，将来与直系领袖能否接洽成功，局外人实不敢妄加判断。按西南形势，陈炯明在广州的势力颇为膨胀。湖南赵恒惕宗旨不明，赵恒惕声言北附，已经五六次，迄未实现。湘赵北归一事，未能指日决定。质言之，南北即日统一六字，政客军阀说得甚是好听，考其骨子里真正情形，则难而又难。② 西南各派态度表里不一，南北统一注定不可能顺利。

此时联省自治运动风靡一时。盛传广东、四川、湖南、云南、贵州、江苏、安徽、江西、浙江、福建十省已有一种秘密之协议，拟各派代表在上海开联省自治会议。③ 7月初，各省区自治联合会发出通电，主张联省自治，废督裁兵。④各省区自治联合会又电邀奉、吉、黑。甫经战败的奉系自然也倾向于联省自治。张作霖因其主张民选省长，联省自治各节殊与东三省趋向一致，遂亦派员与议。将在上海组设机关，至要问题为研究另立政府。⑤ 除广西政局尚未大定暂难派人外，包括云南在内的西南诸省基本参与进来。

面对联省自治声浪日高，北京政府统一手续虽定由湘、川办理，但因此事已受打击。北京政府大总统黎元洪主张依照现状，维持大局，不愿事事由根本

① 调查西南现状之原因 [N]. 大公报（天津版），1922-05-22.
② 某要人口中之南北统一难 孙中山恐难受命 陈炯明须有条件 李烈钧主战心热 赵恒惕只知要钱 [N]. 大公报（天津版），1922-07-05.
③ 传闻中之上海联省制会议 十省代表秘密协议 [N]. 大公报（天津版），1922-07-01.
④ 自治联合会促进废督裁兵之两电 [N]. 大公报（天津版），1922-07-05.
⑤ 十三省主张联省自治 对时局将有重要表示 [N]. 大公报（天津版），1922-07-06.

改革。责成王占元、宋小濂再劝张作霖取消联省自治，其善后办法另待协商。统一案京保各要人已均同意先由长江入手，复向西南推广，按节办理。① 颜阁主张速请曹锟、吴佩孚及长江各督军派员来京面商解决大局，以免再生误会。② 7月初，大总统黎元洪主张先行废督，并谓督军名义不存，军队自归裁汰，已经电征疆吏意见。③ 黎元洪主张 8 月 1 日国会开幕先请议决废督裁兵，以凭贯彻宗旨。对于联省自治，黎元洪以唯恐益呈分裂，加以拒绝。④ 吴佩孚则主张武力解决，并与陈炯明积极接洽，拟夹击孙中山。⑤

北京政府的和平统一政策很快陷入失败。广东陈炯明自图私利，于 1922 年 8 月攻击孙中山，孙中山赴沪，秘密进行联省自治，筹办联省政府，责成李烈钧在湘收容粤军，并设立护法机关，派刘震寰取桂。四川熊克武、湖南赵恒惕的态度均趋向联省自治。

北京政府一再力图履行统一方针，却并未达到目的。吴佩孚致电中央，建议以中央名义在京召集统一善后会议，改变最初宗旨，与滇、黔、川、湘急谋统一手续。府院当轴皆认为财政困难、不易发展，善后费无从筹措，故于进行颇为迟钝。孙文与民党各要人对于该项更不注意。鉴于政局沉闷、诸难发展，中央曾接各方面来电，皆谓统一无望，不得已只可顺从民意，筹备自治，以为维持现状方针。大总统黎元洪曾电各该省首领，征求统一意见。但因前途无望，故以自治手续，再与孙文结合。黎元洪得此消息后，颇为踌躇，只以时势所趋，不能遏止。⑥ 见统一局面难成，北京政府亦有倾向于联省自治之意。

粤、桂善后，中央责成陆荣廷与陈炯明协商办理，嗣以财政困难，善后费无从措办。广西匪氛日炽，广东军事不能结束。复因粤人已举陈席儒充任省长，中央亦不便过拂民意，是以陈炯明长粤之命令，遂即终止。吴佩孚因陈炯明坚持联省自治主张，一再疏通，迄无效果。而陈氏又拟伸张势力于广西，以贯彻其联合宗旨。特电召在赣之沈鸿英赴洛，意在商令沈氏，率领所部军队，由赣趋桂，牵掣陈氏，俾使其两广势力逐渐铲除。⑦

---

① 专电 ［N］. 大公报（天津版），1922-07-09.

② 专电 ［N］. 大公报（天津版），1922-07-11.

③ 专电 ［N］. 大公报（天津版），1922-07-12.

④ 专电 ［N］. 大公报（天津版），1922-07-13.

⑤ 吴使对南之武力主张 将与陈炯明夹击孙文 蔡成勋预备积极反攻 ［N］. 大公报（天津版），1922-07-12.

⑥ 若合若离之南北问题 统一仍属无望 孙文另有主张 滇黔川各谋自治 粤桂湘善后无方 ［N］. 大公报（天津版），1922-09-10.

⑦ 吴佩孚之新计划 ［N］. 大公报（天津版），1922-09-26.

黎元洪上台不过是直系过渡时局的一个手段，虽其全力周旋于南北各地实力派之间，希望推动南北统一，但由于其本身没有实权，难以真正有所作为。随着过渡使命的完成，黎元洪很快被直系抛弃，被逼下台，为曹锟取得总统职位腾出位置。

直系军阀独霸北京政府时期，时刻未忘统一，与西南诸省各派势力分头接洽。曹锟贿选总统后，又祭起武力统一的大旗，力图将西南势力纳入麾下。但滇唐以联省自治相抵制，革命党虽小有挫折，但影响力依然很大。面对直系的武力进攻，西南各派势力团结自保，有联合之势。此一时期的广西由于省内军头林立，局势混乱不堪，北京政府力图将广西收入麾下，以谋广东。

## 第二节　桂局群雄争鹿

随着客军的相继离去，广西一时间出现权力真空。各地自治军蜂起，政局呈混沌之象。在北京政府的极力支持下，陆荣廷汲汲于恢复对广西的控制，但终难以如愿。北京政府虽然在大体形式上恢复了对于广西的治理，但却难已掩饰广西群雄争霸的现实。

### 一、从"自治军"蜂起到陆荣廷返桂

1922 年 4 月间，陈炯明为集结兵力、保存在广东的地盘，谋叛孙中山，抽调驻桂粤军回粤。其他客军也大部分相率撤走，广西一时陷入无政府状态。广西散兵匪祸泛滥各县，以反对客军为号召的各地自治军蜂起。势力较大的有南宁附近的林俊廷部，百色的刘日福部，郁林附近的李宗仁部等。4 月 21 日，广西自治军陆福祥、蒙仁潜、刘日福、陆云高等攻取南宁，刘震寰败退广东灵山。设一合议机关，统辖军政，蒙仁潜做省长，陆云高做财政厅厅长，林俊廷就总司令职。如时人所称：广西现在可算纷扰已极了！溃军满地，土匪横行，勒米勒饷，劫夺货物，商旅难行，农工歇业，生计无从，困坐待毙——这实是广西今日的现象了！考其原因，实生于十年来政治的腐败。而目下情状，则"溃军""土匪"两类人所合成主治之结果。①

为收拾乱局，广西省议会于 1922 年 5 月 26 日致电岑春煊，请其回桂担任省

---

① 文光. 广西兵匪世界的调查 [J]. 努力周报，1922（28）.

长，希望借助岑春煊的政治威望让各派势力妥协。① 见广西局势复杂、难有作为，岑春煊于 6 月 15 日复电，表示不愿就任。5 月底，陆荣廷向北京政府提交说贴，建议中央扶植陈炯明势力督粤，并谓桂旧部将复原状，陆荣廷意即回桂。② 陆荣廷加紧活动，企图回桂，恢复势力。6 月 14 日，陆荣廷谒见黎元洪，表示愿意返桂。并无实权的黎元洪表示，勿用武力则赞成，否则益增纠纷。③ 北京政府以桂省情形异常复杂，军队犹不一致，拟派陆荣廷为广西陆军检阅使。对于广西军队，加以精密检阅，以为裁兵先声。如不生阻力，此项命令，不日可望发表。④ 6 月底，陆荣廷抵达上海，积极为返桂做布置。电请北京政府履行补助军饷的诺言，在上海印制广西银行纸币二百万元，派人回广西与自治军各将领及其旧部进行洽商。⑤

6 月 18 日，北京政府突然发布大总统令，特任张其锽为广西省长。⑥ 此举引起了广西各方的反对。广西省议会推举岑春煊为临时省长。6 月 19 日，援赣西路司令沈鸿英通电对岑春煊为临时省长表示赞同，称各将领及地方各法团均一致拥戴，迭电敦促速回。务请克日回桂，宣布就职。广西自治军第十三路司令钟明雨、第四路司令兼桂林道署清乡会办余明健等亦通电表示赞同。⑦

此时黔军卢焘部、滇军张开儒部等占据柳、庆二府共二十余县，与桂自治军对峙。张开儒派兵于 6 月 16 日北取桂林，与梁华堂部激战。桂林人士急电沈鸿英速回援助，而北京政府简任省长张其锽派员赴桂，先着手组织，对梁华堂、对张开儒亦通电竭诚拥护，请不必候沈军同来。只是张其锽长桂，不仅粤桂联军关国雄、刘震寰等反对，南宁自治军及国会议员郭椿森也均通电不承认。谭浩明极力向自治军疏通，联络互助，如张其锽正式就职，即饬蒙仁潜取消南宁省长。蒙仁潜之主见，必要陆荣廷及国会议员同意。⑧ 旅沪国会议员郭椿森等于 7 月 3 日电致北京政府，反对张其锽为广西省长，称"乃凭一纸命令，遂欲收拾

① 广西省议会来电［N］. 申报，1922-06-17.
② 国内专电［N］. 申报，1922-05-27.
③ 谋统一中之陆荣廷［M］//季啸风，沈友益. 中华民国史史料外编：前日本末次研究所情报资料（第二册）. 桂林：广西师范大学出版社，1997：39.
④ 陆荣廷将任陆军检阅使说［N］. 大公报（天津版），1922-06-29.
⑤ 廖晓云，陈莹. 陆荣廷年谱［M］. 南宁：广西人民出版社，2012：376.
⑥ 政教述闻：中央法令［J］. 来复，1922（208）.
⑦ 沈鸿英等拥护桂省议会票选岑春煊为广西省长并请北京政府明令任命电［M］//中国第二历史档案馆. 中华民国史档案资料汇编：第三辑军事. 南京：江苏古籍出版社，1991：618-620.
⑧ 四分五裂之广西［J］. 南侨月报，1922（1）.

时局，天下事果若是易易"①。

对于广西省议会倡导自治及选举省长的举动，马君武及广西陆军第一师师长刘震寰并不认可，称其为溃兵土匪勾结占据省垣，劫掠议会，伪称自治。在梧州组织省长行署，并将财政厅移梧。② 广西财政厅厅长、代行省长职权杨愿公得悉北京政府任其锃长桂及陆荣廷收拾桂局后，大为反对。致旅京同乡京官一电，表示不惜以武力拒绝之意。③

见反对之声甚多，张其锃出京赴沪，宣言肆力学业，不闻政治，暂时决不赴任。传闻中央已内定岑春煊继任广西省长，以从桂人之意，而收拾桂局，连日正与岑氏往返电商。7 月 17 日，岑春煊致桂省各界电，赞同省议会厉行自治宣言。请维持地方秩序，保境爱民。④ 广西自治军屡电请陆荣廷返桂，以为号召，同时意在牵制北伐各军。⑤ 各派势力与北京政府往来频繁，8 月初，广西代理省长蒙仁潜忽有呈文中央请任命官吏。意谓徐世昌、孙中山下野，无北伐可言，所有军民一致倾向共享太平之幸福。⑥ 岑春煊来电表示愿就广西省长，并保陆荣廷回任边防督办，速至桂省收容乱军。⑦ 8 月中旬，陆荣廷代表陈炳焜由上海来京，加紧与北京政府磋商。⑧

8 月 25 日，广西省长马君武通电，称因友军回粤，省军接防未至，匪首蒙仁潜、林俊廷等遂乘虚占据南宁，行政中枢顿成贼薮。君武为便利军民两政起见，特于 8 月 24 日将广西省长公署移设梧州。如有匪首僭用名义发布文告，均作无效。⑨ 马君武此举一定程度上是为抵制陆荣廷返桂⑩ 时人猜测马君武东下的原因，实欲躲避刘震寰。因为粤军离桂后，南宁由刘震寰坐镇，刘震寰为人极跋扈，与马君武不相能。所以刘震寰一来南宁，马君武即借故东下，大概是

① 郭椿森等反对张其锃长桂 [N]. 大公报（天津版），1922-07-07.

② 桂省署移设梧代行省长之电告 [N]. 大公报（天津版），1922-07-11.

③ 杨愿公之反对陆张 声因此动兵亦非所惜 [N]. 大公报（天津版），1922-07-22.

④ 岑春煊致桂省各界电 请注意地方治安 [N]. 大公报（天津版），1922-07-22.

⑤ 参谋本部抄呈参陆办公处广东谍报员关于葡兵击毙华工案海军舰队司令陈策防所属各舰情形及桂省主张自治欢迎陆荣廷回桂等情报告 [M] //中国第二历史档案馆. 北洋政府档案：第五十二册. 北京：中国档案出版社，2010：193.

⑥ 广西有归向中央之先声 [N]. 大公报（天津版），1922-08-04.

⑦ 桂系势力行即恢复 岑春煊将任广西省长 陆荣廷回任边防督办 [N]. 大公报（天津版），1922-08-16.

⑧ 陈炳焜由沪来入府谈话之大要 [N]. 大公报（天津版），1922-08-24.

⑨ 公电：广西马君武通告省署移设梧州电（九月七日）[J]. 参议院公报，1922（2）.

⑩ 马君武宣布梧州为省会 [N]. 大公报（天津版），1922-08-31.

想在梧州设立行署，免得被刘包围。① 刘震寰时任广西陆军第一师师长，与粤陈炯明联系紧密，试图借助于陈炯明的弹药接济，平定广西。刘震寰在与陈炯明达成协议后，设全省绥靖督办处，计划率部下讨伐林俊廷广西自治军。②

广西形势混沌，呈四分五裂之象。柳州方面林俊廷部下韩彩凤，对于对峙中张开儒军，由侧面开始攻击。朱信廷、高镇球等揭立振兴民治、增进民福等旗帜，于9月13日通电起兵，号镇桂军。③ 9月，陆荣廷返回广西，在龙州召集桂军各将领开会，承认既定现状，议决省长仍由蒙仁潜担任，总司令仍由林俊廷担任。④ 对于陆荣廷乘机返桂之举，频频传来反对之声。9月底，某方接桂省各界通电，历数陆荣廷祸桂罪状，拒绝其返桂。⑤ 10月9日，广西省会议员王树德等通电反对陆荣廷等人，"吾桂不幸，匪患频年。林、陆诸逆，贼心不改。再死之灰复燃，陷吾民于涂炭"⑥。陆荣廷在广西的影响力大减，显然此时的广西已不再是旧桂系的天下了。

广西自治军内部派系复杂、意见不一，陆荣廷经与各方接触，曾电致北京政府，内述桂省政权均在军人掌握中，对于时局主张不一，但多数趋于联省自治。虽经极力解释，恐难收效。⑦ 随之，陆荣廷电以桂省经大兵之后，疮痍满目，善后事宜，极为艰巨，请于广西设立督办善后公署，并保林俊廷充任督办广西军务善后事宜。北京政府刻复电，不准陆氏之请。桂省军事纷杂，果有能统一全桂者，自当加以任命。惟林之威望，恐不足以驾驭全省，请从缓议。⑧ 以林俊廷实力不足为由，拒绝了陆荣廷的请求。

刘震寰也想火中取栗，于10月间率部由赤水人和，直攻藤县平南，进军南宁。滇军朱培德所部进抵桂林。梁华堂无力抵抗，乃纵火焚烧，乘机劫掠而去。柳州自治军司令韩彩凤、平乐荔浦司令贲克昭奉陆荣廷、林俊廷之命，收集梁华堂部溃兵，会攻桂林。

在广西内部纷扰之际，福建形势发生变化，陈炯明援闽停止进行。西南各省联省自治原拟日内发表宣言，10月17日与云南、贵州两省代表及卢焘、刘镇华、林虎、陆荣廷等代表会合决议，暂图西南各省联络与内部刷新，联省自治

① 黎民．广西乱事小志 [J]．孤军，1923，1（10）．
② 桂粤之协定 [N]．大公报（天津版），1922-09-01．
③ 广西现状 [N]．大公报（天津版），1922-09-20．
④ 国内专电二 [N]．申报，1922-10-21．
⑤ 桂人反对陆荣廷之通电 [N]．大公报（天津版），1922-09-26．
⑥ 桂闻撷要桂人反对陆荣廷 [N]．大公报（天津版），1922-10-18．
⑦ 桂军阀主张联省自治 陆荣廷来电声述 [N]．大公报（天津版），1922-09-17．
⑧ 中央不允林俊廷督桂 谓林威望不孚 [N]．大公报（天津版），1922-09-21．

宣言暂缓发表。① 11 月初，北京政府急电吴佩孚，责成速电陈炯明，与新任广西边防督办陆荣廷办理粤、桂各项善后，俾便早日解决粤、桂纠纷，预防两省复有误会。② 11 月 9 日，北京政府签发大总统令，特派陆荣廷为广西边防督办，特任林俊廷为俊威将军。③

广西局势纷乱如麻之际，在赣边的沈鸿英在直系军阀首领吴佩孚的支持下回桂。吴佩孚商令沈鸿英率部由赣入桂，联络陆荣廷旧部，将绥靖军、自治军等驱逐出境。④ 沈鸿英派代表分头向滇、黔、粤各军婉辞商请退出桂境，俾实行桂人治桂主张，如不允许，则诉诸武力。⑤ 吴佩孚致电张绍曾，称沈鸿英部回桂绝无祸滇扰桂之谋，外间传言不实，抑或有党派作用，并称"我方应付西南，向以公诚二字为主旨，并不过于干预"⑥。在沈鸿英的军事压力下，滇军朱培德让出桂林，联结张开儒所部，向藤县进攻刘震寰。⑦ 陈炯明原计划怀柔滇军，使其安驻桂省，合滇、桂、粤三省财力以养之。滇军拥戴张开儒，拟与朱培德会合所部攻粤。⑧ 粤陈因闽局大变，李厚基无能力恢复，方苦东江防务之吃紧。滇军西下，陈氏穷于应付。⑨ 广西军头林立、相互攻伐、各争雄长，表面上大致呈沈鸿英、林俊廷、刘震寰三足鼎立之势。林俊廷所属蒙仁潜、刘日福、李宗仁、陆云高、陆福祥多属同床各梦。沈鸿英虽号称两旅，实在不过四团。刘震寰则恃粤之援助，实力上似较沈鸿英、林俊廷为优。⑩

直系大将吴佩孚希冀收复桂局，于 11 月 26 日致电各方将领，认为"桂局残破，至于无可收拾"，建议划分防区，割分平、梧各属为沈军长所部暂驻地

① 西南各省之联治宣言延期 [N]. 大公报（天津版），1922-10-20.

② 和平疏解闽乱电 吴促陈办理粤桂善后 [N]. 大公报（天津版），1922-11-11.

③ 政教述闻：中央法令：大总统令 [J]. 来复，1922（229）.

④ 吴使又谋武力对桂 [M] //季啸风，沈友益. 中华民国史史料外编：前日本末次研究所情报资料：第二册. 桂林：广西师范大学出版社，1997：147.

⑤ 广西军事之要闻 粤滇军严防沈部韩贲部合攻桂林 [N]. 大公报（天津版），1922-10-29.

⑥ 两湖巡阅使吴佩孚解释沈鸿英军队回乡绝无祸滇扰桂之谋复张绍曾函 [M] //中国第二历史档案馆. 中华民国史档案资料汇编：第三辑军事. 南京：江苏古籍出版社，1991：620-621.

⑦ 梧藤间滇粤两军之战云 滇军进攻藤县 粤军大队赴援 [N]. 大公报（天津版），1922-11-21.

⑧ 粤省要人之最近粤局谈 东江西江之军情 借款问题之现状 粤陈对外之联络 [N]. 大公报（天津版），1922-11-26.

⑨ 西南与东南之大势一瞥 广西战事之关系 苏浙联络之真相 [N]. 大公报（天津版），1922-11-29.

⑩ 吴佩孚收拾桂局之主张 桂省实力派现状之研究 [N]. 大公报（天津版），1922-12-04.

点，桂、柳各属为卢总司令所部及滇军朱总司令所部雷司令所部暂驻地点，大河流域为林总司令所部暂驻地点。"静候中央政府任命。切勿更生猜忌，为人所乘，蹈昔年之覆辙。"滇军"徐图资助出境，以尽地主之谊"。张子武省长不日回桂。一切患荷当可为诸君调和感情。① 但吴佩孚此电并不为各方所赞同，广西战事不断。

陈炯明疑忌刘震寰，12月初，以林虎为援桂指挥，总统驻桂各军，以明桂人治桂之义。同时增兵梧州，布防备战。② 唐继尧声言代讨张开儒、朱培德所部，派大兵压桂边。12月7日，广西省议会致电北京政府，痛斥粤陈、滇唐扰邻。"称此行为是直视广西为鱼肉，自任刀俎。口言助剿，实存助乱之野心。名曰联防，实为侵略之变相。吾桂年来迭遭兵祸，粤省援助，受赐已久。唐公出兵，以邻为壑，一扰再扰，孑黎何堪。除电促张开儒、朱培德及驻梧粤军，速率所部出境，以纾战祸外，应请大总统迅颁严令，制止进兵。国会、内阁及各省区长官、议会主持公论，交相劝阻。尤望我全省父老兄弟以至诚极恳之怀，力恳唐（继尧）陈（炯明）两公撤回前军，使人民得有苏息之余地。"③

刘震寰因不满于林虎复与孙派合，于1922年年底与驻桂滇军杨希闽部、沈鸿英等部联络，组织云南广西联合军，以张开儒为讨贼总司令，与许崇智呼应，兵分三路讨伐陈炯明。④ 闽、桂两方面的夹击，加速了陈炯明的败亡。陈炯明连电洛阳吴氏，火速驰援。吴佩孚派孙传芳由赣入闽，以期牵制许崇智军队。⑤ 1923年1月中旬，滇桂粤联军克复广州。1月15日，陈炯明宣告下野，粤局遂称底定，主客各军陆续入粤。陈炯明退回东江后，有联结北军之意。唐继尧以重兵入桂边，与陈炯明及北方军阀联络。⑥

虽然刘震寰及驻桂滇军陆续离桂赴粤，但广西局势依然纷乱如麻。自治军时期，广西政局混乱，社会秩序荡然无存。各地自治军互不统属，相互攻伐，在各自地盘里"派县长，设关卡，征钱粮，各行其是"⑦，广西实际上处于四分五裂的局面。各路自治军虽然名义上建立了广西自治军临时军务处，却不能实际控制各地的自治军。蒙仁潜号称省长，权力却不能出南宁。各地自治军在各

① 沈军返旆后之桂局 [N]. 大公报（天津版），1922-12-05.
② 陈炯明之平桂方策 [N]. 大公报（天津版），1922-12-14.
③ 桂议会痛斥粤陈滇唐扰邻电 [N]. 大公报（天津版），1922-12-31.
④ 广西形势之变化 [N]. 大公报（天津版），1923-01-05.
⑤ 粤桂战争之沪闻 [N]. 大公报（天津版），1923-01-19.
⑥ 粤变后之西南大势 唐继尧惧政学系报复 赵恒惕向孙中山效顺 [N]. 大公报（天津版），1923-01-25.
⑦ 李宗仁回忆录 [M]. 李宗仁，口述，唐德刚，撰. 南宁：广西人民出版社，1980：173.

自势力范围里征收钱粮税捐，肆意设卡勒收，苛捐杂税，多如牛毛，还滥发纸币，强迫商民使用。

陆荣廷到桂后，即号召旧部，以肃清全省为职志，但各据一方的各路军头大多表面敷衍，阳奉阴违，难听其号令。陆荣廷困守龙州，不能有发展机会。据时人揭露，蒙仁潜本来极端拥护陆荣廷，但陆荣廷回广西后，想让林虎做省长，蒙心甚不平。后来陈炯明一倒，林虎回桂的事不能实现。然而陆荣廷仍不欲使蒙长桂，想夺他手上的省长印，交与崔肇琳，所以陆福祥、韩彩凤一到南宁，即可迫蒙辞职。蒙恨得要命，只将省印交给林俊廷，不交陆福祥、韩彩凤。林俊廷就把省长兼起来，陆荣廷也说不出口，所以当时广西实在有三个省长。事实上的省长是林俊廷兼，北京政府所委任的省长是张其锽。张其锽还在上海，听说不久要去接事。省议会选出的省长就是岑春煊，岑春煊不来不是想做省长，因为广西省议会素来主张实行自治，自治军攻破南宁时，以为时机可乘，遂举岑春煊为广西自治省省长。一面打电话促岑回桂主持，岑春煊得电后，并不答复，意在观望。后闻陆荣廷要回广西，岑春煊气得很，岑春煊原系陆荣廷的老上司，后来陆荣廷做到巡阅使，自己觉得威风很大，对于岑春煊不甚理会。岑春煊、陆荣廷因此不睦，这回岑春煊闻陆荣廷要回，很不满意，听说此次沈鸿英回师，系岑春煊所主张，因为岑春煊在广西没有实力，所以叫沈鸿英回去，和陆荣廷对抗，一方面省议会因南宁政府不赞成省自治，所以和岑春煊商量，迁省议会到梧州，因为梧州是沈鸿英的势力，沈鸿英很听岑春煊的话，迁到梧州容易做事，岑春煊也答应代筹巨款维持，所以省议会副议长张一气诸人到梧州来号召议员，然而南宁政府则极力妨碍，不使议员来梧。这个情形，是和前几年南北政府抢国会议员一样。① 各派势力粉墨登场、相互角力，广西局势纷乱不堪。

## 二、对广西治理形式上的恢复

陈炯明于 1923 年 1 月底宣告下野，取消自主，请中央收编各部。广东局势的变化给了北京政府收拾两广局面的信心。吴佩孚迭电中央，主张以林俊廷督理广西军务，以沈鸿英督理广东军务。意图从西南实力派着手，与两广接洽统一。北京政府因对沈鸿英统一广东之能力有所怀疑，所以对其任命暂时搁置。② 1 月 30 日，北京政府下大总统令，所冀在粤主、客各军将领互谋谅解，勿再私

① 黎民. 广西乱事小志 [J]. 孤军，1923，1（10）.
② 林俊廷督桂令发表经过 吴佩孚之主张 [N]. 大公报（天津版），1923-02-01.

争,用副国民希望和平之意。特派奋威将军丁槐为两广慰问使,特派林俊廷督理广西军务善后事宜。①北京政府以林俊廷督理广西军务善后事宜,显然是看重其兵力相对较为雄厚的缘故。

该命令公布后,民党议员彭养光等质问内阁总理张敬舆,认为林俊廷势力不过及于柳州一隅,此外如桂林、平乐、梧州、浔州、南宁均非其势力所能及。且以兵力而论,林俊廷所能支配者,不过桂军五分之一。中央提挈一小部分,反使大部分形势隔膜,绝非统一之道。此项命令只能挑起两广纠纷,于中央统一前途必无益处。②孙中山对于政府两粤善后命令颇不以为然,尤以任命林俊廷为广西督理之举为不可。谓中央此种举动,实有扰害两粤治安之病,希望中央以诚意谋统一。③不久,孙中山重组中华民国陆海军大元帅府,就大元帅职。

吴佩孚坚持其武力统一迷梦,在迫使北京政府任命林俊廷督理广西军务善后之后,又屡迫中央政府下孙传芳督闽、沈鸿英督粤之令。内阁总理张敬舆因有所顾忌,未能立遵帅命办理。④沈鸿英军屡战皆北,在粤已无立足之地,意欲离粤归桂。滇军杨总司令不受北京政府命令。3月底,北京政府任命沈鸿英为粤省军务督理。沈鸿英将在肇庆设立司令部,不就北庭所任粤省军务督理之职。北京政府对粤诸令,其效力固等于零耳。⑤此令一下,"而中央政府之和平统一政策,即遭到破产"⑥。

北京政府对粤的命令几无效力,却在形式上恢复了对于广西的治理。1923年2月,北京政府颁布大总统令,任命岑德光为梧州关监督,兼外交部特派广西交涉员。⑦任命梁六栋为广西实业厅厅长。⑧1923年2月23日,林俊廷电致北京政府,称代理省长蒙仁潜通电辞职,"经本省各法团临时集议,佥以省政关系綦重,未便一日虚悬。现在临时省长、特任省长均未到任,力推俊廷暂行兼

---

① 政教述闻:中央法令 [J].来复,1923 (241).
② 两广命令发表后之反响 民党议员质问张敬舆与统一前途之关系 [N].大公报(天津版),1923-02-01.
③ 政闻志要:外长一席将先由沈次暂署 孙中山反对两粤善后令 高检厅定今日侦查罗案 [N].大公报(天津版),1923-02-03.
④ 北京特约军阀官僚摭闻通信 圃公吴子玉之武力统一梦 张系小官僚之猎官忙 [N].大公报(天津版),1923-03-03.
⑤ 对粤令其终无效软 粤中将领一致拥孙拒北 沈鸿英函别滇军之原文 程潜等对北态度之愤激 [N].大公报(天津版),1923-04-10.
⑥ 齐星衢.唐继尧与直系军阀之明争暗斗 [M]//全国政协文史资料委员会.文史资料存稿选编:晚清·北洋(下).北京:中国文史出版社,2002:581.
⑦ 大统总令 [N].大公报(天津版),1923-02-11.
⑧ 大统总令 [N].大公报(天津版),1923-02-25.

任，当于二月漾日就任兼代省长职务"①。见木已成舟，北京政府遂顺水推舟，于 3 月 20 日发布大总统令，特任林俊廷暂行兼代广西省长。② 4 月 15 日，林俊廷通电就职。③

林俊廷兼代广西省长后，先后呈请北京政府任命浔州常关监督、叙补各级军官、印花税处长等，同时大肆索要饷械。林俊廷于 4 月 28 日致电北京政府，称桂省毗连黔边，统筹兼顾，费劲心力，惟饷弹缺乏，无从筹措，请速拨大宗饷械，俾得一意进行。④ 广西拥有很大自主权，对于不合当道心意的任命，往往予以拒绝。北京政府调任叶镜湜署广西高等检察厅检察长，任命蓝呈祺暂署广西高等审判厅厅长。⑤ 对于蓝呈祺暂署广西高审厅厅长，桂省司法界闻之大哗，即恳林俊廷电达中央，收回成命。林俊廷遂以未奉明令据情转达，听候中央核示。⑥

在代广西省长林俊廷的请求下，北京政府于 5 月 23 日任命贾克昭为柳庆镇守使，陆运高为浔梧镇守使，李宗仁为桂林镇守使，韩彩凤为龙州镇守使，陆福祥为百色镇守使。时人对此评论道：广西目前更属四分五裂，不南不北，其统系之复杂，直如一把乱丝，无从觅取线索。而北京政府偏硬要指定，说已经归附中央。前日某当局又大发其统一佳梦，一口气产生五个镇守使。据府中人云，此五道命令入府之时，黎元洪以为多此一举，不允盖印。乃张揆亲自入府力争，谓倘不发表，广西又将离叛。黎元洪不禁恐吓，居然照例盖印。此项命令用意所在，殊令人百思不得其解也。⑦

为进一步换取北京政府的支持，5 月初，林俊廷有密电到京，表示桂省军务吃紧，民政般繁，力难兼顾，恳请转催张子武省长早日到任。俾得专心整饬戎行，戡定两粤大局。⑧ 张其锽奉令为广西省长后，以桂省局势未定，观望形势，延迟数月未赴任。后见桂省渐就宁静，林派得势，始束装就道，抵邕接事。6 月

① 广西迁江总司令林俊廷被公推为兼带省长就职通电［M］//中国第二历史档案馆. 中华民国史档案资料汇编：第三辑军事. 南京：江苏古籍出版社，1991：621-622.

② 政教述闻：中央法令［J］. 来复，1923（245）.

③ 林俊廷陈就任兼代省长职日期电［M］//张黎辉，等. 北洋军阀史料·黎元洪卷：第四册. 天津：天津古籍出版社，1996：398.

④ 林俊廷要求迅拨大宗饷械电［M］//张黎辉，等. 北洋军阀史料·黎元洪卷：第四册. 天津：天津古籍出版社，1996：392-393.

⑤ 大总统令［N］. 大公报（天津版），1923-04-11.

⑥ 林俊廷巧拒中央令 为南宁高审厅长问题［N］. 大公报（天津版），1923-06-01.

⑦ 难得索解之对桂五命令 五镇守使任命之无结果 即此便足使广西归服乎［N］. 大公报（天津版），1923-05-26.

⑧ 林俊廷专心治兵电 催张省长到任［N］. 大公报（天津版），1923-05-05.

22 日，张其锽在南宁通告就职。林俊廷交卸省长，专任总司令。①

张其锽到任后，广西用人行政有所规范。6 月底，署财政总长张英华呈请将广西南宁关监督胡铭免去本职。北京政府下令，胡铭乐准免本职，任命覃瑞铭为广西南宁关监督。② 7 月初，全国烟酒事务署督办王毓芝呈请将广西烟酒事务局局长崔肇琳免去本职。北京政府下令，崔肇琳准免本职，任命马广业为广西烟酒事务局局长。③

北京政府念念不忘攻粤，计划以广西为基础，底定粤局。早在 1923 年 3 月，吴佩孚迭电林俊廷，催促其出兵，协定粤局。广西肇罗阳镇守使兼陆军第四师师长陆宗宇率部迫进两阳，图攻江门。④ 1923 年 5 月，北京政府试图调和陆荣廷与沈鸿英的矛盾，使两者协力，共图联合两广。⑤ 曹锟还曾计划助陆荣廷攻粤，以炮弹二千、枪弹十九万拨助陆荣廷攻粤。⑥ 对于一团乱麻的广西局势，北京政府也颇感棘手。省长张其锽派代表持函去洛，向吴佩孚汇报广西内部情况。吴佩孚于 7 月 18 日据以密电曹锟，称查桂之实力，实操之陆督办，林督实力殊为薄弱，故欲定粤驱孙中山，或防止联治，实不无借助于陆之处。⑦ 曹锟复电，对于陆荣廷愿合驱孙文表示不胜欣快。中央从速筹发饷款，并拟拨给枪弹。⑧

在北京政府授意之下，林俊廷、张其锽等于 9 月 14 日联电陆荣廷，请其督办广西全省统一事宜。陆荣廷复电予以婉拒，请另举贤能，并称"惟有事见商，亦可助力"⑨。10 月 28 日，广西教育会、省农会、南宁总商会等公推陆荣廷为广西全省善后总办。⑩ 10 月，北京政府委陆荣廷为广西全省善后总办。11 月 14 日，陆荣廷通电就职。11 月底，陆荣廷将全省划分为南宁、田南、浔梧郁、桂柳平、庆远及边防六区，分别委任处长，所有收束军队、剿办盗匪，清理财政

① 张其锽居然就职 [N]. 大公报（天津版），1923-07-09.

② 昨日之摄政命令 [N]. 大公报（天津版），1923-06-30.

③ 昨日摄政令 [N]. 大公报（天津版），1923-07-10.

④ 陆宗宇关于林俊廷就任广西督理并出兵围攻孙中山大本营请济饷弹致曹锟函 [M] //中国第二历史档案馆. 中华民国史档案资料汇编：第三辑军事. 南京：江苏古籍出版社，1991：625.

⑤ 廖晓云，陈莹. 陆荣廷年谱 [M]. 南宁：广西人民出版社，2012：379.

⑥ 北方助陆攻粤之无聊 [N]. 大公报（天津版），1923-06-02.

⑦ 吴佩孚致曹锟密电 [M] //中国第二历史档案馆. 中华民国史档案资料汇编：第三辑军事. 南京：江苏古籍出版社，1991：634-635.

⑧ 曹锟复吴佩孚电 [M] //中国第二历史档案馆. 中华民国史档案资料汇编：第三辑军事. 南京：江苏古籍出版社，1991：635.

⑨ 专电 [N]. 申报，1923-10-07.

⑩ 陆干卿被推为广西善后总办 [N]. 大公报（天津版），1923-11-26.

等，均责成各该处长办理。① 12 月，陆荣廷在武鸣召开善后会议，决定整编全省军队，改自治军为广西边防军。12 月 1 日，陆宗宇、邓本殷等组织高雷、罗阳、钦廉、琼崖等八属联军，公推林俊廷兼任总司令，并以拟攻肇庆为由，请北京政府迅予接济。②

广西民穷财尽，财政困难，实达极点。陆荣廷、林俊廷复掌政权后，对于财政了无办法，唯一法门就是公开赌博、公收鸦片烟税和滥发纸币。烟、赌两种税捐每年总有几百万，然而都被极少数的人扒入私囊，省库方面是没有什么利益。广西原有纸币已属滥发过度，所以兑现仅得五成。此次陆荣廷回桂后，又陆续滥发，除用广西边防督办的名义发行新币外，又偷偷翻印民国元年的广西纸币。这两种纸币究竟发了多少，无从而知，然以记者推测，至少总有二千万以上。南宁方面又用省政府的名义，发了一种新纸票，发了八九百万。此外，沈军又有沈军的军用钞票，桂林又有桂林的地方银票，一起总有好几种。因为滥发过度，兑现的价值益迭，每元只换得铜元七八枚。③ 据统计，1921 年至1923 年，粤军、桂军、民军发出的不兑现纸币，总计在三千万以上。④ 如广西省长张其锽于 1923 年 4 月呈文所称，广西自遭失败以来，银行破产，发行纸币一千七百余万，降至三折以下以换现金尚不可得。自粤军退后，民军蜂起，大肆发行军用票，半年以来发行六七百万以上，威迫行使，人民痛恨，而无如何。为整理金融，张其锽认为只有就地筹款，设立银行，发行兑现钞票，收回低折旧票，以为澄清之计，计划收回旧票及军用票八百万元，银行基金必须四百万元乃勉可敷用。请财政部印刷局先印钞票三百万。以一百五十万收回旧发纸币，以一百万元为裁兵善后经费，以五十万元为维持七八九三个月军政费用，组织广西省银行，筹集资本一百五十万元，发行新币三百万元，为整理广西财政之用。⑤ 经广西省长张其锽不断呈请，北京政府如数次第拨发。⑥

① 廖晓云，陈莹. 陆荣廷年谱［M］. 南宁：广西人民出版社，2012：381.

② 陆宗宇关于组织广南八属联军推林俊廷兼任总司令及拟攻肇庆等情致曹锟呈，吴佩孚致曹锟密电［M］//中国第二历史档案馆. 中华民国史档案资料汇编：第三辑军事. 南京：江苏古籍出版社，1991：646.

③ 黎民. 广西乱事小志［J］. 孤军，1923，1（10）.

④ 郑家度. 广西百年货币史［M］. 南宁：广西人民出版社，1981：98.

⑤ 财政部币制局为张其锽前订印桂钞屡请发交钞票事宜致大总统有关呈稿［M］//中国第二历史档案馆. 中华民国史档案资料汇编：第三辑金融. 南京：江苏古籍出版社，1991：966-969.

⑥ 直鲁豫巡阅使曹锟为广西省长呈请再行核发桂钞催促迅速照办电，财政部币制局为张其锽前订印桂钞屡请发交钞票事宜致大总统有关呈稿［M］//中国第二历史档案馆. 中华民国史档案资料汇编：第三辑金融. 南京：江苏古籍出版社，1991：970-971.

广西虽名义上归属中央，但各地军头林立，建设为难。尽管如此，广西的交通在这一时期仍有所发展。1923 年 2 月 17 日，龙州至镇南关公路建成，全长一百五十五千米。[①] 该公路是在 1921 年春由陆荣廷以广西边防军务督办名义下令修筑的，在早年军路的基础上继续修建，1921 年 9 月因粤军进击龙州而停工，1922 年 5 月粤军退出广西后，陆荣廷从上海回到龙州后继续修建，至 1923 年初竣工通车。广西当道还斥资修筑了五海桥（1920 年动工，次年建成）和水口街铁桥（1920 年建造）。[②] 1923 年年初，桂林议参事会、教育会、县农会、总商会发起修筑桂濛全（桂林南至濛江、北达全州）公路，成立了桂林道路分会，并开始进行线路勘测，但因兵灾匪祸频仍，最后不了了之。[③] 这一时期，广西公路运输业务有所发展。1921 年，粤西汽车公司开始在邕武公路运营，1923 年华利汽车公司和德利汽车公司先后在龙州开办，经营龙州经镇南关至越南谅山的运输业务。[④]

由于政局混乱不堪，广西治安形势不容乐观。1923 年 5 月间，聚居于省北昆连榕江各山地的广西苗人忽变乱。[⑤] 广西匪盗蜂起，二三年来，"由浔州以至柳州，沿途两岸实为绿林土匪出入之渊薮"。各属土匪被猖，无有一村未受掳掠者。[⑥] 时人称广西"直至今日，匪数较军队为多"。自梧州至桂林间河道劫掠，时有所闻。[⑦]

### 三、吴佩孚统一广西图谋失败

至 1924 年年初，桂省内部依旧非常复杂，经陆荣廷绥抚各方，局面虽未趋于一致，但各军队比之前已较有系统。[⑧] 广西匪患严重，陆荣廷部所辖广西省西半部，业经举办剿匪。凡匪徒散兵，均用强力剿办。定罗大股土匪被陆荣廷部

① 滕志峰，等．桂系大事记［M］//中国人民政治协商会议广西壮族自治区委员会文史资料研究委员会．广西文史资料选辑总第三十七辑．南宁：广西区政协文史资料编辑部 1993：92.
② 广西壮族自治区交通厅史志编审委员会．广西公路史：第 1 册［M］．北京：人民交通出版社，1991：53-56.
③ 广西壮族自治区交通厅史志编审委员会．广西公路史：第 1 册［M］．北京：人民交通出版社，1991：59.
④ 广西壮族自治区地方志编纂委员会．广西通志·大事记［M］．南宁：广西人民出版社，1998：137-138.
⑤ 桂边苗民叛变［N］．大公报（天津版），1923-05-22.
⑥ 近事：本国之部：广西：兵匪蜂起［J］．圣教杂志，1923，12（9）.
⑦ 国情要述：社会之部及其他：广西之匪患［J］．清华周刊，1924（301）.
⑧ 陆荣廷督桂令即将发表［N］．大公报（天津版），1924-01-29.

击散，并毙匪三百人。顾匪皆旋散旋聚，此股击散后，逾时即复合，四出窜扰，道途之间常为若辈出没之所。旅客被掳后，即肆行杀戮。只接近安南边境南宁、龙州间之道路比较清净，盗匪踪迹亦少，水陆两路贸易，亦能通行无阻。但广西东部匪氛仍炽，旅客多被劫掠。两年以来，柳江交通尽为匪把持，任意征收航费。陆荣廷拟施之于东部，其部队已开至宝阳迁江，拟向柳州、桂林等处剿匪。① 陆荣廷以剿匪为名，行扩张势力之实。

在自以为做好了充足准备后，1924 年 1 月 9 日，陆荣廷令谭占荣、谭浩清率边防军来邕，拟乘粤事纷扰，驱兵东下。一面派人入湘，请马济率兵至粤桂边境，并请沈鸿英牵制北路。② 1 月底，陆荣廷计划拉拢李宗仁，讨伐黄绍竑，收复梧州。1924 年 1 月 30 日，北京政府特派陆荣廷暂署督理广西军务善后事宜，特派林俊廷为钦廉边防督办。③ 陆荣廷得此名义，急谋活动。陆荣廷不辞跋涉，借口出巡，实则分赴各处联络，以伸势力。④ 2 月初，陆荣廷以出巡为名，率部离邕北上，派边防军谭占荣部进窥沈军桂全地盘。陆裕光、韩彩凤部进抵桂林，沈鸿英部让防，退至平乐、八步。双方磨刀霍霍，积极备战。

吴佩孚武力统一西南计划，近以川局行将底定，进而以全力谋粤。2 月 26 日，吴佩孚趁广州湘军东调、粤西北防务空虚之际，派马济联络陆荣廷，进兵梧州。2 月 27 日，陆荣廷命韩彩凤部攻击梧州。陆荣廷与马济联系，邀其返桂襄助，统一广西，进而出兵广东倒孙，以达其大广西主义。论者谓马济果率部回桂，固可助陆荣廷进行，但沈鸿英与马济虽同受豢养于吴佩孚，然旨趋各异。沈鸿英、陆荣廷又积不相能。沈鸿英屯军于湘桂粤边境，则马济率部回桂，能否安然通过，实一疑问。马济返桂，若果成事实，则桂局益将纠纷。盖内之林俊廷能否受制于陆，尚不可知。而外之林虎、沈鸿英久有搜夺桂局之心，岂能安然无事？粤省人士又多以桂为西南范围，亦无不能任降曹之陆荣廷窃据，为投降北方之具。据此以观，则火线四伏之广西恐从此兵连祸结。⑤

北京政府虽全权付诸陆荣廷，但广西内部难言一致。陆荣廷与沈鸿英矛盾日渐突出，陆荣廷对于沈鸿英在桂部队及前方接济置诸不论不议，并逼迫其原驻桂林、平乐一带的部队退出。沈鸿英部下对此颇有微词，经再三磋商，请划该两处为沈军防地。陆荣廷则以沈军有此根据，一旦全军回桂，足为后患，故

① 广西匪祸之外讯 [N]. 大公报（天津版），1924-01-23.
② 国内专电 [N]. 申报，1924-01-10.
③ 大总统令 [N]. 大公报（天津版），1924-01-31.
④ 桂局将来之趋势 [N]. 大公报（天津版），1924-03-10.
⑤ 桂局将来之趋势 [N]. 大公报（天津版），1924-03-10.

均置而不理。① 沈氏因处湘南、粤桂之边鄙，地方贫瘠，无以给养，又因陆荣廷得有吴佩孚强援，自顾平日与桂陆有宿嫌。一旦陆氏统一全桂，则并目下所据桂边地盘，亦将不保，入湘固不能自存，入粤又有劲敌。吴佩孚之恩宠既衰、接济已穷，遂倒向孙中山。2 月底，孙中山任命沈鸿英为广西建国军总司令，助沈鸿英返桂，讨伐陆荣廷。沈鸿英接得此种接济后，即由北江连州撤兵回桂，收复桂省，严防陆荣廷、马济辈，断绝陆荣廷、马济之结合，隐为粤方屏障，以巩固粤省北伐后路为唯一条件。②

在吴佩孚的指使下，马济于 1924 年 3 月初率新编四混成旅由长沙出发，行经湘潭、衡州，直达永州，暂屯永州。待陆荣廷由广西来全州会议，先与陆商定回桂条件，然后进行。③ 吴佩孚督促湖南督军赵恒惕与陆荣廷合作，率部和陆荣廷一同下广东，推翻广州革命政府。吴佩孚极力推动武力统一，引起了广西各派势力的重新分化组合。

陆荣廷基本军队已消灭无余，尚存者不过平乐、昭平间韩彩凤部数千人。与之称为政敌的在桂则有沈鸿英、林俊廷，在粤又有刘震寰。沈鸿英、林俊廷二人因吴佩孚专任陆荣廷，先统一全桂。由是沈鸿英、林俊廷诸人咸惴惴焉，在桂原有地盘不保，遂改变方针，与粤省携手。纷纷由粤班帅回桂，以与陆荣廷抗衡。吴佩孚原计划助马济、陆荣廷，原欲速平广东，孰知时势竟然出乎其预料之外，祸粤适足以造福于粤。粤省近因南北两大患（即沈鸿英、林俊廷）消除，并得利用彼辈以拒新兴之敌（指陆荣廷）。又利用彼辈在桂之地盘，以为缓冲地带，故乐得与沈鸿英、林俊廷修好。粤省不过牺牲多少饷械，助之回桂。④ 沈鸿英、林俊廷暗自倒向广东，使得广西形势为之一变。

在粤省支持下，沈鸿英部于 3 月底由星子坪石各地撤防，取道湘边临武、蓝山、江华各县回桂，入灌阳，一夺全州，一攻桂林。一面以密电报告吴佩孚，说明此举原委，并声明纯为局部问题，与大局并无关系。于平昔之主张，尤绝对不肯抛弃。俟将桂林平乐各防地收复，即仍当整部攻粤。一面电达湘省当局，述明此旨，请勿误会。陆荣廷分令韩彭凤、陆裕光各将领迅速派军防堵。吴佩孚认为沈军此举关系湘粤桂大局，影响于统一前途，至重且大。已分电陆荣廷、

① 沈鸿英部电攻陆荣廷 足见桂军内部收拾困难［N］. 大公报（天津版），1924-03-08.
② 粤省北江形势之变迁 沈鸿英降孙之因果［N］. 大公报（天津版），1924-03-14.
③ 马济实行回广西 所部已抵永州［N］. 大公报（天津版），1924-03-14.
④ 粤桂形势之变迁 粤桂大势东西易位 洛吴祸粤适足以祸桂［N］. 大公报（天津版），1924-03-23.

沈鸿英，先行停止战争，再议调解办法。①

只是吴佩孚的一纸电文并未能阻止沈军的进攻。4月4日，沈军由道县进攻，6日占灌阳，7日占文市。陆荣廷部由全州、兴安退桂林。4月12日，沈鸿英部围攻桂林。陆荣廷于17日急电马济返桂，并电求吴佩孚速予接济。吴佩孚迭经分电两方，努力调和沈鸿英、陆荣廷之间的矛盾，"现闻陆丁卿表示退让，沈亦渐有悔悟之意"②。对于沈鸿英、陆荣廷战事，林俊廷似乎置身事外，决日内赴钦廉就督办职，广西总司令职交陆福祥代拆代行。③ 陆荣廷虽竭力挽留，卒无效果。④ 林俊廷于5月4日到钦州，就任八属联军军务督办。⑤

为援助陆荣廷，吴佩孚于4月25日令马济率师回桂。5月2日，谭浩明、陆福祥等率部增援。6日，沈鸿英在将军桥开军事会议，议决以十分之三兵力围桂林，十分之二兵力防御马济部由湘入桂，十分之五兵力向柳州方面进攻，截阻陆荣廷援兵。⑥ 沈军开抵柳州，与韩彩凤部接战。时人评论道：此次沈之附南，纯为利用入桂无阻，并骗取粤方之接济，以达侵略之主义。所谓输诚南方，服从中山，不过利用之一种名词。⑦ 陆荣廷节节败退，命陆福祥赴援桂柳外，复令谭浩明进援邕宁。⑧ 陆福祥北上驰援桂林，中途在柳州失败。

吴佩孚平桂之谋，已成画饼。桂军自相挞伐，正可减粤政府西顾之忧，而悉心以对北。⑨ 慌不择路之下，吴佩孚急电北京政府，催促发表对粤四道命令，其中有以沈鸿英为粤桂边防督办。时人评论称：现在沈军方围攻附北之陆荣廷甚力。而政府忽畀以此席，诚属大不可解。即以粤桂边防督办论，陆荣廷之于管理广西军务，尚未就职。其原任粤边防务督办，亦未取消。今复设粤桂边防督办，岂非叠床架屋之至耶？吴佩孚以为彼人反复无常，惟权利与地盘是视。

① 回桂之沈鸿英［N］. 大公报（天津版），1924-04-12.

② 吴佩孚致陆锦密电［M］//中国第二历史档案馆. 中华民国史档案资料汇编：第三辑军事. 南京：江苏古籍出版社，1991：651.

③ 沈军攻桂获胜 陆部向桂林溃退［N］. 大公报（天津版），1924-04-19.

④ 广西战局之最近趋势 四实力派之趋向［N］. 大公报（天津版），1924-05-19.

⑤ 陆宗宇致曹锟电［M］//中国第二历史档案馆. 中华民国史档案资料汇编：第三辑军事. 南京：江苏古籍出版社，1991：652.

⑥ 滕志峰，等. 桂系大事记［M］//中国人民政治协商会议广西壮族自治区委员会文史资料研究委员会. 广西文史资料选辑总第三十七辑. 南宁：广西区政协文史资料编辑部1993：111.

⑦ 沈鸿英回桂后之行动［N］. 大公报（天津版），1924-04-29.

⑧ 广西战局之最近趋势 四实力派之趋向［N］. 大公报（天津版），1924-05-19.

⑨ 南北全局之最近观察（下）广西非直系所有 湖南未来之变化 四川扰攘正未已 洛吴其奈浙奉何［N］. 大公报（天津版），1924-04-30.

犹冀其反而北面臣事。盖吴抱定以毒攻毒之宗旨，不论沈鸿英、陆荣廷，实均无所爱。①

陆荣廷、沈鸿英之争给了李宗仁、黄绍竑、白崇禧创造了良机。三人决定联合行动，实施先陆后沈、各个击破的方针。李宗仁、黄绍竑抓住战机，发动倒陆。1924 年 5 月 23 日，李宗仁以广西定桂军总指挥名义，通电促陆荣廷下野。24 日，黄绍竑以广西讨贼军总指挥名义电请陆荣廷下野。6 月 1 日，黄绍竑由梧州出发贵县，与李宗仁各部会师，旋分水陆两路前进。黄绍竑所部两纵队担任右翼，由陆路向宾阳进攻。李宗仁部及黄绍竑之大部自贵县溯江而上，取道横县、南乡、永淳，直扑南宁，先后克复横州、永淳、宾阳、迁江等处，25 日不战而定南宁。② 省长张其锽不知下落。黄绍竑出兵时布告四方，以统一全桂自负。谭浩明失柳州后，绕道退回龙州，组织广西善后委员会，军政、民政均归处理。③

陆荣廷与沈鸿英在桂林鏖战阅月之久，双方损失甚巨，人困弹乏。鉴于环境险恶，非暂时言和，实不能维持现状而渡目前难关，于是双方略为让步。经吴佩孚派人调停，沈鸿英与陆荣廷于 6 月 6 日休战言和。陆荣廷调军向柳州发动，意图抵御李黄联军。④ 6 月 11 日，陆荣廷发表通电，详细阐明了沈陆之争的缘由，痛斥沈鸿英反复成性，倒行逆施，为人民公敌。⑤

桂林沈鸿英、陆荣廷之争表面上虽告一段落，其实都在暗中备战，彼此戒严仍在积极筹划。6 月 25 日，沈氏撤退围困桂林城部队之后。陆氏将所部调出城外各要隘驻扎。桂林被围七十余日，沈军已由前敌撤退三十里至六十里不等，希陆荣廷退出桂林，但陆荣廷无意离桂，正预备下次战事，盼湖南援军到达。⑥ 吴佩孚前电请鄂萧、湘赵就近调和，以期纷争无形泯灭。讵桂林之围甫解，长沙之水灾忽现。湘赵以筹办赈款办理善后，忙碌非常，无心问桂。⑦

---

① 对粤四令之原因与趋势 林虎恐还是过渡 陈军未必能甘心 沈鸿英早已投南 洛吴之庸人自扰 [N]. 大公报（天津版），1924-05-20.

② 南宁陷落详情 南宁瞬即失守之原因 黄绍竑李宗仁会师进攻之经过 [N]. 大公报（天津版），1924-07-08.

③ 陆荣廷不战而降 黄绍竑李宗仁檄定南宁 省长张其锽已不知下落 广西善后委员会之设立 [N]. 大公报（天津版），1924-07-05.

④ 沈陆议和后之桂局 [N]. 大公报（天津版），1924-07-18.

⑤ 陆荣廷通电 [M] //中国第二历史档案馆. 中华民国史档案资料汇编：第三辑军事. 南京：江苏古籍出版社，1991：653-654.

⑥ 桂林解围后之陆荣廷仍积极备战 [N]. 大公报（天津版），1924-07-27.

⑦ 洛鄂注意广西军事 沈陆貌和神战 鄂萧语重心长 [N]. 大公报（天津版），1924-08-03.

定桂、讨贼联军占领南宁后，7月上旬，李宗仁、白崇禧、黄绍竑商定，统一军事，实行军民分治。成立定桂讨贼联军总指挥部，推举原广西省议会议长张一气为省长。16日，李宗仁、黄绍竑、白崇禧正式就任定桂讨贼联军正副总指挥、总参谋长兼前敌总指挥，推举原广西省议会议长张一气就任广西省长。随之兵分三路，扫荡陆荣廷残部。

广西战云密布，湘赵在筹办赈灾告一段落后，复调湘军入桂，援助陆荣廷，吴佩孚又增派第二十五师陈嘉谟全部向桂林进发。查湘下桂兵力全州一团、兴安一团、灌阳两团，大墟附近亦有湘军发现。驻粤桂军总司令刘震寰拟联合林俊廷，助沈讨陆，驱逐寇桂之湘北两军，以定桂局。①

定桂讨贼联军兵分三路进击，继续倒陆。7月底，联军占领柳城。8月11日，李宗仁、白崇禧占领柳州。8月14日，韩彩凤部反击，企图夺回柳州，被联军击败。8月中旬，那马、都安、龙州等地的陆荣廷残部被定桂联军击败，驻百色的刘日福见大势已去，宣布脱离陆荣廷，向定桂联军投诚。龙州于8月中旬被定桂联军占领。

与定桂军进攻相配合，沈鸿英于8月21日率主力进攻桂林，24日攻克桂林。陆荣廷组织部队反攻，于9月12日反攻桂林失败。此后陆荣廷残部军无斗志，陆荣廷在广西势力行将完全消灭。湘军见陆荣廷大势已去，亦不愿予以援助，结怨于沈鸿英，已将部队陆续退出灌阳、全州。

此时，远在钦州的林俊廷倒向广东一边。9月，林俊廷与粤协议妥协，传日来已完全谅解。决定广西八属以外地方，军事行动归孙文指挥。八属以内之军民两政，由八属联合会议决议施行。② 在达成协议之后，林俊廷通电拥护孙中山。

白崇禧部于9月7日攻取庆远。陆荣廷嫡系边防督办谭浩明困守庆远月余，卒被李宗仁所部攻克。定桂联军李宗仁由邕宁出发柳州时，曾通电声明，与驻柳沈军邓瑞征会师，出发桂林讨陆，陆荣廷败走全州。只是李宗仁抵柳后，不特出发桂林前方，助沈肃清陆氏残部，乃竟占尽柳州城外各要隘。沈军见李宗仁如此举动，即调第二师全部驻扎城内，以防不测。双方严密布防，甚为戒备。③ 9月21日，沈军攻占全县，陆荣廷、谭浩明率残部逃亡湖南永州。10月9日，陆荣廷通电下野，辞去广西善后总办之职。

---

① 广西战云复起 和议后之双方备战 洛吴湘赵调兵入桂 刘林联合助沈讨陆［N］. 大公报（天津版），1924-08-21.

② 孙中山与桂军携手［N］. 大公报（天津版），1924-09-19.

③ 广西通信：谭陆下野［N］. 大公报（天津版），1924-10-12.

陆荣廷通电下野，意味着吴佩孚企图武力统一广西政策的失败，广西随之变为李宗仁、黄绍竑、白崇禧与沈鸿英对峙的局面。双方表面上进行谈判，其实各自积极在做战争的准备。此时，任粤桂建国桂军总司令的刘震寰欲趁此机会回桂，并得到了孙中山的支持，孙中山特任其为广西省省长。刘震寰欲回桂主政的举动，遭到了李宗仁、黄绍竑、白崇禧等的极力抵制和粤军方面的反对，因此被迫中止。广西虽去一陆荣廷，但局势并不安宁，各派势力摩拳擦掌、伺机一逞。

## 第三节　北京政府广西治理尾声

反直浪潮愈演愈烈，逐步演化成奉张、浙卢、粤孙"三角同盟"共同倒曹、吴的第二次直奉战争。战后经历了一段时间酝酿，段祺瑞于1924年11月24日担任中华民国"临时执政"。段祺瑞试图通过善后会议联络南方实力派，推进"和平统一"，但随着新桂系崛起，广西局势风云突变，广西彻底倒向广州国民政府。北京政府对于广西的治理彻底画上了句号。

### 一、和平统一破产

1924年9月至11月，第二次直奉战争爆发。冯玉祥发动北京政变，曹锟被迫辞职，于11月2日将印玺移送国务院。[①] 11月15日，张作霖、冯玉祥等联名通电，推戴段祺瑞为中华民国临时执政。11月21日，段祺瑞通电就职，宣告成立临时执政府。北方有奉、国、皖三种势力，南方长江流域则是直系势力，广东是孙中山领导的革命势力。

段祺瑞执政入京收拾，对于西南极力联络，试图拉拢各派势力，借使和平统一早日实现，而于唐继尧甚表好感。12月5日，唐继尧致电北京政府，表示曹锟所任命之云南镇抚使黄毓成部图滇。段祺瑞于12月8日致唐继尧电，已饬黄师撤退，并取消其名义。镇抚乱命，即当取消。善后各端，实为先务。自当妥筹施行，以慰喁望。[②] 表达了中央政府缓和矛盾、愿意和解的意愿。

---

① 曹锟向国会辞去总统职并将印玺移送国务院通电 [M] //中国第二历史档案馆. 中华民国史档案资料汇编：第三辑军事. 南京：江苏古籍出版社，1991：302.

② 段执政与唐继尧电 允撤退黄毓成并取消其镇抚使名义 [N]. 大公报（天津版），1924-12-13.

段祺瑞召开善后会议，以期沟通各方，以谋全国统一。此举得到了广西、云南等当道的赞同。李宗仁等并未断绝与北京政府的联系。1924 年 12 月 15 日，李宗仁通电，聘马君武、蒙经、严端三君为北京善后会议广西代表，驻京参助一切。① 马君武表示广西竭诚拥护执政，赞同由国民代表会议解决国家根本问题。② 唐继尧对之极为赞成，派周钟岳、徐之琛为全权代表，20 日以前由滇启程。③ 1925 年年初，国民会议促成会联合会议定期在北京开会，各省代表业经陆续首途赴会。广西方面选出代表九人，分别代表党派、工界、商界、学生界、军界、农会、教育会、报界、妇女界陆续赴京。④ 2 月 21 日，滇、黔、桂代表团抵京。⑤

## 二、新桂系崛起与两广统一

陆荣廷被推倒后，桂局仍处于动荡难平之中，在广东革命政府的支持下，黄绍竑、白崇禧取得梧州，向西江上游发展。李宗仁定桂军和黄绍竑、白崇禧讨贼军力量迅速壮大，成为控制郁林、浔州、梧州等地的重要军事力量。但除李宗仁、黄绍竑占有桂南外，广西建国军总司令沈鸿英占据桂中、桂北，驻粤桂军总司令刘震寰企图回桂，虎视眈眈。大体形成了广西东北部为沈鸿英势力范围，李宗仁、黄绍竑合为一派，奄有广西西南，联合粤省西江派将领李济琛⑥、郑润琦之力以保梧州。两系对峙，各逞并吞全桂之心。

与此同时，云南唐继尧也试图将势力伸展到广西，收编了林俊廷、蒙仁潜、韦荣昌等部，分别委以边防督办、镇守使等职，并试图拉拢李宗仁、黄绍竑等派势力。早在 1924 年夏，唐继尧即派人去广西游说，协商经桂赴粤，共同出兵广东。李宗仁、黄绍竑虚与委蛇，并将之密电广州，预筹对策。⑦ 在沈鸿英、刘震寰等人的请求下，唐继尧以堵截范石生部回滇为由，调集重兵集结在滇桂边界。1924 年 11 月，滇军先头部队进入广西镇边、百色附近。

① 桂省派定善后会议三代表李宗仁等之删电 [N]. 大公报（天津版），1924-12-29.
② 邓汉祥. 我所了解的段祺瑞 [M] //中国人民政治协商会议黔西南州委员会文史资料委员会. 黔西南州文史资料选辑：第 7 辑. 黔西南州：黔西南州委员会文史资料研究委员会，1988：61.
③ 云南唐继尧呈执政暨许处长删电 [J]. 政府公报，1925（3165）.
④ 桂民会促成会代表过津 [N]. 大公报（天津版），1925-03-08.
⑤ 滇黔桂代表团抵京 京津两处之欢迎与照料 [N]. 大公报（天津版），1925-02-22.
⑥ 李济琛，又名李济深，因其早年多用前者，故在文中使用"李济琛"。下同。
⑦ 黄绍竑. 滇桂战争 [M] //中国人民政治协商会议全国委员会文史资料研究委员会. 文史资料选辑：第二辑. 北京：中华书局，1960：61.

为防止桂陆再起及阻止滇唐侵扰，解除西顾之忧，广东革命政府积极支持黄绍竑、李宗仁、沈鸿英。孙中山于 1924 年 10 月 15 日致电黄绍竑，希望其能与沈鸿英合作。① 随之任命李宗仁为广西全省绥靖处督办，黄绍竑为广西全省绥靖处会办，沈鸿英为广西建国军总司令。12 月 1 日，沈鸿英在柳州行营通电就职，② 积极筹备，准备夺取梧州。12 月 3 日，李宗仁、黄绍竑在邕通电就职视事。③

受冯玉祥和张作霖等邀请，孙中山于 1924 年年底北上北京共商国是，陈炯明趁机于 1925 年 1 月分三路进攻广州。与陈炯明的军事进攻相配合，唐继尧与桂军刘震寰勾结，派胡若愚、龙云率部从南路进攻广西，滇军于 2 月 23 日占领南宁。唐继尧又派唐继虞、张汝骥、吴学显等由黔东、湘西从北路进攻柳州。

刘震寰与沈鸿英、林俊廷磋商，谋求回桂就职。1925 年年初，自驻粤桂军总司令刘震寰长桂令发表后，广西形势又为之一变。刘震寰积极运动回乡，李宗仁、黄绍竑起而反对。刘震寰遂受一大打击，因拟以武力旋乡。如李宗仁、黄绍竑抗阻，则联沈鸿英，以决去李宗仁、黄绍竑。沈鸿英、刘震寰以现在共同利害计，遂形成沈鸿英、刘震寰合作。从此，桂省局面遂分为沈鸿英、刘震寰与李宗仁、黄绍竑角逐之场。李宗仁、黄绍竑一面又固结粤省西江三角同盟，令李济琛驻重兵于粤之肇庆，以阻刘震寰回师，一面任黄绍竑为桂省陆军第二军总指挥，在梧州上游布防，以堵平乐沈军下窥之路。

为统一广西军民两政，李宗仁于 1925 年 1 月 3 日通电就职广西全省绥靖督办，宣言保境安民，不预外事。省议会暨县议参事会通电主张自治，不许外省军队入境。1 月 28 日，为统一所辖各军名义起见，特将定桂讨贼联军总指挥部及定桂讨贼陆军名义一律取消。所有从前定桂军改为广西陆军第一军，总指挥由李宗仁兼任；讨贼军改为陆军第二军，总指挥委黄绍竑兼任。不久，沈鸿英以总司令名义，借口统一桂省军权，饬所部由平乐贺县一带向梧州移动。其目的在进占梧州，以孤黄绍竑、李宗仁之势。黄绍竑闻耗，尽调在梧所部北上，在抚河一带设防，向昭平、贺县等处严行警戒。黄绍竑又以西江三角同盟关系，

---

① 孙文慰勉全桂底平协力肃清余孽致黄绍竑电［M］//中国第二历史档案馆编. 中华民国史档案资料汇编：第四辑. 南京：江苏古籍出版社，1986：887.

② 广西建国军总司令沈鸿英呈大元帅东电［Z］. 陆海军大元帅大本营公报，1924（34）.

③ 广西全省绥靖处督办李宗仁会办黄绍竑等呈大元帅江电［J］. 陆海军大元帅大本营公报，1924（34）.

请粤军李济琛率部来梧驻守。黄、李则亲赴前方布置，形势极为紧张。①

　　双方调兵遣将，大战随即展开。1925 年 1 月底，沈鸿英指挥 4 个师，分三路进攻李黄联军，出全力以攻桂平及蒙江，以冀截断南宁与梧州交通。由粤钦廉退回桂边之林俊廷部已附和沈军，集合于宾阳，牵掣李宗仁军后路。②2 月 1 日，沈鸿英通电称所部出巡浔、蒙各处，"收束军队，问民疾苦"，在象县蒙山遭李宗仁、黄绍竑部截击。③ 同日，李宗仁通电宣布沈鸿英罪状，称大败沈鸿英部于武宣。④ 击溃来宾、蒙山之敌。李黄联军趁沈军大败，转取攻势，向沈军根据地桂林、平乐节节进取。李黄联军中路进占蒙山县，向修仁、荔浦等处追击。柳河一路，于 6 日攻下柳州。⑤ 李宗仁、黄绍竑军分路进攻平乐、桂林，11 日占领平乐，13 日占领桂林，15 日占领贺县。见败局已定，沈鸿英电请粤当道解决。粤当局接电后，无若何之表示，沈鸿英残部窜往桂岭。战至 2 月中旬，沈军主力大部被歼。2 月 16 日，沈率残部退出富川、钟山、八步，向广东连山逃窜。2 月 17 日，沈鸿英在连山通电，请求解除广西总司令一职。⑥

　　沈鸿英部虽然丢盔弃甲、大势已去，但广西局势依然严峻。林俊廷回桂后，李宗仁委任其为龙州边防督办，林俊廷辞而不就，且有攻邕之举。林俊廷接受建国联军总司令官唐继尧委任，通电就职边防督办。林俊廷布告称，不得已进驻邕垣。以便与龙军长商军国大计，兼以维护地方之安宁。⑦ 在讨沈战事基本结束后，李宗仁、黄绍竑将主力调至桂平、贺县一带，以应对林俊廷。

　　就在沈鸿英、李宗仁激战之际，广东革命政府第一次东征于 1925 年 2 月开始。唐继尧见有机可乘，遂以借道北伐为名，派遣滇军兵分两路入侵广西。"云南唐继尧日前藉名北伐，电商桂当局假道，业经当局复电拒绝。全省各团体亦均去电阻止，并请唐氏严饬所部勿越桂境，以免兵燹余生之人民重遭兵祸。讵

① 桂省再起战争之粤讯 沈刘联合对付黄李之内幕 沈军图梧与两军接触消息 [N]. 大公报（天津版），1925-01-30.

② 广西战事近讯 [N]. 大公报（天津版），1925-02-15.

③ 沈鸿英为派兵出巡 被李宗仁部截击 请令撤防免开兵衅电，中国第二历史档案馆编. 中华民国史档案资料汇编第四辑 [M]. 南京：江苏古籍出版社，1986：890-891.

④ 李宗仁宣布沈鸿英罪状及击败经过电 [M] //中国第二历史档案馆. 中华民国史档案资料汇编：第四辑. 南京：江苏古籍出版社，1986：891-892.

⑤ 沈鸿英战败之经过 [N]. 大公报（天津版），1925-02-20.

⑥ 沈鸿英为被李宗仁等部击退大宁一带请求解职电 [M] //中国第二历史档案馆. 中华民国史档案资料汇编：第四辑. 南京：江苏古籍出版社，1986：895.

⑦ 四分五裂之广西 浔州设立省财行署 南宁又特设政财两处 [N]. 大公报（天津版），1925-04-14.

唐氏竟置而不顾，乘桂省内战之际，竟已分途进兵百色一带"①。2月初，龙云部入桂，于25日袭取南宁。滇军龙云、胡若愚、胡瑛等先后率众万余人进据邕垣。唐继虞、吴学显、张汝骥、王洁修等亦率众万余，并联合沈鸿英、韩彩凤等众数千，进窥柳州等地，希冀征服全桂，并结合杨、刘希图倾覆政府，以遂其侵吞西南，实行大云南主义野心。

李宗仁与广西省长张一气于3月7日联名通电，揭露唐继尧的扩张图谋，谴责其"借名假道北伐"，入侵广西。为避敌锋芒，李宗仁驻邕各部纷纷退出南宁，暂驻浔州。南宁省议会议长张一气、财政厅厅长苏绍章被迫逃遁，只身赴梧。广东革命政府决定大力支持李宗仁、黄绍竑、白崇禧，令梧州方面李济琛积极布防，梧州李济琛经与驻粤滇军商妥抵御滇唐军计划。经过慎重考虑，国民党中央执行委员会决定派驻粤建国军滇军二军范石生部入桂，至梧州、肇庆布防，协同桂军阻唐东下。②

李宗仁、黄绍竑、白崇禧桂军和范部组成联军，于3月下旬在桂平誓师，28日，下达讨唐总攻击令，分两路进击南宁。3月28日，黄绍竑部收复宾阳。③4月，沈鸿英部放弃桂林，残部仅剩千人左右。4月17日，胡若愚部由武鸣来援，被击退。左路击败依附唐继尧的林俊廷部，龙云困守南宁。滇唐侵入桂西唐继虞、张汝骥、吴学显各部援军节节败退。李宗仁等围困南宁之敌，一面分遣大军驰赴柳州、庆远，迎击唐继虞、吴学显、沈鸿英、韩彩凤诸部，先后将其击溃。南宁自4月27日起被粤桂联军包围，唐继尧急由湖南方面调遣援军以救南宁之急。④

此时滇省内部亦复发生暗潮，不易调兵应援。唐继尧复与刘震寰等勾结，欲达兼并粤桂目的。唐继尧除以副元帅名义任命刘震寰为广西军务督办，未到任前由林俊廷暂行代理外，又任命刘部师长黎鼎鉴暂任广西省长。刘震寰虽已渐将广州桂军向北江开拔，回桂就职，但粤政府亦决先将桂事根本解决，已由胡汉民调潭延闿、朱培德、程潜等所部军队，进逼新街，梁鸿楷、李济琛等扼守西江沿岸。刘震寰因四面受围，势已陷于孤立，遂

① 滇兵入桂后之西南大局 请滇唐撤回入桂军队 劝桂当局速息内争 [N]. 大公报（天津版），1925-03-07.
② 粤省出兵抵御入桂滇唐军 驻粤滇军担任入桂作战 范军前锋已抵肇庆赴梧 [N]. 大公报（天津版），1925-03-14.
③ 黄绍竑报告击溃滇军收复宾阳电 [M] //中国第二历史档案馆. 中华民国史档案资料汇编：第四辑. 南京：江苏古籍出版社，1986：898.
④ 南宁被粤桂军包围 唐继尧正从湘省遣调援军 [N]. 大公报（天津版），1925-05-13.

打消回桂之念。①

　　5月底，联军突袭柳州，击败柳州吴学显部，唐继虞、张汝骥、沈鸿英、韩彩凤等向长安方面逃窜。6月初，白崇禧部从桂林赶到，与北路滇军主力激战于沙浦，滇军大败，唐继虞率残部退回滇境，北线战事宣告结束。定滇军司令官范石生部攻克武鸣，即由武鸣趋右江，出百色以入滇边剥隘。更分一部兵力趋左江龙州，以堵截南宁唐军云、胡若愚之归路。6月初，广州革命政府东征军回师广东，击溃了反对广州政府、与唐继尧入桂图粤遥相呼应的滇、桂军阀军队杨希闵、刘震寰部。南宁方面唐军闻耗，知事无可为，遂迫于7月7日深夜率部退出南宁，向龙州方面撤退，潜回滇境。南宁遂于8日被联军各部完全收复。8月，入桂滇军全部撤回云南。②

　　至此，李宗仁、黄绍竑等人在广东革命政府的大力支持下，将滇唐入寇之兵驱逐出境，统一了广西。1925年7月，广东国民政府宣告成立。李宗仁、黄绍竑两氏遵照国民政府命令，仿照广东省政府办法，着手改组广西省政府，以归划一。省长张一气特电请绥靖督、会办及省议会，准予辞去省长之职。8月6日，广东国民政府下令，广西总司令、广西省长均裁撤，于筹备改组以前，所有广西全省军政、民政、财政着李宗仁、黄绍竑暂以广西全省绥靖处名义负责办理。③绥靖署于8月26日通电本省军、民两政各机关，桂省自民十政变以还，盗阀专权，所有全省政务暂由绥靖署兼理，以期便利而一事权。④

　　至1925年9月底，广西省政府改组完竣。设立广西省民政公署，作为全省最高权力机关，黄绍竑出任民政长，分设内务、财政、建设、教育四厅，主持全省政务。暂设全军务署，置督办、会办各职，同负整顿军事之责。民、财两政，大致已组织就绪，高级文武官员亦已相继就职。⑤从此广西进入新桂系统治时期，大体结束了1921年以来广西兵灾匪祸连年不断的局面，使广西人民得到了一个较为安定的社会环境，解除了广东革命政府的后顾之忧。

　　广西当道积极开展建设，如水口中越界桥即在1925年由中越两国合资修

①　唐继尧任命桂督长 胡汉民兵阻刘震寰回桂［N］. 大公报（天津版），1925-05-17.

②　粤桂联军克复南宁之经过 联军将领通告入邕详情［N］. 大公报（天津版），1925-07-27.

③　国民政府令李宗仁等负责广西军政令［M］//中华民国史档案资料汇编：第四辑. 南京：江苏古籍出版社，1986：908.

④　广西统一后之两大问题省长省会［N］. 大公报（天津版），1925-09-12.

⑤　桂政府改组之经过 范石生回粤提饷［N］. 大公报（天津版），1925-10-06.

建，便利了龙州与越南高平两地的商贸往来。① 随后在国民政府统一广东的战争中，新桂系积极配合作战，为统一和巩固国民革命根据地做出了贡献。经过谈判，国民党中央政治会议于 1926 年 3 月中旬讨论并通过《两广统一案》，广西遂正式加入广东国民政府，两广实现统一。

---

① 广西壮族自治区交通厅史志编审委员会. 广西公路史：第 1 册 ［M］. 北京：人民交通出版社，1991：57.

# 结　语

民国北京政府权力更迭频仍，地方军阀势力尾大不掉，地方主政的格局日益显现，西南边疆绝大部分地区卷入民主共和革命之中。北京政府对于广西等西南边疆省份的治理更多体现在和谈与战争的拉锯、中央力图拉拢各派地方军阀北附等方面，对于西南边疆用人行政的控制力常显不足，对于经济、外事等层面更加难言治理。

与北方军阀的混战几乎同步，广西陷于南北及地域间的争斗中难以自拔，广西试图控制广东与湖南，并极力避免中央政府的控制。在20世纪前半叶，广西当轴更多的是通过维护本省利益来管理本省事务，打起"联省自治"等旗帜来为自己撑腰，并不时参与进中央权力的攘夺漩涡之中。回首民国北京政府与广西的密切互动，可以归纳出以下几点特点。

其一，广西治理大体以地方主导为主，中央话语权有限。北京政府袁世凯执政时期，中央本来可以在集权中央的进程中加快推进对广西等西南边疆的治理进程，但袁世凯帝制自为打断了这一进程。袁世凯政府治理边疆的观念陈旧，依然大体停留在满清末叶的认知，以为广西地僻西南、远离腹地，基本不予以太多关注。自以为长袖善舞，一味拉拢和掣肘陆荣廷等地方军头，力图将其纳入彀中，对于西南边疆治理并不十分关注。袁世凯死后，北京政府威权不再，广西等西南边疆省份以国会和法律为号召，不断挑战中央权威，谋求一己私利。纵观整个民国北京政府时期，中央与广西等西南边疆省份的关系未能理顺，缺乏良好互动，由此决定了广西治理进展较为缓慢。

其二，广西与中原腹地的趋同性进一步增强，西南边缘和腹地的重要性互为表里。北京政府与广西等西南边疆省份的关系虽然有阴晴圆缺，但广西与腹地省份的关系并没有断绝，且表现出趋同及联动之势。1946年新桂系主政广西时编撰的《桂政纪实》在回顾了近代特别是民国建立二十年广西政治环境变迁后，总结了四点结论，第一条即指出，广西在中国政治史上占有重要位置，其治乱安危，影响于中国政治者甚大，而中国之治乱安危亦足以影响广西。第四条指出，广西究属中国行政区域之一，无法避免国内政治之影响，而欲保据一隅，亦不可能。① 较为客观地指出了广西等西南边疆省份与中央休戚与共的关系，中央政局的稳定与否直接关系到广西西南一隅是否安定，广西等西南边疆省份不可能保据一隅。

以广西改土归流为例，土司在民国初年的广西基本已不再成为问题，如广西境地西部、南部多土汉杂处，土司、土官多至三四十属，清末民初陆续裁并。"民国十六年以后，该地所有土司始一并裁撤，或归并于原属县管辖，或合并改置县治。"② 至 1929 年，那地州最后一个土司改流，从此广西的土司制度基本宣告结束。③

民国北京政府与广西的互动关系促进了西南边疆与腹地中心的联系愈加紧密，加强了广西西南边陲与内地的政治、经济与文化联系。通过对这一时期北京政府广西治理的历史梳理，至少可以得出如下启示。

首先，和平的国内外环境对于治理的施行至关重要。国内政局的不稳和国外殖民势力的逐渐内侵，都影响广西的政治安定，连年征战更对经济社会发展造成了极为不利的影响。

在民国北京政府时期，广西省政机构及主持人更动频繁，平均每年易长一次，"而行政组织，亦变动不居，由都督府，而民政公署，而巡按使公署，而省长公署，而省政府……皆基础未固，即被推翻，成效未彰，辄遭改革。在此种情势之下，自无建设之政策可言"。时人指出，"民国初年广西战乱不安，无暇从事于建设"④。广西省政的频繁变动及战乱不定，对广西社会经济发展造成了极为不利的影响。

广西虽地处僻远，然外接越南，内通粤湘黔等省，商务卓有规模，金融流通亦巨。与军事频仍时期经济发展的停滞形成鲜明对照的是，至 1924 年军事渐定之后，广西经济乃大有起色。梧州 1924 年洋货贸易总额值关平银五百六十五万六千七百五十四两，而 1922 年只有三百四十三万余两；土货贸易价值关平银一千六百五十一万六百四十七两，而 1922 年仅有九百七十七万余两。国民政府财政部财政调查处曾调查广西历年财政情况，得出的结论是，该省经济合各项

① 广西省政府十年建设编纂委员会．桂政纪实：1932—1941［M］．北京：国家图书馆出版社，2015：54．
② 内政部年鉴编纂委员会．内政年鉴：第一辑［M］．上海：商务印书馆，1936：251．
③ 覃丽丹，覃彩銮．广西边疆开发史［M］．北京：社会科学文献出版社，2015：225．
④ 广西省政府十年建设编纂委员会．桂政纪实：1932—1941［M］．北京：国家图书馆出版社，2015：53—54．

论之，宜年有进境，而频年军事烦兴，其经济之倏进倏退，难以整理，又于此可知。① 而赌饷却成为广西财政中不可或缺的重要部分，1926 年广西赌饷收入为一百六十万元，约占全部收入的 12%，1927 年为一百六十四万，占比 9.5%。赌饷在各项收入中排名第 4 位。② 广西当道明知弛禁赌博，却依然开赌以充饷捐，无异于饮鸩止渴，但困于现实，亦无可如何。广西财政在很大程度上呈现出畸形发展，甚至越走越偏，终至依赖对过境鸦片抽税的地步。

在交通建设上，1925 年，广西全省只有邕武（邕宁至宁武）、龙水（龙州至水口）、龙南（龙州至镇南关）等 3 段公路，通里程共计约 140 千米，且互不相连，交通不便。新桂系主政广西之后，在内外环境暂时安定的情势下，花了极大气力整理交通，广西省建设厅于 1925 年秋拟订了《全省修筑公路网》规划。至 1929 年春，建成公路 2025 千米，贯通了南宁、柳州、桂林三地，东北抵富川、贺县、钟山矿区，西北通达河池，北至湖南，南通广东廉江，东至苍梧戎圩，初步建构起公路网，对于促进广西经济的发展起到了重要作用。③ 而随着蒋桂战争爆发，广西再次陷入新军阀的连年混战之中，交通建设因之停顿。让人痛惜的是，民国北京政府时期不单广西情况如此，全国政局在很长一段时间内也是混乱不堪，军费连年增加，赤字比率逐年增加。在此局势下，社会自然难以稳定，更遑论加强地方治理。

其次，强有力的中央政府是边疆发展的坚实保障。包含政权统一、思想统一、民族融合和版图统一等内容的"大一统"思想不仅为中华民族的形成和发展奠定了重要理论基础，更是中华民族得以复兴的保障。正确合理地划分中央与地方权限，依靠法治推动中央与地方良性互动，既可以避免地方挟民意随意冲击中央权威，又充分调动地方积极性，能更好地推动边疆地区的发展。

民国北京政府时期，广西当道与北京政府的关系虽然间有疏密，但无论是护国运动，还是护法运动，名义上都是为了维护民国法统，国家统一亦是他们不断强调的政治诉求，这在很大程度上反映了当时西南边疆地区各族人民的心声。只是这一时期中央权力弱化，广西地方权力畸形膨胀。这一局面固然或许可以在一定程度上使边疆治理更具灵活性及地方特色，但却因为地方当道常常

---

① 财政部财政调查处. 各省区历年财政汇览：民国十六年广西省［M］//沈云龙. 近代中国史料丛刊. 台北：文海出版社，1982：249-255.

② 民国时期文献保护中心，中国社会科学院近代史研究所. 民国文献类编·政治卷：第 43 册［M］. 北京：国家图书馆出版社，2015：282.

③ 广西壮族自治区交通厅史志编审委员会. 广西公路史：第 1 册［M］. 北京：人民交通出版社，1991：61-62.

目光短浅，以地方利益为尚，难以对相关事务处置周全，且由于缺乏中央政府的有力支持和全盘筹划，往往陷入进退失据的困境之中。

最后，广西的发展要眼光向外，注重与周边邻国的关系。近代英、法列强占据缅甸和越南等地后，以之为据点进逼西南边疆，中南半岛的地缘政治发生了深刻变化。《桂政纪实》总结四点结论中的第二点指出，自法占安南以后，由于国境之变迁，而加重广西之政治地位，使广西成为抵御外来侵略之战略要地，于是治理广西实兼有对外实边之重大任务。[1] 指出了广西等西南边疆省份对于省政的治理，兼有对外实边的重要作用。在不稳定的时期，广西是拱卫国家的地理屏障，而到了和平年代，广西则成为国家对外开放的前沿地带。

当今时代，随着全球化推进，国与国之间在政治、经济上相互依存度日益加深，西南边疆治理不能仅仅局限于国内，而要眼观向外，具有国际的视野和格局。"一带一路"倡议的实施，为广西提供了新的历史机遇。对于广西等西南边疆的治理，应在注重国家主权安全的同时，不断提升广西等协调中国西南各省以及对接东盟各国的能力，在加强地方政府自身建设和强化外部环境治理能力的基础上，推动亚太地区的政治互信和经济的共同发展。

---

① 广西省政府十年建设编纂委员会. 桂政纪实：1932—1941 [M]. 北京：国家图书馆出版社，2015：54.

# 参考文献

## 一、档案

[1] 财政科学研究所，第二历史档案馆. 民国外债档案史料 [M]. 北京：档案出版社，1991.

[2] 广西壮族自治区档案馆. 民国时期西南边疆档案资料汇编：广西卷 [M]. 北京：社会科学文献出版社，2014.

[3] 广西壮族自治区档案馆藏. 广西都督府、民政公署、巡按使署、省长公署联合全宗 [Z]. 全宗号：L2.

[4] 郭廷以，等. 中法越南交涉档 [M]. 台北："中央研究院"近代史研究所，1983.

[5] 桑兵. 清代档案文献汇编 [M]. 北京：国家图书馆出版社，2012.

[6] 张宁，孙小迎，李燕宁. 法国档案中的清末中法（中越边界）划界史料选编 [M]. 北京：社会科学文献出版社，2016.

[7] 中国第二历史档案馆，云南省档案馆. 护法运动 [M]. 北京：档案出版社，1993.

[8] 中国第二历史档案馆，云南省档案馆. 护国运动 [M]. 南京：江苏古籍出版社，1988.

[9] 中国第二历史档案馆. 北洋政府档案 [M]. 北京：中国档案出版社，2010.

[10] 中国第二历史档案馆. 民国时期西南边疆档案资料汇编：广西云南综合卷 [M]. 北京：社会科学出版社，2014.

[11] 中国第二历史档案馆. 民国时期西南边疆档案资料汇编·云南广西综合卷目录总集·图文精粹 [M]. 北京：社会科学文献出版社，2014.

[12] 中国第二历史档案馆. 南京临时政府遗存珍档 [M]. 南京：凤凰出版社，2011.

［13］中国第二历史档案馆.直皖战争［M］.南京：江苏人民出版社，1980.

［14］中国第二历史档案馆.中华民国史档案资料汇编［M］.南京：江苏古籍出版社，1991.


### 二、文献典籍

［1］骆惠敏.清末民初政情内幕：《泰晤士报》驻北京记者、袁世凯政治顾问、乔·尼·莫理循书信集 下卷：1912—1920［M］.刘桂梁，等译.上海：知识出版社，1986.

［2］王士性.五岳游草：广志绎［M］.周振鹤，点校.北京：中华书局，2006.

［3］岑毓英.岑襄勤公（毓英）遗集［M］//沈云龙.近代中国史料丛刊.台北：文海出版社，1983.

［4］林葆恒.闽县林侍郎（绍年）奏稿［M］//沈云龙.近代中国史料丛刊.台北：文海出版社，1973.

［5］马吉森，马吉樟.马中丞（丕瑶）遗集［M］//沈云龙.近代中国史料丛刊.台北：文海出版社，1966.

［6］王彦威.清季外交史料［M］.北京：国家图书馆出版社，2015.

［7］谢启昆，胡虔.广西通志［M］.广西师范大学历史系中国历史文献研究室，点校.南宁：广西人民出版社，1988.

［8］朱寿朋.光绪朝东华录［M］.北京：中华书局，1960.

［9］财政部财政调查处.各省区历年财政汇览：民国十六年广西省［M］//沈云龙.近代中国史料丛刊.台北：文海出版社，1982.

［10］陈锡祺.孙中山年谱长编［M］.北京：中华书局，1991.

［11］陈正祥.广西地理志［M］.南京：正中书局，1946.

［12］段云章，沈晓敏.孙文与陈炯明史事编年［M］.广州：广东人民出版社，2003.

［13］广东省政协文化和文史资料委员会.从辛亥革命到国民革命：孙中山文史资料精编［M］.广州：广东人民出版社，2017.

［14］广西少数民族社会历史调查组.广西辛亥革命资料［M］.广西少数民族社会历史调查组，1960.

［15］广西省政府十年建设编纂委员会.桂政纪实：1932—1941［M］.北京：国家图书馆出版社，2015.

［16］广西壮族自治区地方志编纂委员会.广西通志·财政志［M］.南宁：广西人民出版社，1995.

[17] 广西壮族自治区交通厅史志编审委员会. 广西公路史：第 1 册 [M]. 北京：人民交通出版社，1991.

[18] 广西壮族自治区通志馆，广西壮族自治区图书馆.《清实录》广西资料辑录 [M]. 南宁：广西人民出版社，1988.

[19] 郭廷以. 中华民国史事日志 [M]. 台北："中央研究院" 近代史研究所，1979.

[20] 黄德俊. 桂西文史录：1911—1937 [M]. 南宁：广西人民出版社，1996.

[21] 黄绍竑. 五十回忆 [M]. 长沙：岳麓书社，1999.

[22] 黄彦编. 孙文选集 [M]. 广州：广东人民出版社，2006.

[23] 李啸风，沈友益. 中华民国史史料外编：前日本末次研究所情报资料 [M]. 桂林：广西师范大学出版社，1997.

[24] 经世文社. 民国经世文编 [M] // 沈云龙. 近代中国史料丛刊. 台北：文海出版社，1971.

[25] 来新夏. 中国近代史资料丛刊·北洋军阀 [M]. 上海：上海人民出版社，1993.

[26] 赖骏楠. 宪制道路与中国命运：中国近代宪法文献选编（1840—1949). 北京：中央编译出版社，2017.

[27] 李秉衡. 李忠节公（鉴堂）奏议 [M] // 沈云龙. 近代中国史料丛刊. 台北：文海出版社，1973.

[28] 新纂云南通志 [M]. 李春龙，审订，李斌，牛鸿斌，张秀芬，等点校. 昆明：云南人民出版社，2007.

[29] 李培生. 桂系据粤之由来及其经过 [M]. 北京：中华书局，2007.

[30] 李品仙. 广西边务概要 [M]. 桂林图书馆藏，1935.

[31] 李品仙. 李品仙回忆录 [M]. 台北：中外图书出版社，1975.

[32] 李希泌，曾业英，徐辉琪. 护国运动资料选编 [M]. 北京：中华书局，1984.

[33] 梁启超. 饮冰室合集·专集之三十三 [M]. 北京：中华书局，1989.

[34] 廖晓云，陈莹. 陆荣廷年谱 [M]. 南宁：广西人民出版社，2012.

[35] 刘晴波. 杨度集 [M]. 长沙：湖南人民出版社，1986.

[36] 骆宝善，刘路生. 袁世凯全集 [M]. 开封：河南大学出版社，2013.

[37] 马大正. 民国边政史料汇编 [M]. 北京：国家图书馆出版社，2009.

[38] 马玉华. 中国边疆研究文库·初编·西南边疆卷 [M]. 哈尔滨：黑龙江教育出版社，2013.

[39] 孟森. 广西边事旁记 [M] //孟森. 孟森政法著译辑刊：上册. 北京：中华书局，2008.

[40] 民国时期文献保护中心，中国社会科学院近代史研究所. 民国文献类编·政治卷 [M]. 北京：国家图书馆出版社，2015.

[41] 内政部年鉴编纂委员会. 内政年鉴 [M]. 商务印书馆，1936.

[42] 全国政协文史和学习委员会. 回忆护国讨袁 [M]. 北京：中国文史出版社，2015.

[43] 全国政协文史和学习委员会. 回忆孙中山三次在广东建立政权 [M]. 北京：中国文史出版社，2015.

[44] 全国政协文史资料委员会. 文史资料存稿选编：晚清·北洋 [M]. 北京：中国文史出版社，2002.

[45] 四川省文史研究馆. 四川军阀史料 [M]. 成都：四川人民出版社，1981.

[46] 谭群玉，曹天忠. 岑春煊集 [M]. 广州：广东人民出版社，2019.

[47] 汤锐祥. 护法运动史料汇编 [M]. 广州：花城出版社，2003.

[48] 汤志钧. 章太炎年谱长编 [M]. 北京：中华书局，1979.

[49] 童振藻. 筹浚滇利书 [M]. 出版地不详，1923 年印。

[50] 王建朗. 中华民国时期外交文献汇编：1911—1949 [M]. 北京：中华书局，2015.

[51] 温世霖. 段氏卖国记 [M] //荣孟源，章伯锋. 近代稗海. 成都：四川人民出版社，1985.

[52] 夏冬元. 郑观应集 [M]. 上海：上海人民出版社，1982.

[53] 谢本书，冯祖贻，顾大全，等. 护国运动史 [M]. 贵阳：贵州人民出版社，1984.

[54] 徐义生. 中国近代外债史统计资料 [M]. 北京：中华书局，1962.

[55] 中国第一历史档案馆. 光绪宣统两朝上谕档 [M]. 桂林：广西师范大学出版社，1996.

[57] 张黎辉，等. 北洋军阀史料 [M]. 天津：天津古籍出版社，1996.

[58] 张枬，王忍之. 辛亥革命前十年间时论选集 [M]. 北京：生活·读书·新知三联书店，1963.

[59] 张侠，陈宝铭，陈长河. 北洋陆军史料：1912—1916 [M]. 天津：天津人民出版社，1987.

[60] 中国科学院历史研究室所第三所，中国社会科学院近代史研究所近代史资料编辑组. 近代史资料 [M]. 北京：科学出版社，1958-2016.

［62］中国人民政治协商会议广西壮族自治区委员会文史资料研究委员会．广西文史资料选辑［M］．南宁：广西区政协文史资料编辑部，1993.

［64］中国人民政治协商会议全国委员会文史资料研究委员会．文史资料选辑［M］．北京：中华书局 1962.

［65］中国人民政治协商会议全国委员会文史资料研究委员会．辛亥革命回忆录［M］．北京：文史资料出版社，1981.

［66］中国社会科学院近代史研究所中华民国史研究室，中山大学历史系孙中山研究室，广东省社会科学院历史研究室．孙中山全集［M］．北京：中华书局，1985.

［67］邹鲁．中国国民党史稿［M］．上海：商务印书馆 1938.

## 三、著述论文

［1］别生．近代中国边疆宰割史［M］．国际问题研究会，译．上海：国际问题研究会，1934.

［2］里亚·格林菲尔德．民族主义：走向现代的五条道路［M］．王春华，等译．北京：生活·读书·新知三联书店，2010.

［3］罗威廉．最后的中华帝国：大清［M］．李仁渊，张远，译．北京：中信出版社，2016.

［4］松本真澄．中华民族政策之研究：以清末至 1945 年的"民族论"为中心［M］．鲁忠惠，译．北京：民族出版社，2004.

［5］王柯．从"天下"国家到民族国家：历史中国的认知与实践［M］．上海：上海人民出版社，2020.

［7］白蕉．袁世凯与中华民国［M］．上海：人文月刊社，1956.

［8］陈霖．中国边疆治理研究［M］．昆明：云南人民出版社，2011.

［9］陈征平．近代西南边疆民族地区内地化进程研究［M］．北京：人民出版社，2016.

［10］陈志让．军绅政权：近代中国的军阀时期［M］．北京：三联书店，1980.

［11］程妮娜，等．中国历代边疆治理研究［M］．北京：经济科学出版社，2017.

［12］段金生．南京国民政府对西南边疆的治理研究［M］．北京：社会科学文献出版社，2013.

［13］范宏贵，刘志强，等．中越边境贸易研究［M］．北京：民族出版社，2006.

［14］方铁．西南通史［M］．郑州：中州古籍出版社，2003．

［15］郭廷以．近代中国史纲［M］．香港：香港大学出版社，1986．

［16］黄家信．壮族地区土司制度与改土归流研究［M］．合肥：合肥工业大学出版社，2007．

［17］黄征，陈长河，马烈．段祺瑞与皖系军阀［M］．郑州：河南人民出版社，1990．

［18］李剑农．中国近百年政治史：1840—1926年［M］．上海：复旦大学出版社，2002．

［19］李文杰．中国近代外交官群体的形成：1861—1911［M］．北京：生活·读书·新知三联书店，2017．

［20］李中清．中国西南边疆的社会经济：1250—1850［M］．林文勋，秦树才，译．北京：人民出版社，2012．

［21］林明德．近代中日关系史［M］．台北：三民书局股份有限公司，2005．

［22］柳长勋．中缅疆界研究［M］．台北："光复大陆设计委员会"，1977．

［23］陆韧，彭洪俊．论明朝西南边疆的军管羁縻政区［J］．中国边疆史地研究，2013（1）．

［24］吕昭义．英帝国与中国西南边疆：1911—1947［M］．昆明：云南大学出版社，2014．

［25］罗彩娟．中国西南边疆治理模式研究［M］．哈尔滨：黑龙江人民出版社，2014．

［26］马大正，刘逖．二十世纪的中国边疆研究：一门发展中边疆学科的演进历程［M］．哈尔滨：黑龙江教育出版社，1997．

［27］马大正．中国边疆经略史［M］．郑州：中州古籍出版社，2000．

［28］马震东．大中华民国史［M］．北京：中华书局，1932．

［29］秦树才．绿营兵与清代的西南边疆［J］．中国边疆史地研究，2004（2）．

［30］桑兵．旭日残阳：清帝退位与接收清朝［M］．桂林：广西师范大学出版社，2018．

［31］沈奕巨．清末广西的边防炮台建设［J］．广西地方志，2006（1）．

［32］孙宏年．清代中越关系研究：1644—1885［M］．哈尔滨：黑龙江教育出版社，2013．

［33］孙宏年．中国西南边疆的治理［M］．长沙：湖南人民出版社，2015．

［34］覃丽丹，覃彩銮．广西边疆开发史［M］．北京：社会科学文献出版社，2015．

［35］覃主元，等．广西对外交通史［M］．北京：社会科学文献出版社，2015．

［36］唐启华．洪宪帝制外交［M］．北京：社会科学文献出版社，2017．

［37］唐志敬．清代广西历史纪事［M］．南宁：广西人民出版社，1999．

［38］王芸生．六十年来中国与日本［M］．北京：三联书店 1981．

［39］文公直．最近三十年军事史［M］．上海：太平洋书店，1930．

［40］徐黎丽．中国边疆安全研究：一［M］．北京：社会科学文献出版社，2015．

［41］许倬云．我者与他者：中国历史上的内外分布［M］．北京：生活·读书·新知三联书店，2010．

［42］杨天石．民国掌故［M］．北京：中国青年出版社，1993．

［43］尤中．中国西南边疆变迁史［M］．昆明：云南教育出版社，1987．

［44］张金莲．古代桂越边境要塞的变化与中越关系［J］．广西社会科学，2010（7）．

［45］张声震．壮族通史［M］．北京：民族出版社，1997．

［46］章伯锋，李宗一．北洋军阀：1912—1928［M］．武汉：武汉出版社，1990．

［47］赵云田．中国治边机构史［M］．北京：中国藏学出版社，2002．

［48］郑灿．中国边疆学概论［M］．昆明：云南人民出版社，2012．

［49］郑家度．广西百年货币史［M］．南宁：广西人民出版社，1981．

［50］郑家度．广西金融史稿［M］．南宁：广西人民出版社，1984．

［51］郑维宽．从制度化到内地化：历代王朝治理广西的时空过程研究［M］．桂林：广西师范大学出版社，2016．

［52］郑维宽．历代王朝治理广西边疆的策略研究：基于地缘政治的考察［M］．北京：社会科学文献出版社，2014．

［53］郑曦原．共和十年：《纽约时报》民初观察记：1911—1921［M］．北京：当代中国出版社，2018．

［54］钟文典．广西通史［M］．南宁：广西人民出版社，1999．

［55］周长山，刘祥学，宾长初．广西通史［M］．桂林：广西师范大学出版社，2018．

［56］周平，李大龙．中国的边疆治理：挑战与创新［M］．北京：中央编译出版社，2014．

［57］周平，等．中国边疆治理研究［M］．北京：经济科学出版社，2011．

［58］朱浤源．从变乱到军省：广西的初期现代化，1860—1937［M］．台北："中央研究院"近代史研究所，1995．

# 附表：民国北京政府时期广西军政、民政长官一览表

甲：军政长官

| 年份 | 军政长官 | 籍贯 | 出身 | 经历 | 备注 |
|---|---|---|---|---|---|
| 1911 | 11 月 7 日公举沈秉堃为军政府都督，旋去职 | 湖南善化 | 监生 | 甘肃按察使、云南布政使、护理云贵总督、广西巡抚 | |
| 1911 | 11 月 23 日由广西省议院推举陆荣廷为都督 | 广西武鸣 | | 管带、督带、统领、左江镇总兵、广西提督、副都督 | |
| 1912 | 7 月 12 日北京临时政府任命陆荣廷为广西都督 | | | | |
| 1913 | 陆荣廷 | | | | 1913 年 1 月，北京临时政府公布《暂行划一地方官制令》，强力推行军民分治，各省始设民政长。广西由都督暂行兼署 |

续表

| 年份 | 军政长官 | 籍贯 | 出身 | 经历 | 备注 |
|---|---|---|---|---|---|
| 1914 | 6月30日陆荣廷改任宁武将军，督理广西军务 | | | | |
| 1915 | 3月23日授陆荣廷为耀武上将军 | | | | |
| 1916 | 3月7日陈炳焜兼护，3月15日广西宣告独立，陆荣廷改称都督，7月6日北京政府任命陈炳焜为广西督军 | 广西柳州 | 柳州讲武堂 | 管带、标统、军政司长、桂林镇守使 | 3月7日授陆荣廷为贵州宣抚使（未就）。7月6日废止各省将军官制，在官制未定以前，各省督理军务长官改称督军；7月6日任陆荣廷为广东都督 |
| 1917 | 4月10日特任谭浩明署广西督军，6月20日宣告自主，陆荣廷于1917年12月调陈炳焜回桂督办军务 | 广西龙州 | | 哨长、统领、师长、龙州镇守使、边防对汛督办、署广东督军 | 4月10日北京政府任命陆荣廷为两广巡阅使；1917年10月谭浩明为两广护国军总司令，入湘后改为粤桂湘联军总司令 |
| 1918 | 2月5日谭浩明为北京政府革职，陈炳焜于6月2日由陆荣廷任 | | | | |

续表

| 年份 | 军政长官 | 籍贯 | 出身 | 经历 | 备注 |
|---|---|---|---|---|---|
| 1919 | 谭浩明 | | | | |
| 1920 | 11月3日取消独立，12月29日北京政府任谭浩明为广西督军，陆荣廷督办粤边防务 | | | | 11月3日广西宣告取消自主 |
| 1921 | 1月31日，北京政府特任陆荣廷为耀武上将军，督办广西边防军务；7月16日陆荣廷、谭浩明宣告解职，陈炯明于10月1日为粤府任命为善后督办，11月回粤 | 广东海丰 | 广东法政学堂 | | 1921年6月粤军入桂，桂军溃败 |
| 1922 | 5月刘震寰为粤府任为绥靖处督办；8月北京政府授谭浩明为浩威将军 | 广西马平（今柳江） | 优级师范学堂 | 帮统、粤桂联军总司令 | 1922年6月粤军退出广西 |
| 1923 | 1月林俊廷自称自治军总司令，10月陆荣廷为北京政府任命为广西边防督办 | 广西防城（今防城港） | | 统领、边防对汛督办、桂林镇守使 | |
| 1924 | 1月30日林俊廷免，1月30日陆荣廷署，10月9日下野，11月11日李宗仁为粤府任命为全省绥靖处督办 | 广西临桂 | 广西陆军小学 | 连长、营长、帮统、统领、桂林镇守使 | |

续表

| 年份 | 军政长官 | 籍贯 | 出身 | 经历 | 备注 |
|---|---|---|---|---|---|
| 1925 | 5月12日刘震寰为唐继尧任命为广西军务督办，未到任前林俊廷代 | | | | 8月6日，广东国民政府下令，广西总司令、广西省长均裁撤，于筹备改组以前，所有广西全省军政、民政、财政着李宗仁、黄绍竑暂以广西全省绥靖处名义负责办理 |

## 乙：民政长官

| 年份 | 民政长官 | 籍贯 | 出身 | 经历 | 备注 |
|---|---|---|---|---|---|
| 1913 | 陆荣廷兼任至9月19日，北京临时政府任命韦绍阜署广西民政长；10月24日韦丁忧免职；10月24日任命张鸣岐 | 山东无棣 | 举人 | 两广学务、广西布政使、广西巡抚、两广总督 | 1913年军民长官始分 |
| 1914 | 3月17日令张鸣岐会办广西军务，5月23日由民政长改任巡按使 | | | | |
| 1915 | 7月3日粤巡按使李国筠调任，未到任之前由陆荣廷暂兼；李辞职未就，7月10日任命田承斌暂护，7月13日任命王祖同为巡按使 | 河北大兴 | | 桂电报局总办、监督、财政厅厅长 | |

续表

| 年份 | 民政长官 | 籍贯 | 出身 | 经历 | 备注 |
|---|---|---|---|---|---|
| 1916 | 王祖同于广西独立后去职，7月6日罗佩金任（未就），7月19日陈炳焜兼省长，10月8日卸，10月8日刘承恩署 | 河南鹿邑 | 进士 | 陕西道监察御史、河南布政使 | 7月6日废止各省巡按使官制，在官制未定以前，各省民政长官改称省长 |
|  |  | 湖北襄阳 | 天津武备学堂 | 总兵、兵工厂督办、总办、陕西军务帮办 |  |
| 1917 | 7月25日朱庆澜调任，旋辞职，12月21日李静诚署 | 广西武鸣 | 贡生 | 南宁军政分府秘书、龙州、梧州关税局局长、广西财政厅厅长 |  |
| 1918 | 2月底陆荣廷令崔肇琳护理，6月2日李静诚辞职，6月2日陈炳焜由陆荣廷任 | 广西桂平 | 举人 | 梧州知府、两广巡阅使署秘书长，广西财政厅厅长 |  |
| 1919 | 李静诚 |  |  |  |  |
| 1920 | 12月29日北京政府任李静诚为广西省长 |  |  |  | 11月3日广西宣告取消独立 |
| 1921 | 7月马君武为粤府任为省长 | 广西桂林 | 德国柏林大学工学博士 | 实业次长、交通总长、教育总长 |  |
| 1922 | 5月22日马君武辞职，6月18日张其锽由北京政府任，6月蒙仁潜自称广西省长 | 广西武鸣 | 秀才 | 县知事、统领、游击营司令 |  |

| 年份 | 民政长官 | 籍贯 | 出身 | 经历 | 备注 |
|---|---|---|---|---|---|
| 1923 | 张其锽，林俊廷于3月20日兼代省长，6月22日交卸 | 广西桂林 | 进士 | 知县、统领、湖南都督府军务厅厅长 | |
| 1924 | 张其锽，张一气于7月27日为省议会举为广西省长，11月6日刘震寰由粤府任省长 | 广西平乐 | 广西高等巡警学校 | 广西省议会副议长、议长 | |
| 1925 | 黎鼎鉴为唐继尧任命暂任广西省长，7月张一气辞职 | 广西融水 | | 团长、师长、广西政务厅长 | |